Alex Comfort · Joy of Sex

Joy of Sex
Freude am Sex

Herausgegeben von
Alex Comfort

Zeichnungen
von Charles Raymond und
Christopher Foss

Ullstein

Englischer Originaltitel:
The Joy of Sex
Übersetzt von Wilhelm Thaler

Ungekürzte Ausgabe

Alle Rechte vorbehalten
© Modsets Securities Limited 1972
Deutsche Übersetzung
© Verlag Ullstein GmbH,
Frankfurt/M – Berlin
Printed in Germany 1987
Druck und Verarbeitung:
Ebner Ulm
ISBN 3 550 06412 8

Dieses Buch ist ursprünglich vor der Identifizierung
von AIDS und anderen neuen medizinischen Erkenntnissen
veröffentlicht worden, die mit der Übertragung durch
sexuelle Kontakte zusammenhängen. Die Ratschläge und
Informationen, die in diesem Buch enthalten sind,
gelten auch im Hinblick auf derartige Gesundheitsrisiken.
Dem Leser wird geraten, einen Arzt oder eine qualifizierte
Gesundheitsorganisation zu konsultieren.

Inhalt

5

Vorwort

Von einem schreibenden Biologen, der sich für das menschliche Sexualverhalten interessiert, erwartet man, daß er zahlreiche einschlägige Bücher kennt – belehrende, kuriose, religiöse, konventionelle oder schlicht einfältige –, die alle das Ziel haben, nützlich zu sein, und von denen keines dieses Ziel wirklich erreicht.

Das vorliegende Buch beruht ursprünglich auf der Arbeit eines Paares. Der eine Partner ist praktizierender Arzt; seine Anonymität ist somit beruflich bedingt, und der endgültige Text enthält auch die Vorschläge mehrerer anderer Paare sowie einiger Fachleute. Der Grundgedanke erschien mir wirklich überzeugend. Ein Kochbuch ist eine Beschreibung von Gerichten, die zur Wahl stehen – kulinarische Traumwünsche ebenso wie Alltagskost – versehen mit praktischen Einzelheiten der Herstellung. Dieses Buch ist etwas Ähnliches: eine Schilderung des gesamten Repertoires der menschlichen Heterosexualität. Ein Kochbuch sagt einem Neuling, wie man mit einem lebenden Hummer zurechtkommt, wie man mit Mayonnaise umgeht oder ein Chateaubriand zubereitet. Die Autoren dieses Buches schildern mit der gleichen gelassenen Ausführlichkeit und mit viel Spaß an der Sache, was man gegen Impotenz oder vorzeitigen Samenerguß tun soll, wie man oralen Sex oder symbolisch aggressive Spiele betreibt, wie man einen Partner behandelt, der eine Vorliebe für »Pädagogen« hat, wie man sich nicht über Fetischismus beunruhigt oder wie man exzentrische Kleidung als Sexualstimulans verwendet. Es gibt zahlreiche berufsmäßige Ratgeber, die auf solche Fragen – falls Klienten den Mut haben, sie zu stellen –, wenn auch mit psychiatrischer und moralischer Sorgfalt, so doch mit mangelnder Detailkenntnis antworten. Die Ärzte müssen die erotischen Bedürfnisse nicht unbedingt aus ihrem eigenen Sexualleben kennen, aber selbst dann wissen sie nicht alle über Ausmaß und Mannigfaltigkeit des menschlichen Sexualverhaltens Bescheid. Ich wünschte, ich hätte als Medizinstudent ein solches Rezeptbuch gelesen.

Ich habe an dem ursprünglichen Entwurf der Autoren wenig geändert, es sei denn durch Hinzufügung weiterer Themen. Erforderliche Erklärungen (und bei heiklen Dingen hilft gewöhnlich eine Erklärung) werden tiefenpsychologisch in einer allgemein verständlichen Form gegeben. Das ist die richtige Einstellung in einer Zeit, da Verhaltensforschung und klassische menschliche Psychodynamik sich zu vereinigen scheinen. Für einige der biologischen Erklärungen bin ich verantwortlich.

Es ist schwierig, auf dem Gebiet der »Sexualerziehung« etwas wirklich Neues zu bringen. Die Toleranzgesellschaft gestattet alles, von besorgter Belehrung mit unbewegter Miene bis zu exzentrischer Pornographie. Auf den meisten Bücherverkaufsständen stehen viele »freimütige« Bücher, die vor Antworten zurückschrecken, und ungeschickte »Ratgeber«, die auf pathologischen Phantasien beruhen. Es ist höchste Zeit, daß erwachsenen Lesern Menschliches mit Vernunft geboten wird. Ich hoffe, daß sich dieses Buch für berufsmäßige Berater als ebenso nützlich erweist wie für Paare. Der gewöhnliche, sexuell aktive Leser – der sich an der Sexualität erfreuen und sich zugleich darin auskennen will –, wird daraus den größten Nutzen ziehen.   *Alex Comfort*

Lieben für Fortgeschrittene

Wir alle, die nicht gehunfähig oder taub sind, haben die Fähigkeit, halbwegs zu tanzen und zu singen. Und das rechtfertigt eigentlich auch den Anspruch, Lieben zu lernen. Lieben ist, wie das Singen, etwas, das instinktiv begriffen werden muß. Andererseits ist der Unterschied zwischen der Pawlowa und ihrer Tanzpartnerin oder zwischen dem Tenor in der Oper und dem Sänger in der Badewanne viel geringer als der zwischen dem Sex, wie ihn die vorige Generation verstand, und dem Sex, wie er sein kann.

Das zumindest haben wir inzwischen gemerkt (so daß heute die meisten Menschen, statt wie früher darüber nachzudenken, ob Sex sündig ist, sich Sorgen machen, ob sie »Befriedigung finden« – man kann sich, wenn man will, über alles Sorgen machen). Es gibt derzeit genug Bücher über die Grundlagen; ihr Hauptzweck besteht darin, die Sorgen bezüglich Normalität, Möglichkeit und Mannigfaltigkeit der Sexualerlebnisse loszuwerden. Die Menschen, die sich an Masters und Johnson wenden, überwinden Hemmungen, die so grundlegend sind, daß sie in früheren Generationen der traditionellen Meinung zum Opfer gefallen wären. Nun hat die Toleranz im Verlagswesen zumindest einiges von der Heimlichtuerei um diese Dinge aus der Welt geschafft. Unser Buch erscheint nun in einer Zeit, in der es genug Menschen gibt, die über die Grundlagen verfügen und jetzt wirklich genaue Informationen und nicht bloß Beruhigung verlangen.

Meisterschaft im Kochen beruht nicht auf Instinkt. Sie beginnt damit, daß Menschen wissen, wie man Speisen zubereitet und genießt, dafür Interesse zeigen und bereit sind, sich bei der Zubereitung Mühe zu geben und Rezeptvorschläge zu lesen. Sie stellen dabei fest, daß die eine oder andere Methode ihnen hilft. Es wäre zum Beispiel schwierig, Mayonnaise nur nach dem Instinkt zuzubereiten. Genauso der Cordon-bleu-Sex, wie wir ihn definieren. Er ist das Besondere, das man erreichen kann, indem man »Rezepte« vergleicht, Phantasie benützt und ungewöhnliche oder neue Erfahrungen ausprobiert, weil man über das befriedigende Liebesleben, das man führt, hinausgehen will.

Es ist immer traurig, wenn eine Liebesbeziehung in Brüche geht, weil man sich nicht ausgesprochen hat – aus Angst, das Verlangen könnte auf Ablehnung stoßen, aus Unfähigkeit, die hergebrachten Vorstellungen von Zärtlichkeit mit den eigenen aggressiven Wünschen in Einklang zu bringen, aus Unvermögen, die Sexualität als Spiel zu akzeptieren. Diese Behinderungen stellen zusammen mit der Eintönigkeit einen großen Teil aller »verflixten Gelüste« des fünften oder siebenten Jahres dar und sind zwischen toleranten Menschen, die einander lieben, vermeidbar.

Wir müssen mit vier Arten von Lesern rechnen: mit solchen, die keinen Geschmack daran haben, es beunruhigend finden und lieber bei ihren Gewohnheiten mit bäuerlichen Einlagen bleiben möchten – die sollten das Buch weglegen, unsere Entschuldigung entgegennehmen und bleiben, wie sie sind; mit solchen, die dafür sind, denen die Wahl unserer Methoden jedoch nicht gefällt – die sollten daran denken, daß es kein Gesetzbuch ist, sondern eine »Speisekarte«. Wir haben versucht, großzügig zu bleiben, aber es ist immer schwierig, über Dinge zu schreiben, an denen man keinen Gefallen findet. So haben wir auf lange, sehr spezialisierte Diskussionen über Spezialfälle – Transvestiten – und Dinge wie S und M (Sadismus und Masochismus) verzichtet, die nicht eigentlich Liebe oder auch Sex in unserem Sinn des Wortes sind. Menschen, die daran Vergnügen finden, wissen schon, was sie ausprobieren wollen. Ein Zweck dieses Buches ist es, die aus Verschweigen der Tatsachen entstandene Vorstellung zu beseitigen, daß alltägliche Sexbedürfnisse sonderbar oder anomal sind. Was das allgemeine Repertoire anlangt, liegt die ganze Freude des Sex mit Liebe darin, daß es keine Regeln gibt, solange es einem Vergnügen macht, und daß die Auswahl praktisch unbegrenzt ist. Die meisten Menschen werden unser Buch so verwenden – als privates Notizbuch für *ein* Liebespaar, aus dem man Anregungen gewinnen kann. Dann gibt es noch die verwegenen Experimentatoren, die entschlossen sind, einfach alles auszuprobieren. Auch sie sollten unser Buch am besten wie ein Kochbuch lesen – nur daß Sex zwischen Liebespartnern insofern ungefährlicher ist, als er weder zu Korpulenz noch zu Arteriosklerose oder Magengeschwüren führt. Schlimmstenfalls kann man wund, nervös oder enttäuscht werden. Sex soll von allen körperlichen Betätigungen des Menschen – wenn man von sozialen Nachwirkungen absieht – die ungefährlichste sein. Man kann je nach Geschmack unbegrenzte Abwechslung haben, braucht jedoch eine regelmäßige Grundversorgung mit ruhigem, abend- oder morgendlichem Geschlechtsverkehr in »Missionarstellung«, um diese Experimentieren durchzuhalten. Einfach deswegen, weil im Gegensatz zu verbreiteten Ansichten die absichtlich geplanten Höhepunkte eines Paares um so intensiver sind, je regelmäßiger der Geschlechtsverkehr stattfindet – ebenso wie ein Festessen um so besser gerät, je mehr man routinemäßig gekocht hat.

Schließlich wenden wir uns an die unternehmungslustigen und ungehemmten Liebespaare, welche die Grenzen ihrer Fähigkeit, Vergnügen am Sex zu haben, finden wollen. Das heißt, daß wir manches als selbstverständlich ansehen – daß man nackt miteinander schläft und sich dabei Zeit läßt; daß man imstande und bereit ist, gelegentlich auch einen ganzen Nachmittag damit zu verbringen; daß man ungestört ist und über Waschgelegenheiten verfügt; daß man vor Dingen wie Genitalküssen nicht zurückschreckt; daß man nicht auf eine einzige Methode, unter Ausschluß aller anderen, versessen ist, und – natürlich – daß man den Partner liebt.

Dieses Buch handelt, wie aus dem Untertitel hervorgeht, von Liebe ebenso wie von Sex: auf keiner anderen Grundlage erzielt man erstklassigen Sex – entweder ihr liebt euch, bevor ihr dazu kommt, ihn zu wünschen, oder wenn ihr ihn zufällig habt, liebt ihr euch deshalb, oder beides. Es ist sinnlos, darüber zu streiten, aber genauso, wie man ohne Hitze nicht kochen kann, kann man nicht ohne Gegenwirkung lieben (das ist vielleicht der Grund, weshalb wir eher »Liebesbetätigung« als »Sexbetätigung« sagen). Sex ist eine der wenigen Gelegenheiten, bei denen wir heute lernen können, Menschen als Menschen zu behandeln. Gegenwirkung bedeutet die richtige Mischung von Zurückhaltung und Schwung, Robustheit und Zartheit, Rührigkeit und Erregung. Sie ist eine Folge von Einfühlungsvermögen und langer gegenseitiger Bekanntschaft. Wer sie beim ersten Versuch mit einem Fremden zu erreichen erwartet, ist entweder ein Optimist oder ein Neurotiker – wenn es gelingt, ist es das, was man früher Liebe auf den ersten Blick nannte, und es ist unschätzbar: »Können« oder Abwechslung ist kein Ersatz. Auch Zärtlichkeit läßt sich nicht lehren.

Dies ist ein Buch über wirksame Sexualverhaltensformen mit einigen Erklärungen, wie und warum sie funktionieren. Es ist kein Lexikon: Wir haben vor allem zahlreiche Bezeichnungen vermieden, die zu Beginn des Jahrhunderts für gewisse Verhaltensformen benutzt wurden – weil sie größtenteils veraltet sind. Heute beginnen Biologen und Psychiater, anstatt Etiketten wie Narzißmus oder Sadomasochismus anzukleben, sich die tatsächlichen Verhaltensformen anzusehen und herauszufinden, welchen Zweck sie haben oder was sie bedeuten. Pauschalbezeichnungen sind eine bequeme Stenographie, aber sie sind eher entstellend, besonders wenn weitverbreitete menschliche Verhaltensweisen eine Benennung erhalten, die sie wie eine Krankheit erscheinen läßt. Das hat schon zu sinnlosen Auseinandersetzungen von Fachleuten geführt, zum Beispiel über die Frage, ob »Frauen von Natur aus masochistisch veranlagt sind«, weil der Mann in sie eindringt, nicht umgekehrt.

Wir haben nicht mit einem Vortrag über die Biologie und Psychologie des menschlichen Sex begonnen, sondern wollen lieber in den verschiedenen Rubriken davon sprechen. Heute wissen die meisten Menschen, daß die »Sexualität« des Menschen bei der Geburt beginnt und ununterbrochen von Mutter–Kind- zu Mann–Frau-Beziehungen verläuft. Sie enthält Perioden programmierter Angst um die Geschlechtsteile (»Kastrationsangst«) die wahrscheinlich ursprünglich dazu diente, junge Affen daran zu hindern, mit ihren Vätern in Konflikt zu geraten, die jedoch beim Menschen die Grundlagen für viele andere Verhaltensweisen bilden. Das breite Feld menschlicher Sexualbedürfnisse wird durch diese einzigartige Entwicklungsvoraussetzung kontrolliert: lange Kindheit, enger Mutter–Kind-Kontakt, Tabu für Mutter–Kind- oder Vater–Kind-Sex, enge Paarbindung, die auf Sexualspiel beruht, wie Vogelpaarbindung sich auf Nestbau und Schaustellung konzentriert (es ist das häufig als »Liebe« beschriebene Phänomen) und so fort. Wir haben, ohne auf Einzelheiten einzugehen, im ganzen Buch beschrieben, wie Teile dieses menschlichen Hintergrunds in das Muster dessen passen, was Menschen sexuell Spaß macht. Die meisten menschlichen Sexualverhalten »bedeuten« eine ganze Reihe verschiedener Dinge (sie sind, wie es heute heißt, »überbestimmt«; siehe zum Beispiel unsere Bemerkungen über Kleidung).

Ein wenig Theorie macht den Sex interessanter, verständlicher und weniger beunruhigend – zuviel davon wäre unangebracht – man würde die Sache nicht in ihrer relativen Bedeutung sehen und zum Betrachter seiner eigenen Leistung werden. Wenn man wirklich quälende Hemmungen hat, braucht man einen Fachmann, der einem den Spiegel vorhält, und muß sich über sie klarwerden – selbstklebende Etiketten sind da völlig nutzlos. Alle Menschen sind Sadisten, Narzisse, Masochisten, bisexuell und so weiter und so fort – wenn man alle Etiketten anklebte, würde man aussehen wie ein Kabinenkoffer. Es kommt darauf an, ob eine Verhaltensweise einen selbst oder andere Menschen stört – wenn es der Fall ist, können Schlagworte ein Hinweis auf das Problem sein, aber sonst nichts.

Der Ausgangspunkt jeder Liebesbetätigung ist enger körperlicher Kontakt. Liebe wurde als die Harmonie zweier Seelen und der Kontakt zweier Epidermen definiert. Sie ist auch von unserer Kindheit an der Ausgangspunkt menschlicher Beziehungen und

Bedürfnisse. Nach jahrhundertelangen strengen Tabus, die zahlreiche solcher Kontakte – zwischen Freunden, zwischen Männern – betrafen und von anderen Kulturen verhängt wurden, hat unsere abendländische Kultur die auf Körperkontakt beruhende »Intimität« auf Eltern–Kind- und Liebhaber–Geliebte-Situationen beschränkt. Wir sind dabei, einige Tabus zu überwinden, zumindest in den Bereichen der Säuglingserziehung und der eigentlichen Liebesbetätigung. Es zeigt sich aber, daß die uns anerzogenen Vorbehalte, zum Beispiel, daß Spiel und Phantasie nur für Kinder ungefährlich sind, schlechte Voraussetzungen für wirklich volle und persönliche Sexbetätigung geben. Es gibt Kulturen, für die unsere Vorstellung von Sex nicht gültig wäre, obwohl unsere Auswahl größer ist denn je. Sie ist vor allem genital überbetont: Für unsere Kultur bedeutet »Sex« das Einführen des Penis in die Vagina. Die ganze Haut des Menschen ist ein Geschlechtsorgan. Was die Berührung anlangt, kann ich nur auf Desmond Morris' brillante Schilderung in »Liebe geht durch die Haut« verweisen, die unsere Hemmungen aufzählt. Guter Sex ist hier das einzig wahre Heilmittel.

Es hat keinen Sinn, über die Milch, die in unserer Kultur vergossen wurde, zu weinen. Unser Sexrepertoire muß unserer Wesensart angepaßt werden, nicht jener der Trobriand-Insulaner (die ihre eigenen Hemmungen haben). Wir brauchen ein ausgedehntes Liebesspiel, das auf den Koitus und andere Betätigungen ausgerichtet ist. Zugleich können wir auch unser Programm planen, so daß wir unser sonstiges Rüstzeug zu verwenden lernen. Dazu gehören unsere gesamte Hautfläche, unsere Gefühle der Individualität, Aggression und dergleichen sowie alle unsere eingebildeten Bedürfnisse. Zum Glück ist das Sexualverhalten bei Menschen ungeheuer elastisch und auch richtig abgestimmt, so daß es uns dazu verhilft, die meisten Bedürfnisse auszudrücken, welche die Gesellschaft oder unsere Erziehung eingeengt haben. Wir brauchen vor allem eine Vervollkommnung des Sex (die sich aber nicht nur auf unsere Gesellschaftsart beschränkt). Sie hat den Vorteil, daß wir – falls wir sie wirklich erreichen – in stärkerem Maße für den anderen aufnahmefähig werden. Das ist die Antwort für alle, die glauben, daß bewußtes Streben nach Erweiterung unseres Sexbereiches »mechanisch« oder ein Ersatz für Menschlichkeit sei – es ist im Gegenteil ein ausgezeichneter Zugang, um das Menschsein zu lernen – wahrscheinlich der einzige, den unsere Art Gesellschaft im Augenblick wirklich verwenden kann. Es mag andere Gebiete geben, auf denen wir lernen können, unser ganzes Ich auszudrücken, und es gemeinsam tun, aber es gibt deren nicht viele.

Das sind unsere Voraussetzungen. Nehmen wir Gegenwirkung und wechselseitige Erforschung als gegeben an, so gibt es zwei Arten von Sex, Duett und Solo, und ein gutes Konzert wechselt zwischen beiden. Das Duett ist eine gemeinsame Anstrengung, die auf gleichzeitigen Orgasmus oder zumindest je einen Orgasmus abzielt und auf völlige, nicht technisch geplante Hingabe. Es erfordert tatsächlich Können und kann eher aus berechnetem »Liebesspiel« aufgebaut werden, bis beide ganz automatisch das Richtige tun. Das ist die sexuelle Grundmahlzeit. Solo dagegen heißt, daß ein Partner der Spieler und der andere das Instrument ist; der Spieler trachtet, so umfassende, unerwartete und im allgemeinen stürmische Wirkungen im Lusterlebnis des Partners zu erzielen, wie es seine oder ihre Geschicklichkeit gestattet. Der Spieler verliert die Beherrschung nicht, obgleich das, was mit dem Partner geschieht, ihn in wilde Erregung versetzen kann. Das Instrument verliert jedoch die Beherrschung – das ist mit einem leicht ansprechenden Instrument und einem versierten Künstler die eigentliche Konzertsituation – wenn es in einem zügellosen Zusammenspiel endet, um so besser. Dabei kommen alle Musik- und Tanzelemente zum Ausdruck – Rhythmus, steigende Spannung, Zappelnlassen, sogar echte Aggression: »Ich bin wie der Henker«, sagt die Dame im persischen Gedicht, »doch wo er unerträglichen Schmerz zufügt, werde ich dich nur sterben lassen vor Lust.« Es gibt in dem Solo tatsächlich ein Aggressions- oder Züchtigungselement; deshalb ist es bei manchen Liebespaaren unbeliebt und andere übertreiben es, aber ohne Solopassagen ist kein überragender Liebesakt vollständig.

Die antike Vorstellung von der passiven Frau und dem aktiven Mann sah in erster Linie ihn als den Solisten, und manche Ehehandbücher halten an dieser Idee weiterhin fest. In einer freieren Auffassung ist sie selbst die Solistin schlechthin, indem sie ihn zu Beginn in Erregung versetzt oder ihn leitet und all ihre Geschicklichkeit zur Schau stellt. Es gibt eigentlich nur eine wirklich unmusikalische Situation, und das ist die Umkehrung eines echten Solos, bei dem der eine Partner den anderen dazu benutzt, sich zu befriedigen, ohne auf Gegenseitigkeit zu achten. Man kann allerdings sagen, »Tu es diesmal selbst«, als schnelles Ende, aber mehr als das ist es nicht.

In der alten Welt galten ausführliche Solopraktiken hauptsächlich als Kunst der Männer: in Europa war zu gewissen Zeiten die

Soloroutine bei den Frauen angeblich nur auf Prostituierte beschränkt (die zumeist einen bemerkenswerten Mangel daran zeigen, aus mangelndem Einfühlungsvermögen). Heute ist der Solopart wieder im Zunehmen begriffen; nachdem er – aus Vorsicht – mit dem »Petting bis zum Orgasmus«, begonnen hat, droht er zu einer Höflichkeitsfertigkeit zu werden: vielleicht wird es bald Fortbildungskurse geben. Wie gewöhnlich, könnte das Pendel wieder zu weit ausschlagen und das Solo zu einem Ersatz für vollen, ungezügelten Koitus machen – während es eigentlich eine Vorbereitung, Ergänzung, Eröffnung, Überbrückung, ein Schlußstück, Zwischenspiel sein sollte. Der durch ein Solo erzielte Orgasmus ist jedoch einzigartig – bei beiden Geschlechtern weder stärker noch schwächer als in einem vollen Duett, aber anders. Wir hörten von beiden Geschlechtern, daß er »schärfer, aber nicht so rund« ist, und die meisten, die beide Arten erprobt haben, wechseln sie gern ab; er ist auch ganz anders als bei Selbstbefriedigung, die von den meisten Leuten gelegentlich ganz gern praktiziert wird. Wenn man versucht, den Unterschied anzugeben, ist es ähnlich wie beim Beschreiben von Weinsorten. Sie unterscheiden sich jedenfalls voneinander, und es hängt viel davon ab, sie zu verfeinern und abwechselnd zu probieren.

Natürlich sind Solopraktiken nicht unbedingt vom Koitus zu trennen. Davon abgesehen, daß sie zum Koitus führen, gibt es viele Koitussoli – für die Frau zum Beispiel rittlings –, während gegenseitige Masturbation oder Genitalküsse vollwertige Duette sein können. Es hat auch nichts zu tun mit dem Gegensatz zwischen »klitoralem« und »vaginalem« Orgasmus (das ist nur eine grobanatomische Art des Versuchs, einen natürlichen Unterschied in Worten auszudrücken), denn der Mann empfindet denselben Gegensatz. Man kann durch Berühren der Fingerspitzen, Brüste, Fußsohlen oder Ohrläppchen einer sensiblen Frau, bei einem Mann ohne Berührung der Genitalien normalerweise weniger, einen heftigen Solo-Orgasmus erzielen. Wenn man von »klitoralem Orgasmus« spricht, so meint man gewöhnlich einen Koitus, der gemeinsam erfolgen soll, dabei jedoch (bei der Frau) den Eindruck eines Solos hervorruft. Die Solopraktik kann sogar auf die ruhigsten Menschen äußerst elektrisierend wirken. Wenn sie geschickt gehandhabt wird, von jemandem, der sich selbst durch lautes Schreien nicht abhalten läßt, aber weiß, wann er aufhören muß, kann eine Frau einen Orgasmus nach dem anderen haben, und ein Mann kann bis zur Grenze menschlicher Ausdauer knapp am Rand des Höhepunkts gehalten werden.

Höchste Lust *muß* nicht vielgestaltig sein, ist es aber oft. Starres Festhalten an einer einzigen Sextechnik ist meist auf Ängstlichkeit zurückzuführen. Wir haben uns in diesem Buch zum Beispiel mit Dingen wie Koitalstellungen nicht eingehend befaßt. Die weniger ausgefallenen sind heute allen Leuten aus der Literatur, wenn nicht aus der Praxis, bekannt – die ausgefallenen könnte man gewöhnlich selbst erfinden, aber sie haben eigentlich wenig ausgesprochene Vorteile, es sei denn für den Zuschauer. Außerdem eignet sich die normale Koitaltechnik, die ein Aussetzen der Selbstbeobachtung erfordert, nicht zu schriftlichen Abhandlungen, außer für Elementarschüler. Das erklärt den Nachdruck, den wir in unserem Buch auf die »Beilagen« – Saucen und Pickles – gelegt haben. Die meisten davon sind psychologisch und biologisch so abgestimmt, daß sie bestimmte menschliche Bedürfnisse befriedigen, die oft Überreste einer »zivilisierten« Kindheit sind. Den Individuen, die infolge eines psychologischen Problems nur von Saucen und Pickles leben müssen, entgeht zu ihrem Unglück der nahrhafte Teil ihrer Mahlzeit. Mit verdrehten und fixen Ideen im Sex verhält es sich so, als müßte man aus Allergie gegen Rindfleisch ausschließlich von Meerrettichsauce leben; Angst vor Meerrettichsauce, weil sie unverdaulich und nutzlos ist, bildet ein anderes Hindernis, nämlich Puritanertum. Wir haben den Menschen jahrelang zugehört und darauf beruht unsere Wahl der Bedürfnisse und Probleme.

Es ist schwierig, bei der Beschreibung von Sex nicht ernst zu sein, so wenig ernst wir auch im Bett spielen. Tatsächlich ist die Fähigkeit, Sex ohne Scham als Spiel aufzufassen, eines der Dinge, die in der »neuen geschlechtlichen Freiheit« noch fehlen – diesbezüglich muß man psychoanalytischen Vorstellungen von Reife beinahe ebensoviel Schuld geben wie veralteten Moralbegriffen darüber, was normal oder pervers ist. Wir alle sind unreif und haben Ängste und Aggressionen. Wahrscheinlich ist das Koitalspiel wie das Träumen die programmierte Art, mit welcher der Mensch annehmbar damit fertig wird, so wie Kinder ihre Ängste und Aggressionen im Spiel ausdrücken. Wenn sie aus Eifersucht auf den kleinen Bruder oder auf das andere Geschlecht »Indianer am Marterpfahl« spielen, nennen wir das nicht Sadismus. Leider haben Erwachsene Angst vor Spiel, Verkleidung, Theater. Es macht sie befangen: es könnte etwas Schreckliches zum Vorschein kommen.

Das Bett ist der Ort, wo man auf der Spielebene alle Spiele treiben kann, die man je beabsichtigt hat – wenn Erwachsene solchen

»unreifen« Bedürfnissen gegenüber weniger befangen wären, hätten wir weniger hochgradig ängstliche und festgelegte Fetischisten, die einen Gemeinschaftssinn schaffen, um sich ohne das Gefühl des Isoliertseins betätigen zu können. Wir haben von einem Froschmann gehört, der seine Frau in Bettlaken aus Gummi schlafen ließ; sie mußte ein wirklicher Froschmann werden, denn das Anziehen eines Taucheranzugs zum Spaß war ihm peinlich und ließ ihn seltsam erscheinen. Wenn wir den Sinn für Spiel, der für eine vollwertige, unternehmende und gesund unreife Betrachtung von Sex zwischen verantwortlichen Menschen erforderlich ist, weitergeben könnten, würden wir ein gutes Werk vollbringen: Menschen, die Flagellationsspiele treiben und dadurch erregt werden, belästigen niemanden, es sei denn, sie vergraulen einen Partner, der das Schauspiel beängstigend findet. Menschen, die ähnliche Aggressionen außerhalb des Schlafzimmers inszenieren, sind geeignet, in My Lai oder Belsen zu enden. Der Zweck dieses Buches ist Lust, nicht Psychiatrie – aber wir glauben fast, daß die beiden etwas gemeinsam haben. Spiel ist eine Funktion der sexuellen Entwicklung – Verspieltheit gehört zur Liebe und könnte durchaus ein Beitrag des Wassermannzeitalters für das menschliche Glück sein.

Das Hauptgericht ist jedoch noch immer liebevoller, ungehemmter Koitus – lang, häufig, abwechslungsreich, der damit endet, daß beide Partner gesättigt sind, aber nicht so völlig, daß sie nicht in einigen Stunden noch einen leichten Gang und eine Mahlzeit genießen könnten. Das Kernstück ist die gute alte »Missionarstellung«, mit gemeinsamem Orgasmus, nach einem Tag oder einer Nacht voll Zärtlichkeit. Andere Arten des Liebens sind individuell verschieden und es gibt unendlich mannigfaltige Methoden. Komplizierte sind für spezielle Gelegenheiten oder spezielle Zwecke, wie das Hinauszögern eines verfrühten Orgasmus des Mannes oder Dinge, die – wie ein Pfeffersteak – einmal im Jahr wirklich köstlich sind, aber nichts für alle Tage.

Es macht nichts, wenn unser Repertoire Ihnen nicht gefällt oder mit dem Ihren nicht im Einklang steht. Es ist das Ziel von »Freude am Sex«, Ihre schöpferische Phantasie anzuregen. Sie können auf Ihre eigene Weise spielen, und wenn Sie all Ihre schöpferischen Einfälle ausprobiert haben, werden Sie keine Bücher brauchen. Sexbücher können nur Methoden empfehlen, um Sie zu Experimenten zu ermutigen.

Es gibt schließlich beim guten Sex nur zwei »Regeln«, abgesehen von der selbstverständlichen: zu unterlassen, was albern, asozial oder gefährlich ist. Die eine lautet: »Tun Sie nichts, was Ihnen nicht wirklich behagt«, und die andere: »Suchen Sie die Wünsche Ihres Partners und weisen Sie sie nicht zurück, wenn irgend möglich.« Mit anderen Worten, eine gute Beziehung im Geben und Nehmen ist ein Kompromiß (wie bei einer Theatervorstellung – wenn Ihnen beiden dasselbe gefällt, ausgezeichnet; wenn nicht, wechseln Sie ab und lassen Sie nicht immer einen Partner diktieren). Das kann leichter sein, als es klingt, denn wenn der eine Partner nicht gerade etwas wünscht, das der andere ganz und gar undiskutabel findet, fühlen sich wirkliche Liebende nicht nur durch ihre eigene Befriedigung belohnt, sondern auch durch die Reaktion und Befriedigung des anderen. Die meisten Frauen, die chinesische Gerichte nicht mögen, werden sie gelegentlich essen, wenn der Mann, der eine Vorliebe für chinesische Gerichte hat, sie sich schmecken läßt, und umgekehrt. Partner, die sich gegen spezielle Sexwünsche stellen, haben diese gewöhnlich gar nicht ausprobiert (viele Versuchsgerichte erweisen sich als schmackhafter als erwartet), sondern sie weigern sich, weil sie die Vielfalt menschlicher Bedürfnisse nicht kennen, und aus Angst, es könnten Dinge, wie Aggression oder außergenitale Sensationen, im Spiele sein, die in der gesellschaftlichen Mythologie des letzten halben Jahrhunderts nicht existierten. Man könnte das Wissen um die Formen sexuellen Hilfsverhaltens als notwendige Vorbereitung für jede längere Sexbeziehung ansehen – besonders für die Ehe, wenn man wirklich beabsichtigt, beisammen zu bleiben – doch bis jetzt waren Bücher in dieser Hinsicht keine große Hilfe. Sie haben die Menschen eher verschreckt, als daß sie ihnen geholfen hätten.

Paare sollten ihre Bedürfnisse und Neigungen (obwohl die meisten Leute diese nicht gleich herausfinden) aufeinander abstimmen. Sie werden zu manchen unserer Vorschläge erst gelangen oder sie verstehen, bis Sie gelernt haben zu reagieren. Es wäre ein Fehler, laufen zu wollen, solange das Gehen eine überwältigende neue Erfahrung ist, und Sie können glückliche Fußgänger sein, die automatisch zueinander passen. Die meisten Leute, die heiraten, probieren lieber selbst aus, was ihnen liegt, und spielen sich ein. Ein Neudenken hilft dann, wenn man aneinander gewöhnt ist (Sexbedürfnisse sind nicht die einzigen, die eine Anpassung an den Partner erfordern) und spürt, daß die Oberfläche frisch poliert werden sollte. Das ist der Fall, wenn der eine die Sexbeziehungen überschätzt, während der andere der ausgedehnteren Verwendung seines sexuellen Rüstzeugs in bezug auf eine totale Verbindung nicht genug Beachtung geschenkt hat. Der übliche amerikanische

Ausweg in diesem Fall besteht darin, daß man die Beziehung wechselt und mit jemand anderem einen ebenso unvernünftigen Versuch unternimmt, auf die entfernte Möglichkeit hin, vielleicht zufällig einen besseren Partner zu bekommen. Das ist eine Gefühlsvergeudung, und gewöhnlich macht man wieder die gleichen Fehler. Es wäre der Mühe wert zu versuchen, entweder von vornherein den gegenseitigen Geschmack in bezug auf Sex zu entdecken, oder ihn zu entwickeln, wenn man es nicht intuitiv getan hat. Wenn man einen Garten auf lange Sicht anlegt, sind Grundkenntnisse in Botanik eine vernünftige Forderung. Liebe auf lange Sicht, ausgedrückt in aktivem Sex, heißt, daß man Grundkenntnisse in menschlicher Biologie haben muß. Versuchen Sie es nicht mit gegenseitiger Eigenbau-Psychoanalyse; Sie könnten einander in größte Verlegenheit bringen! Wir alle haben prägenitale Bedürfnisse, wenn sie auch durch Erziehung verschüttet sind, so wie wir Fingerabdrücke und einen Nabel haben. Es ist nicht nur interessant und lehrreich, sondern auch lohnend, die Bedürfnisse des Partners und die eigenen zu kennen und herauszufinden, wie man sie im Bett zum Ausdruck bringen kann und welchen Sinn die sexuelle Liebe hat.

Lesen Sie dieses Buch gemeinsam und allein oder werfen Sie dann und wann einen Blick hinein. Sie finden Methoden, die manche normalen Menschen brauchen und verwenden, um ihr Sexualleben auszufüllen oder einfach als Spiel und Entspannung zu genießen. Vergeuden Sie Ihre Zeit nicht mit Dingen, die nicht für Sie sind. Nichts ist für alle Menschen gleich stimulierend. Richten Sie sich nach Ihren Bedürfnissen und denen Ihres Partners. Merken Sie sich alles an, was einen von Ihnen oder Sie beide soweit anregt, daß Sie sagen: »Das möchte ich versuchen!« Wenn es Ihnen peinlich ist, über sexuelle Wünsche zu sprechen, machen Sie eine Nummernliste der Seiten, die Ihr Partner lesen soll, und tauschen Sie die Listen aus (das ist kein Trick, um Sie zum Kauf von zwei Exemplaren des Buches zu verleiten – Sie können abwechselnd lesen). Gehen Sie dann gemeinsam von diesem Punkt aus. Sie werden Dinge herausfinden, die Sie voneinander nicht gewußt haben, und alle werden lohnend sein.

Hors d'œuvres

Betten

Sie sind noch immer das wichtigste Stück des häuslichen Sexualrüstzeugs. Zu einem wirklich aufregenden Sex gehört gewissermaßen jeder Einrichtungsgegenstand im Hause, zumindest ver-
suchsweise, aber die übliche Bühne ist das Bett. Die meisten Betten
auf dem Markt werden von Leuten entworfen, die meinen, Betten
seien nur dafür bestimmt, darin zu schlafen. Das Problem ergibt
sich aus der Tatsache, daß die ideale Fläche für die meisten Arten
des Geschlechtsverkehrs eher härter sein soll, als es zum Schlafen
für eine Nacht bequem ist. Eine Lösung besteht darin, zwei Betten
zu haben, eines für den Sex und das andere zum Schlafen. Auf
jeden Fall zerreißt die Notwendigkeit, von einem Bett ins andere
zu übersiedeln, den angenehmsten Teil der Nacht, die völlige Entspannung, die auf vollkommenen Liebesgenuß folgt.
   Der beste Rat wäre wahrscheinlich, einen Kompromiß zu
schließen und eine zweite Matratze auf dem Fußboden zu haben.
Riesige oder kreisrunde Betten sehen stimulierend aus, haben aber
keine wirklichen Vorzüge gegenüber einem Doppelbett normaler
Größe. Wir möchten einige Punkte ins Auge fassen, ehe wir ein
Gütesiegel erteilen. Zum ersten muß das Bett die richtige Höhe
haben, da man die Seiten- ebenso wie die Oberfläche verwendet.
Die Oberfläche der Matratze soll genau in Höhe des Schambeins
des Mannes sein, wenn er kniet. Wenn sich dann seine Partnerin
auf oder über die Matratze legt, ist sie von vorn oder hinten in der
richtigen Höhe. Für manche Betätigungen, insbesondere für Fesse-
lungsstellungen – sofern man sie mag – sind Bettpfosten, vorzugsweise hohe, wie sie bei alten Himmelbetten üblich waren, erforderlich, Fußteile hingegen nicht, denn vielleicht wollen Sie anfangs
den Bettrand am Fußende benützen und dann direkt zur vollen
Länge übergehen. Massive alte Bettrahmen haben insofern große
Vorteile, als sie nicht klappern oder zusammenbrechen. Die
Matratze soll so hart sein, daß man noch bequem darauf schlafen
kann. Sonst verdirbt man sich die sexuelle Hauptfreude des
Zusammenlebens und -schlafens – den Umstand, daß man zu
jeder Nachtstunde, wenn beide es wünschen, verkehren und sich
gleich darauf gemeinsam entspannen kann. Wenn Sie Platz haben,
sehen Sie auch ein Einzelbett vor für den Fall, daß einer der Partner krank ist und sich allein im Bett bequemer fühlt. Für Doppel-
betten ist in einer erfüllten Sexualbeziehung kein Platz.

DAS BETT
Noch immer das wichtigste Stück
des Sexualrüstzeugs.

Außer dem Bett an sich brauchen Sie vier Kissen – zwei sehr harte, die man unter die Hinterbacken legt, und zwei weiche zum Schlafen. Das Zimmer muß jederzeit warm sein – warm genug, um eventuell ohne Bettzeug zu schlafen, ohne daß einem kalt ist. Deshalb sollten elektrische Heizdecken unnötig sein. Der Typ von Decken, auf denen man liegt, ist auf jeden Fall für den Geschlechtsverkehr ungeeignet. Wenn man nicht sehr vermögend ist, und es einen reizt, ein besonderes »Sexzimmer« zu haben, kann man Stühle und Schemel für das Schlafzimmer so aussuchen, daß sie die erforderliche Einrichtung für alle Eventualitäten vervollständigen (siehe »Ausrüstung«), dazu noch einen Teppich, der weich genug ist, um für den untenliegenden Partner wirklich bequem zu sein, und Spiegel. Man braucht auch genügend Schubladen neben dem Bett zur Unterbringung von Hilfsmitteln, die man vielleicht plötzlich zur Hand haben möchte, ohne aufstehen zu müssen: Gleitmittel, empfängnisverhütende Mittel, Vibratoren und dergleichen. Ein gut entworfenes Schlafzimmer kann ein Sex-Turnzimmer sein, ohne ältere Verwandte in Verlegenheit zu bringen, wenn sie ihren Mantel dort ablegen.

Verhältnismäßig neu sind Wasserbetten, Betten mit wassergefüllter Matratze. Sie können tatsächlich ungewöhnliche Empfindungen hervorrufen und haben eine eigene Resonanzschwingdauer mit der Neigung, die Initiative zu ergreifen: Man muß sich in ihrem Rhythmus bewegen, was aber an sich ein anregender Zwang ist. Sie sind kostspielig – am besten spart man sich die Verwendung für eine Gelegenheit außer Haus auf, wenn man in einem Hotelzimmer mit Wasserbett neue Flitterwochen feiert.

Deodorant

Völlig verboten, das einzige erlaubte Deodorant ist Seife und Wasser, obwohl die Pechvögel, die ausgiebig schwitzen, Probleme haben können. Ein Mundvoll Ammoniumchlorid in der Achselhöhle eines Mädchens ist eine der größten Enttäuschungen, die ein Bett zu bieten hat, und eine wirklich desodorisierte Frau wäre eine andere – wie eine desodorisierte Gartennelke. Reinlichkeit ist etwas anderes. Lassen Sie sich also nicht vom Verkaufsgerede beeindrucken, es sei denn, daß ein sogenanntes »Intim-Spray« eine natürliche Note erhöht, die Ihnen gefällt. Waschen Sie sich, und lassen Sie es dabei bewenden. Sie sagt: »Manche Männer *sollten* Deodorants verwenden, wenn sie nicht erlernen können, wie man sich wäscht.« Siehe unter »Cassolette«, »Mundmusik«.

Echter Sex

Die Art, die von unserer Kultur und dem Großteil der Massenpropaganda nicht anerkannt wird. Nicht daß Koitus, Masturbieren usw. oder Genitalküsse kein echter Sex wären, aber manches andere ist ebenfalls echter Sex, auch wenn es unsere Zeit und unsere Generation nicht reizt. Wir können einiges aufzählen: das Zusammensein in einer Situation des Vergnügens, der Gefahr oder bloß der Ruhe (wenn wir dies als sexuell gelten lassen, riskieren wir, andere Menschen als Menschen lieben zu müssen – zugegeben, das wäre beunruhigend oder unbequem für uns und für die Gesellschaft); Berühren; Blicke und altmodisches Händchenhalten, ein zurückhaltendes Werben alten Stils (das vagina-versessene, draufgängerische Kerle heute für schmalzig halten); gemeinsam schlafen, auch ohne, oder besonders nach dem Geschlechtsverkehr.

Den meisten Frauen braucht man das nicht zu sagen, aber sie schämen sich, es den Männern zu sagen, aus Angst, sie könnten für andersherum gehalten werden, so wie sich Männer ihre Vorliebe für bestimmte Objekte oder aggressive Wünsche nicht gestehen. Halten Sie nicht an der Ansicht fest, daß nur das sexuell ist, was Tantchen für sexuell erklärt. In einem Buch wie diesem muß das gesagt werden, wenn Sie an der Liebe interessiert sind und nicht am olympischen Fünfkampf. In unserer Kultur haben Menschen, die den olympischen Aspekt bevorzugen, nicht viel davon, es sei denn, daß es ihnen zu dieser Erkenntnis verhilft.

Entspannung

Wahrscheinlich ist es eine allgemeine Erfahrung – und wir nehmen sie hier als gegeben hin –, daß das Orgasmusgefühl mit höchster Muskelanspannung einhergeht. Eine große Zahl von Methoden (Stellungen, Fesselung und dergleichen) sind darauf gerichtet, diese Spannung zu verstärken. Aber diese Absicht darf man nicht verallgemeinern, denn ihr steht eine andere Erfahrung gegenüber: Der Orgasmus völliger Entspannung läßt sich eher schwerer erreichen, vor allem deswegen, weil man ihn nicht künstlich verstärken kann, aber er ist anders und – wenn er funktioniert – überwältigend. Es gibt auch manche Menschen, vor allem Frauen, bei denen die Spannung anscheinend eine volle Reaktion verhindert. Wir haben ideologische Schriften zu diesem Thema gelesen, die zum Beispiel andeuten, daß Spannungsorgasmen Angst vor voller

ECHTER SEX
Berühren führt öfter zum
Orgasmus, aber wir vermissen
ein Werben alten Stils.

26

Preisgabe, latenten Sadismus und dergleichen darstellen. Ein Autor war der Ansicht, daß Schreie, Grimassen und Zuckungen eher Angst und Pein anzeigen als Liebe und Lust – vermutlich hat er sich beim Liebesakt nie selbst gesehen oder niemals einen wirklich stürmischen Orgasmus erlebt. Tatsächlich scheint die einzige akzeptable Generalisierung über Sex darin zu bestehen, daß kein Modell für alle Menschen anwendbar ist. Inwieweit diese Unterschiede zwischen den Individuen von der Physiologie abhängen oder von latenter Aggression und dergleichen, ist wahrscheinlich keine wirklich wichtige Frage – manche brauchen das eine und manche das andere. Unserer Ansicht nach können die meisten Menschen ihr Repertoire durch Praxis erweitern, indem sie beides zu verwenden lernen und die Erfordernisse des Augenblicks so spüren, daß sie sie abwechseln, dadurch das Gebiet ihrer physischen Empfindungen verdoppeln und den Sex noch offenherziger machen. Sicher ist manche Spannung mit Angst vor dem Sichgehenlassen gleichzusetzen, und manche lassen sich lieber freiwillig »zwingen«, Orgasmen zu haben. In diesem Fall ist es – zumindest anfangs – vernünftig, die Reaktionen, die man hat, zu benutzen. Wenn Sie aber diese Art von Reaktion erkennen, müssen Sie auch die andere Methode versuchen. Säugetiere wählen offenkundig je nach Gattung zwischen Kampf und Vergewaltigung und einer Version, bei der das Weibchen nahezu indifferent erscheint, so daß sich also aus der Zoologie nicht viel lernen läßt.

Der einfache, schläfrige, gewöhnliche Koitus auf der Seite oder in der »Missionarstellung« ist entspannt, aber das meinen wir nicht. Bei einem angestrebten entspannten Orgasmus ist entweder ein Partner völlig passiv und der andere ist ein Solist, oder beide erreichen einen Zustand der Gelöstheit, bei dem ganz automatische – bei der Frau innere – Bewegungen erfolgen. Versuchen Sie beides – es ist leichter, anfangs beide Methoden gemeinsam auszuführen.

Wahrscheinlich die leichteste Anfangsmethode besteht darin, daß der weniger aktive Partner im gewöhnlichen Koitus (das heißt meistens, aber nicht immer, der untenliegende), sobald der Orgasmus einsetzt, versucht, jede Bewegung zu stoppen und völlig schlaff zu werden (warnen Sie vorher Ihren Partner). Manche Leute machen das von Natur aus: wenn Sie irgendeine der modernen Entspannungsübungen trainiert haben, bei der Sie zuerst einen Finger schwer werden lassen und so fort, so verwenden Sie hier die gleiche Technik. Möglicherweise stellen Sie fest, daß diese Tatsache bei den ersten Malen eine andere Art von Spannung hervor-

ENTSPANNUNG

Unbedingt nötig, wenn man beim gemeinsamen Sex bis an die Grenzen der körperlichen und geistigen Fähigkeiten kommen will.

ruft, aber nach einigen Versuchen können die meisten leicht erregbaren Menschen erlernen, ihren Orgasmus kommen zu lassen, und werden finden, daß es ein anderes Gefühl ist, als der gleichfalls lustvolle Orgasmus, den man durch Anstrengung oder durch eifrige Bewegung und Hinausschieben des Höhepunktes herbeiführt. Schieben Sie ihn nicht hinaus – verhalten Sie sich überhaupt nicht aktiv! Dann üben Sie die gleiche Art von Entspannung, während Ihr Partner Sie masturbiert oder saugt. Die Bewegungen, die er oder sie vollführt, werden physisch die gleichen sein wie für »langsames Masturbieren«, wie wir es auf Seite 179 beschreiben, aber der aktive Partner erwartet eine ganz andere Reaktion. Bei der »harten«

Version, ob der Partner gefesselt ist oder frei, halten Sie ihn absichtlich zurück oder treiben ihn an, und bleiben ein wenig hinter seinen Reaktionen zurück. Bei der »sanften« Version müssen Sie diesen Reaktionen um einen Bruchteil zuvorkommen, so daß der andere sich nicht zu bewegen oder zu sträuben braucht. Der Unterschied läßt sich nicht beschreiben, nur fühlen. Praktisch bedeutet es einen schnelleren, gleichmäßigeren Stimulationsrhythmus – kein langsames Hochbringen und keine plötzlichen Ausbrüche – Sie vollziehen es und der Partner läßt es kommen.

Wenn Sie das einmal beim Koitus und bei anderen Arten der Erregung, einschließlich aller von uns erwähnten Spezialfälle, richtig erkannt haben, können Sie zum völlig »bewegungslosen« Koitus übergehen. Anfangs wird er natürlich nicht ganz bewegungslos sein, aber probieren Sie nach den ersten sanften Bewegungen, was geschieht, wenn Sie zu denken aufhören. In gewissem Grade werden die Bewegungen weitergehen, aber mit der Zeit und durch Übung immer weniger bewußt werden, besonders wenn die Frau über eine gute Kontrolle der Vaginamuskeln verfügt. Manche Leute lernen schließlich, einzudringen und nichts zu tun, aber dennoch einen Orgasmus zu bekommen, bei dem sie völlig verschmelzen, so daß sie das Gefühl haben, eine einzige Person zu sein – was sich wieder nicht beschreiben und wahrscheinlich nicht immer verwirklichen läßt, aber phantastisch ist, wenn es passiert. Wir betonen, daß es dabei nicht nötig ist, langsam vorzugehen, zurückzuhalten oder sonst irgendwie willkürlich zu verfahren. Wenn Sie finden, daß es nicht klappt, gehen Sie wieder zur gewöhnlichen Bewegung über, ohne jedoch zu viel zu denken – manchmal werden Sie beide spüren, daß der Augenblick gekommen ist, die Stellung zu ändern und einen großen Orgasmus anzustreben; völliges Verschmelzen läßt sich nicht auf Bestellung erreichen, und gewöhnlicher, kräftiger Sex ist schön. Wenn man andererseits die Entspannung erlernt hat, wird man einen solchen Orgasmus wieder erleben wollen.

Worauf es die meisten Sexualjogis abgesehen haben, ist zuverlässige Entspannung und das damit verbundene, fast erschreckende Selbstverlieren, nur daß sie gewöhnlich versuchen, den Samenerguß zu verhindern. Manche dieser Sexualmystiker empfehlen eine besonders entspannte Stellung (der Mann liegt auf seiner linken Seite, die Frau in rechtem Winkel auf dem Rücken mit angezogenen Knien, die Beine über seinen Hüften, die Füße flach auf dem Bett). Ob das hilft, dürfte von Ihrem Körperbau abhängen. Was sich für Leute, die sich nicht ganz entspannen können, als

Vorschlag lohnt, ist das Durchspielen aller von uns beschriebenen Methoden mit der Absicht, sich zu entspannen, anstatt Höchstspannung zu erreichen, und ihre Reaktion entsprechend anzupassen. Ebenso sollten Menschen, die sich beim Verkehr natürlich entspannen, gelegentlich versuchen, auf volle Spannung auszugehen – genauso wie Frauen, die gern um sich schlagen, manchmal versuchen sollten, sich gewaltsam stillzuhalten und umgekehrt. Ein derartiges Experimentieren entgegen der eigenen natürlichen Reaktion ist für die Erweiterung des eigenen Bereichs der Liebesbestätigung wertvoller als mechanische Stellungsänderungen oder das Ausprobieren von Apparaten und Tricks. Es ist ein Teil des Liebens, der mehr Mühe als bloße Neugier erfordert, aber unbedingt nötig, wenn man beim gemeinsamen Sex bis an die Grenzen der körperlichen und geistigen Fähigkeiten kommen will.

Erwachen

Sie sagt: »Die Art, wie man schläft, ist wichtig, und es ist der Mann, der mit einer Erektion erwacht. Es ist zwar herrlich, durch einen Koitus geweckt zu werden, nicht aber, wenn man einen schauderhaften Tag hinter sich und am nächsten Morgen eine wichtige Besprechung vor sich hat. Sei also vernünftig! Es ist auch nicht das Richtige, wenn man mitten in einem Traum ist, den man zu Ende träumen will.« Manche Frauen brauchen minuten- oder stundenlang, um aufzuwachen, und wenn sie auch Vergnügen daran haben, mit einem sanften Koitus aufzuwachen – und der wirkt weit besser als ein Wecker –, so dürfen Sie keine sportliche Betätigung erwarten. Der Haken daran ist, daß um diese Zeit viele Männer dazu bereit sind und erwarten, geritten, masturbiert, gesaugt und sonst allerhand zu werden. Sparen Sie diesen frühen Leistungssport beim Erwachen für Sonn- und Feiertage auf und kochen Sie lieber, Erektion oder nicht, zuerst Kaffee. Manche Paare haben das Glück, ungefähr die gleichen Schlafzeiten zu haben, wenn aber einer ein Frühaufsteher und der andere Partner ein Nachtmensch ist, könnte auch das sehr wohl zu wirklichen Problemen führen. Wenn Sie solche haben, sprechen Sie darüber. Manche Menschen benutzen den Schlaf als Ausflucht, um den Koitus zu umgehen, aber bei Liebenden, die unterschiedliche Zeiten bevorzugen, kann er echt sein und bedeutet keineswegs Ablehnung.

Wenn Sie Kinder haben, müssen Sie darauf vorbereitet sein, von ihnen geweckt zu werden, und sich entsprechend danach richten. Sperren Sie sie nicht aus. Richten Sie Ihr Sexualleben so ein, daß Sie zu anderen Zeiten ungestört sind – wenn sonst alles mißlingt, nehmen Sie einen Babysitter und bleiben Sie einmal monatlich in einem Motel. Der ungestüme Lärm von fortwährender Sexbetätigung würde bei jedem Kleinkind Frühprobleme verursachen, deshalb dürfen Sie das nicht riskieren. Die Art von Sex, die wir betreiben und hier beschreiben, schließt Fruchtbarkeit fast aus – es ist eine Entscheidung, die man unter den gegebenen Umständen der häuslichen und Familienstruktur treffen muß.

Frauen (von ihr für ihn)

Natürlich haben Frauen wie Männer unmittelbare physische Reaktionen, doch sind diese anders geartet (als erstes Brüste und Haut, bitte, kein direkter Griff nach der Klitoris), und man darf sie nicht kurzschließen. Für die Frau spielt es eine Rolle, wer sie auslöst, weit mehr als bei den meisten Männern. Die Tatsache, daß wir, im Gegensatz zu euch, nicht sichtbar abgestoßen werden und keine Erektion verlieren können, veranlaßt Männer oft irrtümlich, die Dinge zu überstürzen oder wichtige Hilfsmittel zu übersehen. Es ist unrichtig, daß Nacktheit, Erotika und dergleichen die Frauen nicht in Erregung versetzen – der Unterschied ist wahrscheinlich der, daß sie nicht darüber hinweggehen. Ich frage mich, ob es fair ist, ein einfaches Beispiel zu geben. Sie können mit einer fast Unbekannten in einer knappen halben Stunde orgiastisch befriedigenden Geschlechtsverkehr haben. Aber bitte glauben Sie nicht, daß Sie das gleiche bei einer Frau tun können, die Sie persönlich liebt, auch wenn Sie sie nach Ende der halben Stunde mit einem Rosenstrauß in ein Taxi setzen und sich zu Ihrer Frau verdrücken. Davon abgesehen gibt es aber selbstverständlich Reaktionen.

Anscheinend sind wir für bestimmte Reize weniger stark programmiert als ihr, wenn wir aber einmal sehen, daß einer davon bei einem Mann wirkt, an dem uns liegt, programmieren wir ihn bald in unsere Reaktion ein und können, *wegen* dieser Fähigkeit, weniger unelastisch und eher zu Versuchen geneigt sein. Oft scheinen Frauen zu wenig aktiv, weil sie davor Angst haben, bei diesem bestimmten Mann das Falsche zu tun, zum Beispiel seinen Penis anzufassen, während er versucht, nicht zu ejakulieren – *sagt* es uns, wenn ihr seht, daß wir unsicher sind. Für uns ist der Penis keine »Waffe«, sondern eher ein gemeinsamer Besitz, so wie ein Kind – es ist weniger die Größe als seine persönliche Eigenart, sei-

FRAUEN
Für sie spielt es eine Rolle,
wer was auslöst, weit mehr als
bei den meisten Männern.

ne unvorhersehbaren Bewegungen und Launen, welche den Reiz ausmachen (deshalb sind Gummiattrappen so widerwärtig). Etwas anderes Wichtiges ist die Mischung aus Kraft und Zartheit: offensichtlich ist Stärke ein Reiz, aber Unbeholfenheit (Ellbogenstöße in die Augen, verdrehte Finger usw.) ist genau das Gegenteil. Durch ungeschickte Brutalität erreicht man nie etwas; wie brutal auch manchmal ein guter Liebesakt *aussieht,* der Reiz ist die Kontrolle von Kraft und Geschicklichkeit (nicht große blaue Flecken) und die Fähigkeit, dabei zärtlich zu sein. Manche fragen »Kräftig oder zart?«, aber die Stimmung wechselt so schnell, daß man imstande sein muß, es zu fühlen. Gewiß ist es möglich – denn manche Liebhaber tun es –, diese Bilanz aus dem zu ziehen, wie sich die Frau anfühlt. Keine fixen Ideen über Gegenseitigkeit (wer oben ist und dergleichen, wird sich im Lauf der Zeit die Waage halten). Es kann längere Abschnitte geben, in denen es einer Frau Vergnügen und Glück bereitet, ihn die Arbeit tun zu lassen, und andere, in denen man alles selbst kontrollieren muß und einen Reiz darin findet zu sehen, wie er darauf reagiert.

Frauen sind um nichts »masochistischer« als Männer. Wenn sie sich früher unterworfen haben, so geschah dies nur durch gesellschaftlichen Druck. Wenn sie sadistisch sind, konkretisieren sie es leider nicht wie ein Mann und sie zeigen es nicht im Bett, indem sie Sporen tragen und mit einer Peitsche knallen (wenn es ein Mädchen doch tut, so geschieht es nur als Reiz für den Mann): es ist wahrscheinlicher, daß sie es durch Neinsagen und Nörgeln zum Ausdruck bringen, was zum Orgasmus keines der Partner beiträgt. Hier haben Männer einen wirklichen Vorteil in der konstruktiven Verwendung des Spiels (und können Frauen bei der Konkretisierung helfen). Da wir alle gewisse Aggressionen haben, kann guter Sex unbändig leidenschaftlich, aber nie grausam sein. Mitunter hilft ein wenig Einschüchterung. Jedenfalls steht aber in einer Welt, in der allgemein die Rollen getauscht werden, die alte Vorstellung von dem ursprünglich notzüchtenden Mann und der vergewaltigten Frau im Gegensatz zu jeder Erfahrung.

Was die Emanzipationsbestrebungen der Frauen anlangt, kann kein Mann ein guter Liebhaber – oder ein vollwertiger Mann – sein, der Frauen nicht a) als Menschen und b) als gleichberechtigt betrachtet. Das ist wirklich alles, was es dazu zu sagen gibt.

Unser Geruchssinn ist schärfer – übersättigen Sie sich nicht zu früh mit Männergerüchen; der richtige Augenblick für vollen Geruchskontakt ist wahrscheinlich knapp vor dem Orgasmus. Unser eigener Geruch erregt uns ebenso wie der eure.

Sehr verschieden ist die Art der Hand- und Mundarbeit, welche die Männer lieben. Manche wünschen sie sehr kräftig, andere vertragen nichts anderes als äußerste Zartheit, wieder andere ein Mittelding zwischen beidem. Eine Frau kann das nicht wissen, es sei denn, sie fragt und erhält Antwort – es ist also Sache des Mannes zu sagen, was ihm Vergnügen macht, sonst könnte er das Gegenteil bekommen.

Manche Männer sind außerordentlich passiv oder phantasielos oder gehemmt, und – seltsamerweise – wenn sie eine dieser Eigenschaften haben, werden wir nicht entsprechend aggressiv. Möglicherweise tun wir lange allerhand Dinge und sind gründlich frustriert, wagen aber meistens nicht, es zu zeigen. Es wird somit die Liebesbetätigung einer Frau nur mit einem guten Liebhaber gut sein, und was noch wichtiger ist, sie wird es jedem Mann, der nicht aufregend ist, übelnehmen, nicht nur weil er sie nicht erregt, sondern auch weil sie dann weiß, daß sie ihn nicht erregt hat.

Schließlich unterscheiden sich Frauen untereinander wahrscheinlich mehr als Männer, ebenso wie alle Frauen für einen Mann eher gleich sind als alle Männer für eine Frau, weil ihr Sexualapparat (Brüste, Haut und so fort wie auch die Vagina) komplexer ist als der des Mannes. Setzen Sie nie voraus, daß Sie nicht für jeden Menschen umlernen müssen. Das ist auch für Frauen bei einem neuen Mann richtig, wenn auch in etwas geringerem Maße.

Geburtenkontrolle

Es ist die Entdeckung, die mehr als irgendeine andere sorglosen Sex ermöglicht. Vorher mußte man unfruchtbar sein, um das ausgedehnte Sexspiel genießen zu können, das heute bei uns jedem, der über eine entsprechende Wohnung verfügt, möglich ist (und das schließlich, zugleich mit der Kontrolle über die Fruchtbarkeit, für alle Völker erreichbar sein wird). Da keine andere Methode völlig verläßlich ist, werden Frauen, die einmal die Sicherheit der Pille erlebt und die Spielwirkung entdeckt haben, nicht zu der früheren Unsicherheit zurückkehren. Die Pille ist noch immer die sicherste und beste Methode und ein ungefährlicheres Mittel als Aspirin. Die Spirale und ähnliche Vorrichtungen, welche die Befruchtung verhindern, sind nicht für alle geeignet, bei manchen jedoch gut verwendbar. Wenn man sie nicht verträgt, muß man wieder auf Kondome und Cervixkappen sowie ein gutes chemisches Spermizid zurückgreifen. Manche Frauen finden das Selbsteinsetzen von Verhütungsmitteln vor dem Sex entmutigend und

GEBURTENKONTROLLE
Die Entdeckung, die mehr als jede
andere sorglosen Sex ermöglicht.

beschweren sich, daß das Empfindungsvermögen zur Hälfte fort ist und sie bei ihrem Partner auf Widerstand gegen die Verwendung stoßen (wenn es die einzige Methode ist, welche Ihre Partnerin verwenden kann, machen Sie nicht allzuviel Aufhebens davon; es würde nichts ändern und sie nur furchtsam machen). Andere Frauen finden nichts daran auszusetzen, wenn sie ungestört sind und über Waschgelegenheiten verfügen, obgleich Kappen und Spermiziden das Gefühl der Vagina und den Genitalgeruch, wenn auch meist nicht gravierend, beeinträchtigen können. Der Mann sollte als Teil des Liebesspiels mit dem Finger prüfen, ob die Kappe richtig auf dem Gebärmutterhals sitzt. Eines ist über die Pille zu bemerken: sie erleichtert durch das Abstellen der normalen vaginalen Säureausscheidung die Ansteckung mit Geschlechtskrankheiten und Trichomonaden, sogar bei geringfügigem Genital- oder Oralkontakt.

Präservative werden noch immer verwendet – zum ersten wirkt bei manchen Leuten die Methode, das Kondom von der Frau ihrem Partner überziehen zu lassen, erregend: dünne Präservative können bei manchen Männern den vorzeitigen Samenerguß hinauszögern. Nichtbeschnittene Männer und solche mit spitzer, nichtabgerundeter Eichel können gewöhnlich Kondome mit Samensäckchen nicht verwenden; verlangen Sie in diesem Fall die Ausführung mit rundem Ende. Die verschiedenen, mit Knoten oder dergleichen versehenen Kondome, die zwecks Abwechslung der Vaginalempfindung verkauft werden, sind weder undurchlässig noch als Empfängnisverhütungsmittel verläßlich (siehe unter »Geräte und Kniffe«), also vertrauen Sie nicht darauf (siehe unter »Gummi«). Viele Menschen mögen das Gefühl mangelnden Kontaktes nicht.

Und schließlich sollten Sie nie ein Risiko eingehen. Kinder können durch ihre Anwesenheit das Sexspiel der Erwachsenen beschränken; das ist ein geringer Preis, den man zahlen muß, wenn man sie sich wünscht, und es läßt sich gewöhnlich so einrichten, daß man doch ungestört ist. Unerwünschte Kinder sind ein moralisches und ökologisches Unrecht, das sich heute durch nichts entschuldigen läßt. Im Notfall waschen Sie sofort gründlich mit Seifenwasser, tun Sie reichlich samenzellentötenden Schaum oder Gallerte in die Vagina, reiben Sie das Präparat in den Gebärmutterhals und suchen Sie am nächsten Tag einen verständnisvollen Arzt auf – gewöhnlich kann die Befruchtung vereitelt werden. Aber solche Notfälle sollte es nicht geben.

Die sogenannte Rhythmusmethode (»Vatikan-Roulette«) verdient nicht, ernsthaft in Betracht gezogen zu werden. Sie ist nicht nur höchst unverläßlich, sondern möglicherweise auch durch den Umstand, daß altgewordene Eier befruchtet werden, verantwortlich für das etwas höhere Vorkommen abnormaler Babys bei Anwenden dieser Methode.

Größe

Die Sorgen um die Größe ihrer Geschlechtsorgane ist bei Männern ebenso biologisch verankert (sie ist ein »Dominanzsignal« wie das Geweih eines Hirsches) wie bei den Frauen die Empfindlichkeit in bezug auf ihre Brüste und ihre Figur. Das ist aber deren einzige Bedeutung. Der »durchschnittliche« Penis ist in der Erektion ungefähr fünfzehn Zentimeter lang und sein Umfang beträgt rund neun Zentimeter, aber es gibt Penisse verschiedener Größen – größere sind spektakulär, aber nicht wirkungsvoller, es sei denn als visuelle Reize. Kleinere funktionieren in den meisten Stellungen ebensogut. Infolgedessen ist übertriebene Sorge hinsichtlich der Größe unsinnig. Scharlatane brüsten sich damit. Man kann sie ebensowenig größer machen wie den menschlichen Körper. Frauen sollten lernen, nur positive Bemerkungen fallenzulassen, um nicht vielleicht Grund für eine bleibende Behinderung zu geben – Männer sollten lernen, sich nicht darum zu kümmern. Bei den wenigen Fällen, in denen männliche Genitalien wirklich infantil sind, liegt die Ursache in einer Drüsenstörung, bei der jedoch der Arzt helfen kann.

Das gleiche gilt für die Größe der Vagina. Keine Frau ist zu klein gebaut – wenn es so scheint, ist es nur eine Folge ihrer Unfähigkeit, sich zu entspannen oder eines zähen Jungfernhäutchens. Die normale Vagina dehnt sich so weit, daß sie ein ausgetragenes Baby aufnimmt – und eine enggebaute Frau kann dem Mann besonders intensive Gefühle vermitteln. Es ist auch keine Vagina zu groß – wenn sie zu weit erscheint, wechseln Sie zu einer Stellung, bei der die Schenkel der Frau zusammengepreßt sind. Wahrscheinlich bestimmt die Anatomie der Genitalien, welche Stellungen für ein bestimmtes Paar am besten geeignet sind, aber nicht mehr. Mit seltenen Ausnahmen sind Männer und Frauen einander angepaßt.

Ebenso unwichtig ist die Größe des nicht erigierten Gliedes beim Mann. Manche Männer zeigen vor der Erektion gar keinen Penisschaft, erreichen jedoch mit Leichtigkeit die volle Größe. Das gleiche gilt für das Hodengewicht – es ist so ungleich wie

Nasen- oder Mundgröße, hat aber mit der Funktion wenig zu tun. Kleine Genitalien sind gewöhnlich eine Folge aktiver Muskeln in der Unterhautschicht – ein kaltes Bad wird sie beim bestausgestatteten Mann zu der bei griechischen Statuen vorhandenen Größe schrumpfen lassen. Die einzige praktische Ausnahme ist die bei einem sehr großen Penis und einer sehr enggebauten Frau; sie muß, wenn sie oben ist, vorsichtig sein, sonst kann sie an einen Eierstock anschlagen (was ein ähnliches Gefühl verursacht wie das Schlagen auf einen Hoden), und er darf nicht allzufest stoßen, bis er weiß, daß er ihr nicht weh tut. Was die Größe anderer Organe, zum Beispiel der Brüste, anlangt, können sie individuelle Reizmittel sein, aber jeder Körperbau hat seine eingebauten sexuellen Möglichkeiten: nutzen Sie sie.

Häufigkeit

Sooft es euch beiden Vergnügen macht, das ist das richtige Maß an Häufigkeit im Sex. Sie können ebensowenig »zu viel« Sex treiben, wie Sie den Wassertank im WC zu sehr entleeren können (siehe unter »Exzesse«). Allerdings können Sie durch allzu viele Samenergüsse Ihre Fruchtbarkeit verringern, und Sie sollten den Geschlechtsverkehr nicht zu einer so zaghaften Sache machen, daß Sie sich an einen täglichen Stundenplan halten müssen. Zwei- oder dreimal wöchentlich ist ein üblicher Durchschnitt. Viele Menschen haben wesentlich öfter Geschlechtsverkehr. Manche halten sich an eine gewisse Regelmäßigkeit – andere verbringen lieber dann und wann intensive Wochenenden. Viel weniger als zweimal wöchentlich läßt darauf schließen, daß Sie mehr daraus machen könnten, es sei denn, Sie wissen aus Erfahrung, daß die geringere Häufigkeit für das, was Sie wollen, das beste ist. Menschen, die sich strikt auf koitalen Orgasmus beschränken, entscheiden sich für weniger Höhepunkte als solche, die den Koitus mit Mund-, Hand- und anderen Spielen mischen, weil diese die Zahlen der Orgasmen erhöhen. Sie sollten je nach Ihren Reaktionen Ihre eigene Mischung formen: wenn ein Partner mehr braucht, sind die Zusatzmethoden nützlich für die Erfüllung dieser Bedürfnisse und für die Anpassung an die Ihren. Die Häufigkeit nimmt normalerweise mit dem Alter ab, aber es gibt kein Alter, in dem Sie sich nicht bei einer besonderen Gelegenheit selbst überraschen. Tun Sie sich keinen Zwang hinsichtlich der Häufigkeit an (lassen Sie sich auch nicht unnötig beunruhigen, wenn Ihre Freunde erzählen, daß.es bei ihnen häufiger sei). Sie bekommen keine Zensur. Seien

Sie sich darüber klar, daß es Zeiten geben wird, zu denen einer von Ihnen einfach keine Lust hat – infolge von Ermüdung, Sorgen und so weiter –, und zwingen Sie den Partner oder sich selbst nicht zur Einhaltung einer planmäßigen Schablone.

Jungfräulichkeit

Davor sollten Sie einen gewissen Respekt haben. Das erstemal ist für eine Frau nicht um soviel »bedeutungsvoller« als für einen Mann, sondern es bedeutet etwas anderes. Wenn Sie mit einem Mädchen, das Jungfrau ist, nach wenigen Stunden oder Minuten einer Bekanntschaft ins Bett gehen, ist das für Sie beide zu schnell. Zum ersten ist es unwahrscheinlich, daß sie für Empfängnisverhütung vorgesorgt hat: Halten Sie sich an die Zutaten ohne Koitus, bis Sie beide dessen sicher sind, was Sie tun wollen. Es ist verantwortungslos, Narben zu verursachen. Was immer Sie tun, gehen Sie sanft und langsam vor, denn sie muß verkrampft und nervös sein – sogar wenn sie nicht so aussieht.

Mädchen, die Jungfrauen sind, werden es gewöhnlich sagen (verläßlich läßt es sich durch Untersuchung nicht feststellen), und ein liebender Mann wird fragen – Männer machen gewöhnlich nicht darauf aufmerksam. Wie erfahren er auch scheinen mag, das Mädchen sollte unbewußt daran denken, daß dies das erstemal sein könnte und daß er vielleicht Hilfe braucht: Wenn Sie kritisch oder enttäuscht sind, könnte das wirklich Unheil anrichten. Seid ihr beide noch unberührt, so beginnt ihr ganz von vorn – übereilt es nicht.

Gewöhnlich gibt es beim ersten Koitus, wenn man vorsichtig ist, kein körperliches Problem (siehe unter »Entjungferung«) – das üblichste ist bloß Übereifer oder Nervosität des Mannes (siehe unter »Impotenz«). Wenn es Probleme gibt, müßt ihr sie unverzüglich behandeln lassen.

Kleidung

Es ist ein Teil der Überwindung des Puritanismus, daß die meisten Menschen heute nackt Geschlechtsverkehr haben und die meisten Liebespaare nackt schlafen. Kleidung ist, wenn sie getragen wird, zum Ausziehen da – der Liebesakt kann sehr wohl damit beginnen, daß man einander entkleidet, oder daß sich der eine Partner für den anderen auszieht. Frauenillustrierte und Schallplatten geben heutzutage gewissermaßen Stripkurse nach Art der Nacht-

KLEIDUNG

Wenn Ihr Mann eine körperliche
Vorliebe hat, die ihn erregt, wird
er Sie um so mehr lieben, je
geschickter Sie sie nutzen.

lokale als übliches Anreizmittel für den Mann, doch das ist eine konventionelle Routine – vor allem muß es nicht die Frau sein, die sich auszieht. Es sollte sich jedoch jeder Partner darin üben, den anderen ohne Ungeschicklichkeit oder Hemmungen und vorzugsweise mit einer Hand zu entkleiden.

Kleider und deren Entfernung haben als Anreiz, wenn man sich ernstlich damit beschäftigen will, eine ganze Biologie von »Auslösern« an sich, wobei mit Auslöser gemeint ist, was einen stimuliert. Die Auslöser für den Mann sind Kleidungsstücke, welche Brüste und Popo betonen oder, wie enge Höschen, die weibliche »Kontur präzisieren«. Frauen sind auf diese Art konkreter Signale nicht so sehr angewiesen – den richtigen Mann zu haben, ist ihr gesellschaftlicher und emotionaler Hauptauslöser –, aber viele von ihnen besitzen gewisse Neigungen. Ein gut gefülltes Suspensorium oder ein von der Taille abwärts nackter Mann kann als Teil des Vorspiels wirken, und gewohnheitsmäßige Nacktheit im Bett und in der Wohnung stumpft diese natürlichen Reaktionen nicht ab.

Davon abgesehen, reagieren manche Menschen sehr stark auf bestimmte Kleidungsfaktoren wie ein Schloß auf einen Schlüssel – das sind gewöhnlich Männer, seltener Frauen. Es ist die Grundlage von exzentrischen Moden. Was genau auf eine bestimmte Person wirkt, ist höchst individuell; der Betreffende weiß es dann oft und wird es verlangen. Diese Kleiderreize wirken so wie eine Lachsfliege auf den Lachs. Ein paar zusammengebundene Federn sehen nicht wie etwas aus, das der Lachs frißt, aber das Bündel hat eine ganze Reihe von Stimulanzien, die Neugier, Aggression und genügend andere Fischgefühle wecken, um zum Anbeißen zu führen. Menschliche Reizursachen sind ebenso kompliziert. Wie sie in einem bestimmten Individuum programmiert werden, ist unbekannt, es gibt jedoch ein identifizierbares Repertoire von Bestandteilen – wie das Repertoire der Federn, die man bei einem Köder verwenden kann –, aus dem die meisten dieser Stimulanzien bestehen. Eines davon ist die Super-Haut – Straffheit, Glanz und Zartheit –, ein anderes der Super-Genitalreiz – feste Vulva, Abstand zwischen den Schenkeln, außergewöhnliche Schambehaarung –, auch gelinde Drohung – Schwärze, Lederartigkeit, sadistisch aussehende Schnallen –, Unterwerfung – Fesselung, Sklavenspangen – und Anspielung auf die Genitalien anderwärts – rote Lippen, Betonung der Füße, die eine »gewisse Symmetrie zu dem aufweisen, was man ersehnt« –, Schimmern und Klirren – Ohrringe, Ketten – Fraulichkeit – schmale Taille, große Brüste und Hinterbacken, langes Haar – das alles wirkt anregend. Viele Menschen lieben es, mit dem Körperimage herumzuspielen und es zu verändern.

Andere Stimulanzien sind materieller Natur: Feuchtigkeit, Felle, Gummi, Kunststoff, Leder. Die meisten Männer, weniger die Frauen, reagieren auf solche Reize, und das ist eine Grundlage für sexuelle Mode. Manche reagieren so stark, daß sie ohne diese Hilfsmittel ihre volle Sexualfunktion nicht erreichen. Die Wahl ist jedoch ganz individuell, viel stärker als der Geschmack bei Speisen, und man muß, um die Fliege richtig anzufertigen, seinen Lachs kennen. Jeder derartige Köder hat wenigstens drei Schichten: enganliegendes, glänzendes schwarzes Leder ist eine Superhaut mit Frauengeruch und erweckt auch die Vorstellung der Billigung von Sexaggression. Kleine, enge »Minislips« betonen ihre »Mieze«, halten ihren Duft fest, verdecken sie aber, so daß man durch sie hindurch küssen kann, und deuten nicht auf keusche Schwesternfiguren, sondern eher auf lüsterne Sexkatzen hin. Korsetts verleihen der Partnerin die Form von Stundengläsern und lassen auf Beklemmung und Hilflosigkeit schließen. Und so fort. Ein Pferd, von hinten gesehen, ist ein »Auslöser« für Männer – es hat langes Haar, große Hinterbacken und einen wippenden Gang. Eine Kuh ist keiner.

Prostituierte, die diese elementare Biologie kennen, verwenden all diese Köder oder kleiden sich in einen davon und fangen Fische, die darauf reagieren. Frauen haben lange dazu geneigt, sich ein wenig vor solchen Reizmitteln zu fürchten, weil sie diese für »überspannt« hielten – es sei denn, sie empfangen selbst ähnliche Auslöser –, und besonders weil sie glaubten, »er ist in Handschuhe oder schwarze Unterwäsche verliebt, nicht in mich«. Das ist eine falsche Einstellung. Wenn Ihr Mann eine körperliche Vorliebe hat, die ihn erregt, hat es nichts mit seiner Einschätzung Ihrer Person zu tun, und er wird Sie um so mehr lieben, je geschickter Sie sie nutzen. Man kann sich die Dinge nicht aussuchen, die ihn reizen – es gibt sie für ihn oder es gibt sie nicht. Wenn es sie gibt, können Sie jedesmal beim Auswerfen der Angel Ihren Lieblingsfisch fangen. Wenn er langes Haar liebt, lassen Sie es wachsen – vielleicht versuchen Sie sogar, schlank zu werden oder blond, um ihn anzuziehen. Sie können sich nicht groß machen, wenn Sie es nicht bereits sind. Wenn er aber eine Vorliebe hat, die Sie ihm bieten können, sollten Sie es tun. Die »Du-Rolle« besteht darin, ihn erkennen zu lassen, daß Sie es fühlen und ihm entsprechen. Wenn es auch für Sie Dinge gibt, die Sie reizen, sagen Sie es ihm und benutzen Sie sie.

Infolgedessen gilt hier die gleiche Taktik wie für sexuelle Vorlieben im allgemeinen. Ungehemmte Partner erzählen einander davon (versuchen Sie, wenn Sie schüchtern sind, den freien Gedankenaustausch kurz vor dem Orgasmus). Wirklich verbundene Partner suchen danach und bringen sie unangemeldet ins Menü – es gibt kein vollkommeneres Verbindungsmittel. Wenn die Sache selbst, wie bei anderen Launen, Sie nicht gleichfalls erregt, wird es die Reaktion Ihres Partners schaffen. Infantile, symbolische, fetischistische und im allgemeinen ausgelassene Einfälle gehören zur Liebe und sind nur dann ein Problem, wenn sie zu viel Zeit erfordern und das volle Ineinander-Aufgehen im Sex verhindern (siehe unter »Fetisch«). Für die meisten Menschen trifft das nicht zu, und es gibt sehr viele Leute mit solchen Eigenheiten. Gleichgültig, wie seltsam sie sein mag, gewöhnlich ist solche stimulierende Kleidung lohnend – lohnender als Schlips und Konfekt zum Geburtstag. Die Menschen sind mit Recht noch schüchtern hinsichtlich ihres Innenlebens; wenn Ihr Partner Ihnen befangen und gehemmt erscheint, bitten Sie ihn oder sie, Ihnen das zu geben, was Sie seinem Wunsch gemäß beim Liebesakt tragen sollen, und ziehen Sie es an. Wenn Sie diese wichtigen Kinderspiele nicht mitmachen oder über solche Reizmittel aus Angst vor gegenseitigen Reaktionen nicht sprechen wollen, sollten Sie gar nicht miteinander ins Bett gehen. Mangel an Verständigung führt die Menschen wegen unüberwindlicher Abneigung vor den Scheidungsrichter. Eine Schrulle, die einen wirklich abschreckt, kann nach einem Gespräch und durch Anpassung akzeptiert werden. So wie Männer dazu neigen, für konkrete Signale programmiert zu sein, sind Frauen darauf programmiert, das Signal zu erkennen, das ihren Partner in Erregung bringt – nach einigen großartigen gemeinsamen Orgasmen werden nahezu alle Schrullen gemeinsam genossen.

Wenn es ihm also gefällt, daß Sie aussehen wie eine Kreuzung zwischen einer Schlange und einer Robbe, tragen Sie das, was er Ihnen zu diesem Zweck gibt. Wenn Sie wollen, daß er etwas Besonderes trägt, sorgen Sie dafür, daß er es weiß. Manche Frauen sind besorgt darüber, daß ein Mann, der sich gern gelegentlich von ihnen ihre Kleider anziehen läßt, unmännlich ist (umgekehrt verursacht es weniger Ängstlichkeit). Aber in uns allen steckt ein Teil vom anderen Geschlecht – Königin Omphale zog dem Helden Herkules ihre Kleider an, und er war nicht gerade unmännlich. In anderen Kulturen ist das ein gebräuchliches Spiel oder eine Zeremonie. Wir lassen Sex als Vergnügen gelten und beginnen, ihn als Spiel hinzuzunehmen. Nun müssen wir akzeptie-

KLEIDUNG

Wenn es ihm gefällt, daß Sie
aussehen wie eine Kreuzung
zwischen einer Schlange und einer
Robbe, tragen Sie das, was er
Ihnen zu diesem Zweck gibt.
Wenn Sie wollen, daß er etwas
Besonderes trägt, sorgen Sie
dafür, daß er es weiß.

ren, daß er eine Zeremonie ist, und dazu die Tatsache, daß wir
alle bisexuell sind und daß Phantasie, Selbstverkörperung, Psychodrama und die anderen Dinge, die unsere Gesellschaft noch immer
besorgniserregend findet, zum Sex gehören. Das Bett ist der Ort,
um diese Dinge durchzuspielen – das ist eine der Aufgaben des
menschlichen Sex.

Es lohnt sich, von spezieller Vorliebe abgesehen, mindestens so
viel über die üblichen Reizmittel zu wissen wie ein Profi, denn sie
besitzen für viele Paare als unvorhergesehene Zugaben bei beson-

deren Gelegenheiten erstaunlichen Überraschungswert. Wenn ein bestimmtes Reizmittel nicht wirkt, braucht man es nicht zu wiederholen, und Kleider lassen sich leicht auszuziehen.

Die Hersteller von Reizunterwäsche arbeiten für Flitterwochenausstattung, scheinen aber noch keinen sexuell verwendbaren Minislip für Frauen anzubieten. Dieser sollte die ganze Scham und das Schamhaar, sonst nichts, eng bedecken. Er müßte seitlich mit Haken oder besser mit Bändern befestigt sein, so daß Sie ihn, wenn Sie rittlings auf Ihrem Partner sitzen, abnehmen können, ohne ihn zu treten. Das traditionelle, von japanischen Prostituierten getragene »Blatt« ist aus Seide, nicht Nylon, weil es den Körpergeruch besser behält (siehe unter »Cache-sex«). Das ist keine Bekleidung für die Straße – man trägt sie nur beim Sex: der erste Genitalkuß wird durch den Slip hindurch gegeben oder empfangen. Später können Sie den Mann überraschen, indem Sie plötzlich beide Enden der Hülle ergreifen und sie ihm fest auf Nase und Mund drücken. Für Männer ist besser gesorgt, mit den in Europa »Posiersuspensorien« genannten Bekleidungsstücken, die von Möchtegern-Kraftmenschen für Fastnacktfotos getragen werden. Verwenden Sie sie auf die gleiche Weise. Zwei solche Minimumhüllen stellen das ideale Nachtgewand dar, wenn man ein Nachtgewand wünscht.

Liebe

Wir verwenden dasselbe Wort für Mann–Frau-, Mutter–Kind-, Kind–Eltern- und Ich–Menschheit-Beziehungen, und zwar mit Recht, weil sie ein ununterbrochenes Spektrum bilden. Im Gespräch über Sexualbeziehungen scheint es richtig, dieses Wort für jede Beziehung zu verwenden, die gegenseitige Zärtlichkeit, Respekt und Achtung beinhaltet – von völliger gegenseitiger Abhängigkeit, bei welcher der Tod eines Partners den anderen für Jahre verwundet, bis zu einer angenehmen gemeinsamen Nacht. Alle Zwischenstufen sind Liebe, alle wertvoll, alle gehören zur menschlichen Erfahrung. Manche kommen den Bedürfnissen eines Menschen entgegen, manche denen eines anderen – oder derselben Person zu anderen Zeiten. Es ist wirklich das große Problem der Sexualethik und grundsätzlich ein Problem des Sich-selbst-Verstehens und des Gedankenaustausches. Sie dürfen nicht voraussetzen, daß Ihre »Liebesbedingungen« für jemand anderen anwendbar sind oder von ihm akzeptiert werden. Sie dürfen nicht voraussetzen, daß sich diese Bedingungen durch die gemeinsamen Liebeserfahrungen nicht vielleicht unvorhergesehenerweise ändern. Sie

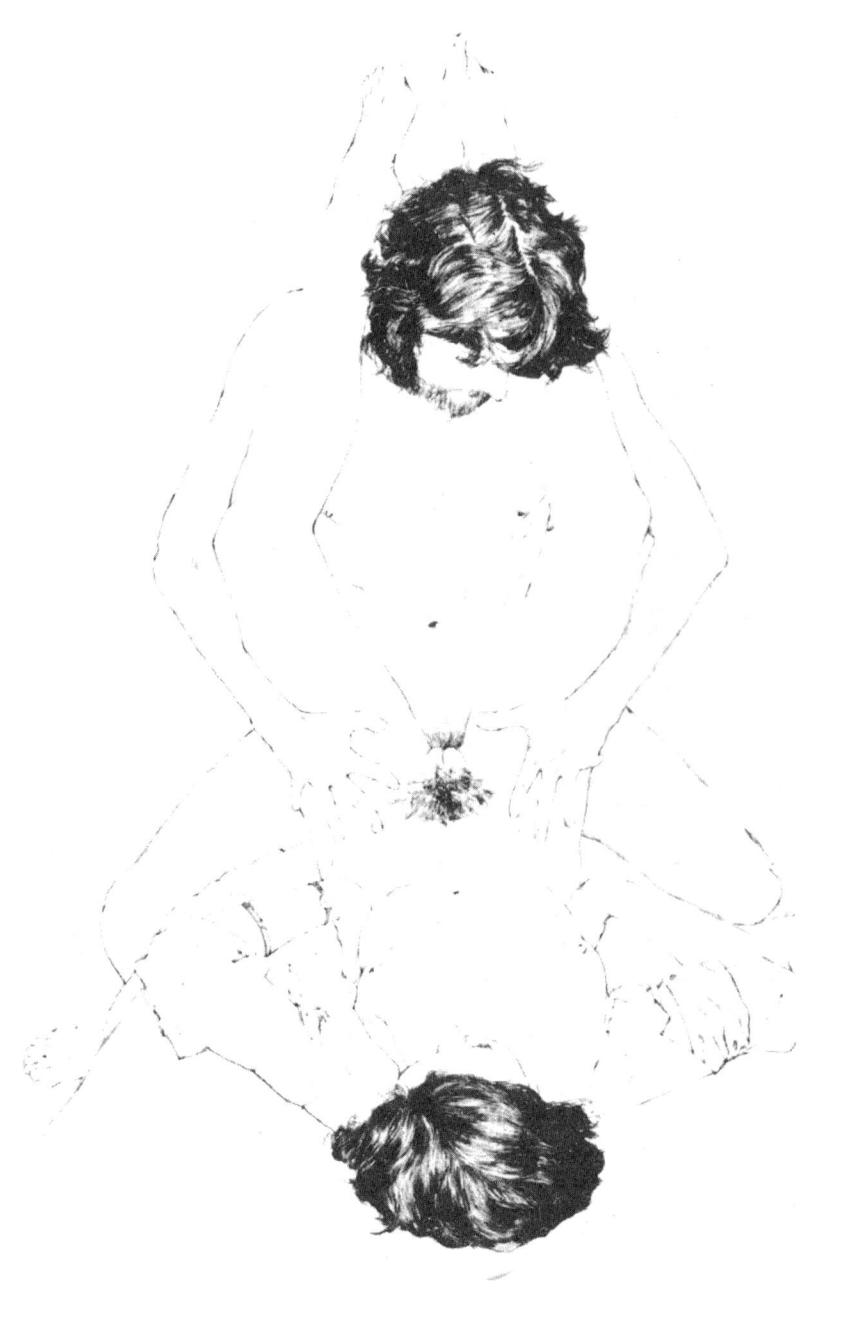

LIEBE
Sexuelle Liebe kann uns unsere
besten und unsere schlimmsten
Momente schenken.

können sich nicht selbst durch und durch kennen. Wenn Sie lieben, sind das Risiken, die Sie eingehen müssen und die nicht bloß davon abhängen, ob Sie miteinander schlafen – obwohl das eine so überwältigende Erfahrung sein kann, daß ihr mit Recht soviel Gewicht beigemessen wird. Manchmal kennen zwei Menschen einander sehr gut oder glauben, daß sie die Dinge eingehend genug diskutiert haben, und vielleicht haben sie recht. Aber diese Erfahrung ist selbst dann, wenn sie sich durch den Namen Liebe auszeichnen läßt, möglicherweise ungewiß. Die Tradition hat versucht, die Zahl der Fehlschläge zu verringern, indem sie allerlei Moralvorschriften festlegte, doch die klappen nie hundertprozentig. Auch für die Einstufung der Vorzüge verschiedener Arten von Beziehungen sind sie kaum nützlich. Romantische Empfindsamkeit brachte eine ganze Generation dazu, »Liebe« als eine Art von Übernahmeangebot eines Individuums für ein anderes zu betrachten. Manche Moderne, die sich wie Casanova dagegen sträubten, sind so auf ungehinderte Liebe eingestellt, daß sie die Ungewißheit einer wirklichen Beziehung zwischen Menschen nicht gelten lassen wollen.

Wenn sexuelle Liebe die höchste menschliche Erfahrung sein kann – und das kann sie sein –, muß sie auch Risiken besitzen. Sie vermag uns unsere besten und unsere schlimmsten Momente zu schenken. In dieser Hinsicht ähnelt sie dem Bergsteigen – überängstlichen Menschen entgeht das ganze Erlebnis. Leidlich ausgeglichene und beherzte Menschen akzeptieren die Risiken angesichts der lohnenden Erfahrung, sind sich aber darüber klar, daß es einen Unterschied zwischen ihrer Risikobereitschaft und tollkühnem Draufgängertum gibt. Überdies ist in der Liebe außer dem Ihren noch ein zweites Leben im Spiel. Sie können zumindest Vorkehrungen treffen, daß Sie niemanden ausnutzen oder schädigen – Sie nehmen nicht etwa einen Anfänger auf die Kletterpartie mit und überlassen ihn mitten im Aufstieg sich selbst, wenn die Dinge schwierig werden. Es ist auch keine Lösung, sich vor dem Start ein Einwilligungsformular unterschreiben zu lassen. Die Viktorianische These, daß man kein *Cad* (übler Charakter) sein dürfe (»ein Mensch ohne feinere oder vornehme Gefühle«), hat viel für sich. Ein *Cad* kann beiderlei Geschlechtes sein.

Eine Heirat zwischen zwei rivalisierenden Schauspielern, von denen jeder den anderen rücksichtslos herauszubringen sucht, ist nicht Liebe. Die Beziehung zwischen einer Prostituierten und einem zufälligen Kunden, bei der sich aus Gründen, die beide nicht ganz begreifen, echte Zärtlichkeit und Achtung einstellt, ist es.

Männer (von ihm für sie)

Professor Higgins hatte recht – Männer wollen gern, daß die weibliche Sexualität der ihren gleicht. Das ist aber nicht der Fall. Die Sexualreaktion des Mannes ist lebhafter und automatischer; sie wird leicht durch Dinge ausgelöst, so wie wenn man ein Geldstück in einen Automaten wirft. Infolgedessen sind, auf einer bestimmten Ebene und für alle Männer, Mädchen und Teile von Mädchen auf dieser Reizschwelle nicht als Menschen zu betrachten. Das ist nicht unvereinbar damit, daß sie auch Menschen sind. Er liebt Ihre Kleider, Brüste, Ihren Geruch usw. nicht etwa an Ihrer Stelle – es sind bloß Dinge, die er braucht, um Sex, durch den er Liebe ausdrückt, in Bewegung zu setzen. Das erscheint für Frauen nur schwer verständlich.

Zum zweiten konzentriert sich der Großteil, wenn auch nicht das ganze Gefühl des Mannes letztlich in den zwei Zentimetern an der Spitze des Penis (man kann ihm allerdings, wenn man es intelligent anstellt, ein Empfindungsvermögen auf der ganzen Hautfläche, wie bei einer Frau, beibringen). Und sein Geschlechtsleben hängt, zum Unterschied von dem Ihren, von einem positiven Funktionieren ab – er muß zur Erektion gebracht und nicht davon abgebracht werden, um zu funktionieren; er darf nicht passiv, auf neutrale Weise, »genommen« werden. Das ist für die Männer auf biologischer und persönlicher Ebene überaus wichtig. Es erklärt, weshalb Männer peniskonzentriert sind und dazu neigen, mit dem Genitalspiel zu beginnen. Männer kommen durch Genitalberührung in Stimmung.

Für diese Reaktionen müssen Sie Verständnis haben, so wie er Verständnis für die Ihren haben muß. Die Frauenemanzipation geht bezüglich des Problems der Frau als Sexualobjekt am Wesentlichen vorbei. Gewiß sind die Frau und ihre verschiedenen Körperteile Sexualobjekte, aber die meisten Männer würden liebend gern von derselben Warte betrachtet werden. Infolgedessen ist das im eigentlichen Liebesakt Wertvollste die Erkenntnis dieser objektiven Reaktionen und die unmittelbare Initiative (Beginn des Liebesspiels, Anfassen des Penis, Genitalküsse, bevor er sie von Ihnen verlangt), um ihn dazu anzuregen, Ihre Reizmittel zu benützen. Es ist nicht leicht, das in einfachen Worten zu erklären: John Wilkes hat es göttliche Gabe der Wollust genannt – Gespür für Aufreizendes und Mitgehen, um die Reaktion des Partners zu testen. Das ist für beide Geschlechter verschieden: Für Männer sind die Reize konkret, für Frauen oft von der Situation und der

51

MÄNNER
Die männliche Sexualreaktion
wird leicht durch Dinge
ausgelöst, so wie wenn man
ein Geldstück in einen Automaten
wirft.

Atmosphäre abhängig. Abgesehen von speziellen Bräuchen ist als Reizmittel für den Mann eher das Gegenteil einer Jungfrau oder eines passiv empfangenden Werkzeugs vonnöten – keine Situation, die Anforderungen stellt, denn die kann durch Unzulänglichkeit abschreckend sein, sondern eine, die Erfahrenheit beweist. Ich kann dich erregen und mich dabei selbst erregen, und von da an spielen wir es auf beide Arten und miteinander. Sie können natürlich Ihre Erreger ebensowenig kontrollieren wie er, aber es ist vorteilhaft, wenn eine Frau auf den Mann als Objekt reagiert, zum Beispiel auf den Anblick eines Penis oder behaarter Haut, wenn sie durch das Entkleiden eines Mannes oder körperliche Liebesspiele erregt wird (ebenso wie es vorteilhaft ist, wenn der Mann Sinn für Atmosphäre hat). Die ideale Liebespartnerin ist die aktive Frau, die Verständnis für seine Reaktionen hat und dabei ihre eigenen beibehält.

Mannigfaltigkeit

Planen Sie Ihre Speisenfolge. Kein Mensch wünscht jedesmal eine Mahlzeit mit sieben Gängen. Mindestens fünfundsiebzig Prozent wird Ihre völlig normale, abend- oder morgendliche Methode ausmachen. Für längeres Beisammensein müssen Sie ausgeruht sein – Wochenende, Urlaub und improvisierte besondere Gelegenheiten. Wenn Sie den Entschluß fassen, im Lauf der Zeit alles zu versuchen und überall Sex zu betreiben, werden sich Gelegenheiten ergeben: wenn Sie spüren, daß eine bevorsteht, oder wissen, daß Sie eine Gelegenheit haben werden, planen Sie sie gemeinsam – wenn Sie wollen, mit diesem Buch –, aber erwarten Sie nicht unbedingt, daß Sie alles einhalten können, was Sie sich vorgenommen haben. Halten Sie sich jedoch manchmal daran, damit Ihnen nichts entgeht. Die meisten Paare werden vielleicht ein Drittel unserer Vorschläge streichen, weil sie sie nicht reizen, und drei oder vier auswählen unter dem Motto »Das müssen wir versuchen«, wenn sie es noch nicht getan haben.

Beginnen Sie gewöhnlich mit Sex in der Vagina, gehen Sie zu Handarbeit über, verwenden Sie Mundarbeit für eine zweite Erektion – vielleicht erzielen Sie einen letzten Orgasmus durch gemeinsame Masturbation. Längere Ausdehnung durch Verstellung, Experimente und dergleichen klappt oft am besten kurz nach dem Aufwachen – ebenso Stellungen, die eine sehr harte Erektion erfordern. Eine ausgeruhte und bereite Frau kann es sich leisten, anders als ein Mann, Orgasmen aus jeder Quelle in jeglicher Aufeinanderfolge zu haben, es sei denn, ihre Anlage bringt ihr nur einen, überwältigend starken Orgasmus – in diesem Fall sparen Sie ihn bis zum Schluß auf (siehe unter »Wieder kommen«). Es ist der Mühe wert, verschiedene Tageszeiten zu wählen, aber es hängt von Ihren Verpflichtungen und davon ab, inwieweit Sie ungestört sein oder Ihre Gedanken von anderen Dingen freimachen können. Versuchen Sie jedoch, es nie aufzuschieben, wenn beide es wünschen, es sei denn, um es für etwas »aufzusparen«. Das Planen und Denken an kommenden Sex gehört zur Liebe. Ebenso das Beisammenliegen nachher in vollständigem Genuß.

Nackte Affen

Wir befassen uns in diesem Buch viel mit Biologie. Zu den Symbolen des menschlichen Sexualverhaltens, so wichtig sie auch sein mögen, wurden schon zu viele Erklärungen von einem psychoanalytischen Standpunkt aus abgegeben, der wie die veraltete Moralauffassung annimmt, es gebe nur *eine* Art der Liebesbetätigung und nur *eines,* was sie ausdrücken soll. Experimente mit Affen lassen den Schluß zu, daß für den Menschen die Möglichkeit längerer und genußfreudiger Sexualbetätigung etwas Besonderes, d. h. eine »Verdrängungstätigkeit« ist, die es ermöglicht, allerlei Aggressions- und Angstgefühle sowie kindliche Hautentziehungswahrnehmungen im Zusammenhang mit gegenseitiger Zuneigung spielerisch zu tilgen. Die meisten Menschen haben zumindest *ein* bevorzugtes Sexualverhalten, das ein Beurteiler seltsam finden würde. Wenn wir diese Verhaltensweisen bei Vögeln oder Fischen beobachteten, würden wir nicht fragen, ob sie normal sind, sondern welchen Zweck sie haben. Kein Autor, der Affen beobachtet hat, sollte – wie einer seiner Berufsgenossen in jüngster Zeit – sagen, daß spontane Bewegung im Geschlechtsverkehr ein Beweis für latenten Sadismus sei. Wenn das der Fall wäre, dann bedeutete »latenter Sadismus«, daß Sex natürliche Aggression im Spiel zum Verschwinden bringe. Probleme ergeben sich nur, wenn die natürliche Spielfunktion tiefergehende Angstgefühle nicht zerstreuen kann.

Die Hauptunterschiede zwischen dem Menschen und den meisten Affen sind Paarbildung, umfassende Anwendung des Sex als gesellschaftliche Bindung und Spiel, Interessenverlegung von grellgefärbten Hinterbacken zu Brüsten (ein Pavian hat sie auch) und Phantasie. Bekannte Affenreste sind Erröten – alles, was von der roten Haut des Geschlechtsteils des Mandrills übrig ist (es zeigt sich bei vielen Frauen während des Orgasmus als fleckiger Hautausschlag am ganzen Körper) und bleibendes Interesse für Hinterbacken, wozu vielleicht gehört, daß man sie durch Schläge rötet. Das alles ist nur deshalb wissenswert, weil der Sex mehr Spaß macht, wenn man die beruhigende Gewißheit hat, daß gewisse Neigungen in der Naturgeschichte verankert sind. Affen wie Menschen masturbieren und treiben bisexuelle Spiele.

Nacktheit

Der Normalzustand für Liebende, die ihre Betätigung ernst nehmen, zumindest als Grundbedingung – vorbehaltlich der unter »Kleidung« angeführten Einschränkungen. Es ist eher so, daß sie nackt beginnen und das anziehen, worauf sie Lust haben, als daß sie angekleidet beginnen und alles Nötige auszuziehen.

Nacktheit bedeutet nicht, daß man keinen Schmuck trägt. Die Orientalin entledigt sich all ihrer Kleidung, legt aber all ihre Schmuckstücke an – das einzige praktische Erfordernis besteht darin, dafür zu sorgen, daß sie nicht, wie etwa Armbanduhren, kratzen. Das gilt für den Tag; es ist aber schwierig, mit Schmuck am Körper zu schlafen. Für die Nacht ist wahrscheinlich der erhöhte Wert der Liebesbetätigung der Hauptgrund, warum die meisten Leute heute nackt schlafen. Die einzige Ausnahme ist vielleicht die Zeit danach; warme Körper neigen dazu, aneinander zu kleben, und es mag die Annehmlichkeit erhöhen, wenn einer der Partner eine Hülle trägt. Wir entdecken, daß wir immer öfter nackt zusammen sind oder das lusterhöhende Minimum tragen.

Nebenbei bemerkt, bei Nudisten erwies sich meist, daß unsichtbare Hosen die schlimmsten sind. Nun setzen sich die »*Swinger*« durch, die ungehemmten jungen Leute, für die Nacktheit natürlich ist, kein Ritual, und für die das Lieben dazugehört, anstelle von – oder neben – Gymnastik und Fußball.

Organisierter Nudismus ist in den meisten Ländern eine Familienangelegenheit. Wahrscheinlich ist das ein guter Gedanke. Aus biologischen Gründen, die wir an anderer Stelle gestreift haben (siehe unter »Penis«, »Vulva«, »Kinder«) kann die Nacktheit der eigenen Eltern für Kinder beunruhigend sein und sollte nicht übertrieben werden. Oft entwickeln Kinder besonders fortschrittlicher Eltern unglaubliche Schüchternheit, die man respektieren sollte, auch wenn die Nacktheit daheim natürlich ist. Es läßt sich viel zu Gunsten einer Betrachtung von Männern und Frauen unter ungezwungenen Bedingungen und ohne programmierte Inzest- und

NACKTHEIT
Der Normalzustand für Liebende,
die ihre Betätigung ernst nehmen.

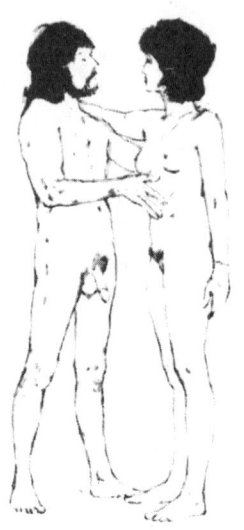

56

Dominanzängste anführen. Es heißt dann nicht, »Vater ist größer als ich«, sondern »alle Männer sind größer als ich, und eines Tages werde ich ein Mann sein«. Wahrscheinlich ist es die Befreiung von Angstresten und nicht so sehr die Gelegenheit, sich in der Sonne zu bräunen, die den Gruppennudismus so erholsam macht und erklärt, warum er als weltliches Sakrament wirkt. Karrierenudisten zeigen bei der ersten Begegnung die Offenheit von Hippies oder Sektierern, wenn sie auch oft genug über dogmatische Fragen streiten. Altmodische Nudistenklubs bieten genauso wie Swinger-Nacktklubs zumindest die Möglichkeit für ein ausgedehntes Nacktsein im Freien, das sich zu Hause nur schwer arrangieren läßt.

Normal

Im 19. Jahrhundert hätte ein Buch über Sex – es sei denn, es wäre für den (damals reichen) Underground bestimmt gewesen – mit einem Kniefall davor begonnen, was sündhaft ist und was nicht.

Man hefte einer sexuellen Vorliebe die Bezeichnung »anomal« an und sie wird sogleich bedenklich. »Normal« besagt, daß es etwas gibt, was der Sex sein sollte. Und das gibt es. Er sollte ein völlig befriedigendes Verbindungsglied zwischen zwei liebenden Menschen sein, aus dem beide unbekümmert, ausgeglichen und bereit für mehr davon hervorgehen sollten. Zu dieser Definition gehört auch das Bewußtsein, daß die Menschen hinsichtlich ihrer Bedürfnisse und ihrer Befriedigungsfähigkeit sehr verschieden sind. Da Sex auf Zusammenarbeit beruht, kann man einander bei der Überbrückung von Lücken beistehen. Dazu kommt, daß der Sex aus Gründen, die in der Spezies Mensch verankert sind, uns im Vergleich zu anderen Bedürfnis- oder Geschmacksunterschieden außergewöhnlich begierig macht und daß unsere Kultur aus einer Periode moralischer Angst in das neue Bewußtsein übergeht, daß es nichts zu fürchten gibt. Vielen Menschen geht es in ihren sexuellen Voraussetzungen noch so wie der viktorianischen Generation, deren Kinder zu dem Glauben erzogen wurden, daß grüne Bonbons giftig sind und Reispudding gesund ist, weil er schlecht schmeckt.

Ein Problem der vorigen Generation lag darin, daß viele gute Sexmethoden, weil die liebe Tante sie verpönte, einfach ungewohnt und aus diesem Grund beunruhigend oder ekelhaft waren. Es ist kaum mehr als ein Menschenalter her, seit Krafft-Ebing ein Lehrbuch verfaßte, in dem er jede Sexualmethode, an der er nicht selbst Gefallen fand, als Krankheit beschrieb und die Darstellung mit Beispielen würzte, die er von seelisch gestörten Menschen bezog. Sogar Freud, der einsah, daß wir alle nicht eine, sondern ein ganzes Bündel von sexuell wichtigen Neigungen besitzen – so sehr, daß fast alle unsere Interessen irgendeinen sexuellen Unterton haben –, beurteilte die Reife nach einer recht strengen Verkehrsordnung. Man mußte praktisch am Schluß eine »Reifeprüfung« ablegen.

»Anomal« würde demzufolge bedeuten 1. Ungewöhnlich für Zeit und Ort – zehnmaliger Geschlechtsverkehr täglich ist als Regel ungewöhnlich, kommt aber vor. Wenn Sie es zustandebringen, ausgezeichnet. Leonardo und Newton paßten auch nicht in die Norm. 2. Ungewöhnlich und mißbilligt. Bei den Papua ist es anomal, tote Verwandte zu begraben, und in Kalifornien ist es anomal, sie zu fressen. Aber Liebende würden einander auf der ganzen Welt am liebsten »auffressen«, und der gleiche Gedanke liegt unserem schönsten und ergreifendsten religiösen Ritus zugrunde. Dennoch würde einem Engländer oder Amerikaner sehr übel werden, wenn er tatsächlich einen toten Verwandten essen sollte. Auf einer weniger extremen Ebene fürchtet sich unsere Gesellschaft vor gleichgeschlechtlicher Liebe. Im klassischen Griechenland war sie sehr in Mode – jeder, der es konnte, befaßte sich damit. 3. Ungewöhnlich und benachteiligend. Ein Bandscheibenvorfall oder eine wirklich beunruhigende sexuelle fixe Idee sind Abnormitäten, weil sie dem Menschen, der daran leidet, und seinen Mitmenschen das Leben zur Qual machen.

Manche Arten des Sexualverhaltens sind offenkundig sonderbar und begrenzen das Feld des Sinnengenusses – wie bei dem Mann, der nur dann einen Orgasmus bekam, wenn er in gekochten Spaghetti badete. Aber ihm gefiel es eben nur so. Heute fragen die Psychologen gewöhnlich nicht: »Ist das normal?«, sondern: »Warum braucht dieser besondere Mensch dieses besondere Stimulans?« und »Ist dieses Verhalten a) verderblich für seine Chancen als freie Persönlichkeit, b) tragbar für die Gesellschaft?« Manche Verhaltensweisen, wie Vergewaltigung oder Kinderverführung, sind nicht tragbar.

Insgesamt haben wir nicht ein einziges Modell von Sexualverhalten, sondern eine Gruppe von Reaktionen, wie die Finger einer Hand. Bei den meisten Menschen einer bestimmten Kultur sind die Finger ungefähr gleich lang. Bei manchen Menschen ist ein Finger länger als üblich – manche haben das Pech, daß ein Finger lang ist und die anderen verkümmert sind. Hier liegt der Unterschied darin, daß die Fingernägel viel knapper programmiert und weniger verschieden sind als das Sexualverhalten. Wenn man also von »Normalität« sprechen soll, ist jedes Sexualverhalten normal, das 1. beiden Vergnügen bereitet, 2. keinem schadet, 3. nicht mit Angstgefühl verbunden ist, 4. den Gesichtskreis nicht einengt. Das Bestehen auf Geschlechtsverkehr ausschließlich in der Dunkelheit, in *einer* Stellung und mit möglichst wenig Lustgefühl – die stereotype Normalität der Moralisten – ist eine sehr angstvolle und beengende Prozedur. Gute, ungehemmte Liebende verwenden alle fünf Finger aller vier Extremitäten.

Penis

Mehr als der entscheidende Teil des männlichen Rüstzeugs. Wenn er auch oftmals und ausdrücklich als »Werkzeug« bezeichnet wird, hat der Penis mehr symbolische Bedeutung als irgendein anderes menschliches Organ, als Machtzeichen und, wegen seines eigenen Willens, allgemein als »Persönlichkeit«. Es hat keinen Sinn, all diesen Symbolismus hier zu wiederholen, außer um zu sagen, daß Liebende feststellen werden, daß sie den Penis fast wie einen Dritten behandeln. Einmal ist er eine Waffe oder eine Bedrohung, dann wieder etwas, das sie gemeinsam haben wie ein Kind. Ohne gleich mit Psychoanalyse oder Biologie zu kommen, ist es kein schlechter Test einer Liebesbeziehung, ob der Penis zwar deutlich zu ihm, aber zugleich auch beiden Partnern gehört. Diese besondere Gruppe programmierter Gefühle im Menschen ist in Wirklichkeit die hervorragende Anpassung für alle Arten von Erfahrungen und Gefühlen, die mit Sexualrollen, Identität und Entwicklung zusammenhängen. Freuds Formulierung, der Mann sei von der Furcht beseelt, die Frau oder ein eifersüchtiger Verwandter könnten seinen Penis rauben, während die Frau meint, er sei etwas, das sie verloren habe, ist biologisch richtig, jedoch zu sehr vereinfacht. Wahr ist, daß er bei einem guten Sexualakt ihrer beider Penis wird. Jedenfalls ist seine Beschaffenheit, Erektionsfähigkeit und so weiter für beide Geschlechter faszinierend, und seine offensichtliche Selbständigkeit ein wenig beängstigend. Sie ist programmiert, und die Tatsache, daß der menschliche Penis im Verhältnis viel größer ist als bei anderen Primaten, ist wahrscheinlich diesen komplexen psychologischen Funktionen zuzuschreiben: er ist ein ästhetisches und zugleich ein funktionelles Objekt.

Aus eben den gleichen Gründen ist er Ursache für Ängste und Mythen und ein Brennpunkt für allerlei magische Manipulationen.

PENIS
Liebende behandeln den Penis
fast wie einen Dritten.

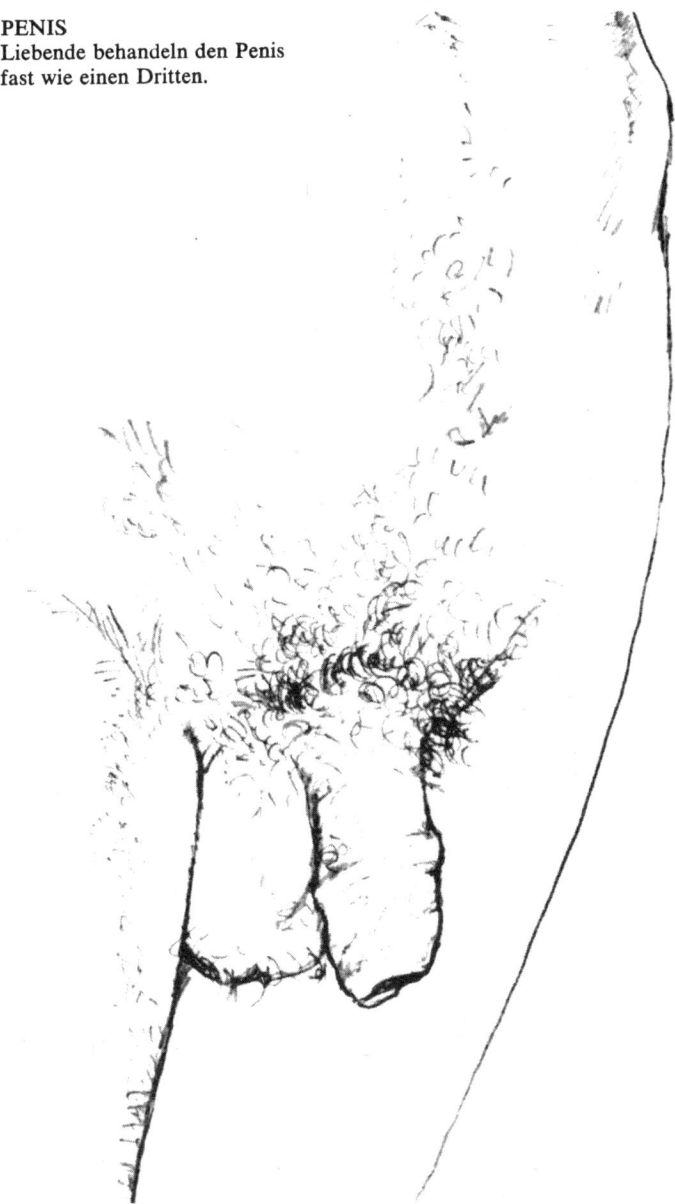

Der männliche Eigendünkel und Persönlichkeitssinn neigen dazu, sich darin anzusiedeln, wie Samsons Energie in seinem Haar. Wenn er nicht funktioniert oder, noch schlimmer, wenn Sie als Frau ihn über- oder unterschätzen, werden die Folgen katastrophal sein. Das erklärt die unsinnige Sorge des Mannes bezüglich der Penisgröße. Die Größe hat mit seiner körperlichen Brauchbarkeit beim Koitus oder – da der weibliche Orgasmus nicht davon abhängt, daß der Penis tief ins Becken eindringt – mit der Fähigkeit, die Partnerin zu befriedigen, nichts zu tun, wenn auch viele Frauen durch den Gedanken an einen großen Penis erregt werden und einige wenige sagen, daß sie mehr spüren. Jedenfalls ist die ungedehnte Vagina nur zehn Zentimeter lang. Wenn überhaupt, so ist die Penisdicke wichtiger. Auch hat die Größe in schlaffem Zustand mit der Größe in der Erektion nichts zu tun – ein im Ruhestand großer Penis vergrößert sich einfach bei der Erektion weniger. Es gibt keine Möglichkeit, den Penis zu »vergrößern«. Bei verschiedenen »Rassen« ist die Penisgröße nicht nennenswert verschieden, auch steht sie nicht im Zusammenhang mit starken Muskeln anderswo. Kein Penis, von sehr wenigen Ausnahmen abgesehen, ist für eine Frau zu groß – die Vagina nimmt ein ausgetragenes Baby auf. Wenn Ihr Penis, wie lang er auch sein mag, an einen Eierstock anstößt und ihr Schmerz bereitet, gehen Sie nicht so tief hinein. Eine Frau, die sagt, sie sei »zu klein« oder »zu eng« gebaut, erzählt nur etwas von ihren Bedenken, genau wie ein Mann, der die fixe Idee hat, er sei zu klein gebaut. Sie brauchen Beruhigung und eine andere Einstellung zum Sex, nicht Apparate oder körperliche Übungen. Auch die Form ist unterschiedlich – die Eichel kann stumpf oder konisch sein. Das spielt nur insofern eine Rolle, als die konische Form Präservative mit Zitzenende unbequem machen kann, weil die Spitze in der Zitze hängen bleibt. Was die Beschneidung oder Nichtbeschneidung anlangt, sind deren Wirkungen eher religiös als sexuell (siehe unter »Vorhaut«). Wenn Sie Ängste und Vorurteile hegen, machen Sie sich davon los. Alle vorhergehenden Behauptungen sind wahr.

Frauen, die wirklich gelernt haben, Vergnügen am Sex zu haben, sind gewöhnlich vom Penis ihres Geliebten, auch von dessen Größe, so fasziniert, wie Männer von Form, Geruch und Gefühl bei der Berührung weiblicher Brüste, und sie lernen, ausgiebig und geschickt mit ihm zu spielen. Er ist, ob beschnitten oder nicht, ein faszinierendes Spielzeug, ganz abgesehen vom Erlebnis seines Hauptzwecks. Es gibt ein ganzes Schauspiel im Zusammenhang mit dem Zurückschieben der Vorhaut, dem Steifmachen und Behandeln bis zum Pulsieren oder Samenerguß, der einen Hauptteil des Zusammenseins darstellt. Es ist ebenso wichtig für den Mann: gute Hand- und Mundarbeit erhöhen nicht nur sein Selbstgefühl, sondern garantieren auch eine gute Partnerin.

Pflege und Wartung: wenn Sie nicht beschnitten sind, müssen Sie die Vorhaut zum Zweck der Reinigung zurückschieben, und wenn sie sich nicht zurück- sondern nur von der Spitze über den Eichelrand schieben läßt, lassen Sie sich behandeln (es ist ein geringfügiger Eingriff mit einer stumpfen Schere und bedeutet nicht unbedingt, daß Sie eine Beschneidung brauchen). Wenn sie sich nicht richtig zurückschieben läßt, zu eng ist oder steckenbleibt, lassen Sie sich gleichfalls behandeln. Das sind die einzigen Dinge, die gewöhnlich am Penis nicht in Ordnung sind. Mit der Zeit entwickelt sich oft eine leichte Asymmetrie – das schadet nicht. Anderseits biegen Sie einen erigierten Penis nicht, verwenden Sie auch keine Stellung, bei der er zufällig heftig abgebogen werden könnte. (Das geschieht gewöhnlich, wenn die Frau die obere Position einnimmt und nahe dem Orgasmus unvorsichtig ist, oder ihn hineinsteckt, wenn er noch nicht ganz steif ist – da müssen Sie ein wenig vorsichtig sein.) Es ist möglich, wenn auch schwierig, eine der zwei im Penisschaft enthaltenen Schwellkörper zu verletzen. Das ist sehr schmerzhaft und kann zu einem Krampf bei einer darauffolgenden Erektion führen. Vermeiden Sie aus dem gleichen Grund alberne Tricks mit Röhren, Saug- oder »Vergrößerungs«-apparaten. Das normale Organ wird einer äußerst harten Beanspruchung standhalten, nicht aber diesen Geräten. Offene Stellen, Ausfluß usw. sind Krankheiten und erfordern ärztliche Behandlung. Abgesehen von Geschlechtskrankheiten, vermeiden Sie oralen Verkehr mit jemand, der einen Bläschenausschlag am Mund hat – Sie können einen periodisch auftretenden Ausschlag an Penis oder Vulva bekommen, der sehr unangenehm ist. Wenn die Vorhaut infolge von Masturbieren oder andauerndem Zurückschieben trocken ist, bedeutet Speichel das beste Gleitmittel, es sei denn, Sie haben selbst einen Mundausschlag. Heutzutage werden Peniskosmetika verkauft – manche sind Deodorants, andere lokale Betäubungsmittel, um die Reaktion zu verzögern, und dergleichen. Wir empfehlen sie nicht.

Samen

Es gibt keine Liebesbetätigung, bei der er nicht, zumindest gelegentlich, vergossen wird. Man kann ihn, sobald der Fleck getrocknet ist, aus Kleidern oder Möbeln mit Hilfe einer steifen Bürste

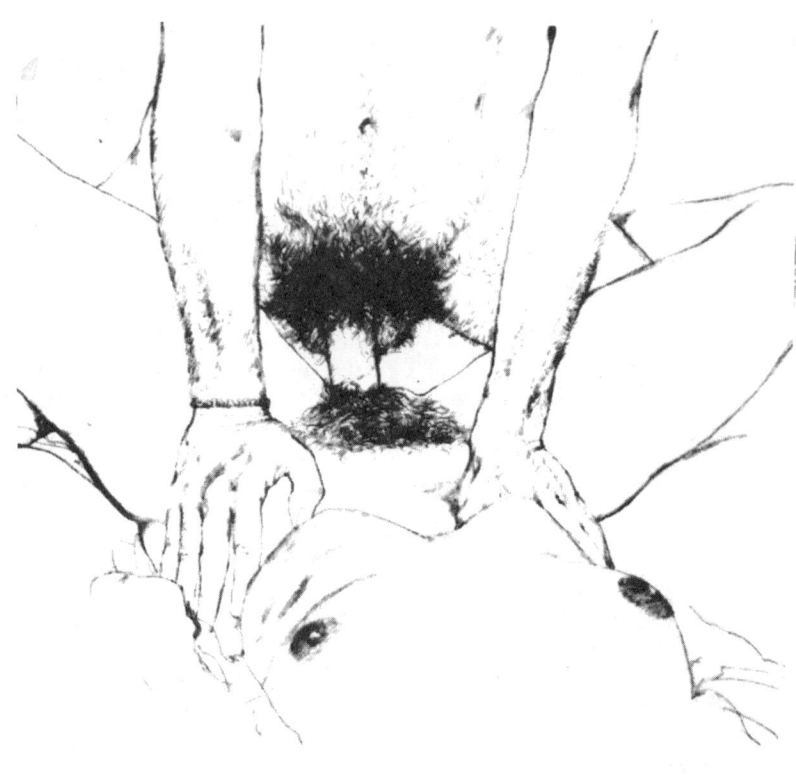

SCHAMHAAR
Färben Sie es lieber nicht passend
zum Kopfhaar – das sieht nie
ganz richtig aus.

oder mit verdünntem Natron entfernen. Wenn Sie ihn auf die Partnerin verspritzen, massieren Sie ihn sanft in die Haut – der Pollen-
geruch von frischem Samen ist an sich ein Aphrodisiakum, deshalb bringt der Geruch von frischem Gras oder Thaliktrumblüten
die meisten Menschen in Erregung. Wenn man einen reichlichen
Erguß wünscht, kann man etwa eine Stunde vor dem Verkehr
nicht ganz, aber fast bis zum Orgasmus masturbieren, um die Pro-
statasekretion zu verstärken.

Schamhaar

Rasieren Sie es, wenn Ihnen das lieber ist: manche mögen es, wir nicht. Wenn Sie es einmal rasieren, machen Sie sich auf eine stachelige Übergangzeit gefaßt, während der es wieder nachwächst. Manche mögen es im Hinblick auf totale Nacktheit oder sie ziehen die Härte des nackten Schambeins vor – die meisten finden es dekorativ. Für viele Liebende ist das Schamhaar ein Hilfsmittel. Versuchen Sie, es leicht zu bürsten, und lernen Sie, es zu liebkosen. Man kann es kämmen, zwirbeln, küssen, halten und sogar daran ziehen. Bei der Frau kann es, geschickt gehandhabt, die ganze Scham bis zum Orgasmus erregen. Für die Frau ist es oft am besten, es nicht zu rasieren, sondern zu stutzen, so daß das Dreieck auf die Schambeinmitte beschränkt bleibt, mit einem schmalen Streifen auf jeder Seite – das Modell der Jugend –, wobei das Haar entfernt wird, das aus einem Cache-sex oder einem Badeslip hervorlugt. Durch das Stutzen soll die Vulva voll sichtbar werden. Man färbt das Schamhaar lieber nicht passend zum Kopfhaar – das sieht nie ganz richtig aus –, und bleicht es schon gar nicht. M.A.S.H. hat absolut unrecht – aus der Farbe des Schamhaars kann man nicht schließen, ob eine Frau naturblondes Kopfhaar hat. Das Schamhaar ist oft wesentlich dunkler als das Kopfhaar – bei schwarzhaarigen Frauen kann es beinahe blau sein. Männer können es rasieren, wenn sie wollen, aber das Rasieren des Hodensacks ist schwierig. Verwenden Sie keine Enthaarungsmittel rund um die Genitalien – sie können brennen. Vielleicht müssen Sie den Penisschaft und die -wurzel rasieren, wenn Sie Präservative verwenden – sonst können sich die Haare darin einrollen.

Vogelgesang am Morgen

Was Ihr Partner im Orgasmus sagt, sollte ihm oder ihr nie wiederholt werden – man kann es rekapitulieren, wenn beide in entsprechender Laune sind, aber nur dann. Es ist der Augenblick, in dem die Menschen geistig am nacktesten sind. Was Frauen beim Orgasmus sagen, stimmt über Zeit und Kontinente hinweg erstaunlich überein. Japanerinnen und Inderinnen, Französinnen und Engländerinnen, sie alle stammeln vom Sterben (»Manche von ihnen«, sagte Abbé Brantôme, »schreien laut ›Ich sterbe‹, aber ich glaube, diese Todesart macht ihnen Vergnügen«), von der Mutter (sie rufen im kritischen Augenblick oft nach ihr) und von etwas Religiösem, auch wenn sie Atheisten sind. Das ist natürlich –

der Orgasmus ist der religiöseste Augenblick unseres Lebens, alle anderen mystischen Anfälle sind eine bloße Übertragung davon. Männer können knurren wie Bären oder aggressive, einsilbige Wörter hervorstoßen wie »Drin, drin, drin!« Die Frau des »Leoparden« im Roman schrie immer »Jesusmaria!«, und es gibt eine unendliche Zahl von Tönen, die an Sprechen grenzen. Warum diese bei beiden Geschlechtern so reizvoll sind, läßt sich schwer sagen. Die Inder verglichen sie mit Vogelrufen und warnten davor, wie leicht Papageien und Stare sie lernen und im unpassenden Augenblick zum besten geben – also keine Papageien ins Liebeszimmer! Es ist wichtig, die Modulation verstehen zu lernen, während man sich an der Musik ergötzt, insbesondere zu wissen, wann »Stop!« bedeutet, daß man aufhören soll, und wann »Um Himmels willen, mach weiter!« gemeint ist. Es ist eine individuelle Sprache. Man muß nur ein sensibler Beobachter sein.

Manche der »Wörter« sind selbstverständlich – ein Keuchen, wenn eine Berührung richtig ankommt, ein bebendes Ausatmen, wenn man fortfährt. Frauen und manche Männer reden dauernd in einer Art Baby-Flüstern, oder sie wiederholen die unwahrscheinlichsten obszönen Ausdrücke – manche kann man mehrere Häuserblocks weit hören, andere sind totenstill oder lachen und schluchzen beunruhigend. Manche der wirklich lärmenden Musikerinnen wollen, daß man sie schreien läßt, anderen ist es lieber, wenn man sie knebelt oder ihnen – wie auf japanischen Stichen – ihr Haar in den Mund stopft (japanische Häuser haben Papierwände). Männer können ebenso geräuschvoll sein, schreien aber gewöhnlich nicht so ausdauernd.

Es ist wichtig, bei gemeinsamem ungenierten Koitus soviel Lärm zu machen, wie es einem gefällt. Merkwürdig, daß wir das schreiben müssen, aber Leute, die Häuser und Hotels entwerfen, haben das noch nicht erkannt – sie alle scheinen mit lautlosen, kinderlosen Partnern verheiratet zu sein, sonst würden sie die Wände nicht so dünn bauen. Ein völlig lautloser Koitus, bei dem jeder Partner die Hand auf den Mund des anderen hält, kann spaßig sein, wenn man einfach nicht riskieren darf, gehört zu werden. Eine andere Variante besteht darin, zwei Arten des Geschlechtsverkehrs zugleich zu betreiben – normalen, sanften Koitus, wobei jeder Partner in der Phantasie, vielleicht für das nächstemal, einen anderen, viel zügelloseren Akt beschreibt. Die Phantasie kann so wild sein, wie es einem gefällt. Es ist der Ort, wo man Dinge, die man unmöglich ausführen kann, erproben und die exzentrischen Bedürfnisse seines Partners erfahren kann. Diese Träume können

heterosexuell, homosexuell, blutschänderisch, zart, wild oder blut-
dürstig sein – unterdrücken Sie sie nicht und fürchten Sie sich
nicht vor der Phantasie Ihres Partners; es ist ein Traum, in dem
Sie inbegriffen sind. Aber seien Sie vorsichtig mit dem Festhalten
solcher Träume, denn sie können bei Tageslicht beunruhigend
sein. Lassen Sie sie mit der Auslösung des Orgasmus verschwinden.

Liebende, die einander wirklich kennen, werden nicht
erschrecken und auch keinen Vorteil daraus ziehen. Wenn Sie diese doppelte Nacktheit beunruhigend finden, setzen Sie Regeln fest
– nur durchführbare oder erfreuliche Phantasien; erwähnen Sie
nie, absolut niemals später im Zorn die Bettgespräche (»Ich wußte
immer schon, daß du lesbisch bist« oder dergleichen). Das wäre
niederträchtig. Von der Phantasie abgesehen, ist die einzige beunruhigende Kundgebung bei der Liebesmusik, wenn die Frau
unbändig lacht – manche tun es. Halten Sie sich diesbezüglich
nicht zu streng an die Konventionen. Sie lacht nicht über Sie.

Vorhaut

Das Wegschneiden dieser Haut ist wahrscheinlich das älteste
menschliche Sexritual. Es hält sich noch immer – heute deswegen,
weil entweder Penis- oder Gebärmutterkrebs seltener ist, wenn
eine Beschneidung vorgenommen wurde (wahrscheinlich wirkt
Waschen ebenso), oder weil es den Orgasmus verzögert (wofür es
keinen Beweis gibt). Wir sind dagegen, obwohl es für viele schon
zu spät ist. »Das Wegschneiden der obersten Haut der
Geschlechtsteile«, sagte Dr. Bulwer, »ist direkt wider die Ehrlichkeit der Natur und ein schädlicher, unerträglicher Trick, der ihr
auferlegt wird.« Wenn Sie eine Vorhaut haben, können Sie Ihre
Möglichkeiten beibehalten. Wahrscheinlich macht es weder für
das Masturbieren noch für den Koitus einen großen Unterschied,
aber ein gewisser Unterschied besteht eben doch, und keiner will
ein empfindliches Organ verlieren. Normalerweise schiebt man die
Vorhaut ohnedies für all diese Zwecke zurück, aber wenn man
keine hat, gibt es eine ganze Reihe von Nuancen mit bedeckter
Eichel, die man nicht wiedererlangen kann. Frauen, die Erfahrung
in beidem haben, sind geteilter Ansicht – auch darüber, was mehr
sexy wirkt. Manche finden die Eichel des beschnittenen Penis
»sauberer« und fühlen sich sogar durch eine nicht zurückgezogene
Vorhaut abgestoßen, sie sehe »feminin« aus (das kann ein Ein-
blick in die symbolische Wüste sein, die hinter dem ursprünglichen

VULVA
Liebende sollten frühzeitig lernen,
einander beim Masturbieren
zuzusehen.

Brauch aus der Steinzeit liegt), während andere das Entdeckerge-
fühl lieben, das sie beim Zurückschieben empfinden. Wenn Sie
unbeschnitten sind, und ihr das andere lieber ist, schieben Sie die
Vorhaut zurück – umgekehrt haben Sie Pech gehabt. In ihrer

Funktion ist sie wahrscheinlich ein duftverbreitendes Organ – mit Feinfühligkeit hat es nichts zu tun.

Kräftiges Zurückhalten der Haut mit der Hand (ihrer Hand) beim Koitus wirkt für Beschnittene und Unbeschnittene beschleunigend und ist mit einer besonderen Reizempfindung verbunden (siehe unter »Florentinisch«). Ein Großteil der Wirkung verschiedener ausgefallener Penisringe liegt darin, daß sie die Haut des Schaftes und/oder die Vorhaut zurückhalten und zusätzlichen Druck ausüben; deshalb haben manche Männer eine Vorliebe dafür. Wenn Sie glauben, daß Ihre Eichel überempfindlich ist, bemühen Sie sich, sie dauernd unbedeckt zu lassen. Sie können, wenn Sie es versucht haben, das Freiliegen zu einer ständigen Einrichtung machen. Alles in allem hat der beschnittene Mann keinen wesentlichen Nachteil (oder Vorteil) vor dem unbeschnittenen, aber wir suchen es uns lieber selbst aus, ob wir das Ei mit oder ohne Salz wünschen, und überlassen es unseren Kindern ebenfalls.

Vulva

»Der Körperteil, der an dir am weiblichsten ist«, wie es in der Werbung heißt, aber auch so magisch wie der Penis, und für Kinder, Primitive und Männer im allgemeinen ein wenig schreckerregend: Sie sieht aus wie eine Kastrationswunde und blutet regelmäßig, sie schluckt den Penis und gibt ihn schlaff wieder von sich, wahrscheinlich kann sie beißen und so fort. Zum Glück überdauern wenige dieser biologisch programmierten Angstgefühle ein näheres Kennenlernen, aber sie sind der Ursprung für die meisten männlichen Schwierigkeiten, Homosexualität eingeschlossen. Primitive und Puritaner behandeln die Vulva, als wäre sie radioaktiv. »Aller Zauber«, sagte ein Papua-Hexenmeister, »strahlt von ihr aus wie Finger aus einer Hand« – und viele Bloßstellungen von Frauen im Lauf der Geschichte entstanden aus dieser Art von freudianischem Gestrüpp.

Empfindlich in all ihren Teilen – der phallusbewußte Mann neigt dazu, sich zwecks Beruhigung auf die Klitoris zu stürzen. Liebhaber sollten frühzeitig lernen, einander beim Masturbieren zuzusehen – nur wenige Frauen empfinden anfänglich Vergnügen bei übertriebener Klitorisreizung. Die Länge der Schamlippen, Größe und Enge der Öffnung machen nur wenig Unterschied für die Wirkung – mehr macht die Lage im Verhältnis zum männlichen Schambein aus: manche Liebende bekommen nur in einer oder zwei Stellungen wirklich gute Berührung, wenn das auch gewöhnlich durch die Spannung, die beim Koitus durch Bewegung und Ziehen an den Labien entsteht, mehr als aufgewogen wird. Die normalerweise leicht feuchte Vulva – andernfalls würden Frauen beim Gehen quietschen – wird bei sexueller Erregung natürlich immer feuchter. Falls die Vulva Flecken hinterläßt oder einen ungewöhnlichen Ausfluß zeigt, deutet das auf eine Entzündung (gewöhnlich mit Geißeltierchen oder Hefepilzen) hin und erfordert Behandlung. Der normale Geruch der Vulva ist von Frau zu Frau und auch temporär verschieden, sollte aber immer angenehm und sexuell erregend sein.

Ob Ihr Geliebter die Vagina einer Frau eingehend mit Fingern, Augen und Zunge jemals erforscht hat oder nicht – sorgen Sie dafür, daß er die Ihre erforscht. Lernen Sie zu küssen: Sie haben zwei Münder, er aber nur einen.

Bezüglich Pflege siehe unter »Bidet«, »Cassolette«, »Menstruation«. In der Regel sollten Sie die Vulva waschen, nicht duschen.

Das Versteckenspiel mit dem weiblichen Schamdreieck ist eines

VULVA
So magisch wie ein Penis, und für
Kinder, Primitive und Männer
im allgemeinen ein wenig
schreckerregend.

70

der ältesten Spiele der Menschen (siehe unter »Kleidung«, »Keuschheitsgürtel«). Halten Sie sich an die geschickteste Verwendung eines wirklich praktischen »Minislips«.

Wieder kommen

Das können nicht alle, wir sind aber sicher, daß es viel mehr könnten als tatsächlich der Fall ist, vor allem viel mehr Männer.
Wiederholter Orgasmus kommt bei vielen, wenn auch nicht bei allen Frauen vor, wenn sie genug leicht reagieren und weitermachen wollen, entweder beim Koitus oder im Nachspiel nach einem Orgasmus. Das heißt, wirklich leicht reagierende Frauen, die wie Männer in die Kategorie Einmal-und-damit-genug fallen, sind verhältnismäßig selten. Manche haben eine andauernde Reihe von Orgasmen ohne einen einzigen, starken Höhepunkt. Die Reaktionsfähigkeit ist eine undefinierbare Mischung von Physiologie, Stimmung, Kultur, Erziehung und Zusammensein mit dem gewünschten Mann. Falls man einen wirklich intensiven Höhepunkt erreichen kann, bleibt es nicht bei diesem einen, wenn man weitermacht. Ausnahmen sind vor allem Frauen, die zart sind und leicht ermüden, oder Frauen, die nach jedem Orgasmus die Periode intensiver Entspannung lieber genießen als zu einer neuen Erregung überzugehen.
Bei Männern ist es noch komplizierter. Es gibt welche, die in einigen Stunden sechs oder mehr volle Orgasmen erreichen können, wenn sie nicht in Zeitnot sind und es nicht täglich probieren. Manche können täglich einen Orgasmus haben, andere bekommen für eine bestimmte Zeit keine zweite Erektion. Es lohnt sich festzustellen, wie lang das dauert – es kann kürzer sein, als man annimmt. Niemand weiß, ob sich das ändern läßt – auch nicht, ob individuelle Unterschiede von körperlichen oder geistigen Faktoren abhängen. Ganz gewiß aber wurden viele Männer durch die Behauptung, Sex sei erschöpfend, zu einer geringeren Leistung veranlaßt, als im Bereich ihrer Möglichkeit liegt.
Da Übung und Training fast alle Leistungen heben, wäre es merkwürdig, wenn sie das gerade auf diesem einen Gebiet nicht zustandebrächten. Jedenfalls kommt es für den Mann nicht auf die Anzahl der Orgasmen an – die meisten Männer können durch langsame Handarbeit einen zweiten und innerhalb einer Stunde nach vollem Koitus einen dritten durch Selbstreizung bekommen –, sondern eher auf die Fähigkeit, den eigenen Orgasmus zu verzögern, solange man es wünscht, oder nachher bzw. bald danach

weiterzumachen, auch wenn man nicht ein zweitesmal kommt. Tut man das nicht, so kann man eine Frau nicht zum Höhepunkt bringen. Viele Liebhaber versuchen es nicht, sondern ändern, um sich zu schonen, ihre Technik. Das ist nur dann zu vertreten, wenn beide zugleich oder wenigstens ziemlich bald nacheinander zum Ende kommen.

Besonders wichtig ist die Fähigkeit, sich zurückzuhalten und wiederzukommen, für die vielen (gewöhnlich allzu enthaltsamen)

WIEDER KOMMEN
Wenn er nicht kann, es nicht tut oder darüber beunruhigt ist, hat es keinen Zweck, mit ihm zu diskutieren. Sie müssen die Initiative ergreifen, Madame.

73

Männer, die unter Überempfindlichkeit leiden. Lassen Sie es nicht dazu kommen, daß es eine selbsterschwerende Qual wird. Die Zeit spielt nämlich dabei gar keine Rolle, vorausgesetzt, Sie können in einer halben Stunde wieder eine Erektion bekommen – es gibt genug anderes zu tun, während Sie warten. Vermeiden Sie Ängstlichkeit vor der Leistung; finden Sie lieber durch Probieren heraus, wie bald Sie wieder eine brauchbare Erektion bekommen können – sie wird gewöhnlich lang andauern und nicht mit einem vollen Höhepunkt enden, Sie jedoch instandsetzen, Ihrer Partnerin zehn, zwanzig oder mehr Minuten vollen Koitus zu geben, während Sie sich mit ihr beschäftigen.

Wenn er nicht kann, es nicht tut oder darüber beunruhigt ist, hat es keinen Zweck, mit ihm zu diskutieren. Sie müssen die Initiative ergreifen, Madame. Genaue technische Details werden unter »Überempfindlichkeit« angegeben. Wenn Sie ein enttäuschtes Gesicht machen, ist es aus für diese Nacht und vielleicht für immer. Schlagen Sie ein Ablenkungsmanöver vor, lassen Sie ihm eine halbe Stunde Zeit, dann machen Sie ihn selbst mit Hand und Mundarbeit fit. Erzählen Sie ihm zu anderer Zeit, was Sie beabsichtigen: Sie wollen sehen, wie bald er wieder zu einer Erektion fähig ist (sonst sieht es so aus, als wären Sie unbefriedigt, dann fühlt er sich schuldig und schaltet sich selbst aus). Wenn Sie das nett formulieren, fügen Sie Ihrer beider Leben eine neue Dimension hinzu. Zwei wichtige Punkte müssen Sie beachten: Erstens, manche Männer können unmittelbar nach einem vollen Orgasmus keine Genitalerregung ertragen – sie empfinden sie als heftigen Schmerz. Wenn es so ist, lassen Sie ihm eine halbe Stunde oder länger Zeit. Zweitens, wenn er dabei wirklich schwach reagiert, versuchen Sie es trotzdem, denn bei ziemlich vielen Frauen kann man durchaus mit einer schwachen Halb-Erektion eindringen, wenn man sie, auf der Seite liegend, von hinten nimmt. Wenn es einmal so begonnen ist, erfolgt gewöhnlich später eine volle Erektion.

Manche Männer können, wenn sie ermüdet sind, keine Erektion bekommen, wohl aber mit Hand- und Mundarbeit zum Samenerguß gelangen; andere bekommen eine Erektion, die unendlich lang dauert, erreichen aber keinen Orgasmus. Die letztgenannten, die tatsächlich langsam reagieren, werden Sexualathleten. Ob sich das wahlweise entwickeln läßt, ist unklar, aber häufiger Sex und ein gewisses Maß an Masturbationstraining im Hinauszögern des Höhepunktes wird helfen. Die meisten Überempfindlichen haben zu selten Geschlechtsverkehr.

Wiederbelebung: Die beste Wirkung erzielen geschickte Hand- und Mundarbeit und direktes Saugen. Eine Frau kann nicht nur den Penis, sondern auch den ganzen Hodensack vorsichtig in den Mund nehmen und mit den Lippen halten, dann am Penis selbst fest saugen und dabei hinten an dessen Wurzel mit einem Finger drücken. Wenn sie dann ein Steifwerden spürt, kann sie zu Ein- und Auswärtsbewegungen übergehen. Kräftiges Masturbieren wird mit der Zeit stets einen zweiten Samenerguß verursachen, auch wenn es keine brauchbare Erektion hervorbringt. Manche Paare, die ihre ganze Leidenschaft verbraucht haben, aber noch einen Orgasmus wünschen, ehe sie aufhören, liegen gern einander gegenüber und sehen zu, wie sie sich zum Höhepunkt bringen. Das ist ein zusätzliches Erlebnis, kein Eingeständnis eines Mißerfolgs, und kann unerhört und unerwartet aufregend sein.

Zärtlichkeit

Im Grunde handelt das ganze Buch davon. Das schließt heftige Spiele nicht aus (wenngleich manche Menschen sie weder brauchen noch wünschen), wohl aber Ungeschicklichkeit, Unbeholfenheit, Reaktionsmangel, Boshaftigkeit und allgemeinen Kontaktmangel. Sie zeigt sich voll in der Art, wie man einander berührt. Was im Grunde zu ihr gehört, ist ein ständiges Bewußtsein dessen, was Ihr Partner empfindet, sowie das Wissen darum, wie man dieses Gefühl sanft, kräftig, langsam oder schnell intensivieren kann, und das erwächst nur aus einer zwischen beiden Partnern bestehenden inneren Gemütsverfassung. Ein wirklich zärtlicher Mensch kann sich nicht einfach umdrehen und einschlafen. Viele, wenn nicht die meisten unerfahrenen Männer und manche Frauen sind einfach von Natur aus ungeschickt – entweder aus Übereilung, aus eifrigem Verlangen oder aus mangelndem Gefühl dafür, was das andere Geschlecht empfindet. Männer sind im allgemeinen dickfelliger als Frauen – fassen Sie nicht die Brüste an, stecken Sie nicht die Finger in die Vagina, behandeln Sie die weibliche Haut nicht wie die Ihre und (das gilt für beide Geschlechter) legen Sie keine knochigen Körperteile auf die falsche Stelle! Die Frauen reagieren eher auf sehr sanfte als auf sehr kräftige Stimulierung. Ein bloßes Streicheln der Scham- oder Körperhaare wird gewöhnlich weit mehr erreichen als ein kräftiges Zupacken mit der Hand. Seien Sie aber zugleich nicht ängstlich – keiner von euch beiden ist aus Glas. Frauen hingegen verwenden oft nicht genug Druck, besonders bei der Handarbeit, wenn auch die ganz, ganz leichte Art eine

ZÄRTLICHKEIT
Zeigt sich voll in der Art, wie
man einander berührt.

76

besondere Empfindung verursacht. Beginnen Sie sehr sanft, verwenden Sie die ganze Hautfläche und verstärken Sie den Druck allmählich. Die Reizschwelle schwächt sich jedenfalls bei stärkerer sexueller Erregung ab, bis sogar harte Schläge erregend werden können (wenn auch nicht bei jedem). Dieser Verlust an Schmerzgefühl verschwindet fast sofort mit dem Orgasmus, machen Sie also nicht weiter und seien Sie besonders sanft, sobald er oder sie gekommen ist.

Wenn wir Zärtlichkeit *lehren* könnten, ließe sich dieses Buch größtenteils durch Intuition ersetzen. Falls Sie wirklich unbeholfen sind, empfehlen wir ein wenig Praxis mit leblosen Oberflächen, Kleiderverschlüssen und dergleichen. Männliche Kraft ist ein Reizmittel im Sex, wird aber nicht durch ungeschickte Handarbeit, ungestüme Umarmungen und brutale Kraft ausgedrückt – zumindest nicht als Hors d'œuvres. Wenn es da ein Problem gibt, denken Sie daran, daß Sie beide reden können. Nur wenige Menschen wollen mit jemandem im Bett sein, der nicht im Grunde zärtlich ist, und die meisten sind entzückt, mit dem richtigen Menschen im Bett zu sein – mit einem, der zärtlich ist.

Der endgültige Test besteht darin, wie Sie es vertragen, die Person beim Erwachen in Ihrem Bett zu finden. Wenn Sie das wirklich erfreut, dann sind Sie auf dem richtigen Weg.

Zeit zum Spielen

Wir haben es schon gesagt, aber wir wiederholen es noch einmal: Sex ist die wichtigste Art von Spiel für Erwachsene. Wenn man sich dabei nicht entspannen kann, tut man es nie. Fürchten Sie sich nicht vor einem Psychodrama. Seien Sie der Sultan mit seiner Lieblingskonkubine, der Einbrecher mit dem Mädchen, sogar ein Hund mit dem flüchtenden Kaninchen – alles, was die Phantasie Ihnen eingeben mag. Legen Sie zusammen mit Ihren Kleidern auch Ihre Schale ab.

Manche Menschen werden außerordentlich erregt, wenn sie mit dem ältesten dramatischen Hilfsmittel der Welt, einer Maske, Sex betreiben (siehe unter »Masken«). Die meisten von uns können lernen, ohne Maske die gleiche Veränderung zu bewerkstelligen, und wenn dies gelingt, ist die geistige Nacktheit zwischen euch die erheiterndste Art von Nudismus – so vollständig, daß man zuerst gesunde Angst davor hat. Wahrscheinlich ist das Loswerden der Angst die wichtigste Lektion des Sex. Ein Martini hilft – mehr davon kann alles verderben. Jedenfalls sind Alkohol, Rauschgift

ZEIT ZUM SPIELEN
Sex ist die wichtigste Art von
Spiel für Erwachsene. Wenn man
sich dabei nicht entspannen kann,
tut man es nie.

usw. nur Ersatz für das, was man bei richtiger Sexentspannung erreicht.

So lassen Sie ihn also einen Römer sein oder einen Hund oder eine Frau oder einen Gangster, und lassen Sie sie eine Jungfrau sein oder eine Sklavin, eine Sultanin oder Lolita oder jemand, den Sie vergewaltigen wollen oder sonst etwas, das einen von euch beiden erregt. Ihr wart nicht befangen dabei, als ihr zu dritt wart – entwickelt euch wieder zurück aus der Erwachsenenumgebung. Die Regeln sind bloß die der Spiele als Kinder – wenn das Spiel bösartig, gehässig oder unheilvoll wird, hört auf damit; solange es wild und aufregend bleibt, hat es einen Höhepunkt, der kindlichen Spielen fehlt: das ist das Vorrecht des Spieles für Erwachsene.

ZEIT ZUM SPIELEN
Die Regeln sind die der Spiele
als Kinder – wenn das Spiel
bösartig oder gehässig wird,
hört auf damit.

80

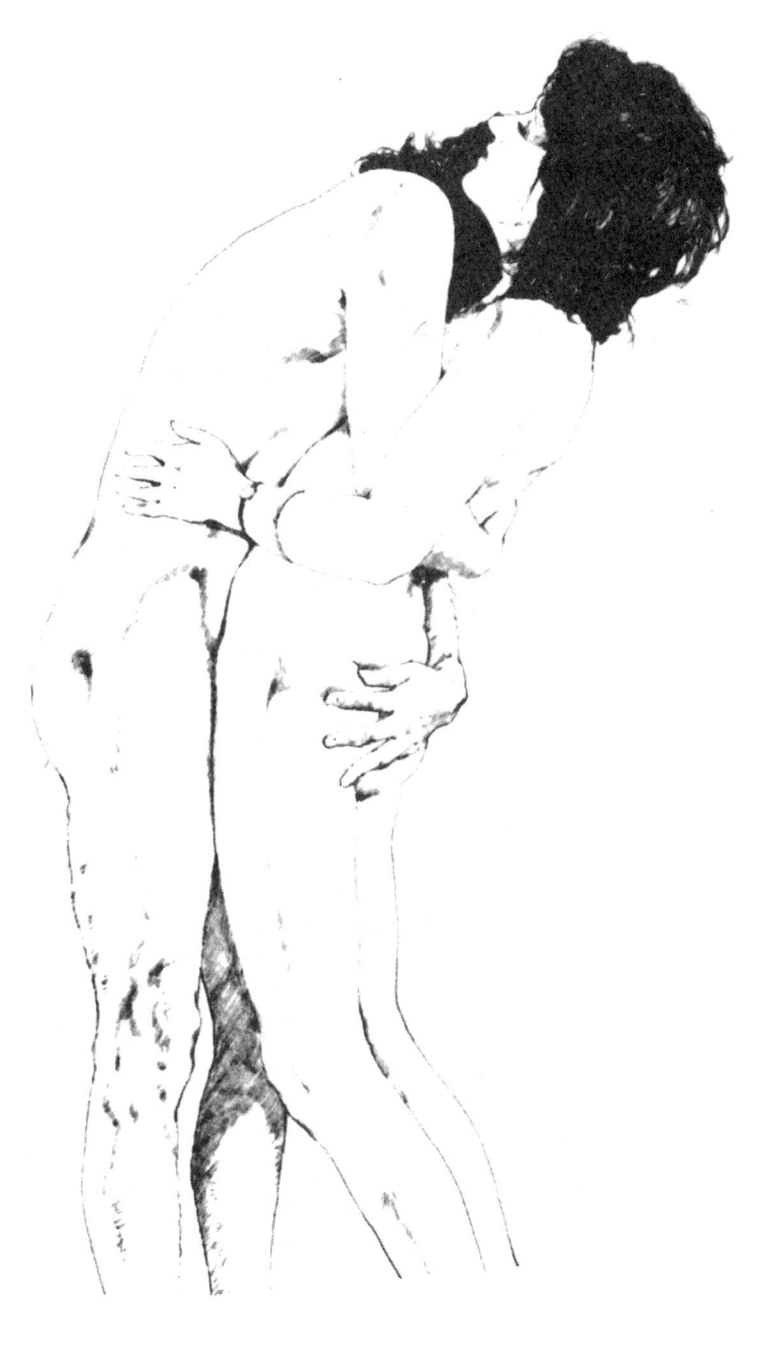

Hauptgerichte

Ausrüstung

Der österreichische Gymnastikprofessor Weck Erlen schrieb ein Buch, in dem er neben über fünfhundert Stellungen, um deren Ausführung man lost, ein vollständiges »Sexarium« mit Turnmatten und Trapezen anregte. Für seine Art von Sex würde man sie brauchen. Der Gedanke eines kompletten »Sexariums« mit Spiegeln, rotem Licht und schwarzer Ausstattung erregt manche Menschen – es gibt eine Anzahl von Palästen aus den dreißiger Jahren in Beverly Hills, die eines haben. In kleinerem Maßstab kann man den Keller so einrichten. Wir ziehen aber das Schlafzimmer vor, und das Ergebnis braucht nicht peinlich zu sein.

Über das Bett haben wir bereits gesprochen. Der Gedanke der Turnmatte ist nicht übel – ein wirklich dicker Teppich (oder ein Stück Läufer, wenn man sich einen ganzen Zimmerbelag nicht leisten kann) ist ebenso gut und bietet genügend Platz, um sich darauf zu wälzen. Manche haben eine Vorliebe für Schemel bei gebeugten Stellungen von vorn oder hinten; da man einen Schlafzimmerschemel braucht, kann dieser in der richtigen Höhe gewählt werden. Ein Stapel harter, viereckiger Kissen ist für abwechslungsreiche Gestaltung besser geeignet. Zwei der Kopfkissen sollen hart sein, um sie im Bett zu benutzen – die anderen Kissen sind für die Betätigung auf dem Boden bestimmt. Wenn man große Spiegel liebt, können diese im Inneren der Schranktüren angebracht sein oder umgedreht werden, so daß sie ihre keusch dekorierte Rückseite zeigen. Am besten für den Koitus geeignet ist ein ganz gepolsterter Stuhl ohne Armlehnen. Wenn man einander daran festbinden will, muß man auf die richtige Größe und Bequemlichkeit achten – will man ihn nur für gewöhnlichen Koitus, ist er am besten ganz ausgepolstert, oder nehmen Sie für jeden Partner einen Stuhl. Ein Deckenspiegel macht Spaß, ist aber kostspielig und auffällig, wenn einen das stört. Sie brauchen nebenan ein Badezimmer mit Dusche. Die übliche Anlage der Schlafzimmer in Motels ist ausgezeichnet geeignet für all dies, nur werden dort die Stühle nicht im Hinblick auf Verwendung zum Koitus ausgewählt.

Es ist natürlich aufregend, wenn man über das erforderliche Geld und die Energie verfügt, für exzentrische Erlebnisse einen exzentrischen Raum mit besonderen Lichteffekten auszustatten. Wir möchten bei Ihnen nicht den Eindruck erwecken, daß Sie das wirklich brauchen – genausowenig wie man eine Traumküche

AUSRÜSTUNG
Man braucht keine Zusätze, um
großartigen Sex zu haben,
vorausgesetzt, der Partner und die
Einstellung sind richtig.

braucht, um ein erstklassiger Koch zu sein. Sie brauchen bloß das
Minimum – Ungestörtheit, Heizung, Waschgelegenheit, ein Bett,
ein oder zwei einfache Möbelflächen, funktionierende Genitalien,
Liebe und Phantasie.

Wenn Sie Extrawünsche haben, werden diese davon abhängen,
was Sie tun wollen. Stellungsakrobaten schätzen einen (damit er
nicht gefährlich ist, am Boden befestigten) Stufenschemel oder sogar eine kleine Leiter. Manche mögen einen Schaukelstuhl. Früher
spezialisierten sich die Bordelle auf die verschiedensten Szenenauf-
bauten; die waren jedoch entweder für Leute mit fixen Ideen oder

wurden von Zeit zu Zeit für einen besonderen Gefühlskitzel verwendet. Wenn man noch andere Paare dabeihaben will, braucht man entsprechend mehr Raum, ob man nun gemeinsam verkehrt oder die Vorführungen abwechselt. Farbige Raumbeleuchtung ist eine Zugabe, die manche Leute lohnend finden – ebenso eine Kamera und ein Tonbandgerät. Wenn Sie irgendwelche Ergänzungen, von Kissen oder Vibratoren bis zu Kameras, Gleitmitteln, Stricken oder Minislips benutzen wollen, sorgen Sie dafür, daß sie zur Hand sind und nicht erst geholt werden müssen. Bereiten Sie auch ein Stoffhandtuch vor – Papiertücher kleben an der Haut. Aber Sie *brauchen* keines dieser Dinge, um großartigen Sex zu haben, vorausgesetzt, Ihr Partner und die Einstellung sind richtig.

Wahrscheinlich der einzige Vorteil eines wirklich ungestörten Sexzimmers ist, daß Sie es mit erotischen Bildern anfüllen können, ohne ein »bürgerliches« Gästezimmer zu erotisieren, und Tantchen empfangen zu können, ohne daß sie fragt, wozu denn die Ringe an der Wand dienen. Aber ein Diaprojektor kommt auf jeder weißen Wand oder Decke sehr gut an. Sie würden staunen, wie wenig Uneingeweihte ihn bemerken.

Bidet

Dieses Stück der europäischen Badezimmereinrichtung kam in Mode, als die vaginale Dusche nach dem Koitus üblich wurde. Für das Waschen kann es nützlich sein, zum Beispiel nach Analkoitus oder zum Füßewaschen, und es macht weniger Mühe als eine Dusche, obwohl eine Frau unter der Dusche besser aussieht, als wenn sie wie eine Batteriehenne auf dem Bidet sitzt. Unmotiviertes Vaginalduschen ist medizinisch auf jeden Fall eine schlechte Idee – die Vagina reinigt sich selbst, und Wasser bringt ihre natürliche Hygiene aus dem Gleichgewicht. Bleiben Sie bei Dusche und Bidet für das Säubern nach der Menstruation.

Brüste

»In unseren reiferen Jahren«, schrieb Darwin, »verspüren wir, wenn unseren Blicken ein Gegenstand gezeigt wird, der irgendwelche Ähnlichkeit mit der Form des weiblichen Busens aufweist... ein allgemeines Wonnegefühl, das all unsere Sinne zu beeinflussen scheint, und wenn der Gegenstand nicht allzu groß ist, verspüren wir den Wunsch, ihn mit den Lippen zu küssen, wie in unserer frühen Kindheit die Brust unserer Mütter.« Alfred Perlès begrüßte

BRÜSTE
Wie sensibel die Brüste eigentlich
sind, ist bei Männern wie bei
Frauen sehr unterschiedlich.

eine Dame der Gesellschaft, die beim Abendessen neben ihm Platz nahm, mit den Worten: »Die sind nicht übel – nehmen Sie sie doch heraus und lassen Sie uns einen Blick darauf werfen!« Brüste sind von Natur aus das zweite Ziel, oft jedoch das erste, das wir zu erreichen suchen. Wie sensibel sie eigentlich sind, ist sehr unterschiedlich, bei Frauen wie bei Männern – die Größe ist unwichtig, ebenso wie bei anderen Sexualorganen. Manche reagieren gar nicht, sogar bei den entschieden nicht frigiden Frauen, manche reagieren auf äußerst zarte Berührungen, manche auf sehr kräftige Behandlung (es sind aber empfindliche Organe – lassen Sie Ihren gesunden Menschenverstand nicht von Ihrem übriggebliebenen Ärger darüber, daß Sie entwöhnt wurden, besiegen).

Immer wieder rund um die Brustwarze mit der Zungenspitze oder der Eichel kreisen, sanftes Kneten mit beiden Händen, zartes Beißen und liebevolles Saugen wie ein Baby sind die besten Eröffnungen. Die Frau kann diese Technik unter sanfter Benutzung der Fingerspitzen bei dem Mann anwenden – männliche Brustwarzen werden aber leicht wund. Wenn ihre Brüste groß genug sind, um sie aneinanderzudrücken, kann man durch Koitus zwischen den Brüsten einen erstaunlichen Grad von gegenseitigem Lustgefühl erreichen. Das ist ein guter Ersatz bei Gelegenheiten, in denen die Frau für den Zutritt gesperrt ist. Legen Sie sie flach auf ein Kissen, knien Sie rittlings (mit der großen Zehe an ihrer Klitoris, wenn sie Hilfe braucht) und mit völlig zurückgeschobener Vorhaut über ihr. Sie oder Ihre Partnerin können die Brüste aneinanderdrücken – legen Sie sie lieber um den Schaft und reiben Sie mit ihnen nicht die Eichel. Diese sollte klar, knapp unter ihrem Kinn, vorstehen. Wenn sie bei dieser Stellung einen Orgasmus hat, ist er »rund« wie ein voll koitaler Orgasmus, und sie fühlt ihn innerlich. Brustorgasmen durch Lecken und Handhabung sind gefühlsmäßig »dazwischen«. Reiben Sie den Samen gut in ihre Brüste ein, wenn Sie fertig sind (siehe unter »Samen«).

Brüste, Vagina und Klitoris zusammen erzielen, sobald der Koitus einmal begonnen hat, die konzentrierteste und schnellste Aufreizung zum Höhepunkt, zumindest für manche Frauen. Nur wenige Männer können einen Brustwarzenorgasmus haben, aber es ist der Mühe wert, es mit einem Paar steifer Federn zu versuchen. Viele leicht erregbare oder »gut geliebte« Frauen können beim Säugen eines Babys ein ziemlich spezielles Lustgefühl empfinden.

Sie sagt: »Die Männer verstehen noch immer nichts von Brüsten oder sind zu sehr in Eile, weiter nach unten zu kommen – die

Brustwarzen einer Frau haben, anders als beim Mann, einen direkten heißen Draht zu ihrer Klitoris. Ein Mann, der das richtig zu nutzen versteht und sich dabei nur Zeit läßt, kann alles erreichen. Streicheln mit der Handfläche, mit den Augenlidern, Lecken und lautes Saugen wie ein Baby können Wunder wirken; die Orgasmen, die man dabei bekommt, bringen eine Frau ganz aus dem Häuschen, ohne sie nur eine Spur von dem nachkommenden Koitus abzulenken. Bitte lassen Sie sich Zeit!«

Der Verkehr zwischen den Brüsten ist in anderen Stellungen ebensogut – umgekehrt, seine Schenkel an ihrem Kopf, oder sie oben (besonders wenn sie kleine Brüste hat) oder der Mann sitzend, sie kniend: versuchen Sie all das.

BRÜSTE
Männer verstehen noch immer
nichts von Brüsten – oder sind zu
sehr in Eile, weiter nach unten
zu kommen.

Cassolette

Französisch für Duftbüchse. Das natürlichste Parfüm einer sauberen Frau: nach ihrer Schönheit ihre sexuell wichtigste Eigenschaft
(manche würden sagen, noch wichtiger als die Schönheit). Es geht
von ihrer gesamten Person aus – Haar, Haut, Brüste, Achseln, Genitalien und der Kleidung, die sie getragen hat; die Note hängt
von ihrer Haarfarbe ab, aber keine zwei Frauen haben denselben
Duft. Auch Männer haben einen natürlichen Duft, dessen sich die
Frauen bewußt sind; während aber ein Mann in das persönliche
Parfüm einer Frau verliebt sein kann, neigen Frauen dazu, zu
bemerken, wenn ein Mann richtig oder falsch riecht. Falsch bedeutet nicht so sehr unangenehm wie unbestimmbar, nicht nach ihrem Geschmack. Zu ihrem Bewußtsein von der Nähe eines Mannes gehören oft bestimmte Zusätze wie Tabak.

Weil es so wichtig ist, muß eine Frau ihr persönliches Parfüm
ebenso sorgfältig überwachen wie ihr Aussehen und lernen, es
beim Hofmachen und Geschlechtsverkehr so geschickt zu gebrauchen wie ihren übrigen Körper. Rauchen ist dabei keine Hilfe.
Der Duft kann auf die Dauer eine Waffe sein (nichts zieht einen
Mann verläßlicher an, und das kann unbewußt geschehen, ohne
daß er es weiß). Ein kundiger Mann kann, wenn er ein Geruchs-
mensch ist und wenn er sie kennt, merken, ob sie erregt ist.

Die Empfänglichkeit und das Empfinden für sauberen menschlichen Duft ist bei beiden Geschlechtern verschieden. Ob es angeborene Unterschiede sind, wie die Unfähigkeit, Cyanid zu riechen,
oder ob sie durch unbewußtes Verdrängen verursacht werden, wissen wir nicht. Manche Kinder können den Sinn des Blinde-Kuh-
Spielens nicht verstehen, denn sie wissen nach dem Geruch, wer sie
berührt; manche Frauen können es riechen, wenn sie schwanger
sind. Männer können Düfte, die mit Moschus verwandt sind, nur
riechen, wenn sie eine Spur von weiblichem Sexualhormon enthalten. Es gibt da wahrscheinlich einen ganzen biologischen Signal-
mechanismus, den wir erst zu enträtseln beginnen. Es sind viel
mehr menschliche Zuneigungen und Antipathien auf Geruch begründet, als unsere Deodorant-und-Aftershave-Kultur zugibt. Viele Menschen, besonders Frauen, behaupten, daß sie sich von ihrer
Nase leiten lassen, wenn sich die Frage stellt, ins Bett zu gehen
oder nicht.

Frauen haben den schärferen Geruchssinn, aber Männer reagieren darauf stärker als Anreiz. Beim Liebesakt wechselt die Duft-
note in regelmäßiger Folge von der gesamten Haut und den Ach-

CASSOLETTE
Es sind viel mehr menschliche
Zuneigungen und Antipathien
auf Geruch begründet, als
unsere Seifen- und Aftershave-
Kultur zugibt.

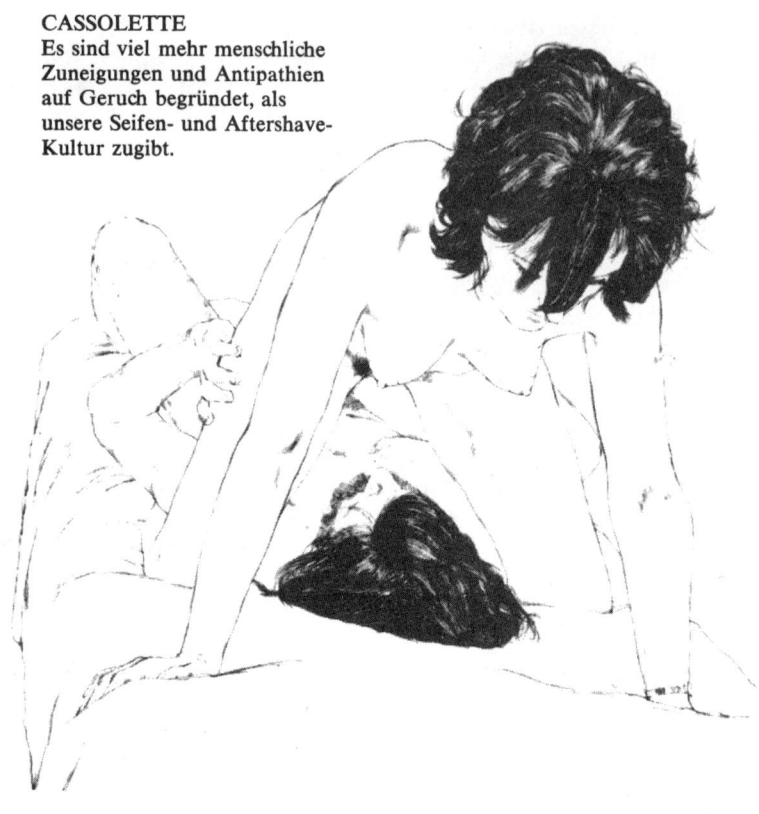

seln zur »erregten« Note der Frau, dann zu ihrem vollen Genital-
duft und dann, wenn der Koitus begonnen hat, zu einem anderen
Aroma. Schließlich wird der Geruch des Samens in ihrem Atem
erscheinen und die nächste Runde auslösen.

Einige unwissende Wilde schneiden noch die Klitoris ab. Angeblich bestehen die Frauen selbst am meisten darauf, ihre Töchter so zu verstümmeln. Die unseren gehen nicht so weit, schneiden
aber noch immer ihr Achselhaar weg oder taten es, bis eine neue
Generation sich allmählich darüber klar wurde, daß es sexy war.
Das Rasieren ist vielleicht in einem heißen Klima verzeihlich, wo
es keine Wasserleitung gibt. Heute ist es bloß dummer Vandalis-
mus. Manche von den Hübschesten tun es noch, und sogar die

90

Sexbewußtesten lassen sich angesichts einer Mode nicht umerziehen. Man könnte als Argument die Backen- oder Vollbärte anführen, aber die männliche Gesichtsbehaarung hat nicht die Tag für Tag wiederholte Bedeutung der kleinen Haarbüschel einer Frau. Es sind ihre Antennen und Puderquasten, um sich in einem Zimmer oder beim Liebesakt vorzustellen. Sie sind da, um damit über die Lippen des Mannes zu streifen; er kann das gleiche, aber behutsamer tun. Ein tiefes Küssen in der Achsel läßt das Parfüm Ihres Partners bei Ihnen. Beim Genitalkuß beginnen Sie mit bedeckten Lippen, dann streichen Sie über die geschlossenen Schamlip-

CROUPADE

91

pen, dann öffnen Sie sie. Wenn sie einen Mann küßt, geht sie in der gleichen Reihenfolge vor. Es ist die maximale Art, um sich ihrer als äußere Erscheinung bewußt zu werden, noch bevor man sie zu berühren beginnt.

Croupade

Jede Stellung, die sie einfach von hinten nimmt, d. h. alle Stellungen, bei denen man von hinten eindringt, außer jenen, wo sie ein Bein zwischen seinen hat oder halb abgewendet auf der Seite liegt (siehe unter »Cuissade«).

Cuissade

Die Stellungen, bei denen man halb von hinten eindringt, wenn sie ihm den Rücken zuwendet und er in sie eindringt, wobei eines ih-

CUISSADE

92

rer Beine zwischen seinen und das andere mehr oder minder hochgezogen ist; bei manchen Versionen liegt sie halb auf der Seite,
noch von ihm abgewandt.

FRONTAL
Alle Stellungen einander
gegenüber, wobei ein Partner
beide Schenkel zwischen denen
des anderen hat.

Dusche

Der richtige Schauplatz für Sexabenteuer – wascht euch gemeinsam, liebt euch; der einzige passende Ort in den meisten Wohnungen und Hotelzimmern, um die Hände eines Partners über dem Kopf zu befestigen. Reißen Sie aber die Armatur nicht aus der Wand – sie ist nicht für Belastung gebaut. Siehe unter »Disziplin«.

Flanquette

Die Gruppe der Sexualstellungen, bei denen die Partner einander halb zugekehrt sind – sie liegt mit dem Gesicht ihm zugewandt und mit einem Bein zwischen seinen, infolgedessen eines seiner Beine zwischen ihren, das frontale Gegenstück der Cuissade. Die Stellung ergibt durch den pressenden Oberschenkel des Mannes einen zusätzlichen Druck auf die Klitoris.

Frontal

Alle Stellungen einander gegenüber, wobei ein Partner beide Schenkel zwischen denen des anderen hat – er rittlings über den ihren oder dazwischen. Dazu gehören alle verschiedenen Formen der »Missionarstellung« sowie die meisten komplizierteren Stellungen mit Tiefenwirkung. Sie gibt (gewöhnlich) mehr Tiefe, aber weniger Druck auf die Klitoris als die *Flanquette*. Um eine komplizierte Stellung klassifizieren zu können, drehen Sie die Partner im Geist herum und sehen Sie, ob sie, ohne die Beine zu kreuzen, einander gegenüber in Missionarstellung enden können. In diesem Fall ist es eine Frontale. Enden sie einander gegenüber mit gespreizten Beinen über einem Bein, ist es eine Flanquette; einfach von hinten (Croupade), oder rittlings über einem Bein von hinten (Cuissade). So einfach ist das.

Wir treiben hier keine intellektuellen Klassifikationsübungen. Stellungen sollen abwechselnd verwendet werden, und man muß radikale Veränderungen wie das Klettern über Beine oder Umdrehen des Partners nach Möglichkeit vermeiden – denken Sie an den Unterschied zwischen einem Drehschwung und einer natürlichen schnellen Drehung beim Tanz. Das ist wichtig bei der Planung der Aufeinanderfolge. Wenn man es aber einmal gewohnt ist, fünf, zehn oder zwanzig Stellungen nacheinander einzunehmen, so tut man dies automatisch. Zuerst müssen Sie, welcher Partner auch die Leitung übernimmt, alle Stadien in Betracht ziehen, die Sie durchlaufen wollen, um Ungeschicklichkeiten und Unterbrechungen, mit Ausnahme der natürlichen und beabsichtigten, zu vermeiden.

Füße

Für manche Menschen sexuell sehr anziehend – er kann, wenn er es wünscht, zwischen ihren Sohlen einen Orgasmus haben.

Ihre erotische Sensibilität ist sehr verschieden. Wenn sie die ein-

FRONTAL
Stellungen werden abwechselnd
verwendet, und man soll
drastische Lagewechsel und
Unbeholfenheit nach Möglichkeit
vermeiden.

zige erreichbare Körperstelle sind, können sie manchmal als Verbindungskanäle dienen, und die große Zehe ist ein guter Penisersatz (siehe unter »Große Zehe«).

Das Kitzeln der Sohlen erregt manche Menschen ganz außerordentlich; für andere ist es äußerst qualvoll, aber es verstärkt die allgemeine Erregung. Man kann es als Stimulans oder für kurze Zeit bei dem Fesselungstest benutzen. Fester Druck auf die Innensohle ist, wie immer angewendet, für die meisten Menschen erogen. Das kann aber bei einer Frau, die in dieser Stimmung ist, fast jeder Druck erreichen – man kann an einem Fuß, einem Finger oder einem Ohrläppchen einen vollen Orgasmus erzielen. Männer reagieren weniger stark, aber doch ebenso leicht, wenn die Behandlung gekonnt durchgeführt wird.

Gleitmittel

Das beste sexuelle Gleitmittel ist der Speichel. Ausgenommen für analen Koitus sind die meisten öligen Stoffe wie Vaseline zu glitschig und hinterlassen, da sie nicht befeuchtbar sind, ein unangenehmes Gefühl. Vaseline beeinträchtigt die Empfindungen zu stark. Die normal erregte Vagina ist bereit für Reibung; wenn sie zu feucht ist, wie es bei Verwendung der Pille vorkommen kann, trocknen Sie sie vorsichtig mit einem um den Finger gewundenen Taschentuch (nicht mit Kleenex – Sie können endlos lang Papierrestchen finden). Versuchen Sie Honig, um die Reibung zu verstärken – er läßt sich leicht abwaschen und ist harmlos.

Die Beeinträchtigung der Reibung ist der Hauptnachteil von empfängnisverhütenden Cremes, Schaum und dergleichen, was sie bei manchen Paaren unbeliebt macht.

Haar

Kopfhaar hat zahlreiche freudianische Nebenbedeutungen – in der Mythologie ist es ein Zeichen für Männlichkeit, wie bei Samson und Herkules. Da unsere Kultur in der letzten Generation gelernt hat, langes Haar mit Frauen und kurzes mit Männlichkeit zu assoziieren, wird die Anpassung gelegentlich in wildes Durcheinander versetzt, wenn junge Männer heute das Stereotype lieber verwerfen und ihr Haar, nach den Worten des Harvardschen Magisters der Naturwissenschaften »in der Art von Halsabschneidern und barbarischen Indianern« tragen – oder in der George Washingtons. Freud war der Ansicht, daß langes weibliches Haar für den

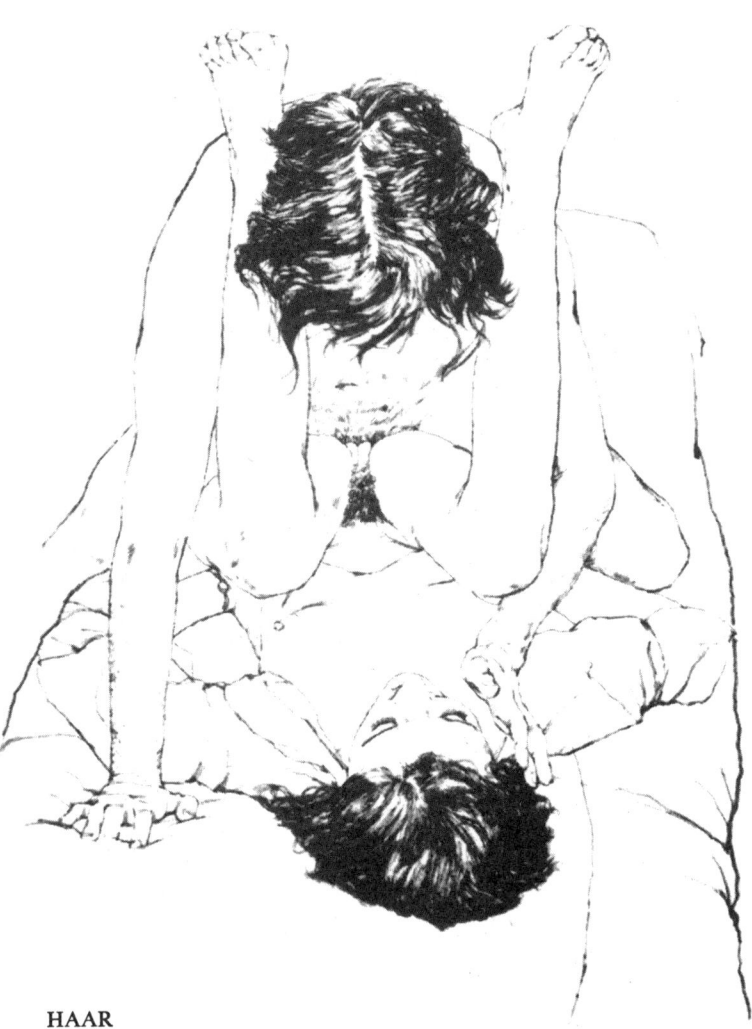

HAAR
Sexspiel mit langem Haar ist
großartig wegen dessen Textur –
man kann es in die Hand nehmen,
einander damit streicheln und es
allgemein als zusätzliches
Hilfsmittel verwenden.

Mann beruhigend wirke, da es ein Ersatz für den Phallus sei. Wie auch immer, langes Haar bei Männern erregt alle möglichen Arten von Feindseligkeit von seiten engstirniger Menschen, die durch alles, was nach ihren Konventionen zwischengeschlechtlich wirkt, aufgebracht werden. Das ist vorübergehend – es war in vielen Zeitaltern ebenso Mode wie heute und geht mit einer weniger engstirnigen Auffassung von Männlichkeit einher.

Das Sexspiel mit langem Haar ist großartig wegen dessen Textur – man kann es in die Hand nehmen, einander damit streicheln und es allgemein als zusätzliches Hilfsmittel verwenden. Manche Frauen erregt eine gewisse Menge von Körperhaar, weil es männlich aussieht, andere stößt es ab, weil es animalisch aussieht. Die Gesichtsbehaarung bei Männern ist ein anderer, von der gesellschaftlichen Konvention abhängiger Punkt – manchmal tragen sie alle Männer als soziale Notwendigkeit, dann wieder wird sie verfolgt oder auf Seeleute, Pioniere und exotische Menschen wie Künstler und Chefköche beschränkt. Schopenhauer war der Ansicht, daß das Haar die Gesichtsteile bedeckt, »welche die moralischen Gefühle ausdrücken und mißbilligte es, weil es schamlos sei, ein Sexsignal mitten im Gesicht zu tragen. Heute können Sie tun, was Ihnen oder Ihrer Partnerin gefällt.

Handarbeit

Der Sex beginnt für alle Männer und Frauen in der Handarbeitsklasse – wenn wir unsere Körper zu entdecken beginnen und wenn wir anfangen, gegenseitig zu unseren Körpern Zugang zu haben. Für beide Geschlechter ist es ein Grundtraining – im gegenseitigen Sex läßt sich gute Handarbeit niemals ersetzen. Ein Paar, das sich gegenseitig wirklich gekonnt zu masturbieren versteht, kann auch alles andere tun, was beiden behagt. Handarbeit ist kein »Ersatz« für vaginalen Koitus, sondern etwas, das eine ganz andere Art von Orgasmus ergibt, und der Orgasmus, den man sich selbst bereitet, ist wieder verschieden von dem durch einen Partner herbeigeführten Orgasmus. Bei völligem Koitus ist die Handarbeit eine Vorbereitung – um den Mann zur Erektion zu führen, oder um der Frau vor Einführung des Penis einen oder mehrere einleitende Höhepunkte zu verschaffen. Nach dem Koitus ist sie die natürliche Einleitung für eine weitere Runde. Außerdem können die meisten Männer einen zweiten Orgasmus eher durch Stimulierung von seiten der Partnerin als durch die Vagina erleben, und einen dritten danach, wenn sie sich selbst masturbieren.

100

Eine Frau, die über die göttliche Gabe der Wollust verfügt und ihren Partner liebt, wird ihn gut masturbieren, und eine Frau, die einen Mann zu masturbieren versteht – raffiniert, nicht hastig und schonungslos –, wird fast immer eine großartige Partnerin sein. Sie braucht intuitives Einfühlungsvermögen und muß richtige Freude am Penis haben, ihn gerade an der richtigen Stelle anfassen, mit genau dem richtigen Maß von Druck und Bewegung, und ihre Tätigkeit stoßweise abstimmen, damit sie mit seinem Gefühl zusammenfällt – einhalten oder langsamer werden, um ihn in Schwebe zu halten, wieder schneller werden, um seinen Orgasmus zu lenken. Manche Männer können geübte Masturbation nur ertragen, wenn sie festgebunden sind (siehe unter »Fesselung«), und keiner kann bei langsamem Masturbieren still bleiben.

Es gibt unendlich viele Varianten, auch wenn sie nicht die Wahl zwischen zurückgeschobener und nicht zurückgeschobener Vorhaut hat, was wieder zwei verschiedene Nuancen bringt. Wenn er nicht beschnitten ist, wird sie wahrscheinlich vermeiden müssen, die Eichel selbst zu reiben, es sei denn zur Erreichung spezieller Effekte. Am besten ist, sie faßt ihn knapp unter der Rille, wobei die Vorhaut möglichst weit zurückgeschoben ist, und verwendet beide Hände – mit der einen drückt sie kräftig nahe der Wurzel, hält den Penis fest oder streichelt die Hoden, mit der anderen bildet sie mittels Daumen und Zeigefinger einen Ring oder faßt mit der ganzen Hand zu. Sie sollte dabei abwechseln und bei längerem Masturbieren oft die Hände wechseln. Für einen vollen Orgasmus setzt sie sich bequem auf seine Brust oder kniet rittlings über ihm. Bei jedem ausgedehnten sexuellen Beisammensein ist es der Mühe wert, einen Orgasmus – gewöhnlich den zweiten oder dritten – auf diese Art herbeizuführen; die französischen Profis, die keine andere Methode verwendeten und sich »les filles de la veuve Poignet« (die Töchter der Witwe Handgelenk) nannten, blieben nicht nur aus Angst vor Infektion im Geschäft. Es lohnt sich durchaus, diese Technik zu verfeinern – sie drückt die Liebe voll aus und kann in jedem Schlafzimmer heimisch gemacht werden. Eine andere Technik ist das Rollen des Penis wie Kuchenteig zwischen beiden Händen; am besten verwendet man es zur Erreichung einer Erektion. Fester Druck mit einem Finger auf die Stelle in der Mitte zwischen Penis und Anus ist eine weitere Methode. Bei manchen Gelegenheiten kann sie versuchen, seine bevorzugte Methode der Selbst-Masturbation anzuwenden; die Handhabung ihres eigenen Rhythmus hat eine andere und mitunter erstaunliche Wirkung.

Er muß zusehen, wie sie sich selbst masturbiert. Die meisten

HANDARBEIT
Im gegenseitigen Sex läßt sich
gute Handarbeit niemals ersetzen.

Männer vernachlässigen die Schamlippen zugunsten der Klitoris.
Das Reiben der Klitoris kann für sie ebenso erregend sein wie
langsame Masturbation für ihn, aber auch schmerzhaft, wenn es
unbeholfen, zu oft wiederholt oder gleich nach einem Orgasmus
auf diese Weise durchgeführt wird. Sie sagt: »Die Hauptschwierig-
keit, vom Standpunkt des Mannes gesehen, besteht darin, daß der
ideale Druckpunkt sich stündlich ändert; deshalb sollte er sich von
ihr an die richtige Stelle führen lassen. Die meisten Männer glauben, sie wüßten es automatisch, da es ihnen einmal gelungen ist –
sie haben oft unrecht.«

Die beste Methode ist wahrscheinlich das Auflegen der flachen Hand auf die Vulva, mit dem Mittelfinger (dessen Spitze sich in der Vagina ein und aus bewegt) zwischen den Schamlippen, während der Handballen knapp über dem Schambein kräftig aufgedrückt wird. Das wichtigste ist ein beständiger Rhythmus, der sich nach ihren Hüftbewegungen richtet und mit sanftem Dehnen der Schamlippen abgewechselt wird – dann eine volle Attacke auf die Klitoris und deren Haube mit dem Zeige- oder dem kleinen Finger, den Daumen tief in der Vagina (sorgen Sie für kurze Nägel). Für eine schnellere Reaktion halten Sie sie mit einer Hand offen und arbeiten sanft mit allen Fingern der anderen (in diesem Fall sollte man sie vielleicht unten fixieren). Gelegentlich wechseln Sie zur Zunge über, wenn sie zu trocken wird, denn sie wird erst nachher merken, wie wund Sie sie gerieben haben.

Bei gegenseitiger Masturbation bis zum Orgasmus leben Sie Ihr Bewegungsbedürfnis an Ihrem Partner aus. Es klappt besser als Neunundsechzig, weil Sie sich unter diesen Umständen gehenlas-

sen können, ohne Ihren Partner loszulassen oder ihn zu verletzen. Die beste Stellung ist wahrscheinlich nebeneinander auf dem Rücken.

Wenn sie ihn masturbiert, kann sie ein zusätzliches Vergnügen daran finden, ihm beim Samenerguß zuzusehen – wenn man es vermeiden will, in einem fremden Bett Samen zu vergießen, kann man eines der kurzen Eichelpräservative verwenden, die in Amerika »Tips« heißen (sie sind nur zu diesem Zweck brauchbar – als Verhütungsmittel sind sie gefährlich, da sie sich während des Koitus von der Eichel lösen).

Wieviel Sex man auch betreibt, man wird doch einfache, eigenhändige Masturbation brauchen – nicht nur in Perioden der Trennung, sondern einfach wenn man Lust auf einen anderen Orgasmus verspürt. Manche Frauen fühlen sich ausgeschlossen, wenn sie feststellen, daß ihr Partner masturbiert, wenn Sie aber in Momenten, da er glaubt, Sie schlafen, Vibrationen verspüren und sich an der Tätigkeit beteiligen wollen, nehmen Sie ihn unverzüglich in Angriff und bringen Sie ihn eiligst zum Erguß – oder noch besser, fangen Sie in langsamem Stil an, dann hören Sie auf, fesseln ihn und lassen ihn zusehen, wie Sie sich selbst masturbieren, langsam und stilvoll, bevor Sie ihn aus seinem Elend befreien. Der unerwartete Anblick einer Frau, die sich selbst einen Orgasmus verschafft, während er sich nicht rühren kann, ist für die meisten Männer unerträglich aufregend. Sorgen Sie dafür, daß er sich nicht befreien kann. Zum Schluß seht euch gegenseitig dabei zu, wie ihr den letzten Orgasmus getrennt, aber zur gleichen Zeit, bekommt, das ergibt für jeden im Bett verbrachten Nachmittag einen herrlichen Abschluß.

Haut

Die Haut ist, außer den Genitalien, unser wichtigstes Sexualorgan – sie wird von den meisten Männern, die sich eher auf Penis und Klitoris konzentrieren, weitgehend unterschätzt, von den Frauen aber besser verstanden.

Sie sagt: »Der Geruch und die Art, wie sich die Haut eines Mannes anfühlt, haben wahrscheinlich mit der sexuellen Anziehung (oder dem Gegenteil) mehr zu tun als irgendein anderer Faktor, wenn man sich dessen auch vielleicht nicht bewußt ist.«

Die Stimulierung der Haut ist ein wichtiger Bestandteil bei jeder Art von Sex. Nicht nur die Art, wie sie sich anfühlt, sondern ihre Kühle, Struktur und Straffheit lösen eine ganze Reihe von Sexempfindungen aus. Diese lassen sich bei manchen Menschen

HANDARBEIT
Eine Frau mit der
göttlichen Gabe der
Wollust wird fast
immer eine großartige
Partnerin sein.

HAUT
Außer den Genitalien
unser wichtigstes
Sexualorgan.

durch Betonung und durch Hinzufügen anderer Stoffe, besonders Fell, Gummi, Leder oder enge Kleidung, unterstützen. Die Haut als Teil der menschlichen Sexualreaktion sollte voll ausgenutzt werden, wenn sie einen erregt. Siehe unter »Kleidung«, »Abreibung«, »Pattes d'araignée«, »Zungenbad«. Wenden Sie dies an, um Ihre und Ihres Partners Hautempfindung zu entwickeln.

HINTERBACKEN
Gut geformte Hinterbacken
sind visuell für beide Geschlechter
ein fast gleichstarker Reiz.

Hinterbacken

Das nächste nach den Brüsten und abwechselnd mit ihnen als visuelle Sexreize bei verschiedenen Kulturen und Individuen. Eigentlich der ursprüngliche Mittelpunkt der Primaten, bei den meisten Affen grell gefärbt; anscheinend ebenso geschätzt von der Kultur der Altsteinzeit, während spätere Primitive »ihre Wahl trafen, indem sie ihre Frauen in einer Reihe aufstellten und die auswählten, die hinten am meisten vorragte« (Darwin). Wichtige erogene Zone bei beiden Geschlechtern, weniger empfindlich als die Brüste, weil sie gleichermaßen Muskeln wie Fett enthalten. Brauchen kräftige Stimulierung (Halten, Kneten, Klatschen oder sogar stärkeres Schlagen – siehe unter »Disziplin«). Der Koitus von hinten ist an sich ein Vergnügen, aber seien Sie vorsichtig, wenn sie einen schwachen Rücken hat. Die Muskelbewegungen beim Koitus reizen in jeder Stellung die Hinterbacken bei beiden Geschlechtern, besonders wenn jeder Partner die des anderen ziemlich fest hält, eine Backe in jeder Hand. Es ist durchaus lohnend, diese zusätzlichen Gefühle absichtlich zu verfeinern. Visuell sind gut geformte Hinterbacken für beide Geschlechter ein fast gleich starker Reiz.

Hintereingang

Die andere Möglichkeit für Menschen – bei den meisten Säugetieren ist es die einzige. Sie funktioniert hervorragend im Stehen, Liegen, Knien, Sitzen oder mit der Frau rittlings oberhalb. Daß man einander nicht ins Gesicht sieht, wird mehr als ausgeglichen durch besondere Tiefe und Hinterbackenstimulierung, Zugang zu den Brüsten und Klitoris für die Hände, und den Anblick einer hübschen Rückansicht. Für die Stellungen im Stehen braucht sie etwas in der richtigen Höhe – bei knienden Stellungen mit dem Kopf unten muß man darauf achten, ihren Kopf nicht in die Matratze zu stoßen, und bei allen Varianten muß man vermeiden, zu kräftig allzutief einzudringen, sonst stößt man an einen Eierstock, was ebenso schmerzhaft ist wie ein Schlag auf einen Hoden. Manche Frauen lassen sich durch Symbolismus abstoßen – »wir machen es wie Tiere«, »nicht geschätzt werden, wenn wir einander nicht ansehen« –, aber der körperliche Genuß ist so stark, daß sie sich durch diese Ansichten nicht davon abhalten lassen sollten. Sie könnten es das erstemal so versuchen, daß der Mann auf dem Rücken liegt und das Mädchen mit dem Gesicht nach oben auf ihm, oder mit abgewandtem Gesicht rittlings auf ihm kniet, wenn

HINTEREINGANG
Funktioniert hervorragend im
Stehen, Liegen, Knien, Sitzen
oder mit der Frau rittlings
obenauf.

109

auch diese beiden Stellungen keine so einzigartige Tiefe und vollkommene Stimulierung der Dammgegend bieten wie die knienden Stellungen von hinten (siehe unter »Négresse«). Der Mann kann ihre Brüste oder Schamgegend umklammern, oder wenn sie sich gern festhalten läßt, ihre Handgelenke hinter ihrem Rücken fassen. Einige harte Kissen unter ihrer Mitte werden verhindern, daß die Stellung mißlingt, wenn das Mädchen sich nicht gern fest-

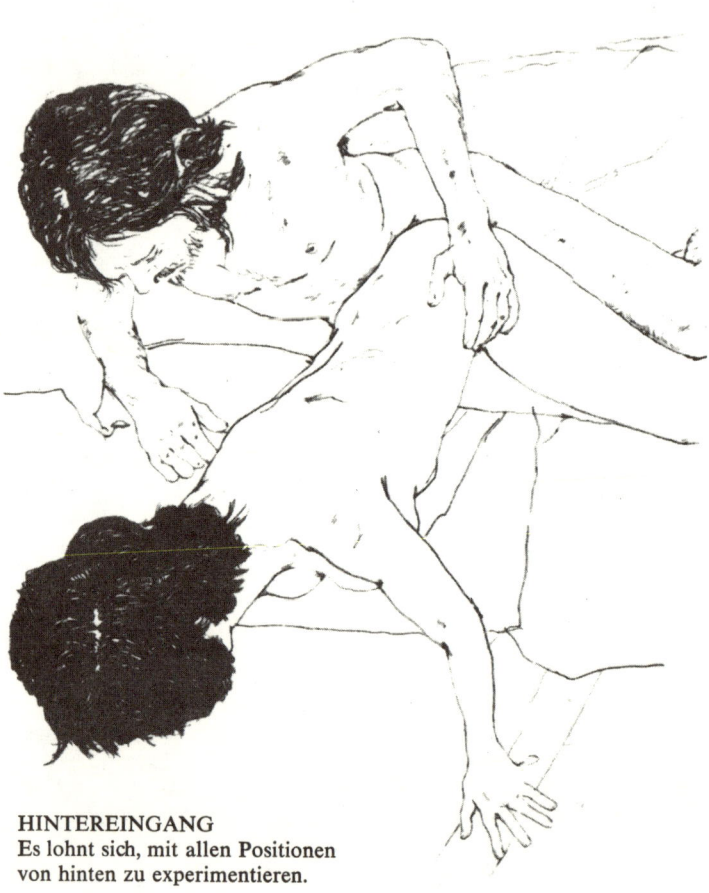

HINTEREINGANG
Es lohnt sich, mit allen Positionen
von hinten zu experimentieren.

halten läßt. Sie kann auch auf dem Fußboden knien, mit der Brust auf dem Bett oder der Sitzfläche eines Stuhls. Die Stellung mit dem Kopf unten eignet sich am besten für Tiefe und völlige Berührung – vermeiden Sie sie, wenn sie der Frau Schmerz verursacht, wenn sie einen schwachen Rücken hat oder schwanger ist. Manche Frauen haben es gern, wenn man während des Koitus mit dem Finger an der Klitoris spielt, und das ist bei allen Stellungen von hinten leicht. Jedenfalls lohnt es den Versuch, zumal es den Empfindungsbereich völlig verändert. Das Umfassen der ganzen Vulva mit einer Hand verursacht wieder ein anderes Gefühl und vermittelt nicht die übertriebene Schärfe, die durch starke Klitorisreizung erzielt wird. Oder Sie können den Penis kurz herausziehen und ein paarmal mit der Eichel, die Sie mit der Hand führen, über die Klitoris streichen.

Während die tiefe, kniende Stellung eine der kräftigsten ist oder sein kann, ist die in Seitenlage von hinten die weitgehend sanfteste (*à la paresseuse* – die träge Stellung) und kann sogar im Schlaf ausgeführt werden – am besten, wenn sie den oben liegenden Schenkel ein wenig hochzieht und das Hinterteil vorstreckt. Das ist eine Stellung, die bei vielen Frauen mit sehr geringer oder fast gar keiner Erektion durchführbar ist; sie kann dazu beitragen, eine zeitweilige Impotenz oder Nervosität des Mannes zu kurieren. Sie eignet sich auch vorzüglich, wenn man aus gesundheitlichen Gründen sanft vorgehen will, sowie für Fettleibige oder leicht versehrte Menschen und ähnliche.

Es lohnt sich, mit allen Positionen von hinten zu experimentieren, zumindest ebenso gründlich wie mit den einander zugewandten Versionen, denn es wird mindestens eine geben, die Sie fast sicher neben der Missionarstellung und deren Varianten sowie den Stellungen, bei denen die Frau rittlings sitzt, anwenden werden.

Der kleine Tod

La petite mort: manche Frauen verlieren tatsächlich das Bewußtsein, der »kleine Tod« in der französischen Poesie. Auch Männer tun es gelegentlich. Die Erfahrung ist nicht unangenehm, kann aber einen unerfahrenen Partner mit eisigem Schreck erfüllen. Einem unserer Freunde widerfuhr das bei dem ersten Mädchen, mit dem er schlief. Als sie sich erholte, erklärte sie: »Es tut mir schrecklich leid, aber das tue ich immer.« Er hatte inzwischen die Polizei und den Krankenwagen gerufen. Es besteht also kein Grund zur Panik, ebensowenig wie bei den Schreien, Krämpfen,

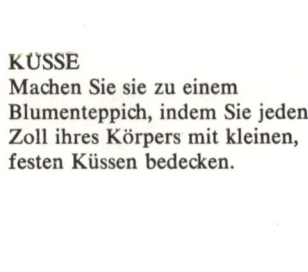

KÜSSE
Machen Sie sie zu einem
Blumenteppich, indem Sie jeden
Zoll ihres Körpers mit kleinen,
festen Küssen bedecken.

hysterischem Gelächter oder Schluchzen oder irgendeiner der sonstigen ganz unerwarteten Reaktionen, die sich bei manchen Menschen beim vollen Orgasmus zeigen. Andere dagegen schließen bloß ihre Augen, empfinden aber nicht weniger Vergnügen. Heulen und Zähneklappern können ein schmeichelhaftes Zeugnis für das Können eines Partners sein, aber ein trügerisches, denn es ist nicht von der Stärke des Gefühls, dieses aber auch nicht von ihnen abhängig.

Männer werden nicht sehr oft ohnmächtig – das ist ein Vorrecht der Frauen, aber Männer können eine großartige Darstellung eines Ohnmachtsanfalls vorführen. Jedenfalls werden Sie die Schablone Ihres Partners bald kennenlernen.

Küsse

Diese erfordern einerseits keinen Unterricht, aber man konzentriert sich leicht so sehr auf das Einführen des Penis, daß man sie vernachlässigt (siehe unter »Echter Sex«). Lippen- und Zungenküsse erhöhen bei allen einander zugekehrten Stellungen den Genuß gewaltig; Brustküsse sind unbedingt wichtig, wenn die Frau nicht eine ganze Reihe von Genüssen entbehren soll; Genitalküsse (siehe unter »Mundmusik«) sind ein zartes Hilfsmittel an sich. Man kann Küsse überall auf den Körper drücken, sie können mit Lippen, Zunge, Penis, Schamlippen oder Wimpern gegeben werden – Mundküsse reichen von einer bloßen Berührung bis zu dem Kannibalenkuß, der einen blauen Fleck hinterläßt.

Viele Menschen halten während des Geschlechtsverkehrs dauernd Mundkontakt aufrecht und haben deshalb eine Vorliebe für Stellungen von Angesicht zu Angesicht. Die tiefen Zungenküsse können entweder ein zweites Eindringen sein, wobei die Zunge des Mannes den Rhythmus dessen, was anderswo vor sich geht, genau nachahmt, oder sie kann sie geben, in seinen Mund eindringen, um den Rhythmus anzugeben. Manche Menschen haben auch ohne Eindringen des Penis eine Vorliebe für Zungengefechte, die Minuten oder Stunden dauern können, bei denen die Frau mehrere Orgasmen erlebt, eine Form des nicht-genitalen, starken Petting, die *maraichignage* genannt wird. Wenn Sie ungestört sind, gehen Sie zu den Brüsten über und von dort weiter. Ein anderes Vergnügen besteht darin, sie zu einem Blumenteppich zu machen, indem man jeden Zoll ihres Körpers mit kleinen, festen Küssen bedeckt; dann kann sie es erwidern und dabei Lippenstift benutzen, um zu markieren, wo sie überall gewesen ist. Von da ist es nur ein kleiner Schritt, das gleiche mit der Zungenspitze zu tun (siehe unter »Zungenbad«); außerdem hat sie, anders als der Mann, zwei Münder, mit denen sie küssen kann, und manche Frauen benutzen sie großartig. Es können auch die Augenlider für Brustwarzen, Schamlippe, Eichel und Hautküsse verwendet werden.

Wenn Sie nicht zumindest ihren Mund, die Schultern, den Hals, die Brüste, Achselhöhlen, Finger, Handflächen, Zehen, Fußsohlen, den Nabel, die Genitalien und das Ohrläppchen geküßt haben, haben Sie sie nicht richtig geküßt; die Lücken bis zur Vollständigkeit lassen sich unschwer füllen, das ergibt ein rührendes Kompliment zum Abschluß.

Ein guter Mundkuß sollte seinen Empfänger atemlos, aber nicht erstickt zurücklassen (lassen Sie einen Weg zum Einatmen offen), und niemand läßt sich gern die Nase in sein Gesicht quetschen. Putzen Sie sich die Zähne vor dem Liebesakt, und wenn Sie Whisky, Knoblauch und dergleichen zu sich nehmen, tun Sie es beide.

Kurzprogramme

Kurz und heftig hat seinen eigenen Reiz, erfordert jedoch gegenseitige Erregung und physische Reaktion bei der Frau in einem Tempo, das sich in der Regel nur in viel längeren Sitzungen erlernen läßt. Ein wirklich gut eingespieltes Paar kann beides auf Wunsch erreichen – kurz und reizvoll oder endlos lang und ebenfalls reizvoll. Mit anderen Worten, man kann das Kurzprogramm nicht voll würdigen, ohne die Kunst der Verlängerung zu meistern.

Ist man einmal soweit, so ist die Kurzversion das Gegenstück zur Inspiration, und Sie sollten jederzeit und fast überall, vom Bett mitten in der Nacht bis zur Vereinigung auf halbem Weg nach oben auf einer Wendeltreppe, blitzartig die Gelegenheit fassen: überall, wo Sie plötzlich allein sind und die Inspiration beiderseits da ist. Nicht daß einer nicht manchmal den Partner besonders ersucht, aber ein inspirationsmäßiger Kurzkontakt ist gemeinsam, und die wortlose Verständigung zwischen echten Liebenden macht den halben Spaß aus. Die Regel ist, daß man dieser Vereinigung, wenn sie überhaupt möglich ist, nie widerstehen soll – mit Schnelligkeit, Witz und Geschicklichkeit ist sie gewöhnlich durchführbar. Das bedeutet Leistungsfähigkeit in der Beherrschung sitzender, stehender und anderer Stellungen, und Koitus ohne sich auszuziehen. Die ideale Version, die nackte Missionarstellung, wird oft ausgeschlossen sein. Das kann bedeuten: auf einem Stuhl, an einem

KURZ-PROGRAMME

Sie sollten jederzeit und fast überall, vom Bett bis zur Vereinigung auf einer Wendeltreppe auf halbem Weg nach oben, blitzartig die Gelegenheit fassen.

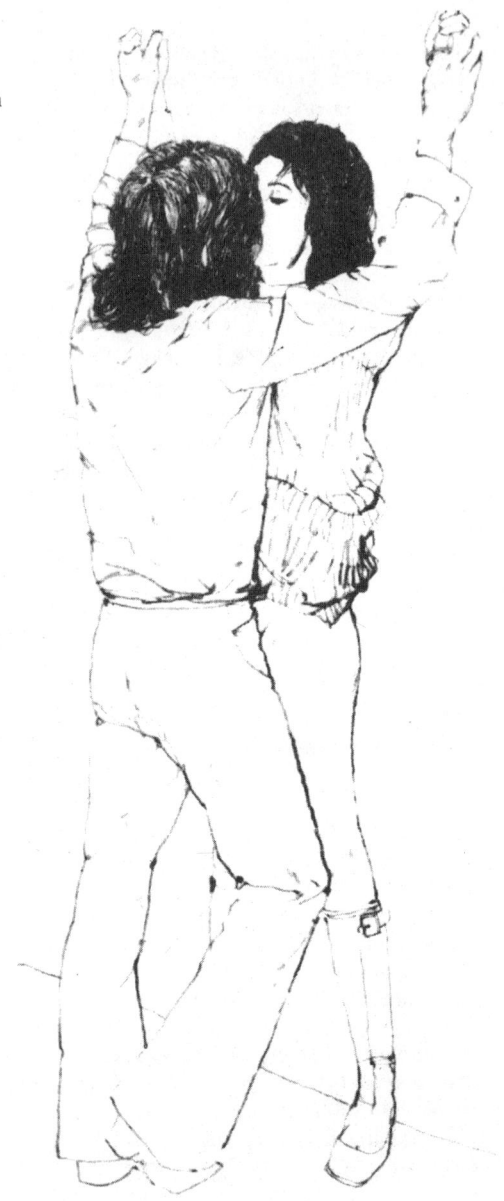

Baum, in einem Waschraum. Wenn man warten muß und gleich heimgehen kann, wird es sich noch eine halbe Stunde lang aufschieben lassen. Dauert es länger, so ist es eine neue Gelegenheit. Bemühen Sie sich daheim, es nicht zu verhindern, auch wenn Sie wirklich etwas zu tun haben.

Menstruation

Die Primitiven vermeiden den Geschlechtsverkehr während der Menstruation, weil er »schlechter Zauber« ist, und viele Moderne, weil er unsauber ist. Aber der Höhepunkt der Menstruationsperiode kann für eine Frau ihre wollüstigste Zeit sein. Dann ist der Koitus harmlos, es sei denn, der Mann neigt zu Anfällen von Harnröhrenentzündung. Sie können den Fluß ignorieren und sich nachher waschen, oder sie kann sich duschen, ein Pessar einsetzen und danach spülen (was sie aber oft zu trocken macht). Die Menstruationsperioden sind jedoch die natürliche Zeit, um sich auf das Lernen der vollen gegenseitigen Verwendung anderer Ersatzmethoden zu konzentrieren. Die Natur hat sie dafür programmiert, Ihre Vielseitigkeit zu fördern. Geringes labiles Eindringen ist mit einem vorher eingeführten Tampon möglich – Sie können aber auch versuchen, anstatt im Bett unter einer strömenden Dusche zu koitieren. Heute können die magischen Risiken, was immer Großmama gelehrt hat, außer acht gelassen werden. Versuchen Sie sich vorzustellen, daß ihr Minislip ein verschlossener Keuschheitsgürtel ist, und probieren Sie aus, wie viele Möglichkeiten Sie finden, um diesen Gürtel zu umgehen und einen Orgasmus zu erzielen. Siehe unter »Ersatz«.

Missionarstellung

Jede Kultur hat ihre Launen hinsichtlich der besten Stellungen, und Versuche sind unbedingt notwendig. Wenn wir auf die gute alte Missionarstellung aus Adams und Evas Zeiten zurückkommen, bei der er oben, rittlings oder zwischen ihren Beinen, und sie unten mit dem Gesicht zu ihm gewandt liegt – und wir kommen auf sie zurück –, so deshalb, weil sie einzigartig befriedigend ist. Vor allem ist sie unerreicht in ihrer Anpassungsfähigkeit zur Stimmung: sie kann unbändig heftig oder sehr zart, lang oder rasch, mehr oder weniger tief sein. Sie ist der Ausgangspunkt für alle Stellungsreihen, übertroffen nur von den Seitenlagen, und der verläßlichste gegenseitige Endpunkt für den Orgasmus. Wenn man

MISSIONARSTELLUNG
Die gute Stellung aus Adams und
Evas Zeiten.

damit beginnt, kann man die Stellung vertiefen – indem man die Beine der Partnerin hochlegt, zur Klitoris übergeht, indem man ein Bein zwischen ihre Beine legt, sich zur Seite oder ganz herum wälzt, um mit ihr in der oberen Stellung zu enden –, auf die Knie gehen und sich zum Buchstaben X zurücklehnen, bei dem jeder Partner zwischen den Beinen des anderen liegt (siehe unter

119

»X-Stellung«), zu Rücken-, Seiten- oder Steh-Stellung übergehen, und dann für das Ende wieder zurückkommen. Sie ist auch, ebenso wie die tieferen Versionen, die ideale Stellung für schnellen Orgasmus bei beiden Geschlechtern. Die einzige ebenso schnell wirkende Stellung für ihn ist von hinten, wenn sie sehr eng gebaut ist, und die einzige schnellere für sie ist rittlings oben. Tatsächlich ist der Grund für die Verwendung der sechshundert anderen Stellungen die Absicht, den Endorgasmus des Partners hinauszuschieben und die Orgasmen der Partnerin zu vermehren. Das Experimentieren wird Ihnen zeigen, was Ihnen am besten zusagt.

Auch unter Ausschluß der beinehebenden Varianten hat diese Stellung mehr Medaillen bei internationalen Ausstellungen errungen als irgendeine andere. Andererseits gibt es keine zuverlässige Sexstellung, die jedem paßt. Es gibt nicht-frigide Frauen, die nie in diese Stellung kommen oder nur selten; ob dies unbewußten Kräften oder der Lage der Vulva zuzuschreiben ist, die ein Problem darstellen kann, spielt gar keine Rolle – versuchen Sie eine andere Stellung, besonders wenn der Mann übergewichtig ist. Die Missionarstellung sowie alle tiefen oder gewichttragenden Stellungen sind, wie man jetzt weiß, in der Schwangerschaft ungesund; für manche nicht-schwangere Frauen, die dabei nicht reagierten, veränderte sich das Leben durch das Unterlegen von einem oder zwei harten Kissen unter die Hinterbacken. Es gibt Frauen, bei denen die Missionarstellung nicht taugt, die muß man sitzend, einander gegenüber oder von hinten, mit einem Finger an der Klitoris, befriedigen, oder sie müssen reiten. Wenn der Mann sie in flacher Lage braucht, um zum Ende zu kommen, soll er ihr vorher mehrere Orgasmen in ihrer Lieblingsstellung verschaffen und sie dann umdrehen. Ein Gentleman läßt sich dadurch definieren, daß er sein Gewicht auf seine Hände lagert. Das Beenden des Aktes in einer Stellung, bei der sich beide ohne Anstrengung in den Armen des Partners einnisten können, hat jedenfalls große Vorteile.

Die Abstimmvorrichtungen für Missionarstellungen können höchst wichtig sein – genügend hartes Bett, Verwendung von Kissen, wenn sie zu schlank oder so gebaut ist, daß man sie braucht. Bett, Kissen und Fleisch sollten zusammen die Konsistenz von Hinterbacken ergeben, die ästhetisch gesehen zu dick wären. Kräftig oder zart, wie hoch Sie reiten, niedergehalten (falten Sie ihre Arme vorsichtig hinter ihr und halten Sie mit je einer Hand einen ihrer Daumen fest) oder nicht, rittlings über ihren Beinen (halten Sie sie offen, indem Sie einen Fuß unter jede ihrer Fußwölbungen legen) oder dazwischen, wobei Sie sie mit Ihren Beinen spreizen –

all das ergibt subtile Unterschiede. Wenn Ihr Schambein nicht sehr hart ist und sie ein wenig mehr Klitorisdruck braucht, versuchen Sie eine Stellung mit einem Bein dazwischen oder verwenden Sie zusätzlich Ihre Finger. Sie kann ihrerseits Ihre Vorhaut halten oder die Schafthaut des Penis mit der Hand zurückziehen (siehe unter »Florentinisch«).

Die Stellung erhielt ihren Namen von belustigten Polynesiern, welche den Koitus in hockender Stellung der europäischen »Missionarstellung« vorzogen. Eine Verunglimpfung einer der lohnendsten Sexstellungen.

Mundmusik

Vor nicht allzu vielen Jahren waren Genitalküsse oder vielmehr die darauf lastenden Tabus ein Hauptvorwand für Scheidung wegen Perversität, Grausamkeit und dergleichen. Wir sind seither um einiges weitergekommen – es gibt Lehrbücher, der Film bedient sich ihrer. Abgesehen von persönlicher Vorliebe oder Abneigung wissen heute die meisten Menschen, daß sie zu den besten Dingen in der sexuellen Intimität gehören.

Gegenseitigkeit ist an der Tagesordnung, daher stellen die Eheberatungsbücher Neunundsechzig in den Vordergrund. Das ist großartig, hat aber praktische Schattenseiten. Vor allem gehört diese Art des Liebesaktes eher zu der Kategorie des Spielens auf dem Instrument als zu völliger Gegenseitigkeit. Sie erfordert Aufmerksamkeit und die Bemühung, dem Partner seine besten Fähigkeiten zu zeigen. Infolgedessen kann man dabei nicht so aus sich herausgehen wie bei gegenseitigem Genitalorgasmus; der bevorstehende Orgasmus, besonders bei der Frau, ist mit sorgfältiger Technik unvereinbar, und der Mann kann sogar gebissen werden. Ein anderer leichter, bei manchen Männern aber wirklicher Defekt besteht darin, daß die Frau bei *Soixante-neuf* für Zungenarbeit an der empfindlichsten Stelle der Eichel verkehrt liegt (das erklärt die akrobatischen Verrenkungen bei manchen indischen Tempelstatuen, die darauf abzielen, beiden Gegenseitigkeit und der Frau eine bessere Zugangsmöglichkeit zu bieten). Unsere eigene Erfahrung ist, daß gegenseitige Genitalküsse herrlich sind, aber wenn man zum Orgasmus kommen will, ist es gewöhnlich besser, man wechselt einander ab.

Wer zuerst darankommt, ist natürlich Geschmackssache, aber man kann der Frau auf diese Weise Dutzende vorbereitende Orgasmen bereiten, so viele sie haben will, und sie wird dann immer noch weitermachen wollen, so daß es besser ist, der Mann spart sich für später auf. Manche Männer vertragen nicht einmal den kürzesten Genitalkuß vor dem Samenerguß – sie sollten warten, bis sie eine neue Erektion brauchen, dann ist er eine unerhört wirkungsvolle Methode der Totenerweckung.

Manche Mädchen mögen es, wenn der Mann bis zum Schluß geht und ejakuliert, manche nicht (der Unterschied kann, wenn auch nicht immer, darin liegen, daß sie ihn sehr liebt). Wenn Sie knapp vor dem Höhepunkt nicht leicht aufhören können, wechseln Sie zu einem anderen »Unterschlupf« über (zwischen den Brüsten zum Beispiel) oder Sie können den Penis mit beiden Händen zusammendrücken, um Zeit zu gewinnen – das erfordert Flinkheit und funktioniert nicht immer. Sein Orgasmus wird wahrscheinlich auch beim Teufel sein. Andere wieder, die daran gewöhnt sind, finden die Sache unvollständig, wenn ihr Geliebter nicht ejakuliert. John Hunter schrieb: »Der Samen würde geruchs- und geschmacksmäßig als leicht widerliche Substanz erscheinen, aber im Mund erzeugt er eine ähnliche Wärme wie Gewürze.« Wenn die Frau nicht von der ganzen Vorstellung, sondern eher von dem leicht bitteren Geschmack abgestoßen wird, kann sie dem begegnen, wenn sie den Penis wirklich tief nimmt. Wir schätzen die Bereitwilligkeit, ihn kommen zu lassen, bei erfahrenen Frauen auf etwa fünfzig Prozent; jedenfalls kann man immer fragen, und die Partner erlernen bald den Geschmack des anderen. Sie sagt: »Zwei wichtige Punkte, die man nicht vergessen sollte: man würgt als Reflexhandlung, wenn einem etwas Großes in die Kehle gesteckt wird; wenn sie also würgt, tut sie es vielleicht nicht, weil sie es nicht mag, sondern weil sie nicht anders kann. Ein großer Penis dehnt auch den Mund beträchtlich, und sie bedeckt ihre Zähne mit den Lippen, um Sie zu schützen, heftige Bewegungen könnten Sie verletzen. Seien Sie rücksichtsvoll!«

Der normale Genitalgeruch ist für beide Partner ein wichtiger Bestandteil des Genitalkusses, das heißt, daß die Beteiligten sich oft waschen sollen, nicht jedoch kurz vorher: sie sollten einander gut genug kennen, um es zu sagen, wenn er unangenehm ist, und die Stellung wechseln oder warten. Ein kräftiger Koitus wird das oft nach wenigen Minuten in Ordnung bringen, wenn sich auch der Charakter des weiblichen Geruchs ändert. Auch Verhütungsmittel können ihn beeinträchtigen. Die Händler von Intimsprays und parfümierten Vaginalduschen zeigen nur sexuelle Unerfahrenheit – kein Mensch möchte zum Beispiel Pfirsichsauce auf Scampi. Seegrasgerüche oder Moschus wären besser geeignet. Die »Cassolette« der Frau ist ihre Geheimwaffe, was die Frauen in Amerika anscheinend noch nicht erkannt haben – französische Frauen wissen es besser. Manche Männer reagieren heftig darauf, ohne sich der Tatsache bewußt zu sein; es ist auch das ideale Parfumfixativ, und eine Spur davon hinter die Ohren beim Tanzen vor oder statt der Anwendung von Parfum aus dem Flakon kann durchschlagenden Erfolg bringen. Sein Genitalgeruch dagegen wird ihr desto mehr gefallen, je länger sie ihn liebt. Waschen Sie sich mit neutraler Seife und behandeln Sie Deodorants so, wie ein Küchenchef Entaromatisierstoffe verwenden würde. Wie die Hippiegeneration meint, daß man ein gutes Sexleben führen kann, ohne sich zu waschen, ist unerklärlich.

Für manche Paare stellt der gegenseitige Genitalkuß nach der Art von 69 den Gipfel der Gefühle dar. Bei ihm darf die Frau, da sie völlig die Kontrolle verlieren würde, nicht von dem Typ sein, der rasend wird, aber auch nicht verlangen, daß er kurz vor dem Samenerguß aufhört. Die Stellung mit der Frau oben, die in den meisten Büchern beschrieben wird, ist richtig, besonders wenn sie die Mund- mit Handarbeit kombiniert, aber der Mann bekommt dabei einen steifen Nacken. Wir bevorzugen die Stellung ohne Kissen, d. h. umgekehrt einander gegenüber auf der Seite liegend, wobei jeder den unteren Oberschenkel als Kissen für den Kopf des Partners hochgezogen hat. Der Mann kann sie weit öffnen, indem er seinen Arm in ihre obere Kniekehle schiebt.

Der gegenseitige Kuß kann lang oder kurz sein; der kurze ist bloß vorübergehend – der lange kann je nach Geschmack und Tempo Minuten oder Stunden dauern. Beide passen gut in die Zeit zwischen den Koitusrunden und wirken auch als Hors d'oeuvre oder als Totenerwecker.

Wenn sie jedoch abwechseln, soll er am besten in der gleichen Stellung ohne Kissen beginnen, während sie sehr wenig tut. Dann kann sie an die Reihe kommen; oder sie können zum Koitus übergehen und die Fellatio verschieben, bis er einen Orgasmus gehabt, sich ausgeruht hat und zu seiner nächsten Erektion bereit ist. Auf diese Weise kann sie sich gehen lassen und dann auf ihre Technik achten, wenn sie ihn saugt. Die besten Ergebnisse wird sie wahrscheinlich mit der Stellung erzielen, welche die Chinesen als »Jadeflöte« bezeichnen – ein Instrument, dessen Name alles erklärt, und das gespielt wird wie eine Blockflöte, ihm gegenüber, die Daumen unterhalb, die Finger oben. Ihre Technik hängt von ihrem Mann ab – zum Beispiel davon, ob er beschnitten ist oder nicht. Nicht alle Männer finden Zungen- oder Lippenberührung mit der Eichel angenehm. Manche geraten in Ekstase, anderen ist es lieber, wenn der Schaft festgehalten und dabei die Vorhaut über der bedeckten Eichel auf und ab gezogen wird. Auf die verschiedenen Arten von Knabbern und dergleichen, die in Sexbüchern beschrieben werden, kommen die meisten instinktmäßig. Man findet sie durch Lernen und Anweisung heraus. Für eine aktivere Stellung des Mannes und einen schnelleren Orgasmus legt sie sich zurück, und er führt einen Oralkoitus durch, so gründlich und tief sie es ertragen kann. Sie muß ihre Zähne weit öffnen und mit Lippen und Zunge eine Vagina bilden. Er muß ein wenig Übersicht behalten, um nicht unwillkürlich gebissen zu werden.

Beim Gegenstück kniet sie rittlings über ihm und bietet sich ihm genau wie bei einem leidenschaftlichen Mund-zu-Mund-Kuß an, zuerst rasch und oberflächlich, dann offen und tief, während er lange Zungenstriche von der Vagina zu Klitoris ausführt und jedesmal, wenn er zu ihrer Eichel kommt, daran zieht.

Wenn er die Initiative ergreift, nimmt er, falls er die Partnerin tragen kann, am besten die Kaskadenstellung ein. Die ist eigentlich nur ein 69 in aufrechter Stellung, aber sie vermittelt ihr die einzigartige Sensation eines Orgasmus mit dem Kopf nach unten. Zu diesem Zweck legt er sie mit dem Gesicht nach oben auf das Bett, den Kopf über den Rand, stellt sich mit gespreizten Beinen über ihr Gesicht, neigt sich vor und hebt sie hoch, dabei legt sie die Beine um seinen Nacken. Sie kann seinen Kuß erwidern, sollte aber kurz vor dem Orgasmus den Penis lieber zwischen ihre Brüste oder in ihre Hand nehmen und sich dem vollen Orgasmus hingeben.

Der orale Genitalkuß ist für ein unerfahrenes Mädchen ein neuer »Höhepunkt«. Wenn man vor ihr kniet, »vers le buisson ardent des femmes« (dem weiblichen Feuerdorn zugewandt), sieht es gut aus, aber man kann bestenfalls den Kopf daran schmiegen. Wir empfehlen: setzen Sie sich, während die Dame mit dem Gesicht nach oben auf dem Bett ausgestreckt liegt, an den Bettrand halb gegenüber ihren Füßen. Küssen Sie sie am ganzen Körper, dann heben Sie ihr entferntes Bein hoch und küssen ihren Fuß. Schieben Sie rasch Ihren Ellbogen unter das erhobene Knie, öffnen Sie sie und küssen Sie sanft die geschlossenen Schamlippen, bis sie für immer tiefere Zungenstreiche bereit ist. Heute zeigen immer weniger Frauen Hemmungen davor, Genitalküsse zu empfangen, wenn es auch mehr gibt, die am Küssen des Mannes kein Vergnügen finden. Eine erstaunliche Zahl von Mädchen läßt sich anfangs nicht dazu bewegen, ohne vorher längere Genitalküsse empfangen zu haben, eine Tatsache, die indische Liebesbücher zugeben. Bei einem sehr schüchternen Mädchen (oder einem solchen Mann) versuchen Sie es im Dunkeln – aber versuchen Sie es unbedingt. In der anderen Richtung ist gute Mundarbeit vielleicht eine der geschätztesten Gaben, die eine Frau ihrem Mann schenken kann, und es lohnt sich, sie auszuführen. Für einen Mann ist ein spontaner Genitalkuß eine der eindringlichsten Gesten im ganzen Sexualleben.

Nabel

Für Liebende faszinierend, wie alle Teile des menschlichen Körpers. Er ist nicht nur dekorativ, sondern besitzt auch viele entwicklungsfähige sexuelle Empfindungen: er reagiert auf Finger, Zunge, Eichel oder andere Berührung. Geschlechtsverkehr im Nabel ist durchführbar (es gibt Geschichten über naive Paare, die das für die natürliche Methode hielten, und es ist eine bekannte Vorstellung aus der Kindheit darüber, wie Sex ausgeführt wird). Wenn sie beleibt ist, kann sie die Haut zu beiden Seiten des Penis hochziehen, daß sie Schamlippen bildet. Jedenfalls lassen sich Finger- oder Zungenspitze bei beiden Geschlechtern ganz natürlich in den Nabel stecken.

Nahrung

Das Abendessen ist ein traditionelles Vorspiel für Sex. In Frankreich oder Österreich ließ man früher im Restaurant ein Separé reservieren, an dessen Eingangstür außen keine Klinke angebracht war. Andererseits gibt es ein französisches Sprichwort, das besagt, wenn Liebe und Verdauung zusammen ins Bett gehen, ist der Sprößling ein Schlaganfall. Das stimmt nicht ganz. Andererseits ist die Zeit kurz nach einem schweren Mahl nicht der ideale Moment – Sie können bei Ihrer Partnerin, besonders wenn sie unten liegt, leicht Übelkeit verursachen.

Eine Mahlzeit kann an sich ein erotisches Erlebnis sein – ein Beispiel, wie eine Frau einen Mann erregen kann, indem sie einen Hühnerschenkel und eine Birne auf Kannibalenart »auf« ihm ißt, gibt die reizende Filmburleske »Tom Jones«. Eine Mahlzeit zu zweit kann auf jeden Fall eine unmittelbare Einleitung zum Liebesspiel sein (siehe unter »Große Zehe«, »Fernsteuerung«), aber übertreiben Sie den Alkoholgenuß nicht, und lassen Sie einander nach Verlassen des Tisches ein paar Minuten Zeit. Liebe und Speisen vertrugen sich gut zur Zeit der Griechen und Römer, als man sich zusammen auf dem Ruhebett ausstreckte oder einander fütterte (das tun die Geishas noch immer). Manche Leute lieben Speisen-

und-Sex-Spiele (Pudding oder Eiscreme auf der Haut, Trauben in der Vulva und dergleichen), die für regressiven Oralsex herrlich, aber für jede häusliche Umgebung unsauber sind. Die meisten ungestörten Liebenden essen gern nackt zusammen und gehen, je nach Geschmack, davon zum Sex über.

In der Geschichte wimmelt es von »aphrodisischen« Speisen – sie sind entweder magisch (Mannstreuwurzeln, die wie Hoden aussehen, phallischer Spargel und so fort), geruchsbetont (Fisch, Tomaten frisch von der Staude, die sexy riechen) oder vielseitig.

Man kann nicht beweisen, daß Zwiebeln, Aale – phallisch und sonstwie –, Ginsengwurzel und dergleichen nicht bei manchen Menschen wirken. Der Haken ist, daß jedes *angeblich* den Geschlechtstrieb anregende Mittel wirkt, wenn man daran glaubt, während viele pharmakologische Reaktionen bei bestimmten Individuen durch andere Faktoren aufgehoben werden können. Puffbohnen sind ein berühmtes Aphrodisiakum – sie sehen nicht nur aus wie Hoden, sondern sie enthalten auch Dopamin. Wir beide reagieren so schnell aufeinander, daß jede derartige Wirkung persönlich kaum zu beurteilen ist. Ätherische Öle, welche die Blase reizen, können manche Frauen erregen – versuchen Sie es mit einer kräftigen Portion grüner Chartreuse. Scharfe Gewürze, die eine Hautrötung hervorrufen, sind gleichfalls ein plausibler Angriffspunkt. Keines davon ist aber ein Lebensretter oder erreicht die Wirkung von »Zeit und Ort zusammen mit dem geliebten Menschen«. Aber versuchen Sie es jedenfalls. Wirklich störend auf den Sex wirken sich nur schwere Mahlzeiten und übertriebenes Trinken aus.

Négresse

A la négresse (auf Negerart) – von hinten. Sie kniet, die Hände hinter dem Nacken gefaltet. Brüste und Gesicht auf dem Bett. Er kniet hinter ihr – sie hakt ihre Beine über seine und zieht ihn damit an sich – er legt eine Hand auf jedes ihrer Schulterblätter und drückt sie nach unten. Eine sehr tiefe Stellung – dabei kann es vorkommen, daß er sie mit Luft vollpumpt, die später auf beunruhigende Weise entweicht – ansonsten hervorragend.

Ohrläppchen

Eine unterschätzte erogene Zone, zusammen mit der benachbarten Halshaut – die kleine Stelle hinter dem Ohr hat einen »heißen« Draht über den Vagus zu den Eingeweidenerven und zum Nacken.

NABEL
Finger- und Zungenspitze lassen
sich ganz natürlich in den Nabel
stecken.

Wie bei allen Stellen außerhalb der Genitalien ist auch diese bei Frauen wirkungsvoller als bei Männern. Ohrläppchen können, wenn man sie einmal erkundet hat (sanftes Betasten, Saugen usw. während des »Aufschaukelns« und vor dem Orgasmus, um die Reaktion in den richtigen Zustand zu bringen) durch Manipulation allein einen vollen Höhepunkt auslösen. Manche Frauen finden das Geräusch des heftigen Atmens unausstehlich, ja sogar entschieden ernüchternd, also geben Sie acht. Schwere Ohrringe sind vorteilhaft und können tatsächlich unterschwellig erotische Erregung aufrechterhalten, besonders wenn sie lang genug sind, um an den Hals zu streifen, wenn sie den Kopf dreht – das ist die Wirkungsart der großen orientalischen und spanischen Ohrringe. Der Geschlechtsunterschied bei der Reaktion ist wahrscheinlich für ihre relative Seltenheit bei männlichen Moden auf der ganzen Welt verantwortlich.

Schwingende Gewichte als erotische Stimulantia, um eine bestimmte Stelle in den gewünschten Zustand zu bringen, sind nicht auf die Ohren beschränkt. Wenn die Ohrringe mit Schrauben befestigt sind, nehmen Sie sie ab und probieren Sie sie vorsichtig an den Brustwarzen, Schamlippen und der Klitoris – aber fragen Sie vorher.

Scrotum

Grundsätzlich ist der Hodensack eine Vorrichtung, um die Hoden auf der für die Spermaerzeugung richtigen Temperatur zu halten – er bewegt sich aufwärts, wenn einem kalt, und abwärts, wenn einem warm ist. Ein höchst intensives Gebiet der Haut, muß aber vorsichtig behandelt werden, da der Druck auf einen Hoden für den Mann äußerst schmerzhaft ist. Zarte Zungen- und Fingerarbeit oder Umschließen mit der hohlen Hand etwa ist angebracht. Sie können ihn richtig in den Mund nehmen.

Stehende Stellungen

Die herkömmliche »aufrechte« ist eine Kurzversion und verursacht bei dem Mann, wenn die Partnerin nicht groß ist, steife Muskeln. Viele Frauen muß man auf zwei Telefonbücher oder etwas dergleichen stellen. Läßt sich am besten gegen einen festen Hintergrund ausführen, wie eine Wand oder einen Baum (nicht gegen eine Tür, in welcher Richtung sie auch aufgehen mag). Man kann aber auch frei stehen mit gespreizten Beinen, um genug Standfestigkeit zu haben, und einander an den Hinterbacken festhalten – ein Blick nach unten, während man sich bewegt, kann wirklich wollüstig sein.

Es gibt zwei Arten von Stellungen – die angeführte, vorausgesetzt die Partner passen größenmäßig gut zueinander, und die Hinduversionen, bei denen er sie hochhebt; sie gelingen vorzüglich, wenn sie so leicht ist wie ein Oriya-Tanzmädchen, sonst müssen sie im Wasser ausgeführt werden, um die Partnerin gewichtslos zu machen (siehe unter »Baden«). Mit einem großen Mädchen versuchen Sie es folgendermaßen: Sie legt Ihnen die Hände um den Hals, läßt einen Fuß am Boden und legt den anderen auf Ihren Ellbogen. Sie kann auch beide Beine um Ihre Taille schlingen, beide Beine über Ihre Arme und sogar um Ihren Hals legen und, wenn Sie kräftig genug sind, eine Stellung mit dem Kopf nach unten einnehmen. Versuchen Sie das über einem Bett, für den Fall, daß Sie sie fallenlassen sollten. Stellen Sie sich aber auf festen Boden, nicht auf eine Matratze. Wenn Sie sich mit dem Rücken an eine Wand lehnen, kann sie mit einem Fuß hin und her schwingen. Keine guten Orgasmusstellungen – eher dazu bestimmt, den Koitus in die Länge zu ziehen. Für stehende Stellungen von hinten ist keine besondere Erklärung erforderlich – sie braucht etwas Stabiles, über das sie sich beugen oder woran sie sich festhalten kann. Wenn Sie echte Größenprobleme haben, versuchen Sie die stehenden Stellungen auf einer Treppe. Der Genitalkuß im Stehen kommt gut an, wenn Sie kräftig genug sind, um sie hochzuhalten, und sie sich mit den Beinen gut festhält.

Stellungen

Im Lauf der Geschichte wurde – vor allem von nichtspielenden Beobachtern – unendlich viel Zeit darauf verwendet, bis zu sechshundert Stellungen zu beschreiben und mit Phantasiebezeichnungen zu versehen: Es ist offenkundig ein menschliches Hobby, sie zu sammeln und einzustufen. Nun kennen die meisten Leute die üblichen Positionen und haben gelernt, welche sich zum schnellen oder langsamen Orgasmus eignen und wie man sie nacheinander verwendet. Manche Menschen können aus symbolischen oder anatomischen Gründen nur bei einer oder zwei davon einen Orgasmus haben.

Wir gehen hier nicht im Detail auf Stellungen ein. Die meisten nicht grotesken ergeben sich ganz natürlich, und von den ungewöhnlichen verdienen nur wenige mehr als einen kurzen Versuch, aus Neugier. Wir bedauern bloß, daß dadurch auch die phantasti-

STEHENDE STELLUNGEN
**Die herkömmliche »aufrechte«
kann bei dem Mann, wenn die
Partnerin nicht groß ist, steife
Muskeln verursachen.**

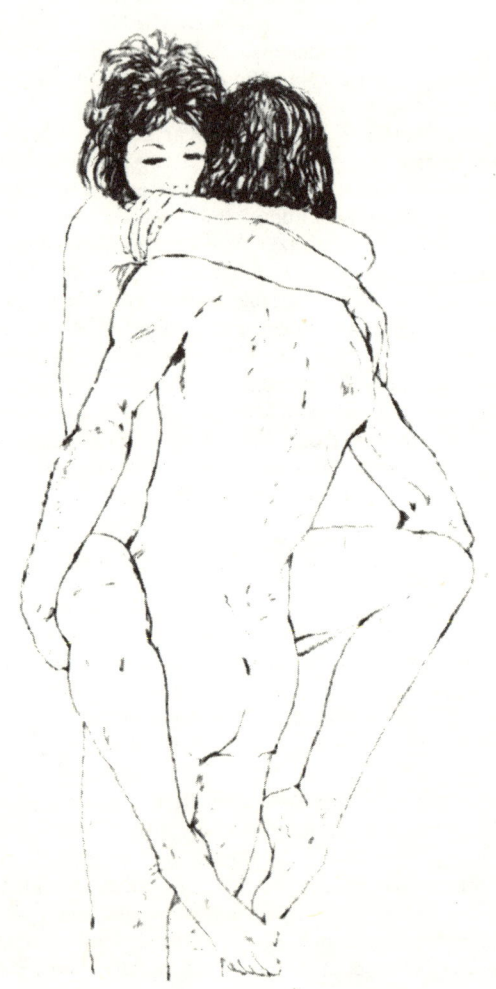

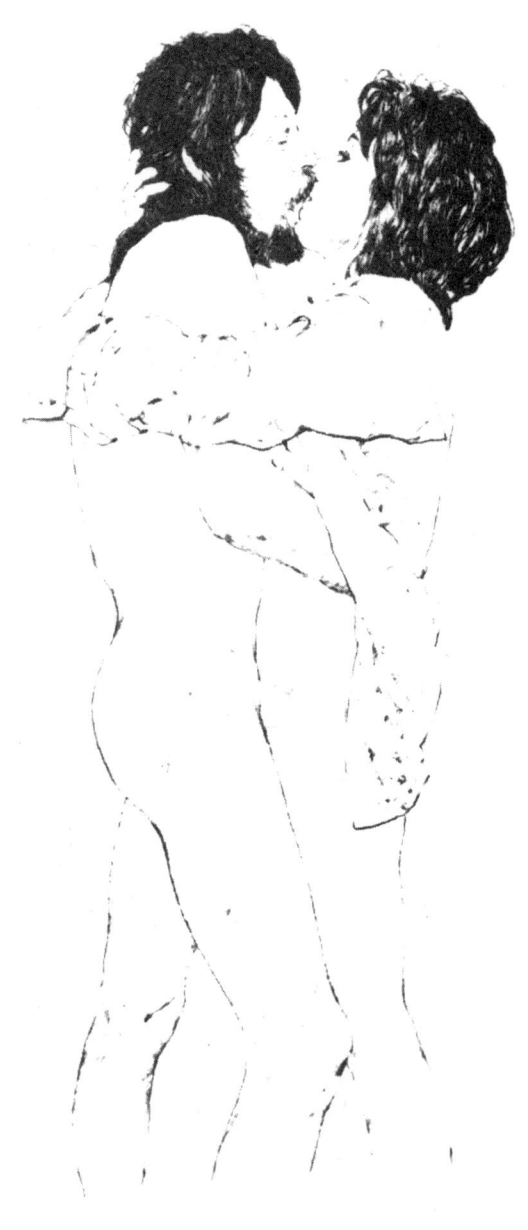

STELLUNGEN
Nur ein Versuch wird zeigen,
welche am besten oder überhaupt
geeignet sind.

schen Namen aus dem Arabischen, Sanskrit oder Chinesischen
entfallen, die dazugehören. Eine Durchsicht zeigt Ihnen, welche
für spezielle Situationen wie Schwangerschaft, dicker Mann mit
schlankem Mädchen, Größenunterschiede und dergleichen geeignet sind, und nur ein Versuch wird zeigen, welche für den Orgasmus am besten oder überhaupt geeignet sind. Sehr oft beginnen
Paare damit, alle zu probieren, enden aber unvermeidlich bei einer
oder zweien und kommen nur zu speziellen Gelegenheiten wieder
auf das Buch zurück. Manche der ungezügelten Phantasien in
orientalischen Manuskripten haben etwas für sich – das Mädchen
rittlings auf den Bildern von Mughal, das auf Händen, Kopf und
Schultern brennende Lampen balanciert oder mit einem Bogen auf
Zielscheiben schießt, zeigt nur, daß es den Mann mit den Vaginal-
muskeln allein befriedigen kann, während ihr übriger Körper still-
hält (siehe unter »Pompoir«) und so fort. Andere sind mystisch
oder bloß gymnastisch. Alle Posen, die wir zeigen, sind ausführbar
(wir haben sie ausprobiert, wenn auch nicht bis zum Orgasmus)
und mehr oder minder lohnend.

STELLUNGEN

Sehr oft beginnen Paare damit, alle zu probieren, enden aber unvermeidlich bei einer oder zweien und kommen nur zu speziellen Gelegenheiten wieder auf das Buch zurück.

Den Ton angeben

Wenn die Missionar- die Königsstellung ist, so ist ihre Umkehrung, »Reiten auf dem hl. Georg«, die Königin. Die indische Erotologie ist die einzige alte Tradition ohne alberne, patriarchalische Hemmungen hinsichtlich der Notwendigkeit, daß die Frau unten sein muß, und die sich auch nicht schämt, deren volle aggressive

DEN TON ANGEBEN
Reiten auf dem hl. Georg.

Rolle im gegenseitigen Sex gelten zu lassen. Für den Mann kann es phantastisch sein, wenn die Frau über gute vaginale Muskelkontrolle verfügt, für sie ist es jedoch einfach Spitze, da es ihr völlige Freiheit der Kontrolle über Bewegung, Tiefe und ihren Partner verleiht. Sie kann sich für Brust- oder Mundküsse vorneigen, zurück, um ihm ihren Anblick zu bieten, ihre eigene Klitoris bei der Bewegung streicheln, es hinauszögern, wenn sie will, um noch stärker zu empfinden – einfach alles. Sie kann auch auf ihm reiten, mit dem Gesicht oder dem Rücken zu ihm gewandt, einmal oder auch mehrmals von der einen zur anderen Stellung wechseln. Reitstellungen erfordern eine steife Erektion (sonst könnte sie den Penis bei übereiltem Einführen schmerzhaft abbiegen). Dies ist ungefähr die einzige Art des Koitus, bei dem einer oder beide Partner durch Ungeschicklichkeit oder Abgleiten verletzt werden können, somit sollten Sie sich schrittweise testen. Wenn der Penis einmal eingeführt ist, kann sie dem Partner gegenüber mit dem Rücken, kniend, sitzend, mit gekreuzten Beinen auf ihm, seitlich oder sich rundherum bewegend und mit ihren Hüften Bewegungen in drei Dimensionen und im Kreis ausführen. Sie kann auch auf ihm liegen (die umgekehrte Missionarstellung), die Beine rittlings auf ihm oder zwischen den seinen. Wenn sie ihren Hauptorgasmus gehabt hat, kann er sie entweder umdrehen, oder sie kann sich rittlings zurücklegen, mit dem Kopf zwischen seinen Füßen, ohne sich von ihm zu lösen, und in der X-Stellung oder völliger Missionarstellung bis zu seinem Orgasmus weitermachen. Da dafür eine steife Erektion erforderlich ist und manche Frauen lieber von dem Vorspiel seitlich oder unten liegend ausgehen, ist diese Stellung eine gute Nummer zwei in einer Serie. Wenn sie ihn auf diese Weise zum Orgasmus bringen will, sollten sie es vorher zuerst, am besten beim Erwachen und wenn er frisch ist, mit einer harten Erektion ausprobieren. Die kreisförmigen, dem Aschesieben ähnlichen Bewegungen der weiblichen Hüften – was die Franzosen *la diligence de Lyon* (die Lyoner Postkutsche) nennen – lernt man leicht, wenn man über die richtige Einstellung verfügt.

Venushügel

Das dekorative Fettpolster über dem weiblichen Schambein, das beim Koitus von Angesicht zu Angesicht als Puffer fungiert und (was wichtiger ist) dazu dient, der Umgebung Gefühle zu übermitteln, wenn er sich bewegt. Viele Männer sind sich, wenn sie allzusehr auf direkte Klitorisstimulation eingestellt sind, nicht bewußt, daß die meisten Frauen zum Orgasmus gebracht werden können, wenn man einfach den Venushügel in der hohlen Hand hält und ihn knetet oder schüttelt, bevor oder während man einen Finger in die Vulva steckt oder auch ohne das zu tun (siehe unter »Schamhaar«). Sie können den Venushügel entweder anfassen (er paßt genau in die Handfläche) oder Ihren Handballen darauf legen und dabei Ihre Finger an den Schamlippen benutzen, oder Sie können das ganze Gebiet, Venushügel und die geschlossenen Schamlippen, in Ihre Handfläche und Finger nehmen. Versuchen Sie, wieviel Empfindung Sie hervorrufen können, wenn Ihre Partnerin völlig geschlossen bleibt.

X-STELLUNG
Ein Reißer für ausgedehnten, langsamen Koitus.

X-Stellung

Ein Reißer für ausgedehnten, langsamen Koitus. Beginnen Sie damit, daß die Partnerin rittlings auf Ihnen sitzt, wobei der Penis ganz eingeführt ist. Dann legt sie sich zurück, bis Kopf und Oberkörper beider Partner zwischen den geöffneten Beinen des anderen liegen, und sie falten die Hände. Langsame, koordinierte, schlängelnde Bewegungen halten lange Zeit seine Erektion aufrecht und sie nahe dem Orgasmus. Um zu anderen Stellungen überzuwechseln, kann sich einer der beiden aufsetzen, ohne sich von dem anderen zu lösen.

Zungenbad

Man bedeckt systematisch jeden Quadratzentimeter der gefesselten – wenn sie das liebt – Partnerin oder des Partners mit langen, bedächtigen, breiten Zungenstrichen. Beginnen Sie auf der Hinterseite, drehen Sie sie um und nehmen Sie die Vorderseite in Angriff, um dann zum Koitus oder zu Hand- und Mundarbeit übergehen zu können. Wenn die Frau der aktive Teil ist, bedeckt sie darauf auch die ganze Hautfläche ebenso systematisch mit langsamen Strichen ihrer geöffneten Vulva. Miniversionen bestreichen bestimmte Stellen auf die gleiche Weise.

138

Saucen und Mixed Pickles

Abreibung

Der ursprüngliche Sinn des Shampoonierens, nämlich eine Knet-massage am ganzen Körper. Viel angenehmer, wenn Sie alle Hem-mungen fallenlassen und einander mit einer der farblosen, parfü-mierten Lotionen einreiben, die für diesen Zweck im Handel sind – eine parfümierte Substanz, die viel mehr Verständnis beweist als Duftduschen und dergleichen. Setzen Sie sich irgendwohin und reiben Sie einander damit ein, zugleich oder nacheinander – wenn Sie kein spezielles Mittel zur Hand haben, ist Sonnenöl oder Sei-fenschaum gut verwendbar. Das endet immer mit genitaler Hand-arbeit und nachfolgendem Koitus, schließlich mit einem gemeinsa-men Bad. Samen wäre das ideale Massagemittel, aber die Menge ist zu gering und er kommt zu spät – ein Ersatz ist eine Lotion in Flaschen. Die Partnerin knetet seine Muskeln mit den Fingern und, falls es gewünscht wird, mit einem Vibrator; er konzentriert sich auf ihre Brüste, Hinterbacken, Lenden und den Hals. Es lohnt sich, diese Gefühle durch Übung zu entwickeln. Die Massagesa-lons in Los Angeles werden zwar regelmäßig ausgehoben, haben aber nichts aufzuweisen, was man nicht auch zu Hause tun kann – abgesehen von der Tatsache, daß sie für Männer da sind, nicht für Kunden beider Geschlechter, und für jeden Mann eine ganze Mädchentruppe einsetzen. Vermutlich könnte eine aufopfernde Frau Freundinnen als Hilfe kommen lassen – oder einen aufop-fernden Mann, um die Sache auszugleichen. Das könnte ein hüb-sches Doppelspiel ähnlich wie Partnertausch ergeben, vorausge-setzt, daß die Paare einander gut verstehen.

Achselhöhle

Eine herrliche Stelle für Küsse. Sie sollte auf keinen Fall rasiert werden (siehe unter »Cassolette«). Kann anstelle der Handfläche dazu verwendet werden, die Partnerin beim Höhepunkt zum Schweigen zu bringen – wenn Sie die Handfläche benutzen, reiben Sie sie vorher an Ihrer oder Ihrer Partnerin Achselhöhle.

Geschlechtsverkehr in der Achselhöhle ist eine gelegentliche Va-riante. Verfahren Sie wie beim Verkehr zwischen den Brüsten (sie-he unter »Brüste«), aber mit Ihrem Penis unter ihrem rechten Arm – tief darin, so daß die Reibung am Schaft, nicht an der Eichel stattfindet, wie bei jeder anderen Stelle ohne Gleitmittel. Legen Sie

ACHSELHÖHLE
Eine herrliche Stelle für Küsse.

den linken Arm der Partnerin um Ihren Hals und halten Sie mit Ihrer rechten Hand ihre Rechte hinter ihr fest. Sie erhält ihre Empfindungen durch den Druck auf ihre Brüste, unterstützt durch Ihre große Zehe, die Sie an ihre Klitoris drücken, wenn sie es wünscht. Kein absolut lohnender Trick, ist aber den Versuch wert, wenn einem der Gedanke gefällt.

Analkoitus

Das ist etwas, das fast jedes Paar einmal probiert. Einige bleiben dabei, gewöhnlich weil die Frau findet, daß es ihr intensivere Gefühle bietet als der normale Weg, und weil es für den Mann angenehm eng ist. In England und in einigen Staaten der USA ist er gegenwärtig verboten.

142

Im Gegensatz zu fast allen anderen Sexbräuchen hat dieser Nachteile. Gewöhnlich ist der erste Versuch schmerzhaft, das mag zwar bei Gewöhnung verschwinden, aber bestimmt nicht, wenn man Hämorrhoiden hat; er kann, da die Zone nicht dafür bestimmt ist, Verletzungen verursachen, und es ist äußerste Sanftheit von seiten des Mannes erforderlich – gewaltsamer Analverkehr, sogar mit einem bereitwilligen Opfer, ist daher auszuschließen. Mischen Sie ihn auch nicht mit vaginalem Koitus – das führt bei manchen Menschen zu unangenehmen Infektionen mit Hefepilzen oder anderen Organismen, welche nicht in die Vagina oder in die männliche Harnröhre, sondern in den Darm gehören.

Anderseits gibt es Liebespaare, die den Analverkehr gelegentlich oder sogar regelmäßig mit Vergnügen betreiben, und, wie gesagt, wären sie aufrichtig, so wären wahrscheinlich alle neugierig genug, ihn einmal zu probieren. Die Technik ist ganz anders als beim gewöhnlichen Koitus. Die Frau kniet und senkt den Kopf ziemlich tief. Sie machen Ihre Eichel sorgfältig gleitfähig (hier ist Öl oder Vaseline erforderlich – Speichel genügt nicht. Stoßen Sie nicht, wie beim gewöhnlichen Koitus, mit männlicher Munterkeit zu, sondern legen Sie die Eichel an den Punkt und drücken Sie sanft und stetig, während sie »nachgibt«, um Sie einzulassen. Zuerst wird sie fest geschlossen sein. Dann allmählich wird sie sich öffnen. Dringen Sie langsam ein, nicht weiter als eicheltief, und beziehen Sie Ihre Reibung eher beim Herausziehen als beim Stoßen. Bearbeiten Sie dabei ihre Brüste und Klitoris.

Sie können während des gewöhnlichen Koitus einen kleinen Vibrator oder einen eingefetteten Finger anal bei Männern, Frauen oder beiden (siehe unter »Postillonage«) verwenden – das mit dem kleinen Finger ist in französischen Sexbüchern sehr beliebt. Der Anus ist bei den meisten Menschen empfindlich, und das Empfindungsvermögen läßt sich entwickeln. Wenn Sie den Analkoitus nicht sehr lohnend finden und von dem Gefühl, daß er unästhetisch ist, nicht unbelastet sind, bezweifeln wir jedoch, daß es sich lohnt, mehr als seine Neugier und den gelegentlichen Impuls auf diese Weise zu befriedigen.

Automobile

Sie nähern sich unserer Idealform der Fortbewegung, dem »Doppelbett mit Außenbordmotor«. Dem kommen amerikanische Wagen sehr nahe (es gibt Platz genug, sogar auf dem Rücksitz, um sich flach zu legen) – Volkswagen erfordern geschickte Handha-

143

bung von allem, was über Brust-und-Petting-Tätigkeit hinausgeht. Die traditionellen Stellungen (sie auf dem Rücksitz, er kniet zwischen ihren Beinen, oder beide sitzen, sie hat die Beine um seine Taille) wurden für Emma Bovary und zweirädrige Droschken entwickelt. Alle Wagen, ob für Petting oder Koitus geeignet, haben ähnliche Eigenschaften wie Glashäuser, es sei denn, man lebt in einem Klima, in dem sich die Fenster schnell beschlagen. Wenn man sich auf die Kondensation verläßt, ist es dennoch vorteilhaft, eine starke Taschenlampe bereitzuhalten, um Polizeibeamte oder Herumtreiber zu blenden – eine wirklich grelle Lampe wird Ihnen Zeit geben, sich anzukleiden, bevor der Betreffende wieder sehen kann.

Für Liebe im Freien ist der am wenigsten abgeschirmte Parkplatz der ungefährlichste, wie eine französische Laube im 18. Jahrhundert, denn man kann Sie da nicht beschleichen. Wenn Sie es oft zu tun beabsichtigen, kaufen Sie sich einen kleinen Lieferwagen oder einen der als »Ehebruchswagen« bekannten Miniwohnwagen, die eigentlich fahrbare Häuschen sind. Um sich darin nackt auszuziehen, ist einige Kühnheit erforderlich. Der sicherste Trick besteht darin, ihn zu viert zu verwenden, wobei abwechselnd ein Paar den Wagen fährt oder starr und brav vorne sitzt und für Abschirmung sorgt. Gegenseitiges Masturbieren während des Fahrens und der Versuch, die Zahl der Orgasmen je Liter verbrauchten Benzins zu zählen, sind beliebte Schrullen, die jedoch dem Interesse gefahrlosen Autofahrens zuwiderlaufen. Man kann Sicherheitsgurte anlegen oder den nicht lenkenden Partner an seinen oder ihren Sitz fesseln und langsam seine Arbeit tun.

Baden

Gemeinsames Baden ist eine natürliche Begleiterscheinung des Sex und als Einleitung oder Abschluß großartig. Ein gewöhnliches gemeinsames Bad hat einen eigenen Reiz, wenn auch einer von beiden sich an die Armatur lehnen muß. Das gegenseitige Einseifen und natürlich auch Abtrocknen ist ein »Hautspiel«, das spontan zu Besserem führt; ein gemeinsames Bad nach dem Koitus ist eine natürliche Rückkehr zum häuslichen Leben oder zur Arbeit. Es gibt jetzt große und auch Unterhaltungsbadewannen, die jedoch die meisten von uns nur in Hotels sehen, in denen man mit Spesenkonto absteigt.

Voller Koitus unter der Dusche ist möglich und macht Spaß, wenn die Partner in der Größe zusammenpassen (siehe unter »Du-

BADEN
Ein gewöhnliches, gemeinsames
Bad hat seinen eigenen Reiz,
wenn auch einer von beiden sich
an die Armatur lehnen muß.

sche«), aber keine gewöhnliche oder Hotelbadewanne ist für einen
Koitus groß genug, ohne daß man sich die Ellbogen anstößt.
Außer der Neuheit ist ohnedies nicht allzuviel Interessantes daran
zu finden.

Sex beim Baden ist etwas anderes. Der ganze Gedanke des Koitus im Wasser besteht darin, daß er der Schwerelosigkeit oder dem Fliegen ähnlich ist – das Mädchen, das für all jene Hinduklettereien und stehende Stellungen zu schwer ist, läßt sich nun ganz leicht handhaben, und man kann sie in Winkeln halten, die kein Akrobat meistern könnte. All das wurde im Swimming-pool-Land Kalifornien wiederentdeckt; wenn wir die Zukunft planen, werden sicher für das Haus bestimmte Gegenstücke bei Nichtmillionären Verbreitung finden. Bis dahin gibt es die See nach Einbruch der Dunkelheit, wenn es warm genug ist – man kann auf einem allmählich abfallenden Strand auch tagsüber genügend ungestört sein und sogar wieder angekleidet auftauchen; Zuschauer werden es für Gymnastik oder Lebensretten halten. Ein Schwimmbecken hat zusätzliche Einrichtungen wie Stufen und Griffe, ist aber gewöhnlich mit Chlor angereichert. Das Wasser behindert die Reibung nicht, wenn auch dessen relative Kühle bedeutet, daß zur Erzielung einer Erektion auch bei einem sehr hitzigen Mann einiges heftige Reiben erforderlich ist. Vielleicht ist es günstig, den Penis womöglich vor Betreten des Schwimmbeckens einzuführen, oder das Mädchen sollte eine Membran tragen – wir haben noch von keinem Schaden durch Vollpumpen der Vagina mit Seewasser gehört, aber mit Chlor desinfiziertes Wasser aus dem Becken könnte vielleicht, ebenso wie bei den Augen, eine Entzündung verursachen. Man kann, wenn man einen Strand für sich allein hat, in der Brandung liegend, einen ausgezeichneten gewöhnlichen Koitus haben, aber der Sand ist ein Problem und zeigt sich hartnäckig noch tagelang nachher. Eine Luftmatratze auf dem Wasser hat denselben Effekt wie ein Wasserbett, aber es ist schwierig, darauf zu bleiben, ohne sich zu konzentrieren. Wir haben von Paaren gehört, die den Koitus mit Schwimmen und sogar mit Tauchen mit Unterwassergerät kombiniert haben, aber sie gaben keine praktischen Einzelheiten an. Der Koitus unter Wasser würde, wenn es sich um mehr als einen Scheinkontakt handelt, wegen der beim Orgasmus erfolgenden verstärkten Atmung große Luftmengen erfordern.

Bekleideter Koitus

Wirklich starke Pettingtechnik: sie behält ihr Höschen oder ihren Cache-sex an, er führt alle Bewegungen des normalen Koitus aus, soweit es die Kleidung gestattet. Beliebte ethnologische Variante, hauptsächlich für den Koitus vor der Ehe – wird in der Türkei Badana, in Xhosa Metscha genannt und so fort. Merkwürdigerweise besitzen wir dafür kein besonderes Wort. Als Empfängnisverhütung nicht verläßlich, es sei denn, die Ejakulation findet ausschließlich zwischen den Schenkeln statt, d. h. mit der Eichel völlig außerhalb der Vulva, ob Stoff dazwischen ist oder nicht. Manche, die das vor der Hochzeit verwendet haben, greifen darauf entweder als Einleitung oder in Menstruationsperioden zurück. Kann den Mann, da es »trocken« vor sich geht, verletzen, wenn es zu lange dauert – viele Frauen können dabei einen annehmbaren Orgasmus haben.

Bisse

Die Hindu-Erotiker haben sie eingehend klassifiziert. Sanftes Knabbern (an Penis, Brüsten, Haut, Fingern, Ohren, Schamlippen, Klitoris, Achselhaar) gehört zum allgemeinen Aufreizungsrepertoire. Starke Bisse im Augenblick des Orgasmus erregen manche Menschen, wirken aber für die meisten, wie andere schmerzhafte Stimulanzia, ernüchternd. Frauen neigen öfter dazu zu beißen als Männer, vielleicht weil es ihnen mehr Vergnügen macht als den Männern, gebissen zu werden. (Denken Sie daran, daß Ihr Partner Ihnen oft das tut, was er sich eigentlich wünscht, daß man ihm tut – das Wissen darum ist das große Geheimnis der Harmonie im Sex.) Blaue Flecken von der Liebe am Hals und anderswo, die manche Liebende finden, wirken als ständige Reaktion, indem sie jedesmal bei ihrem Anblick einen neuen Liebesakt auslösen; sie stammen nicht von Bissen, sondern von kräftigen, anhaltenden Saugküssen. Scharfe Bisse in die Haut wirken in der Regel nicht erotisch.

Seien Sie vorsichtig mit Beißen während des oder nahe am Orgasmus – die Kinnbacken verkrampfen sich, und Sie beißen wirklich fest – Sie sollten nicht absichtlich mit einer Brust, dem Penis oder einem Finger in Ihrem Mund einen Orgasmus haben. Das Bedürfnis zu beißen kann an etwas Neutralem wie Stoff oder Haar befriedigt werden. Das scheint ein Fall zu sein, bei dem das Reflexprogramm der Säugetiere für menschliche Freuden zu robust ist.

Blasen

Nicht im Sinn des Dialektausdrucks (siehe unter »Mundmusik«), sondern ganz einfach das Erzeugen eines Luftstroms über der (vorzugsweise befeuchteten) Haut irgendeiner Körperstelle, entweder durch die Lippen oder mit einem Fön, dessen Heizung abgeschaltet wird. Die beste Art, eine erogene Zone zu befeuchten, ist die mit der Zunge, doch kann man für größere Flächen natürlich auch Wasser oder eine Lotion verwenden. Ein Luftstrom an einer empfindlichen, feuchten Fläche verursacht ein Gefühl, das manche Menschen, Mann oder Frau, in tolle Erregung versetzen kann – machen Sie einen kleinen Versuch mit Ihren natürlichen Mitteln (Speichel und Hauch). Bei den Ohrläppchen müssen Sie ein-, nicht ausatmen, sonst riskieren Sie es, Ihren Partner taub zu machen. An anderen Stellen verwenden Sie dauerndes Blasen durch die Lippen, etwa drei Zentimeter weit von der Haut entfernt. Die natürliche Fortsetzung eines Zungenbades. Für einen größeren Bereich benutzen Sie den Fön – die Wirkung ist viel toller als die herkömmliche Methode mit Federn, außer bei Handflächen und Fußsohlen – versuchen Sie beides zu verbinden, indem Sie ein paar Federn mit Faden an der Ausströmöffnung des Föns befestigen. Verwenden Sie niemals (siehe unter »Gefährdungen«) eine starke Luftquelle und blasen Sie nie in die Vagina oder eine andere Körperöffnung (der Mund ausgenommen), auch Mund-zu-Mund-Beatmung ist nicht gerade erogen.

»Cache-sex« (Minislip)

Nützliches Sexualzubehör – Verwendung siehe unter »Kleidung«. Um ihn, im Gegensatz zur Kostümierung, beim wirklichen Koitus zu benutzen, ist es am besten, selbst einen anzufertigen. Das beste Material ist weiße oder schwarze Reinseide. Er sollte völlig eng und hautglatt am Körper anliegen und nur Vulva und Schambein bedecken. Auch Baumwolle ist geeignet – Nylon hat die falsche Textur. Andere Materialien können zur Erregung, als Schmuck benutzt werden, aber sie eignen sich nicht zum Küssen – wenn Sie sie verwenden wollen, tragen Sie sie über dem »Seidenblatt«. Vorn offene Höschen sind nicht das gleiche.

Chinesischer Stil

In den klassischen Abhandlungen, bemerkenswert ähnlich dem ungehemmten europäischen Sex, und das beste daran sind die köstlichen Namen für die Stellungen: »Heulender Affe, sich an einen Baum klammernd«, »Wildgänse, auf dem Rücken fliegend«, für zwei ganz gewöhnliche Stellungen (einander gegenüber sitzend; die Frau oben mit ihm zugewandtem Rücken). Die wesentliche Verfeinerung besteht in verschiedenen komplizierten Mischungen aus tiefen und nicht tiefen Stößen, oft in magischer Anzahl – fünf tie-

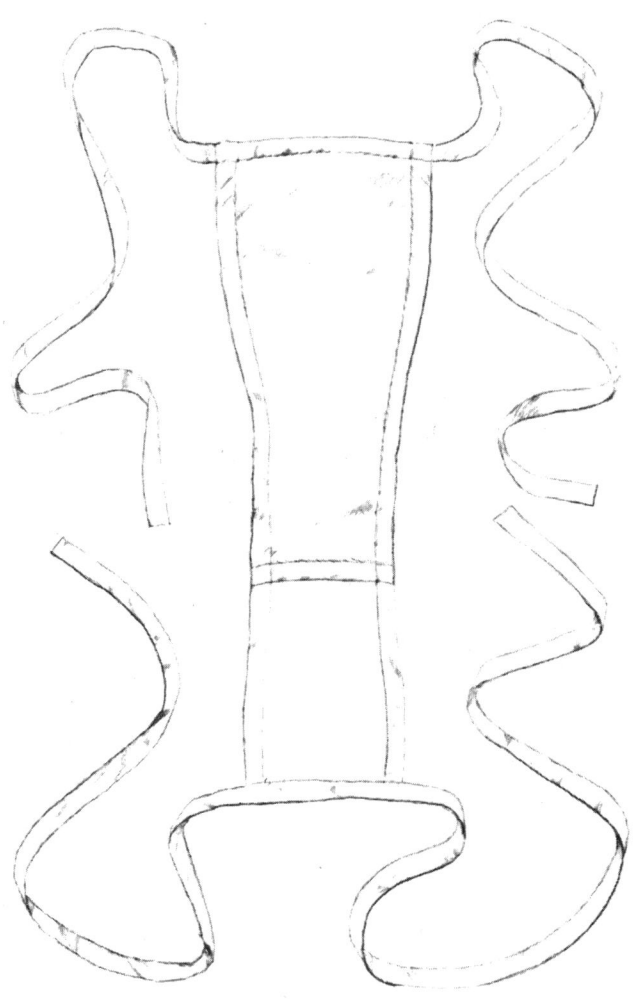

CACHE-SEX
Das beste Material ist weiße oder
schwarze Reinseide. Er sollte
ungefähr 8x20 cm groß sein –
der individuellen Größe entsprechend.

IN CHINESISCHEM STIL
»Wildgänse auf dem Rücken
fliegend.«

fe, acht nicht tiefe und so fort. Koitus nackt, auf einem chinesischen Bett, im Freien oder auf dem Fußboden. Die Frau wird im Sex weit weniger als in der indischen Erotologie wie eine Gleichgestelite behandelt. Mystische Schulen versuchten, den Samenerguß zu vermeiden (siehe unter »Karezza«).

Disziplin

Codewort für gegenseitiges Schlagen als Sextechnik.

Es gibt da einen altehrwürdigen Aberglauben, ausgehend von den Studenten in englischen Privatschulen und unterstützt durch eine reiche Literatur in der Folge von Meiboms »De Usu Flagrorum«, daß Schlagen eine Art von sexueller Tabasco-Sauce ist, das schärfste erotische Gewürz, und daß kein Partyausflug oder großangelegter Pornospaß ohne Schlagen perfekt ist. Manches davon ist darauf zurückzuführen, daß Spezialisten auf diesem Gebiet nicht unter den Hindernissen gelitten haben, die zum Beispiel 69 oder gewöhnlichen Sex beeinträchtigen. Schlagen ist moralisch einwandfrei und kann sogar in der Kirche ausgeführt werden – Sex nicht.

Schlagen ist ein Gefühlskitzel, der entweder wirkt oder nicht. Bei uns beiden wirkt es nicht, somit sprechen wir hier ohne Erfahrung. Es ist ein heftiger Hautreiz, und Freud hat sich gründlich mit der Bestrafungssymbolik befaßt, die dazu gehört – seine Schlußfolgerungen komplizieren weitgehend die Skinnerschen Argumente dafür, welche Stimulanzia man nicht mag und welche lohnend wirken. Ganz abgesehen von Phantastikern und Großsprechern, die durch die zu erwartende oder in der Erinnerung bestehende Vorstellung weit mehr in Erregung geraten als durch die tatsächliche Ausführung, werden manche Menschen dadurch hemmungslos erregt. Für andere, die da ein echtes Problem haben, kann es als Eigenauslösung vielleicht notwendig sein. Hautstimulierung und gelegentliche Schläge auf das Hinterteil im richtigen Augenblick passen bei den meisten Leuten gut ins Repertoire. Im allgemein besteht die Ansicht, daß alles, was darüber hinausgeht, im Verhältnis zum Leistungsmaßstab enttäuschend ist (und wahrscheinlich zu der durchaus boshaften Ansicht führt, daß Frauen besonderes Vergnügen daran finden, geschlagen zu werden).

Wie gesagt, der Gedanke daran, geschlagen zu werden, erregt aber zweifellos manche Menschen, und wenn das der Fall ist, können Sie es versuchen. Wenn Sie ein Liebespaar sind und einer von Ihnen der passive Teil sein will, braucht der andere keine Angst zu haben, daß Sie die Bestie in Ihnen zum Vorschein kommen lassen, wenn er mitmacht. Wenn einer von euch den anderen schlagen will und der Partner oder die Partnerin es nicht wünscht oder durch den Gedanken daran ernüchtert wird, ist es schwieriger – wahrscheinlich lautet die liebevolle Lösung, daß man sich auf ein großes Maß an Vortäuschung und ein geringes Maß an tatsächlichen Schlägen einigt. Das ist ein klarer Fall, bei dem man, wenn man sich über die Launen nicht einigen kann, kein Liebespaar sein sollte. Spielen Sie das Ganze während eines normalen Koitus ein paarmal im Gespräch durch (siehe unter »Vogelgesang am Morgen«). Wenn man es in der Praxis ausprobiert, wenn das Erregende daran die Prozedur ist – schämen Sie sich nicht, darum zu bitten oder sie zu gewähren: spielen Sie die Sache richtig aus. Es kann das schlimme Kind sein oder die Herrin und ihr Sklave oder was auch immer – wenn die Laune Ihres Partners Sie nicht spontan erregt, spielen Sie es als Spiel und erfreuen Sie sich an seiner oder ihrer Reaktion. Wenn es auf die körperliche Empfindung ankommt, sind Rhythmus und Stil anscheinend viel wichtiger als Stärke, dazu das Zappelnlassen und das Überraschungselement, wenn der Rhythmus wieder unterbrochen wird.

Beginnen Sie sanft, mit ungefähr einem Schlag alle ein bis zwei Sekunden, nicht mehr; verstärken Sie die Schläge allmählich, bis es genügt, damit Ihr Objekt wünscht und doch nicht wünscht, daß Sie aufhören. Bei gegenseitiger Behandlung sollte die Wirkung, einschließlich des Sträubens, sexy, nicht grausam aussehen und empfunden werden. Das Niveau der Schläge mit Saunaruten ist etwa ausreichend für die meisten normalen Paare, doch Leute, die wirklich Vergnügen an Schlägen finden, lieben sie so kräftig, daß Spuren auf der Haut zu sehen sind. Sie können sich auf die Hinterbacken beschränken oder die ganze Hautfläche bestreichen – Rücken, Bauch, Brüste und sogar den Penis (Vorsicht!) und die Vulva (legen Sie sie auf den Rücken, binden Sie ihre Füße mit weit gespreizten Beinen über ihrem Kopf an die Bettpfosten; beginnen Sie mit Schlägen auf die Hinterbacken; dann lassen Sie einen leichten Streich oder zwei auf die Schenkel und Vulva folgen, um sie fertigzumachen). Oder binden Sie die Hände des Opfers über dem Kopf an die Mündung der Dusche und bearbeiten Sie es unter fließendem Wasser. Für einen richtig dekadenten europäischen Gefühlseffekt braucht man echte Birkenzweige. Man schneidet gerade, drei Viertel bis ein Meter lange Zweige mit den Ruten ab, bevor die Blätter herauskommen, bindet sie zu einem Bündel zusammen und befeuchtet sie vor dem Gebrauch. Wenn man eine Vorliebe für alles Drum und Dran hat, kann man grausam aussehende Geißeln und Schlegel kaufen, die viel Lärm machen, aber keinen Schaden anrichten. Leute, die körperlichen Reiz wünschen, ziehen gewöhnlich Ruten vor. Verwenden Sie keinen Bambus – er schneidet wie ein Messer. Riskieren Sie dieses Spiel niemals mit Fremden. Liebende haben genügend Reaktionen, so daß auch das gewalttätigste Spiel nicht zu einem Mißton ausartet. Und vermengen Sie niemals rein erotische Schläge mit wirklichem Ärger oder schlechter Laune – es könnte gefährlich werden. Ein Spiel ist ein Spiel – ist ein Spiel.

Eis

Ein Material, das man wirklich nicht als sexy ansehen würde – seit es jedoch so leicht verfügbar ist, hören wir immer wieder von Menschen, die es wegen seiner Schockwirkung auf die Haut verwenden. Ein Sexbuch regt an, daß die Frau kurz vor dem Orgasmus eine Handvoll Eisstückchen auf den Rücken ihres Mannes klatschen soll. Andere bestreichen die Haut des Partners langsam mit einem Eiswürfel, auch die Fußsohlen, legen einander bei Sexspielen Würfel in den Nabel und dergleichen. Manche Frauen berichten, daß sie Eis zum Masturbieren verwenden, ja sogar einen

Eisphallus in einem Gummischlauch einfrieren. Es ist gar nicht so merkwürdig, wenn man es überlegt – Kälte ist ein starkes Hautstimulans. Wenn Ihnen der Vorschlag gefällt, sehen wir keinen Grund zu Einwänden gegen Versuche – Sie werden sich mit einem Eiswürfel kaum erkälten. Verwenden Sie kein tiefgekühltes und schon gar nicht Trockeneis; das klebt fest an feuchten Flächen und brennt wie glühendes Eisen. Probieren Sie die Eiswürfel zur Vorsicht an Ihrer Zunge aus, sonst könnten Sie eine üble Überraschung erleben.

Eisenbahn

Ein alter und beliebter Schauplatz für Sex »mal anders« – gemeint ist natürlich das Schlafwagenabteil alten Stils. Ob die Bewegung, die Beschleunigung oder die Assoziation mit Liebe auf der Flucht die Erregung hervorruft, ist nicht klar. In den besseren Pariser und Wiener Bordellen war es früher Mode, ein mit Eisenbahneffekten und -geräuschen versehenes Schlafwagenabteil einzurichten, das durch einen Motor und Nockenwellen in Vibration versetzt wurde. Da die Wirkung wahrscheinlich durch die Bewegung und wechselnde Beschleunigung verursacht wird, wählen Sie eine harte Liegestatt und eine Strecke mit vielen Kreuzungen und Weichenstellen. Im Notfall gibt es im Waschraum Platz genug für einen Koitus im Stehen.

Ersatz

Handarbeit und orale Liebe sind kein Ersatz für vaginalen Koitus, sondern eigene Techniken. Die angegebenen »Ersatzmittel« sind das, was die Europäer früher als empfängnisverhütende Technik verwendeten, bei denen der Mann ohne Masturbation zum Samenerguß gebracht wurde und die weniger verpönt waren als oraler Sex. Die alten »Ersatzmittel« haben ihren Platz – manche, wie Brustkoitus, können beidseitig wirken, und alle machen gelegentlich Spaß – zum Beispiel während einer Menstruationsperiode oder wenn die Partnerin schwanger ist. Das *Paradis Charnel* aus dem Jahr 1903 gibt neun Möglichkeiten an: Hände (sie legt die Hände aneinander, verschränkt die Daumen und Finger und macht ihm eine Vagina, die sie mit Speichel befeuchtet – eine alte Methode zur Beendigung des normalen Koitus, ohne eine Empfängnis zu riskieren, obgleich es keine verläßliche Verhütungsmethode ist), die Brüste, die Achselhöhle und auch Armbeuge und Kniekehle. Die zwei anderen Stellen sind das Haar (lange Haare oder Zöpfe lassen sich zu einer Vagina zusammenrollen, oder man kann den Penis mit einer daraus gewundenen Schleife umschlingen; allerdings werden vielleicht manche Frauen dagegen Einwände haben, weil das Haarewaschen nachher lästig ist) und der Analkoitus.

Federn

Von manchen für Hautstimulierung empfohlen (Brüste, Körperfläche im allgemeinen eher als die Genitalien sowie Handflächen und Fußsohlen). Probieren Sie es mit steifen, drahtigen Federn (Reiher oder Aigrette) oder mit einem altmodischen Federnmop.

Fernsteuerung

Es wurde immer schon behauptet, daß man eine völlige Anfängerin verführen kann, die keine Ahnung hat, was man meint, wenn man einen Daumen in eine geschlossene Faust oder zwischen seine Lippen steckt und ihn geistesabwesend ein und aus, immer wieder ein und aus bewegt. Wir würden das gern auch einmal erleben. Alle Leute, bei denen diese Handbewegung unserer Erfahrung nach wirkte, wußten genau, worum es sich handelte.

Das ist eine Version des *pompido telecommando.* Die mit den Lippen funktioniert besser, mit dem Nagel unten im passenden Rhythmus – sie wird es dort spüren, wo sie soll. Sie kann das gleiche »für« ihn tun, zum Beispiel beim Essen (siehe die ausgelassene Szene in »Tom Jones«). Die meisten Mädchen und manche Männer können, wenn sie einmal an diese Fernsteuermethoden gewöhnt sind, zu Erregung, Erektion und sogar zum Orgasmus – auch durch das Reiben des eigenen Ohrläppchens – von einem Sitz mehrere Plätze entfernt an einem Tisch, von der gegenüberliegenden Seite eines Raums oder im Theater von einer Loge gegenüber aus funkgesteuert werden. Der komischste Fall dieser Art, den wir erlebt haben, trug sich mit einer Dame zu, deren Partner beim Tanzen bemerkte, was mit ihr vorging, und sich für den Urheber hielt – in Wirklichkeit war es ihr Geliebter, der von einem Tisch aus zusah.

Fesselung

Fesselung, oder wie die Franzosen es nennen, *ligotage,* ist die zarte Kunst, seinen Sexpartner festzubinden – nicht um einen Widerstand zu überwinden, sondern um den Orgasmus zu steigern. Es ist eine nicht vorgesehene Sextechnik, die viele äußerst aufregend finden, ohne jedoch zu wagen, sie zu versuchen, und ein uraltes menschliches Hilfsmittel zur Erhöhung des Sexualgefühls, teils weil sie ein harmloser Ausdruck sexueller Aggression ist – etwas, das wir dringend brauchen, da unsere Kultur diesbezüglich sehr konventionell eingestellt ist – und noch mehr wegen ihrer physischen Wirkung: Ein langsamer Orgasmus, bei dem man sich nicht bewegen kann, ist für jeden, der sich vor seinem eigenen aggressiven Ich nicht zu sehr fürchtet, um es zu versuchen, ein wirklich tolles Erlebnis.

»Im allgemeinen erhöht jede Einschränkung der Muskel- oder Gefühlstätigkeit den sexuellen Erregungszustand«, schrieb Havelock Ellis. Jedenfalls wurden Männer und Frauen immer durch den Gedanken erregt, einander zu besiegen, und »erotische Gefangenschaft« war immer schon ein beliebter Reiz. Jede Volksheldin, die auf sich hielt, und die meisten Volkshelden müssen immer wieder an Händen und Füßen gefesselt werden, damit man sie befreien kann. Bei den Berbern fesselt der Brautführer bei der Hochzeit die Braut, wenn sie sich wehrt, und es wird erwartet, daß sie sich wehrt, damit man sie fesseln kann. Es gibt für Phantasien solcher Art eine umfangreiche Pornoliteratur, auch Bildwerke (das meiste davon ist völlig undurchführbar und nicht dazu bestimmt, gespürt, sondern gesehen zu werden), die für Menschen, welche die Aggression lieben oder eine Illusion von Vergewaltigung brauchen, um sich zurücklegen und ohne Schuldgefühl Lust empfinden zu können, als Ersatz dienen. Die meisten von uns haben Spuren dieser Bedürfnisse und lieben es, einander gelegentlich zu »beherrschen« oder beherrscht zu werden (Frauenrechtlerinnen dürfen uns das nicht übelnehmen, denn dieses Bedürfnis ist gegenseitig). Es werden jedoch von vielen durchschnittlichen Liebespaaren, die keinen Ersatz, sondern Spaß suchen, Fesselungsspiele getrieben, die viele wichtige Lücken ausfüllen. Man muß sie erst erlernen (erste Bemühungen sind oftmals schmerzhaft, mißlingen oder verderben eine Erektion durch Herumprobieren), aber wenn sie gekonnt durchgeführt wird, schwören viele, bei denen man es nicht erwarten würde, auf die Fesselung als gelegentliche Methode – und sei es nur, weil wirklich fachgemäße langsame Masturbation nur möglich ist, wenn die Person richtig gefesselt ist.

Tatsächlich wirkt gekonnte Fesselung bombensicher bei den meisten nicht furchtsamen Männern auf der aktiven wie auf der passiven Seite (wie bei jedem Trick, zu dem Stimulation und Symbolismus gehören, eine richtig gefesselte sexuelle »Gefangene« sexy aussieht) – und auch bei ziemlich vielen Mädchen, sobald sie die Idee begreifen. Möglicherweise brauchen eventuelle männliche oder weibliche »Opfer« viel liebevolle Vorbereitung, wenn sie durch aggressiven Symbolismus eingeschüchtert werden, aber diese Art von Phantasie ängstigt nur Menschen, die eine allzu sensitive Vorstellung von Zärtlichkeit haben. Manche Frauen haben das Bedürfnis, mitunter »bezwungen« zu werden. Andere begreifen das Dominationssymbol und sind gern von Anfang an aggressiv. Die Absicht besteht darin, den Partner an Händen und Füßen zu fesseln, nicht zu fest, aber doch so, daß er sich so heftig wehren kann, wie er will, ohne loszukommen, und ihn dann zum Orgasmus zu bringen. Vom ungehemmten sexuellen Erlebnis abgesehen, ermöglicht es vielen Menschen, die sonst nicht dazu fähig sind, bis zum Letzten aus sich herauszugehen. Im kritischen Augenblick schreien sie vielleicht Zeter und Mordio, aber sie genießen es sehr (hier besteht die Kunst darin, die Schreie, die echten Schmerz bedeuten – steife Handgelenke, Krampf und dergleichen –, von den normalen Lauten der Ekstase zu unterscheiden; die ersten bedeuten »Sofort aufhören!«, die zweiten »Um Himmels willen weitermachen, bis zu meinem Orgasmus!«)

Solche Spiele sind gelegentlich freiwillige Zusätze zu allerlei Sexspielen und zum Koitus, da man den gefesselten Partner küssen, masturbieren, reiten oder einfach zum Orgasmus reizen kann, aber sie kommen bei beiden Geschlechtern besonders gut an, denn die langsame, gekonnte Handarbeit ruft unerträglich starke Empfindungen hervor. Die »Beschränkung« gibt der passiven Partnerin etwas mit den Muskeln zu tun, während sie hinsichtlich der Beeinflussung der Vorgänge, des Stimulationsrhythmus und -tempos völlig hilflos bleibt (was Theodor Reik den »Schwebefaktor« nannte), und ermöglicht es dem aktiven Partner, zumindest die Frau bis zur Unerträglichkeit hinzuhalten (wenn sie an der Reihe ist, kann sie ihn durch langes Ausdehnen völlig außer sich bringen).

Erfahrene und beherzte Liebende werden sofort erkennen, in welchem Zusammenhang Fesselungsspiele angebracht sind. Sie ergeben sich ganz natürlich bei jenen Liebeskämpfen, für die manche ungestüme Leute Vorliebe zeigen, bei denen sie Widerstand leistet, ganz so als wäre es Ernst; schließlich packt er sie mit einem Halb-Nelson, fesselt sie und macht dann weiter – oder sie hält noch aus, wenn die Bratrohr-Schaltuhr klingelt, und sie an der Reihe ist, ihn zu fesseln. Oder man kann es weniger gewaltsam spielen und losen oder Pfänderspiele treiben – jedenfalls sollte man abwechseln. Die anderen Spiele für Erwachsene ergeben sich einfach impulsmäßig. Der eine oder andere fragt oder sagt »jetzt bin ich dran«, oder der Partner mit aktiven Absichten beginnt und

FESSELUNG
Die zarte Kunst, seinen Partner
festzubinden, um den Orgasmus
zu steigern.

157

verwirklicht diese Absichten. Vielleicht erwacht er und merkt, daß sie ihn herumgedreht hat und gerade mit dem Fesseln seiner Gelenke zu Ende ist, dann ist es bereits zu spät zu protestieren (manche Frauen kommen bei einem tiefen Schläfer noch wesentlich weiter). Oder er kann sie aus dem Hinterhalt überfallen, wenn sie wehrlos aus der Dusche zurückkommt.

Damit es als Spiel klappt, muß es offensichtlich überzeugend, darf aber weder schmerzhaft noch gefährlich sein. Die Technik verdient einige Worte, denn es ist eine höchst beliebte Idee, die in altmodischen Büchern nicht behandelt wird, und für die sowohl Geschicklichkeit als auch Sorgfalt erforderlich ist. Man kann einen Partner auf jedem mit vier Pfosten versehenen Bett unter Verwendung von einem oder mehr Kissen anbinden. Das ist die übliche Bordellmethode, wahrscheinlich weil sie keine Kunstfertigkeit erfordert. Eine solche Strecklage verhindert bei manchen Menschen den Orgasmus – viele spüren mehr, wenn die Beine gespreizt, die Handgelenke und Ellbogen jedoch am Rücken zusammengebunden sind, oder wenn man sie an einen Stuhl oder aufrecht an einen Pfosten fesselt. Die kritischen Stellen, wo das Zusammenpressen das Sexgefühl verstärkt, sind die Hand-, Fußgelenke, Ellbogen (versuchen Sie nicht, sie mit brutaler Gewalt am Rücken aneinanderzubinden), Fußsohlen, Daumen und große Zehen (schlaue Frauen unterbrechen die Arbeit in der Mitte, um diese beiden mit einem ledernen Schuhriemen zusammenzubinden – wenn Sie es bezweifeln, versuchen Sie es). Was man für die Fesselung verwendet, ist Geschmackssache. Abgesehen von Schrullen wie Zwangsjacken oder Pfadfinderstrumpfhaltern, verwenden verschiedene Paare Leder- oder Gummiriemen, Bänder, Stoffstreifen, Pyjamakordeln oder dicke, geschmeidige Stricke. Gurten sind für Frauen, die nicht sehr kräftig sind oder keine Kreuzknoten zu binden verstehen, am leichtesten. Sie brauchen Löcher in Halbzollabständen. Für rasches Fesseln an Händen und Füßen sind dreischenkelige Bandagen vorteilhaft, sehen aber nicht sehr sexy aus – und was den aktiven Partner aufregt, ist die Ordentlichkeit und das Sichwinden des Pakets. Alte Strümpfe sind ein beliebtes Hilfsmittel, lassen sich aber im Notfall mörderisch schwer schnell lösen. Der sonderbare, von Spielzeugherstellern für Erwachsene vertriebene Apparat ist zu nichts zu gebrauchen, es sei denn, man will nur für Fotos posieren. Ketten, Handschellen und dergleichen funktionieren rasch, ergeben aber kein Zusammenpressen und verursachen Schmerzen, wenn man darauf liegt. Wenn sie versperrt sind, kann es passieren, daß man sie nicht sofort öffnen kann.

158

Wenn Sie wollen, fertigen Sie sich selbst etwas an. Für die meisten normalen Paare genügt ein Knäuel Wäscheleine. Schneiden Sie davon fünf oder sechs eineinviertel Meter und zwei eindreiviertel Meter lange Stücke ab, und winden Sie diese oft und fest herum – doch nicht so straff, daß blaue Flecken entstehen.

Manche energischen Leute lassen sich auch gern knebeln. Wie eine Dame es formulierte: »Es hält die Perlen im Champagner fest.« Knebeln und Geknebeltwerden reizt die meisten Männer – die meisten Frauen erklären, daß sie die Vorstellung hassen, aber der Ausdruck erotischen Staunens auf dem Gesicht einer gut geknebelten Frau, die merkt, daß sie nur wimmern kann, ist für den Vergewaltigungsinstinkt der meisten Männer unwiderstehlich. Abgesehen von dem Symbolismus und dem »Gefühl der Hilflosigkeit«, ermöglicht es dem passiven Partner, beim Orgasmus zu schreien und zu beißen, was ihm zu völliger Hemmungslosigkeit verhilft, es sei denn, man hat eine Rhinozeroshaut und lebt in einem schalldichten Raum. Es macht ein Anspornen unmöglich, so daß die Initiative des anderen Partners außerhalb der Kontrolle des Gefesselten steht. Die meisten Männer, die ein solches Spiel reizt, lassen sich gern völlig zum Schweigen bringen. Beherzten Frauen gefällt es oft nach einigen Versuchen, wenn sie gern beißen oder das Gefühl der Hilflosigkeit lieben, andere hassen es und kommen nicht zum Orgasmus, wenn sie es versuchen. Manche lassen sich gern auch oder statt dessen die Augen verbinden.

Tatsächlich ist es schwierig, jemanden völlig zu knebeln, es sei denn im Film, wo ein Seidenstreifen über dem Gesicht der Heldin genügt, und der Held geht vorbei, ohne sie zu hören. Das ist besser, denn die Gefangene darf niemals der Möglichkeit beraubt werden, ein Zeichen zu geben, wenn etwas nicht in Ordnung ist. Ein langer Stoffstreifen mit mehreren Windungen tief zwischen den Zähnen oder ein in der Mitte eines zollbreiten Gurtes mittels Bolzen und Mutter fixierter kleiner Gummiball (die »Poire« der französischen Bordelltradition) sind schlimm genug. Klebestreifen werden jeden zum Schweigen bringen, doch ist das Abreißen eine Marter. Was immer in den Mund kommt, muß fest sein, darf das Atmen nicht behindern, und muß sich, im Falle eines Gefahrensignals der Gefesselten – wegen Atemnot, Übelkeit oder sonst einer Quelle des Mißbehagens – schnell entfernen lassen. Ein Brummen in Morsecode, »Rasur und Haarschnitt, zweimal«, ist eine gute Möglichkeit. Die Sicherheitsvorschriften müssen eingehalten werden. Sie lauten:

1. Es darf nichts, auch nicht auf ausdrückliches Verlangen oder noch so lose um die Vorderseite des Halses geknüpft werden.

2. Es darf nichts Loses oder Weiches, das in die Kehle geraten kann, oder im allgemeinen nichts anderes als von uns ausdrücklich Angegebenes in den Mund gesteckt oder über das Gesicht gebunden werden, und alle Knebel oder Knoten müssen schnell lösbar sein.

3. Es darf niemals jemand, der hilflos ist, auch nur für kurze Zeit, insbesondere mit dem Gesicht nach unten oder auf einer weichen Oberfläche wie einem Bett, allein gelassen werden. Lassen Sie einen Partner nicht in gefesseltem Zustand einschlafen. Insbesondere nicht, wenn einer von euch beiden getrunken hat. Lassen Sie niemanden länger als höchstens eine halbe Stunde gefesselt.

4. Spielen Sie Fesselungsspiele nur mit Menschen, die Sie auch sexuell kennen, niemals mit zufälligen Bekannten, und vermeiden Sie Gruppenspiele. Das gilt für Paare ebenso wie für Partner – manche Leute sind unvorsichtig und andere sind Sadisten.

Davon abgesehen gehören alle Arten von Grausamkeiten, das Fesseln eines Menschen, den die Vorstellung wirklich ängstigt, straffe Stricke, das Stopfen von allerhand Dingen in den Mund, blödsinnige Tricks wie das Aufhängen von Menschen an irgendeinem Körperteil und alle sado-masochistischen Prozeduren, die für normale Paare bloß schmerzhaft und ernüchternd sind, zur Psychopathologie und nicht zur Liebesbetätigung. Fesselung als vergnügliches Sexspiel ist niemals schmerzhaft oder gefährlich. Es kann natürlich einfach als symbolische Aggression gespielt werden, aber mindestens die Hälfte des Vergnügens für die Menschen (und es gibt viele, die daran Spaß finden) ist für die gefesselte Person eine ganz körperliche Empfindung: in dem Sträuben gegen Beschränkung und im Haut- und Muskelgefühl sowie in der Befreiung von allen übriggebliebenen Kindheitshemmungen, die sich daraus ergibt, daß einem nolens volens Lust »zugefügt« wird. Es hilft einem auch, das zum gleichen Paket gehörende Tabu zu bezwingen, mit dem unsere Kultur intensive außergenitale Sensationen belegt hat.

Spuren von Stricken verschwinden gewöhnlich nach wenigen Stunden, wenn man mäßig war. Blaue Flecken und aufgeschürfte Stellen sind die Folgen ungeschickten Losbindens – sägen Sie nicht durch die Haut, sondern handeln Sie schnell, damit der Mann nicht steif wird, weil er nach dem Orgasmus gefesselt bleibt, und andererseits soll die Frau schon bequem in Ihren Armen liegen, wenn sie wieder zur Erde zurückkommt. Sie können, ob Mann oder Frau, ohne Bosheit oder Unbeholfenheit und Verletzungen angenehm, ausgiebig und symbolisch leidenschaftlich hitzig sein. Die richtige Mischung ist da, wie bei allen Sexspielen, Kraft mit Zartheit. Wenn man nicht spüren kann, wie kräftig der Partner es wünscht, so fragt man und zieht dann zwanzig Prozent zur Berücksichtigung des Unterschieds zwischen Tatsache und Phantasie ab. Jedes Paar, das sich an diese Regeln hält, Vergnügen an leidenschaftlicher Liebestätigkeit und Spaß an dem Gedanken findet, könnte einen Vorteil darin finden zu lernen, einander gelegentlich hilflos zu machen – sanft, schnell und wirkungsvoll. Das ist weder überspannt noch beängstigend – bloß menschlich. Bezüglich der Hauptsache, die zur Fesselung gehört, nämlich »Langsame Masturbation«, siehe unter diesem Abschnitt.

Feuille de Rose (Rosenblatt)

Zungenstimulierung von Anus und Schamleiste bei beiden Geschlechtern. Nicht unästhetisch, wenn man sich sorgfältig wäscht. Passiert natürlich bei vielen Zungenspielen, aber tun Sie es nicht, wenn Ihnen die Vorstellung mißfällt – oder scheuen Sie sich, es vorzuschlagen, wenn das der Fall ist.

Florentinisch

Koitus auf Florentiner Art: Dabei hält die Frau die Penishaut (und die Vorhaut, wenn er eine hat) bei Ein- und Auswärtsbewegung mit dem Finger und Daumen an der Peniswurzel kräftig zurück und dauernd gespannt. Eine ausgezeichnete Methode, um die Ejakulation zu beschleunigen. Verstärkt, wenn man die richtige Spannung bewirkt, die Empfindung des Mannes beträchtlich.

Freiluft

Länder mit einem warmen Sommer haben Vorteile, die man nicht genug hervorheben kann. Um in England im Freien zu lieben, muß man gegen Frost immun sein und einen Park besitzen. In Irland oder Spanien muß man außerdem noch, obwohl es in Spanien warm ist, gegen Priester immun sein. Die Bewohner der meisten USA-Staaten sollten sich freuen, wie gut sie es haben. Erstaunlich ist, daß sie nicht mehr für Gartengestaltung tun. Die mit

FLORENTINISCH
Verstärkt die Empfindung des
Mannes beträchtlich, wenn man
die richtige Spannung bewirkt.

Mauern oder Hecken umgebenen europäischen Gärten sind fast alle, zumindest nachts, verwendbar.

Im unbewohnten Gelände wird man oft durch Schädlinge gestört, die von Ameisen und Stechmücken bis zu Klapperschlangen und diensteifrigen Polypen reichen. Was die Oberfläche anlangt, sind meist Sanddünen am besten. Sie gewähren Schutz und halten die Wärme, außerdem werden sie nicht von stechenden Insekten bewohnt. Rasenflächen sind gut, wenn sie entsprechend geschützt sind. Die sicherste Deckung, wenn man sich ganz entkleiden will, ist ein alleinstehendes Gebüsch, aus dem man hinaus, in das die anderen jedoch nicht einsehen können, die »Laube« der Maler aus Fontainebleau. Europäer, die in stark besiedelten Landschaften leben, sind Meister im raschen Ankleiden und Benutzen von Orten wie Hampstead Heath und dem Prater. In Amerika gibt es so viel an Auswahl, daß es kein Problem sein sollte – wenn Sie aber Risiken eingehen, trainieren Sie rasche Flucht und halten Sie die Augen offen, ob es Sturm gibt; Gefahr bringt manche Menschen in Erregung, andere aber werden ernüchtert. Für ausgelassene Späße, in die man sich verliert, wie völliges Entkleiden oder gegenseitiges Fesseln an Bäume, braucht man abgelegenes Gelände oder einen durch Mauern geschützten Garten.

Was man im Hyde Park ungefährdet tun kann, würde im Central Park zu Gruppennotzucht führen. Wenn man im Ausland reist, sind katholische Länder konventionell strenger als protestantische, und stalinistische strenger als andere marxistische Länder wie Jugoslawien, aber man will doch die Gefühle der Einheimischen nicht verletzen. In orientalischen Ländern ist ein Flachdach zur Nachtzeit ein beliebter Ort – man kann lieben und dabei die ganze Stadt sehen.

Letzten Endes wird es bestimmte Orte dafür geben – unserer Ansicht nach in fünf oder sechs Jahren.

Gamahuche

Französisch für ausgedehnte Vaginalküsse. Siehe unter »Mundmusik«.

Gebuttertes Brötchen

Eine Frau, die vor kurzem mit einem anderen Mann Geschlechtsverkehr hatte: ein unerwarteter Reiz für manche Männer. Es scheint ein Überbleibsel eines ziemlich allgemeinen Affenverhaltens zu sein, bei dem das Teilen einer Partnerin eine Form der

FREILUFT
Wenn Sie Risiken eingehen,
trainieren Sie rasche Flucht und
halten Sie die Augen offen, ob es
Sturm gibt.

164

Verbindung zwischen Männchen ist. Psychoanalytiker haben inzwischen längst geahnt, daß das Motiv beim Frauentausch (und auch der Reiz der Nachtausflüge in Gruppen und die Anziehungskraft der Prostituierten, die eine Frau »auf Teilhaberschaft« ist) vielfach »homosexuellen« Charakter trägt – wahrscheinlich sollte man richtiger sagen, daß es ein Beispiel für die Art ist, wie die Bisexualität der Primaten verwendet wird, um die offene Aggression zwischen den Männchen zu verringern. Wenn es die eigene Frau ist, kommt auch eine Komponente dessen hinzu, was die Psychiater Masochismus genannt haben und die Biologen »Abstieg in der Dominanzhierarchie« nennen. Ende der Lektion.

Geräte und Kniffe

Die Konjunktur für Sexualapparate hat einen erstaunlichen Aufschwung genommen. Früher waren die Japaner die Hauptlieferanten; für ein Sexhandbuch braucht man eigentlich eine Marktforschungsstudie, was wir verabsäumt haben.

Nach Reiseberichten zu schließen, werden die meisten ethnographischen Sexhilfen von Männern auf Bitten der Frauen verwendet; sie müssen ungewöhnlich versessen darauf sein, ihnen den Gefallen zu tun und die Eichel zu durchbohren, um darin eine »Sprietsegelrah« zu befestigen wie die Kajans, oder Kieselsteine unter die Penishaut einzuführen wie die Bewohner von Sumatra. In verweichlichteren Kulturen werden solche Hilfsmittel äußerlich angewandt – hauptsächlich Ringe, die in die Kranzfurche der Eichel passen und aus Federn (*palang unus* – Malaya), mit der Rückseite aneinandergenähten Ziegenlidern (Patagonien) oder Haarbürstchen hergestellt werden. Diese Ringe gibt es in Museen, sonst würde man meinen, das wären Ammenmärchen. Die Frage ist nur, ob diese Dinger beim Koitus wohl an Ort und Stelle bleiben. Fast alle sind verdammt unbequem, wenn man sie anlegt, und kneifen oder verwickeln sich in die Schamhaare.

Europäische Gegenstücke sind mit Warzen versehene Präservative, Ringe und dergleichen sowie Dildos (Godmichés) – Peniszusätze oder Penisersatz. Futterale sind einfach – es gibt sie in den verschiedensten Formen und Konturen, sie verfolgen den Zweck, den Penis und das Vaginalrohr rauh zu machen. Manche haben Knoten oder Finger, um den Gebärmutterhals zu kitzeln. Wir sind da insofern benachteiligt, als sie angeblich das Lustgefühl der Frau erhöhen sollen, wir aber noch keine Frau getroffen haben, der sie behagt hätten. Als Verhütungsmittel bieten sie keine Gewähr. Manche Leute, die durch die Vorstellung erregt werden, kaufen eine ganze Garnitur, mit allen möglichen Formvarianten. Man bekommt dazu einen Trockenrahmen, auf den man sie zwecks Reinigung spannen kann, dann sollte man sie rollen und mit Federweiß einpudern.

Wenn sie Ihnen zusagen, können Sie sie leicht Ihrem Wunsch entsprechend herstellen, indem Sie ein gewöhnliches, waschbares oder am Ende abgerundetes Präservativ mittels Latexgummi-Klebstoff mit Knoten ausstatten – »Pinsel« oder größere Buckel kann man aus Schaumgummi schneiden und ankleben – und das Ganze mit Leitungswasser waschen, um irgendwelche störenden Chemikalien vor der Verwendung zu entfernen. Das Modell mit einem dicken Kranzring halten wir einfach für schmerzhaft. Es stört auch den direkten Kontakt, der beim Sex eine große Rolle spielt, aber man kann damit Experimente anstellen und Sex mit Handarbeit kombinieren – solche sexuelle Fastnachtsmützen bringen zumindest etwas Neues, wenn man dafür etwas übrig hat. Unserer Ansicht nach sind sie eher dazu geeignet, Frigidität herbeizuführen als sie zu heilen, es sei denn, eine ungewöhnliche Neuheit erregt Sie. Das gemeinsame Einkaufen von Sexgerät aus einem Katalog erleichtert manchen Leuten den Austausch konstruktiver Gedanken.

Ebenso Penisvergrößerer, die auf das Glied passen; die Penisgröße, das kann nicht oft genug wiederholt werden, hat mit dem Sexualgefühl wenig zu tun, wenngleich ein großer Penis vielleicht gefühlsmäßig in der Vorstellung stimulierend wirkt. Eine starke, harte Vergrößerung kann wirklichen Schaden verursachen. Hauptsächlich sind sie für die seelische Verfassung des Mannes förderlich, obwohl man es, wie bei einer Perücke, ungern sähe, wenn es sich zeigte, daß man sie trägt.

Ringe sind etwas anderes. Sie sind grundsätzlich Erektionserhalter; sie können dort, wo sie funktionieren, wirklich nützlich sein, indem sie eine Teilerektion nach einem Orgasmus unterstützen – das erfolgt durch leichtes Drosseln der Venen an der Peniswurzel, um die Schwellkörper anzufüllen. Da sie über dem Schambein getragen werden, können sie auch einen zusätzlichen Druckpunkt für die Klitoris bilden. Das schönste Exemplar, das wir gesehen haben, stammt aus China und ist aus Elfenbein hergestellt. Die zwei Himmelsdrachen tragen eine Perle (den Samen) – im Gebrauch ist die Perle ein kleiner, für die Klitoris passender Knopf, die Drachenschuppen öffnen sich und kitzeln die Schamlippen. Das Ganze wird durch ein langes Band gehalten, das durch das Loch gezogen wird, sich dort überkreuzt und zwischen den Hinterbacken nach oben und um die Taille verläuft. Die Chinesen und Japaner binden auch dünnes Leder um den ganzen Penis oder den unteren Schaft, die Japaner verwenden außerdem durchbrochene Röhren, die über das Ganze passen – in jedem Fall sind Druck an der Wurzel sowie das Rauhmachen des Schaftes und der Schamgegend der Zweck des Gerätes. Daneben gibt es gürtelartige Apparate, welche die Vorhaut durch Ziehen an der Peniswurzel zurückhalten. Es gibt heute verschiedene moderne Gummi- oder Plastikmodelle, die um die Schaftwurzel passen und zur Unterstützung des männlichen Schambeins einen Klitoriskitzler tragen. Eines der besten ist hohl und luftgefüllt, so daß der Vorwärtsdruck Luft aus dem Penisringteil in den Klitorisknopf drückt – das soll ein sehr ungewöhnliches Gefühl verursachen. Auf uns beide machte es keinen Eindruck.

Wir finden viele der Klitorisknoten zu hart und daher nicht angenehm, und alle Gummiringe haben die Eigenschaft, einen der beiden Partner zu kneifen. Wir kennen bisher niemanden, der wirklich von diesen Erfindungen profitiert hätte. Keine ist ein zuverlässiges Erektionsmittel, und die meisten funktionieren überhaupt nur, wenn die Impotenzangst fehlt. Eine Neuheit auf dem Markt, der Blakoe-Ring, umschließt den Penis und zugleich den Hodensack an der Wurzel (der Ring läßt sich öffnen und zuklappen). Er soll die Hoden stimulieren, indem er ein Elektrodenpaar bildet, funktioniert jedoch allenfalls wie andere Penisringe durch Druck auf den Blutrückstrom – beim Koitus hat er nicht viel Zweck, aber manche Leute schwören darauf, daß er angenehme erotische Gefühle während des Tages aufrechterhält und dadurch die seelische Verfassung hebt. Ein Ring soll, um die Erektion zu festigen, die Penis- und die Hodensackwurzel umschließen – manche Liebhaber verwenden ein Stück Strick. Knüpfen Sie ihn nicht zu eng und lassen Sie ihn nicht zu lange daran.

Dildos sind künstliche Penisse in verschieden kunstvoller Ausführung (bei manchen besteht eine Erwärmungs- und Ejakulationsmöglichkeit, bei anderen sind Vibratoren eingebaut). Sie gehen auf uralte Zeiten zurück und es gibt vermutlich Abnehmer dafür – die modernen Dildos haben eine vorzügliche Textur. Die meisten Frauen masturbieren nicht durch Einführung von Dingen in die Vagina, da es aber den türkischen Damen »verboten war, Rettiche und Gurken zu essen, wenn diese nicht vorher in Scheiben geschnitten waren«, tun es offenbar manche, die über sexuelle Erfahrung verfügen, dennoch – und der Anblick einer Frau, die

GERÄTE UND KNIFFE
Ringe sind grundsätzlich
Erektionserhalter: das schönste
Exemplar, das wir gesehen haben,
stammt aus China und ist aus
Elfenbein.

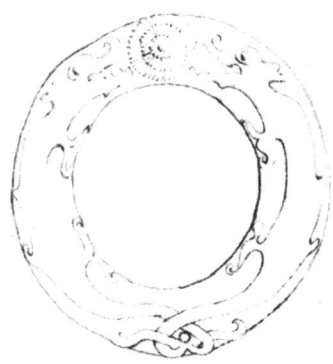

sich damit befaßt, ist natürlich für manche Männer erregend. Sie können auch einen zweiten Penis zwecks gleichzeitiger Verwendung liefern. Einfache Dildos mit Gürtel zur Befestigung oder Dildo mit doppeltem Ende sind für den Geschlechtsverkehr zwischen zwei Frauen bestimmt.

Merkin ist ein Vagina-Ersatz – gewöhnlich ein Warmwasserbehälter mit einer Gummi- oder Plastikvagina. Wir bezweifeln die Nützlichkeit dieser Geräte, ob sie nun in einer aufblasbaren Plastikpuppe befestigt sind oder nicht – es gibt keinen Ersatz für das, was sie zu ersetzen versuchen, und die einzige Rechtfertigung ihrer Verwendung bei gegenseitigem Sex besteht, wie bei dem altbekannten Loch in der Wassermelone, darin, daß vielleicht der Anblick eines in Verwendung stehenden Merkins Ihre Partnerin erregt. Ein Vagina-Ersatz mit einer Pumpe »zur Vergrößerung des Penis«, kann, abgesehen von der Unterstützung der Ammenmärchen über die Penisgröße, die natürliche Schwellfähigkeit schädigen und sollte vermieden werden.

Chinesische Glocken (derzeit gewöhnlich japanisch – *Rin-no-tama*) sind noch etwas anderes. Es sind hohle Elfenbein- oder Plastikkugeln, von denen eine leer ist, eine Quecksilber enthält und

169

die dritte ist eine große Stahlkugel mit mehreren kleinen Metallzungen. Sie können entweder (in umgekehrter Reihenfolge) in die Vagina eingeführt oder zwischen die Schamlippen gesteckt werden. Manche sind auch einfache, eiförmige Geräte. Dann erzeugt die Bewegung, auch das Gehen, ein ganz eigenartiges Gefühl im Becken, das pulsierender und intimer ist als beim Vibrator. Manche können auch beim Koitus verwendet werden, andere zur Aufrechterhaltung andauernder Stimulierung – den ganzen Tag hindurch, wenn man es aushält. Befolgen Sie die Anweisungen des Herstellers.

Hauthandschuhe und Haut-Fingerhüte gibt es erst seit kurzem auf dem Markt, aber deren Qualität müßte noch erheblich verbessert werden. Sie sind viel eher einen Versuch wert als die obigen Geräte, mit Ausnahme des letztgenannten. Sie bestehen entweder aus einem ganzen Handschuh oder besser aus einer Reihe von Fingerüberzügen in Fingerhutgröße, deren jeder mit einem rauhen Gewebe bedeckt ist, dessen Textur von zartem Fell bis zu harten Nylonborsten reicht, mit einem Borstenbüschel an der Stelle, wo sich der Nagel am Finger befindet. Mit einer geschickt ausgewählten Reihe von Borsten und ein wenig natürlicher Geschicklichkeit können sie eine Wirkung verursachen, die von angenehm bis zu unerträglich reicht. Eine qualitativ gute Serie müßte ein nettes persönliches Geschenk sein. Siehe auch unter »Vibratoren«, »Japanischer Stil«, »Pattes d'araignées«.

Unser abschließendes Urteil lautet, daß intravaginale Geräte eine Vergeudung von gutem Geld darstellen, es sei denn, sie helfen sexuell Benachteiligten, was wir bezweifeln. Für die meisten verderben sie nur die Intensität der normalen Gefühle. Etwas anderes ist die Hautstimulation. Aber vielleicht sind wir ungewöhnliche Leute.

Goldfische

Zwei nackte Menschen, die gefesselt auf einer Matratze liegen, um einander nach Art der Fische, d. h. ohne Benutzung der Hände, zu lieben. Ursprünglich ein Bordellspaß aus dem 19. Jahrhundert. Es läßt sich durchführen (wenn Sie die Opfer sind, versuchen Sie es auf der Seite liegend von hinten). Ein altes Partyspiel, aber spielen Sie es nicht mit Fremden, lassen Sie auch die Spieler nicht einmal für kurze Zeit unbeaufsichtigt. In dem Film *Soldier Blue* gab es eine hübsche Szene mit diesem Sexkunststück. So manche Frau kann auf diese Weise allein, einfach durch Zappeln und Sich-Winden, besonders wenn man sie vor einen Spiegel legt, einen Orgasmus bekommen. Fesseln Sie sich nicht selbst, auch wenn Sie es zustande bringen – es könnte Ihnen unmöglich sein, sich zu befreien.

Große Zehe

Der an die Klitoris oder die Vulva gedrückte Ballen der männlichen großen Zehe ist gewöhnlich ein großartiges erotisches Werkzeug. Der berühmte Herr in den erotischen Drucken, der sechs Damen beschäftigt hält, verwendet Zunge, Penis, beide Hände und beide großen Zehen. Benutzen Sie die Zehe beim Koitus in der Brust oder der Achselhöhle oder jedesmal, wenn Sie rittlings auf oder ihr gegenüber sitzen, wenn sie liegt oder sitzt. Sorgen Sie dafür, daß der Nagel nicht scharf ist. Heutzutage, da die Damen Strumpfhosen tragen, kann man in einem Restaurant verstohlen einen Schuh und Socken ausziehen, den Fuß hinüberstrecken und sie in fast dauerndem Orgasmus halten, dabei bleiben alle vier Hände sichtbar auf der Tischplatte und es gibt kein Anzeichen von einem Kontakt – ein Partytrick, der als wirklich fortschrittlicher Sex gilt. Sie hat weniger Spielraum, kann aber lernen, den Partner mit ihren beiden großen Zehen zu masturbieren. Die Zehen sind entschieden erogene Gebiete, und können mit stimulierendem Ergebnis geküßt, gesaugt, gekitzelt oder gefesselt werden.

Gummi

Erregt manche Menschen und ist für andere ein ständiger Fetisch. Seine Wirkung scheint von seiner hervorragenden Hauteigenschaft in Verbindung mit Straffheit und Geruch abzuhängen. Der Geruch von Latexgummi erregt viele Leute, wenn sie sich daran im Zusammenhang mit Präservativen gewöhnt haben – er verstärkt auch den normalen weiblichen Duft. Waschen Sie alle Gummisachen in Seifenwasser, trocknen Sie sie und bewahren Sie sie in Federweiß auf – dazu gehören Präservative, Kitzler, Cache-sex und größere Stücke. Die bevorzugte Sexfarbe scheint Schwarz zu sein. Die mitunter im Handel erhältlichen, rosagefärbten Präservative sehen weniger gut aus als das normale, durchscheinende Modell.

Gummikleidung ist eines der wenigen, sehr gewöhnlichen Reizmittel, die, abgesehen von Taucheranzügen und Wasserskikleidung, aus irgendeinem Grund nie in Mode kamen, wahrscheinlich weil sich Frauen darin nicht besonders wohl fühlen (oder weil es darin ganz außerordentlich heiß ist).

Gymnastik

Die Lehrer der Wiener Turnergesellschaft versuchten aus dem Sex eine Art Körpertraining zu machen. Ein guter allgemeiner Muskeltonus ist sicher vorteilhaft, aber es ist ebenso richtig, daß Sexualtraining einem mehr Fitneß verschafft als der Alltagstrott. Masturbation in der Jugend, ohne Schuldgefühle und mit Vergnügen betrieben, ist eine der besten spezifisch sexuellen Trainingsarten, und der Mann kann sie in jedem Alter dazu verwenden, um zu lernen, seine Reaktion so zu verlangsamen, daß er der Partnerin die Chance gibt, zum Orgasmus zu gelangen. Sie kann ihrerseits lernen, ihre Vaginal- und Beckenmuskeln (siehe unter »Pompoir«) zu benutzen »indem sie ihr Herz in den beteiligten Körperteil verlegt«, sagt Richard Burton. Dieser unübertreffliche Trick läßt sich erlernen, denn die Mädchen in Südindien lernen ihn. Wie sie ihn lernen, wurde leider nie genau schriftlich festgehalten, und der erste, der den Kniff Frauen, die ihn nicht von Natur aus beherrschen, richtig beibringt, wird ein Vermögen verdienen. Wir wissen nicht, ob das im Handel erhältliche Gerät mit Gummizylinder und Druckmesser hilft, da unsere weibliche Hälfte den Trick von Natur aus beherrscht. Technisch gesehen würde man ein Lämpchen in der Vagina sowie einen Licht- oder Druckmesser brauchen, um zu wissen, wann man es richtig macht. Jedermann kann innerhalb von knapp 30 Minuten erlernen, seine Ohren in jeder gewünschten Richtung wackeln zu lassen, wenn er das Ohr in einem Betriebsfernsehapparat betrachtet. Das veranlaßt uns zu der Annahme, daß das handelsübliche Gerät einen Versuch lohnt. Wenn sie dabei, mit ihm in der natürlichen Lage, »ihr Herz verlegt«, müßte sie es schaffen, und er kann ihr sagen, wann es ihr gelingt. Eine andere Übung, die empfohlen wird, ist das Einsaugen einer großen, starken Pyrexeprouvette ohne Verwendung der Hände in die Vulva. Hat man es einmal gelernt, wird es völlig automatisiert und erfordert keinerlei Anstrengung.

Wir würden vorschlagen, daß Sie für jeden neuen Trick eine Übungsrunde veranstalten. Der Eislaufplatz oder die Tanzfläche sind nicht der richtige Ort, neue Figuren einzustudieren. Die meistverbreitete Ursache dafür, daß eine von euch beiden gewünschte Verfeinerung enttäuscht, ob es nun eine ausgeklügelte Stellung oder eine Manipulation wie Fesselung ist, die schnell und wirkungsvoll bewerkstelligt werden muß, ist der Versuch, sie ohne die Erregung des eigentlichen Liebesaktes »im kalten Zustand« anzuwenden – so daß man es verpfuscht, den Faden verliert und

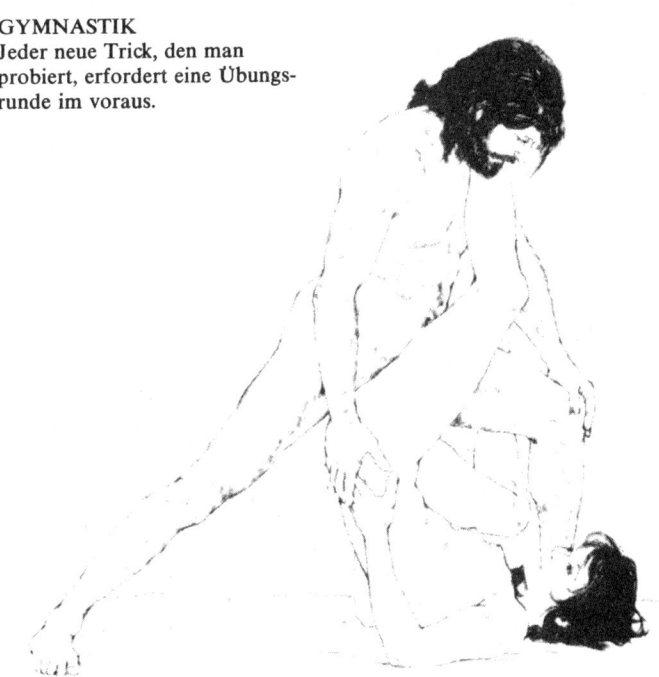

GYMNASTIK
Jeder neue Trick, den man
probiert, erfordert eine Übungsrunde im voraus.

wünscht, man hätte sich nicht darauf eingelassen, oder demjenigen
die Schuld gibt, der es vorgeschlagen hat. Die übliche Folge ist,
daß man es nie wieder versucht.

Nicht daß die Probe kaltblütig ausgeführt oder aus dem eigentlichen Liebesakt herausgenommen zu werden müßte. Da der Vor-
geschmack an sich gut ist, plaudert man vorerst darüber, setzt sich
zusammen, macht Pläne und probiert. Dann verlegt man die
eigentliche Hauptprobe in die Warteperioden zwischen den Runden – wenn beide erregt genug sind, um sich nicht albern zu fühlen, aber noch nicht bereit zum eigentlichen Koitus; versuchen Sie
es beim Warten auf die nächste Erektion. Denken Sie daran, daß
selbst Menuhin täglich Geige üben muß, wenn auch in der Liebe
einmal Gelerntes nicht mehr vergessen wird. Wenn es das erstemal
klappt, müssen Sie die Erektion bekommen – dann machen Sie
eben in dieser Richtung weiter. Das heißt, man kann für jede besondere Gelegenheit etwas proben, jede Bewegung beherrschen,

sich aber absichtlich zurückhalten und es bis zur festgesetzten Zeit nicht wirklich ausführen. Das Warten wird dabei helfen, sobald es dazu kommt.

Um etwas zu proben, müssen Sie in voller Erektion sein – entweder ohne Bewegung, falls Sie bis später warten wollen, oder nach ein paar Stößen zu etwas anderem übergehen. Wenn es natürlich, was passieren kann, in Schwung kommt, kann man auch gleich weitermachen und die Probe an Ort und Stelle in eine Aufführung umwandeln. Man kann bei den meisten Stellungen versuchen, ein Cache-sex zu tragen, so daß man die Bewegungen ohne wirklichen Kontakt ausführt, und manche Leute finden das an sich erregend.

Halterungen

Schnell-»Halte«-Systeme für Menschen, die keine Knoten knüpfen und mit Stricken nicht umgehen können oder gern »Vorrichtungen« sehen. Es gibt sie in den verschiedensten Komplikationsgraden und für alle Stellungen – hüten Sie sich vor kostspieligen Apparaten, die in Wirklichkeit Requisiten für scharfe Fotos sind. Davon leben hauptsächlich die Sex-Boutiquen in Dänemark. Dazu gehören Dinge wie der Mono-Handschuh, der die Ellbogen auf dem Rücken zusammenhält, ohne in die Arme zu schneiden. Sie ermöglichen sehr straffe Fesselung und viel Hautdruck, wofür manche eine Vorliebe haben. Andere betonen den Pferdesymbolismus oder enthalten Keuschheitsgürtel, Korsetts und dergleichen. Das einzige wirklich nützliche Gerät dieser Art ist der »Beinstrecker« – eine Stange von einstellbarer Länge mit Halteriemen an den Enden, um die Füße auseinanderzuhalten, wenn man über kein Bett mit Pfosten verfügt.

Indischer Stil

Ist heute durch Kamasutra, Kokaschastra und dergleichen allgemein bekannt. Koitus auf einem Bett oder auf Kissen, völlig nackt, wobei aber die Frau all ihren Schmuck trägt. Zahlreiche komplizierte Stellungen, manche kommen vom Yoga her und zielen auf Vermeidung des Samenergusses ab (siehe unter »Karezza«). Stehende Stellungen und solche mit der Frau obenauf (*puruschayita*) gelten als besonders hingebungsvoll, da im Tantrischen Hinduismus sie die Energie und er die Immanenz ist. Wenn Sie es im ursprünglichen Geiste und nicht nur der Abwechslung halber tun, ist alles eng mit der indischen Liebe für ein Leben auf mehre-

INDISCHER STIL
Zu den Besonderheiten gehören
Liebesschreie, Liebesschläge,
Liebesbisse als Besitzzeichen und
erotische Kratzspuren.

175

ren Ebenen verbunden – nicht nur der Sex, sondern auch die Meditationstechnik, in der man versucht, zu mystischen Zwecken
subjektiv sowohl Mann als auch Frau zu sein, sowie der modifi-
zierte Tanz, bei dem man abgesehen vom Liebesakt eine Szene
aus dem Heiligenleben Wischnus und dessen Avataras oder aus
dem Leben Ramas spielt. In der wichtigsten Abhandlung über
klassischen Tanz gibt es einen Abschnitt über Sexualtechnik – die
Tänzerinnen waren Tempelmädchen, Devadassis, die sich den
Gläubigen als Teil einer religiösen Andachtsübung hingaben. Es ist
für uns, obwohl uns die psychoanalytische Richtigkeit eines großen Teils der Hindu-Intuition allmählich klarwird, schwer zu begreifen. Zu den Besonderheiten gehören Liebesschreie (siehe unter
»Vogelgesang am Morgen«), Liebesschläge (mit den Fingerspitzen
gegenseitig auf Brust, Rücken, Hinterbacken und Genitalien), Liebesbisse als Besitzzeichen, und erotische Kratzspuren (traditionell
beschränkt auf Achselhöhlen und Hüftgegend – wo das Höschen
sitzt – dort sind Striemen durch die indische Tageskleidung unsichtbar). Von allen indischen Stellungen lohnt es sich wahrscheinlich am ehesten, die stehenden zu lernen, wenn das Mädchen
leicht genug ist. Nur wenige Frauen, die nicht von frühester Jugend dafür geschult wurden, könnten zum Beispiel in der
»Brücke«, zurückgebogen auf Füßen und Händen, stehen, dann
ihre Arme um ihre Beine legen und den Kopf zwischen die Schenkel biegen, um abwechselnd Penisstöße in Mund und Vagina zu
empfangen – oder die von den Tempelmädchen verwendete Position auf einem Bein stehend, das andere Bein um die Taille gelegt,
meistern. Die beste Leistung der Inderinnen, das vollkommene
pompoir, kommt aus dem tamulischen Süden, wird aber leider
nicht in den Texten gelehrt; allerdings lernen es die Devadassis
von ihren Müttern. Siehe unter »Pompoir«, »Gymnastik«.

Japanischer Stil

Koitus auf dem Boden oder auf Kissen, wie bei den meisten orientalischen Stilarten; nur teilweise nackt, viele Hock- und Halbhock-
stellungen, viel Fesselung, viel Beschäftigung mit Zusätzen und allerlei Geräten. Wir sprechen hier von den Sexualgewohnheiten,
welche die Holzschnitte aus dem achtzehnten und frühen neunzehnten Jahrhundert zeigen, nicht von der modernen, verwestlich-
ten Version der Animiermädchen, die international ist. Was
schwer zu kopieren wäre, ist die speziell japanische Mischung von
Gewalttätigkeit und Zeremoniell. Andere Dinge sind: gründliche

Fingerstimulierung der Frau, Daumen im Anus, Finger in der Vagina, und eine ganze Reihe mechanischer Vorrichtungen – eine Eichelkappe aus hartem Material *(kabuto-gata)*, Penisschaftröhren *(do-gata)*, manche davon durchbrochen *(joroi-gata)* oder gleichfalls mit einer Eichelkappe versehen *(jaso-gata)*; Dildos *(engi)*, oft

JAPANISCHER STIL
Yaso-gata

an der Ferse der Frau befestigt, während ihr Fußgelenk mit einer Schlinge um ihren Hals gehoben wird, um der Bewegung besseren Schwung zu verleihen; Riemen, die eng um den Penisschaft geschlungen werden, ihn rauh und dauernd steif genug für die Einführung in die Vagina zu erhalten, und *Merkins,* die in der Hand gehalten werden *(azuma-gata)*. Die Stellungen umfassen alle Möglichkeiten, aber die Liebenden der »schwebenden Welt« finden besonderes Vergnügen an »Scheinnotzucht« – was George Moore »wütende Hurerei« nannte –, bei der die künstlerische Betonung auf riesigen Schamteilen, reichlicher Sekretion und dergleichen liegt; in dieser Tradition wird im Sex hart gespielt.

Karezza

Die Methode von Alice Stockham – man macht immerfort weiter und vermeidet den Orgasmus des Mannes.

In Wirklichkeit ist es eher eine gegen vorzeitigen Samenerguß gerichtete Übung als eine allgemeine Koitaltechnik. Langdauernder Koitus ist großartig, aber er zielt doch auf schließliche Ejakulation ab. Er ist ungeheuer befriedigend für die Frau. Die ursprüngliche Stockham-Version, bei welcher der Mann nicht ejakulierte, sondern seine Erektion in der Vagina aufrechterhielt, besitzt keinen denkbaren Vorteil vor einem ebenso langen Koitus *mit* Orgasmus, und dürfte wahrscheinlich eine eventuelle Reaktion kaputtmachen. Es lohnt sich aber, darüber Bescheid zu wissen, wenn man Berichte über Sex-Yoga aus orientalischen Quellen liest.

Das alte tantrisch-taoistische System vertrat die Ansicht, daß der Samen geistiger Brennstoff sei – der Mann sollte ihn sorgfältig bewahren, während er von der Frau »Tugend« bezieht. Ein Samenerguß könnte diese angenommene Tugend zerstören. Infolgedessen wurden viele Yoga-Sexstellungen, bei denen Bewegung schwierig war, speziell für diese Art von Vorgang ersonnen – die der Frau mehrere Orgasmen brachten, während der Mann seinen Samen behielt und eigentlich eine meditative Sexübung ausführte. Meisteryogis schulten sich auch darin, innerlich zu ejakulieren – eine undankbare Technik, welche den Samen in der Blase ablagert, aus der er mit dem Urin ausgeschwemmt wird; gelegentlich zeigt sich derselbe Trick selbsttätig als Unzulänglichkeit und läßt sich nur schwer abgewöhnen. Das erklärt den geringen Befriedigungswert der meisten ausgeklügelten Hindu-Stellungen. Wenn man den Koitus als Meditationstechnik verwenden will, kann man sie anwenden, aber es scheint keinen vernünftigen Grund gegen schließlichen Samenerguß zu geben.

Karezza wurde wahrscheinlich zusammen mit ähnlichen Ideen von der Oneida-Gemeinde entwickelt; sie setzte auch die Möglichkeit einer Empfängnis herab, wenngleich nicht allzu verläßlich, denn der Samen kann ohne Ejakulation aussickern.

Vor kurzem gab es einen extravaganten französischen Priester, der als Antwort auf die Skrupel des Vatikans gegenüber der Geburtenkontrolle den gleichen Gedanken unter der Bezeichnung *continence conjugale* (eheliche Enthaltsamkeit) erörterte. Die Methode besteht in völliger Kontrolle der Bewegungen des Mannes – wobei der Frau nur innere Bewegungen erlaubt sind, und dem Mann nur gerade soviel Stöße, wie zur Erhaltung der Erektion erforderlich sind, wobei er sofort aufhören muß, wenn die Spannung steigt. Verwenden Sie es nur als Trainingstechnik für längeren Koitus, gehen Sie später zu voller Bewegung und gemeinsamem Orgasmus über, für den die Frau dann bereit sein wird. Siehe unter »Pompoir«.

Ketten

Ihr reserviertes, klingelndes Gepräge ist heute modern, und sie sehen auf der nackten Haut gut aus. Manche Frauen lieben die Kühle ebenso wie die Symbolik, und manche Männer verbringen Stunden damit, sie ineinander zu schlingen und zu entwirren – man könnte sie, was die Größe anlangt, auch auf ihm probieren. Unbequem und nur symbolisch wirksam, wenn man tatsächlich einen Partner festhalten will, aber sie sehen wild aus, und manche Leute finden sie erregend. Glänzende, klirrende Gegenstände erregen Eltern ebenso wie andere Menschen. Siehe unter »Ohrläppchen«.

Keuschheitsgürtel

Für manche Leute aufregend; sie wurden bis vor kurzem im Ernst zur »Verhütung von Masturbation« verkauft. Der eigentliche Spaß daran ist, wie bei Kleidern, das Ausziehen. Viele der handelsüblichen Modelle verhindern nicht einmal den Koitus. Solche mit eingebauter Reizung, Vibratoren und dergleichen, versprechen mehr Spaß, kosten aber eine Stange Geld. Das authentische Vorbild, wie es im 13. Jahrhundert in Verwendung war, sollte nicht die Frau verschließen, sondern wurde von ihr als Abschreckungsmittel gegen Notzucht getragen – gewöhnlich hatte sie den Schlüssel, und manche Frauen wurden mit dem Keuschheitsgürtel begraben, um eine postume Schändung zu verhindern. Das einzige lohnende Keuschheitsgürtelspiel kann man versuchen, wenn sie menstruiert: Sehen Sie zu, wie viele Möglichkeiten Sie finden, um einen wirklich knapp sitzenden Cache-sex zu umgehen und beide zum Orgasmus zu bringen. Modelle für Männer werden verkauft und gefallen manchen Leuten vermutlich als Mittel, um die Dinge in die Länge zu ziehen. Kostspielige Spielzeuge, es sei denn, man will selbst einen herstellen.

Korsetts

Für manche aufregend – heute zum Glück auf Sexspiele beschränkt; sie waren früher ein unumgänglicher Modeartikel. Machen eine Frau in der Form noch fraulicher. Der starke Druck auf die Taille und den Unterleib erregt manche Frauen. Auch manche Männer werden erregt, wenn sie sich darin einschnüren lassen. Die Wirkung wird wahrscheinlich durch die Enge und den Druck auf die Haut verursacht, aber es ist viel Symbolik dabei im Spiel.

Langsame Masturbation

Prostituierte sind im fortschrittlichen Sex meist nicht viel wert; langsame Masturbation ist so ziemlich der einzige altbekannte Bordelltrick, der den Versuch lohnt. Um ihn erfolgreich zu gestalten, muß man wissen, wie man den Partner fesselt (siehe unter »Fesselung«), und einen Partner haben, der sich gern dagegen wehrt. Traditionsgemäß ist die Frau der ausführende Teil, aber es klappt in beiden Richtungen. Sie brauchen die Möglichkeit zur

LANGSAME MASTURBATION
Der Kunstgriff besteht darin, auf
Ihrem Partner wie auf einem
Instrument zu spielen, ihn
abwechselnd aufzuregen und zu
frustrieren.

Entfaltung und einen völlig hilflosen Partner. Wenn Sie durch
Fesselungsspiele abgekühlt werden, können Sie es auch ohne diese
versuchen, doch ist das Ergebnis ganz anders und Sie können
nicht so weit gehen. Der Kniff liegt darin, auf Ihrem Partner wie
auf einem Instrument zu spielen, ihn abwechselnd aufzuregen und
zu frustrieren (vergleichen Sie mit »Entspannung«).

Die Frau fesselt zuerst den Mann nach ihrem Wunsch, entweder an Pfosten ausgestreckt oder mit den Handgelenken auf den
Rücken und gekreuzten Fußgelenken, geöffneten Knien, nackt und
auf dem Rücken. Dann »gibt sie ihre Unterschrift« *(le coup de
cassolette)*. Zu diesem Zweck kniet sie sich rittlings über ihn, das
Gesicht ihm zugewandt, und zieht sich gekonnt bis auf ihr Hös-

180

chen aus. Darauf faßt sie ihn am Haar und reibt seinen Mund
kräftig an ihrer Achselhöhle und ihren Brüsten, so daß er ihren
Körperduft mitbekommt. Nun schlingt sie ihre Beine vorsichtig
um seinen Hals und drückt ihre bedeckten Schamlippen auf seinen
Mund. Schließlich entkleidet sie sich völlig und gibt ihm den direkten Genitalkuß (zuerst streicht sie über seinen Mund, dann geöffnet, langsam, ohne sich zu beeilen), zieht seine Vorhaut weit zurück, falls er eine hat, und tritt für eine Zeitlang zurück, damit er
erregt wird. Wenn sie ihren Job versteht, wird er außerstande
sein, sich zu rühren, während der Kuß dafür sorgt, daß er sie in
Erinnerung behält. Wenn sie zurückkommt, wiederholt sie den
ganzen Vorgang nochmals, macht ihn mit der Hand und nötigenfalls mit dem Mund steif, dann beginnt der Ernst.

Sie hat sich auf zwei Hauptpunkte zu konzentrieren: seinen
Mund und seinen Penis. Der Trick in dieser Aufwärmeperiode besteht darin, beide dauernd in Beschäftigung zu halten, pausenlos
und ohne daß es zum Samenerguß kommt. Die Möglichkeiten
sind klar – je eine Hand an beiden, Hand an dem einen, Mund
oder Vulva am anderen; dazwischen eine Berührung ihrer Brust,
ihrer Achselhöhle oder auch ihres Haares. Zwischen den beiden
Polen wird sie mit den Fingerspitzen *(pattes d'araignée)*, ihrer
Zunge und Vulva an seinen empfindlichsten Stellen arbeiten – bei
der letztgenannten mit einer Hand auf seinem Mund, wobei der
Rhythmus nie nachlassen darf. Wenn seine Erektion sich ab-
schwächt, zieht sie die Fesseln straffer (das ist der Moment für ein
Aneinanderfesseln der Daumen, wenn sie kräftig genug ist, ihn
umzudrehen) und macht ihn wieder steif. Nun kann sie mit der
eigentlichen langsamen Masturbation beginnen.

Es ist so ungefähr das aufregendste (und, während es dauert,
frustrierendste) Sexualerlebnis, dessen die meisten Männer fähig
sind. (Wenn Sie noch immer wissen wollen, weshalb wir es unter
Fesselungsspielen anführen, versuchen Sie es kurze Zeit mit einem
ungefesselten Partner). Setzen Sie sich fest auf seine Brust, mit
den Hinterbacken an seinem Kinn, und legen Sie Ihre beiden Fußgelenke an je eine seiner Kniekehlen. Fassen Sie seine Peniswurzel
mit einer Hand und ziehen Sie mit der anderen die Haut mit Finger und Daumen so weit zurück, wie es geht, den Daumen auf
Ihrer Seite. Dann beginnen Sie mit schnellen, scharfen, nervösen
Strichen – das heißt jeder einzelne schnell, aber nur einer je Se-
kunde, nicht schneller. Nach ungefähr zwanzig solcher Striche machen Sie zehn ganz schnelle. Dann gehen Sie wieder zum langsamen Rhythmus über. Und so fort. Wenn Sie aus dem Aufruhr un-

ter Ihnen und der allgemeinen Lage ersehen, daß er im Begriff
steht zu ejakulieren, verlangsamen Sie das Tempo (mit einiger
Übung werden Sie das spüren). Setzen Sie fort, solange er es Ihrer
Meinung nach aushält. Er ist es, der erregt wird, die Sache ist aber
weniger einseitig, als sie klingt; die Reaktion des Mannes genügt,
um die meisten Frauen zu erregen. Sie können Ihre Vulva kräftig
an sein Brustbein pressen, aber lassen Sie Ihre Aufmerksamkeit
nicht abschweifen. Mehr als zehn Minuten können die meisten
Männer nicht ertragen. Wenn er schlaff wird, erlösen Sie ihn aus
seiner Not, indem Sie ihn entweder schnell bis zum Erguß masturbieren, oder mit dem Mund, oder indem Sie sich umdrehen und
auf ihm reiten. Wenn er dann kommt, befreien Sie ihn möglichst
schnell – eine Verzögerung nach dem Orgasmus wird seine Muskeln
so steif machen, als hätte er ein scharfes Fußballspiel geliefert.

Die Einbürgerung dieser Praxis, der japanischen Spezial-Massa-
gebehandlung, ist vielleicht das einzig Gute, das die Amerikaner
aus dem Vietnamkrieg gewonnen haben – das einzige Hindernis,
es in den heimischen Speisezettel aufzunehmen wie Sukiyaki
könnte darin bestehen, daß Sie eine großgewachsene Frau sind.
Die Japanerinnen sind im Fesseln wie im Kochen Künstlerinnen,
sehen wirklich hübsch aus, und japanische Masseusen sind klein
genug, um sich auf die Brust eines Mannes zu setzen, ohne ihn umzubringen. Wenn Sie ein Brunhildetyp sind, versuchen Sie seine
Beine gespreizt zu fesseln und verlegen Sie Ihr Gewicht auf Ihre
Knie, wenn Sie die Vulva auf seinen Mund drücken; in der Sage
fesselte Brunhilde Gunther in der Hochzeitsnacht wahrscheinlich
zu einem ähnlichen Zweck – wir gaben Ihnen die für kleine Frau-
en gültige Version an. Und lassen Sie ihn die gleichen Methoden
bei Ihnen versuchen.

Der Mann hat drei Stellen, auf die er sich zu konzentrieren hat –
Mund, Brüste und Klitoris. Zwei ziemlich straffe Windungen um
die Brüste sind nützlich (Vorsicht!). Er kann ebenso beginnen
wie sie, mit dem *coup de cassolette* (Achselhöhle und Eichel) und
dann seine Hand über ihre *cassolette* reiben und auf ihren Mund
legen, um ihr das eigene Parfum zurückzugeben. Er muß ihre
Töne und Bewegungen beobachten, um zu erkunden, eine wie
kräftige Behandlung der Klitoris sie aushält. Er kann ihre Technik
des in die Länge-Ziehens nachahmen und sie durch Verzögerung
aufgeilen, wird aber gewöhnlich bessere Wirkung erzielen, wenn er
sie einfach so schnell und so stark wie möglich scharfmacht.
Wenn sie leicht reagiert und sich nicht vor der ganzen Sache
fürchtet, wird die Reaktion ein guter Test für seine Fesselungs-

kunst sein. Er sollte rittlings über ihr knien, aber nicht auf ihr sitzen und sie auch nicht niederhalten – sie müßte ohnedies völlig hilflos sein. Wenn sie dann das Bewußtsein verloren hat, und das wird bei erfahrenen Liebenden der Fall sein, wird er für einige Augenblicke auf Zungenarbeit zwecks Schmierung und dann auf heftigen Koitus übergehen und sie zu einer weiteren, noch intensiveren Reihe von Höhepunkten bringen, wobei er seinen eigenen Orgasmus erlebt. Er sollte an ihrem Gefühl erkennen, wann er aufhören soll – es steht in keiner Beziehung zum Stöhnen und Sichwinden, das kurz vor dem Orgasmus seinen Höhepunkt erreicht. Dann muß er sie schnell befreien, geschickt und schmerzlos, so daß sie in seinen Armen liegend wieder auf die Erde zurückkommt.

Ein unerwarteter Trick der Dame besteht darin, ihrem Partner zu sagen, sie werde ihm ein einzigartiges Erlebnis verschaffen, ihn dann zu fesseln und, wenn sie sich vergewissert hat, daß er sich nicht losmachen und keinen Ton von sich geben kann, ihn zusehen zu lassen, wie sie sich bis zum Orgasmus masturbiert. Das ist für beide aufregender als es klingt: Er wird, wenn er bereits erregt ist und etwas anderes erwartet, außer sich geraten, und seine erfolglosen Anstrengungen werden sie wild erregen. Nachher kann sie es bei ihm – ganz langsam – wiedergutmachen.

Leder

Wahrscheinlich das beliebteste Reizmittel auf der Haut. Schwarze Haut sieht aggressiv oder beängstigend aus, und jede Art von Leder hält, da es Haut ist, natürliche Sexgerüche fest. Man kann es, im Gegensatz zu Gummi, heute modisch tragen, ohne als extravagant zu gelten, was wieder ein Beispiel für die willkürliche Wahl der Gesellschaft hinsichtlich von Sexreizen in der Kleidung darstellt. Manche Männer sehen Frauen gern in Leder gekleidet. Wer das wilde, zusammengeschnürte Aussehen liebt, hat für den *Wetlook* und für weiches Leder nichts übrig, und umgekehrt. Wenn Ihr Partner Sie gern darin sieht, soll er hingehen und so ein Ding kaufen. Es ist ein objektives Reizmittel, auf das Frauen ebenso wie Männer reagieren, besonders wenn es sich richtig anfühlt und riecht – weiche Leder-Sportsuspensorien scheinen manchen Leuten beiderlei Geschlechts zu gefallen. Bezahlen Sie aber keine Gangsterpreise! Die meisten der kunstvoll gearbeiteten Dinge in den fetischistischen Spielzeugläden lassen sich improvisieren; wenn man jedoch einen »Rächeranzug« haben will, muß man ihn sich anfertigen lassen, und das ist kostspielig. (Siehe unter »Stiefel«, »Kleidung«.) Wenn Sie die Textur auch nicht reizt, versuchen Sie ein Parfüm auf Ledergrundlage *(Cuir de Russie)* – es ist wahrscheinlich das Beste, was es nach normalem weiblichen Reizduft gibt.

Masken

Sie erregen manche Leute; wenn Ihnen das seltsam erscheint, denken Sie daran, daß sie das älteste Mittel der Menschen zur Erlangung mystischer wie sexueller Inspiration sind, indem sie den Träger drohend, andersartig und durch die Maske »besessen« machen und das Körperimage durch sensorische Teilentziehung verändern. Es gibt aufblasbare Helme, welche diese letzte Wirkung verstärken. Wir finden Sex ohne unseren Kopf im Sack besser. Das Ziehen des Höschens der Frau über den Kopf des Mannes, ein alter Profitrick, wirkt auf ganz anderer Grundlage (siehe unter »Kleidung«). Früher einmal waren Masken, wie Korsetts, eine allgemeine Mode. Albern Sie nicht mit Plastiktüten herum – sie sind gefährlich und verhindern das Atmen.

Motorrad

Sexualrahmen von wachsender Beliebtheit, der die Symbolik des Pferdes mit Lederkleidung, Gefahr und Beschleunigung verbindet. Hat ernste Sicherheitsrisiken, erfordert das Tragen eines Helms, und man kann sich nicht darauf verlassen, daß die Maschine auf sich achtgibt wie ein Pferd. Wenn man aber Zugang zu einer Privatstraße hat, kann man es riskieren. Auf einer öffentlichen Autostraße lieber nicht versuchen! Eine andere Beeinträchtigung kommt daher, daß die Frau gewöhnlich hinten sitzt, und man nicht mit ihr auf dem Schoß fahren kann oder soll – ob sie bekleidet ist oder nicht. Wahrscheinlich besser als Vorspiel zur Liebe geeignet als zur Betätigung darauf. Lassen Sie Ihr Urteil nicht durch Ihre Vorliebe für erhöhte Beschleunigung beeinflussen. Mit einem gebrochenen Hals sieht keiner männlich aus.

Oberschenkelkoitus

Ein anderer Trick, wie »Koitus in Kleidern«, zwecks Bewahrung der Jungfernschaft, Vermeidung von Schwangerschaft und dergleichen in Kulturen, die Wert auf die Jungfernschaft legten und keine Empfängnisverhütungsmittel hatten. Gehört bei uns in die Rubrik

184

Notbehelfe. Wird von vorn oder hinten bzw. in jeder anderen Stellung verwendet, in der sie ihre Schenkel zusammenpressen kann. Der Penis kommt dazwischen, mit dem Schaft zwischen ihren Schamlippen, die Eichel jedoch außerhalb der Vagina, und sie drückt kräftig. Verleiht der Frau ganz besondere Empfindungen – mitunter stärker als beim Eindringen, daher lohnt sich der Versuch. Hinsichtlich der Technik braucht man nicht so streng zu sein wie unsere Ahnen, die sich bemühen mußten, das Sperma um jeden Preis aus der Vulva herauszuhalten. Mit entsprechender Vorsicht kann man das von hinten tun, wobei die Eichel tatsächlich an der Klitoris streift, was großartige Wirkung ergibt. Eine gute Variante in der Menstruationsperiode oder für wenigstens einige Striche, bevor man wie gewöhnlich eindringt.

Pattes d'araignée

Französisch für Spinnenbeine. Eine angenehm erregende erotische Massage mit den Fingerkuppen, möglichst leicht, weniger darauf abzielend, die Haut, als die fast unsichtbaren Hauthaare zu reizen; nicht auf den Genitalien, sondern an allen nächst empfindlichen Stellen – auf und um die Brustwarzen, Hals, Brust, Bauch, die Innenseite der Arme und Schenkel, Achselhöhlen, Kreuzgegend, Fußsohlen und Handflächen, Hodensack, die Stelle zwischen ihm und dem Anus. Benutzen Sie beide Hände; gehen Sie mit der einen ständig langsam vorwärts und starten Sie Überraschungsangriffe mit der anderen. Das Um und Auf liegt in der leisen Berührung – mehr elektrisierend als kitzelnd. Federn, Bürstenhandschuhe oder Vibratoren verursachen ein ganz anderes Gefühl. Wenn Sie geschickt sind, denken Sie daran, daß Sie auch Finger und an verschiedenen Körperstellen Haare haben, außerdem Wimpern, um die Gefühle abwechselnd zu gestalten. Eine Garnitur von Fingerüberzügen mit Texturen von Kammgarnstoff bis zu Nerz ist leicht zu verwenden; der richtige, ursprünglich französische Stil mit Fingerspitzen ist schwer zu erlernen, aber für beiderlei Geschlechter unvergeßlich. Es ist eines der zwei allgemeinen Hautstimulanzien (das andere ist das »Zungenbad«), das auch bei nicht sehr hautbewußten Männern wirkt.

Pferd

Das Pferd ist ein erotisches Objekt (siehe unter »Kleidung«), und das Wetten auf Pferde ebenso wie das Reiten auf ihnen erregt bekanntlich manche Menschen. Ein solcher *Aficionado* war Aristote-

PFERD
Merkwürdig, wie oft die Spiele
der Kinder und die Sexspiele
Erwachsener einander ähnlich
sind.

les, von dem es mehrere Darstellungen gibt, wie er von einer
Freundin geritten wird. Die Moralisten im Mittelalter hielten das
für ein furchtbar abschreckendes Beispiel, begriffen aber das Wesentliche nicht. Männer kostümieren Frauen gern als Pferde, wenn
sie auch gewöhnlich nicht auf diese Weise geritten werden können.
Das scheint ein zumindest ebensogutes Reizmittel zu sein wie die
Kostümierung als Häschen. Wir erwähnen es hier nur der Voll-

ständigkeit halber – uns reizt es nicht –, aber das Spiel (*equus eroticus*, Ponygirl-Spiel) ist literarisch belegt. Jeder der beiden Partner kann der Hengst sein. Es ist merkwürdig, wie oft die Spiele der Kinder und die Sexspiele Erwachsener einander ähnlich sind. Manche Leute kaufen eine ganze Ausstattung mit Zaum, Sattel und so fort. Siehe die Beschreibung aus erster Hand in *The Nightclerk*.

Zu Pferd

Diese Art von Koitus wird Tataren und anderen Reitervölkern zugeschrieben, aber auch den Gauchos. Wir haben ihn nicht ausprobiert, da wir weder ein Pferd haben noch dabei ungestört wären. Der Reiter lenkt das Pferd, die Partnerin sitzt rittlings ihm gegenüber. Wenn Sie wirklich darauf versessen sind, könnten Sie es – in der Stadt – auf einem großen Schaukelpferd versuchen, aber wir wissen nicht, ob es der Mühe wert ist. Manche Frau kann beim Reiten (besonders ohne Sattel) und Springen einen Orgasmus bekommen.

Pompoir (Saugvagina)

Die gesuchteste von allen weiblichen Sexreaktionen. »Sie muß . . . das Yoni schließen und verengen, bis es den Lingam wie mit einem Finger festhält, nach Belieben öffnen und schließen, und schließlich verfahren wie die Hand des Gopalamädchens, das die Kuh melkt. Das läßt sich nur durch lange Übung erlernen, und insbesondere, indem man den Willen in den betreffenden Körperteil verlegt, so wie Männer sich bemühen, ihr Gehör zu schärfen . . . Dann wird ihr Mann sie höher schätzen als alle Frauen, und er würde sie nicht für die schönste Königin der Drei Welten eintauschen . . . Bei manchen Völkern sind die Vaginalschließmuskeln abnorm stark entwickelt. In Abessinien zum Beispiel kann eine Frau sie so anspannen, daß sie dem Mann Schmerz zufügen, und sie kann, wenn sie auf seinen Schenkeln sitzt, einen Orgasmus herbeiführen, ohne sonst einen Körperteil zu bewegen. Eine solche Künstlerin wird von den Arabern Kabbazah, wörtlich Halterin, genannt, und es ist nicht erstaunlich, daß Sklavenhändler große Summen für sie bezahlen.« Soweit Robert Burton. Es hat nichts mit »Völkern«, aber sehr viel mit Übung zu tun. Siehe unter »Gymnastik«.

Pornographie

Bezeichnung für jede Art von Sexliteratur, die jemand verbieten will. Die meisten normalen Menschen finden Vergnügen daran, Sexbücher anzusehen und Sexgeschichten zu lesen, deshalb müssen anomale Menschen viel Zeit und Geld dafür ausgeben, sie abzuschaffen. Der einzige Nachteil an kommerziellem Material besteht darin, daß es, da es auf Phantasie und oft auf Phantasie ohne Erfahrung beruht, für den praktischen Sex nicht viel taugt. Die Schilderung von einer der von uns beschriebenen Sexverhaltensweisen hilft manchen Leuten, sie sich zu veranschaulichen. Pornogeschichten sind letzten Endes langweilig, wiederholen sich und nutzen die Leichtgläubigkeit aus. Ausgesprochen antisoziale Phantasien über Foltern und dergleichen stören die Gesetzgeber und andere aus Angst, sie könnten Schwachsinnige dazu verleiten, sie nachzuahmen – es ist ebenso möglich, daß sie nicht sehr klugen Menschen, indem sie ihnen ermöglichen, ihre unannehmbaren Wünsche in lebendige Phantasie umzusetzen, dazu verhelfen, sie nicht auszuführen, aber es gibt für beide Annahmen keine verläßlichen Beweise.

Normale Paare haben dann konstruktive Verwendung für »Pornographie«, wenn sie gut gemacht ist, d. h. durchführbare, annehmbare und vergnügliche Sexbetätigungen schildert, die ihnen Vergnügen bereiten, oder wenn nicht nachvollziehbare Phantasien sie erregen. Das ist bei der Literatur gewöhnlich der Fall. Es gibt zahlreiche Männer und Frauen, die finden, daß Sexbücher ihnen wirklich helfen, die Gefühlsebene auf Betthöhe zu bringen. Verwenden Sie sie, wie Fußballfans Bücher über Fußball benutzen – auch wenn die Spieler in der Geschichte übermenschliche Schußkraft aufweisen. Es stimmt nicht, daß nur Männer durch Sexualliteratur angeregt werden: richtig ist, daß Frauen meist dann erregt werden, wenn das Werk mit dem Bewußtsein anderer als nur männlicher Gefühle geschrieben ist.

Wenn Sie über literarische oder künstlerische Fähigkeiten verfügen, nützen Sie sie, um Ihre Phantasien voll auszudrücken, für private Verwendung zwischen Ihnen beiden. Das haben die meisten von den altmodischsten Schriftstellern und Künstlern getan, wenn sie auch die Ergebnisse nicht veröffentlichten. Auf diese Art wird man mit Dingen fertig, die man in der Realität nicht tun kann oder tun will – eine Art Zusatz zum Träumen und zum Spiel.

Manche Leute erschrecken bei dem Gedanken, daß Kinder Pornographie in die Hände bekommen. Wenn sie sich einfach mit normaler Liebesbetätigung befaßt, ist diese Furcht wahrscheinlich nicht gerechtfertigt – kleine Kinder werden sich dabei vermutlich langweilen. Der Haupteinwand liegt darin, wie schlecht der Großteil des Materials gemacht ist – oft so schlecht, daß Erwachsene abgekühlt werden. Einiges von dem Phantasiematerial für Erwachsene könnte, wenn es exzentrisch oder grausam ist, beängstigend auf Kinder wirken, wenn auch nicht mehr als Nicht-Sex-Material wie Wochenschauen oder religiöse Bücher. Wenn Sie Ihre Kinder mit pornographischen Büchern sehen, denken Sie daran, daß Sie viel mehr Schaden anrichten können, wenn Sie darüber in Erregung geraten. Für Jugendliche ist es wahrscheinlich unschädlich, es sei denn, sie sind in bezug auf Sex offensichtlich seelisch gestört.

Postillonage

Man legt kurz vor dem Orgasmus einen Finger an den Anus seines Partners oder steckt ihn hinein. Beliebt in französischen Sexbüchern und wirkt bei manchen Leuten. Den meisten ist ein fester Fingerdruck knapp vor dem Anus lieber; bei Männern kann das, allein angewandt, eine Erektion bewirken. Benutzen Sie, wenn Ihnen das lieber ist, eher einen kleinen Vibrator – stecken Sie ihn nicht danach in die Vagina, wenn Sie ihn tatsächlich eingeführt haben. Kräftiger Druck mit einer Ferse hinter dem Hodensack oder zwischen Anus und Vulva wirkt bei manchen Stellungen ebensogut.

Saxonus

Coitus saxonus – ein kräftiges Drücken auf die männliche Harnröhre nahe der Peniswurzel, um den Samenerguß und (wie man hofft) die Empfängnis zu verhüten. Als Empfängnisverhütungsmittel unbrauchbar, da die Spermatozoiden lange vor der Ejakulation auftauchen – aber manche Frauen haben den Trick heraus, beim Masturbieren aufzuhören und die Ejakulation wieder einsetzen zu lassen, wodurch sie den Höhepunkt des Mannes hinauszögern. Das geschieht am besten durch Drücken mit zwei oder drei Fingern auf den Schaft nächst der Wurzel. Sie müssen kräftig drücken (aber nicht so kräftig, daß blaue Flecken entstehen). Manche drücken in der Mitte zwischen Hodensack und Anus. Damit will man erreichen, daß die Ejakulation langsam vor sich geht. Wenn man sie völlig stoppt, wird der Partner schließlich in die Blase ejakulieren. Es gibt keinen Beweis für die Schädlichkeit dieses Vorgangs, außer er tritt zu heftig und zu häufig ein; wahrscheinlich sollte man ihn überhaupt besser vermeiden. Das Unterbrechen des Samenergusses dürfte ebenfalls harmlos, aber schwierig und nicht bei jedem durchführbar sein. Frauen, welche diesen Trick als Partyglanzstück beherrschen, erklären, daß er beliebt ist, aber das mag vom Partner abhängen. Man kann auch knapp vor der Ejakulation aufhören und nach einigen Minuten von neuem beginnen.

Schaukeln

Eine erotische Zugabe, die tatsächlich funktioniert. Das Schaukeln allein hat schon vielen kleinen Mädchen ihren ersten Orgasmus verschafft, weil die Beschleunigung einen unübertroffenen Druck im Becken verursacht. Es gibt zwei Arten von Schaukeln – die von östlichen Autoren erwähnten sind im Effekt nichts anders als unsere Hollywoodschaukeln – die keine derartige Beschleunigung bieten können, aber die angenehme Gefühle vermitteln, die zu einer unstabilen Oberfläche, der sprichwörtlichen Sülze auf Federn, gehören. Für ihn ist das so, als hätte er eine Frau mit unendlichen Hinterbacken, für sie ist es ein Schwimmgefühl ohne die Nachteile einer weichen Matratze, denn die Oberfläche selbst kann fest sein.

Die richtige Schaukel mit schneller Bewegung ist der wahre Reiz für die Frau, es sei denn, sie wird vorher seekrank. Die Wirkkomponente ist das Herabstoßen, das Gefühl der negativen Beschleunigung wie im nach unten sinkenden Fahrstuhl. Das Schaukeln mit einem gut in ihr steckenden Partner ist ein Erlebnis, das jedes Mädchen wenigstens einmal im Leben haben sollte; das Schaukeln allein mit dem japanischen Rin-no-tama (siehe unter »Geräte und Kniffe«) ist eine andere tolle Erfahrung innerer Bewegung. Ein eiförmiger Salzstreuer aus Plastik, mit einer großen Stahlkugel darin, läßt sich notfalls auch verwenden. Beim Koitus sitzt der Partner auf der Sitzfläche und sie rittlings, ihm zugewandt, auf ihm – er betätigt die Schaukel oder eine dritte Person stößt sie (traditionsgemäß das Dienstmädchen). Im Idealfall sollte man es auf der Berg-und-Tal-Bahn versuchen, aber wir haben noch keinen Vergnügungspark gefunden, wo das gestattet wäre. Auf einer Gartenschaukel müssen Sie achtgeben: gelegentlich ist der Orgasmus einer Frau unter diesen Umständen so intensiv, daß sie das Bewußtsein verliert, auch wenn sie das normalerweise nicht tut, und dann kann sie hinunterfallen, wenn Sie sie nicht festhalten. Beginnen Sie bewegungslos mit eingeführtem Penis und benutzen Sie die Bewegungen beim Hochbringen der Schaukel als Antrieb für Ihren Koitus.

Schaukelstuhl

Von manchen als häuslicher Ersatz für das traditionelle Sexualgerät, die Schaukel, ausprobiert. Das Gefühl dabei ist ganz anders, es fehlt die plötzliche Beschleunigung des abwärtsgedrückten Magens, der die Ursache der Wirkung von Schaukeln auf Frauen ist; es ähnelt eher der Liebe in der Eisenbahn (siehe dort).

Es klappt am besten mit einem schlecht gebauten Schaukelstuhl auf einem sehr harten, rauhen Boden – besser ist ein erotischer Schaukelstuhl mit einem Dutzend flacher Stellen oder Buckel auf jeder Kufe, harten Kissen und ohne Armlehnen. Auch da braucht man einen harten Boden, am besten aus Stein, und es macht einen Höllenlärm – unbrauchbar, wenn in der Wohnung darunter jemand wohnt. Normalerweise sitzt man einander rittlings gegenüber, andere Stellungen sind jedoch ebenfalls möglich. Wir haben einen Stuhl mit einem starken, im oberen Kissen eingebauten Vibrator gesehen, der anscheinend einen Versuch wert wäre, aber das Gefühl würde ein ganz anderes sein.

Schuhe

Ein Reizmittel in Zusammenhang mit dem Fuß-Vagina-Äquivalent, das wir an anderer Stelle (siehe unter »Füße«) erwähnt haben. Vom Symbolwert abgesehen, ist es interessant, daß Schuhleder aus dem Schweiß genau die gleichen Fettsäuren »fixiert«, die in der Vagina vorhanden sind und männliches Sexverhalten bei Affen und Menschenaffen anregen. Obwohl sie eher ranzig als sexy riechen, üben sie vielleicht doch einen unterschwelligen Reiz auf den Mann aus. Manche Männer werden durch hochhackige Schuhe erregt, hauptsächlich weil Frauen, die sie tragen, beim Gehen mehr mit dem Popo wackeln, und weil sie der Frau weiblichere Formen verleihen. Wahrscheinlich auch zum Teil eine Versteckspiel-Wirkung – die Chinesinnen mußten ihre Füße verbergen, durften jedoch ihre Genitalien zeigen. Sogar für uns sind nackte Füße ein Symbol der Nacktheit, deshalb ziehen Popsängerinnen ihre Schuhe aus.

Für die meisten Formen der Liebesbetätigung braucht man wirklich nackte Füße.

Spaß und Tollerei

Das ist, im Gegensatz zur Kulturtradition unter Bourgeois, vor allem der richtige Platz für sie. Aus diesem Grund gehen auch die besten davon auf Kosten der bourgeoisen Tradition. Der erhobene Finger Liebender gegenüber der Gesellschaft ist psychologisch ebenso notwendig wie ihre gegenseitige Zärtlichkeit. Dies und nicht bloß die Würze der Gefahr macht die Liebe allerorten und vor der wahrnehmungsarmen Nase anderer Leute so anziehend. Es ist kindisch, aber wenn Sie noch nicht gelernt haben, bei Ihrer Liebesbetätigung kindisch zu sein, gehen Sie heim und lernen Sie es, denn es ist wichtig.

Man darf nicht zulassen, daß der Spaß schiefgeht und die Dinge eine betrübliche Wende nehmen; wenn Sie in einem öffentlichen Restaurant oder an Tantchens Eßtisch Sexspiele treiben und es gelingt Ihnen, können Sie nachher darüber lachen (wenn es Ihnen aber nicht gelingt, haben Sie Glück, wenn Sie wieder miteinander sprechen). Die meisten Paare setzen sich aus einem Partner mit Vorliebe für Gefahr und einem mit zügelndem Einfluß zusammen, so daß sie einen vernünftigen Ausgleich bilden, unterstützt durch den Engel, der solche verrückte Handlungen überwacht und Liebende vor den Folgen beschützt. Alles in allem wäre es dumm, sie zu empfehlen, aber schade, sie zu versäumen.

Wieviel man, von Possen abgesehen, beim Sex lacht, ist unserer Ansicht nach ein Maßstab dafür, wie gut man die Liebe meistert. Es ist ein Beweis für, nicht gegen den Ernst Ihrer Bindung. Wenn Sie diesen haben, mangelt es nie am Lachen, denn Sex ist lustig. Wenn nicht, kommt es schließlich durch irgendeine Bemerkung zu Ohrfeigen oder Tränen oder überhaupt keinem Orgasmus. Wenn es wirklich klappt, gehört Lachen zur Atmosphäre – sogar Verhöhnung ist nicht lieblos, und es gibt keinen besseren Spaß als gute und gemeinsam erfüllte Liebe unter unwahrscheinlichen Umständen. Das ist heutzutage einer der wenigen Fälle, der zu Lachen aus reiner Freude führt.

Einen Partner (gewöhnlich die Partnerin) nackt oder in einer extravaganten Aufmachung unter einem langen Mantel zu einer Bourgeoiseinladung mitzunehmen, ist ein Spiel-mit-Gefahr-und-langer-Nase, das manchen Paaren Spaß macht. Die Gefahr ist reell – wenn Sie es unbedingt tun wollen, vergewissern Sie sich, daß es ihr wirklich Vergnügen macht. Das Nichttragen von Höschen ist für die meisten Mädchen gefährlich genug, es sei denn, sie haben sehr viel dafür übrig.

SCHAUKELSTUHL
Ähnlich wie Liebe in der
Eisenbahn.

Spiegel

Sie waren immer ein wichtiger Teil der sexuellen Ausstattung in jedem Schlafzimmer, das nicht ausschließlich zum Schlafen bestimmt war. Sie verwandeln den Liebesakt in eine Show, ohne daß dabei die Ungestörtheit verlorengeht. Sie liefern auch einen erregenden Reiz: Er kann seine eigene Erektion und seine Bewegungen sehen, ohne innezuhalten, sie kann dadurch erregt werden, daß sie ihren eigenen Körper sieht, sich beim Masturbieren beobachtet, sich gefesselt oder bei sonst irgendwelchen Launen sieht, die man spielen kann, so daß beide Partner sowohl als Zuschauer wie als Beteiligte Vergnügen finden. Wer Spiegel nicht mag, sagt, daß sie das von der Außenwelt abgeschlossene, zuschauerlose Gefühl stören, das man braucht, um das Erlebnis voll zu genießen, und daß sie das Schlafzimmer weniger zu einem Mutterleib mit Zwillingen als zu einer Art Schaufenster bei Tiffany's machen. Wenn Sie es noch nie vor einem großen Spiegel getrieben haben, versuchen Sie es. Sie brauchen eigentlich mehr als einen, damit Sie beide sich deutlich sehen können, ohne die Lage zu wechseln. Der Versuch lohnt sich, nicht nur wegen der Voyeurwirkung, sondern auch um zu zeigen, wie wenig lächerlich Sie beim Liebesakt aussehen. Sex klingt in nüchterner Beschreibung gewöhnlich, wenn man ihn aber als Beteiligter sieht, ist er natürlich, anziehend und so schön, daß er die seelische Verfassung bessert, auch wenn Sie keine Pin-ups sind. Wenn im mittleren Alter eine Zeit kommen sollte, bei der man besser fühlt als hinblickt, so haben wir sie noch nicht erreicht.

Was Sie in Ihrer Wohnung haben, ist Ihre eigene Angelegenheit, wenn Sie aber Gäste einladen wollen, lassen Sie die Spiegel an der Innenseite von Schranktüren oder eines Regals anbringen.

Früher gab es in den Bordellen Räume mit hundert Spiegeln. Das mag, abgesehen von den Kosten, bei Ihnen wirken oder auch nicht; vielleicht sind hundert unisono agierende Paare für Sie erregend, oder aber sie könnten Sie eher an den Roten Platz am 1. Mai oder an eine römische Orgie als an den Liebesakt erinnern.

Stiefel

Ein notorischer Sexreiz für viele – je höher, desto besser. Ein komplizierter Symbolismus, zu dem hier Aggression (Schaftstiefel und dergleichen), Phalluskult und die weiblichen unteren Extremitäten gehören. War früher das Kennzeichen der Prostituierten –

SPIEGEL
Wenn man Sex als Beteiligter
sieht, ist er natürlich, anziehend
und schön, auch wenn Sie keine
Pin-ups sind.

heute die allgemeine Fußbekleidung für Bourgeois; sie haben die Korsetts abgelöst, die früher allgemein getragen wurden und heute hauptsächlich ein Sexfimmel sind. Es ist merkwürdig, wie sich der Markt in bezug auf die Konvention sexuell symbolischer Kleidung im Lauf der Jahre ändert. Man könnte durch die Auswertung des Überhandnehmens solcher Bevorzugungen viel über menschlichen Geschmack lernen.

Gut für Verkleidungsspiele, wenn man sie liebt. Nicht sehr praktisch für ernsthaften Sex, es sei denn, man behält sie bei nicht horizontaler Betätigung außerhalb des Bettes an. Wenn Ihr Mann sie mag, versuchen Sie einmal, plötzlich in langen, engen, schwarzen, glänzenden Stiefeln zu erscheinen.

Strümpfe

Können ein Reizmittel sein – oft sind nicht die modernen beliebt, sondern altmodische schwarze Strümpfe, die hurenmäßig aussehen. Strumpfhosen sind hinderlich, es sei denn, sie sind im Schritt offen, und für die meisten Männer nur erotisch, wenn sie ohne Höschen getragen werden, und dann liegt die Wirkung vor allem im Visuellen. Der Volksmund sagt, wenn Sie ihr einen Strumpf ausziehen können, sind Sie am Ziel. Tatsächlich werden moderne Nylonstrümpfe bei schnellem Ausziehen oder beim Liebesakt gewöhnlich zerrissen, wenn man aber auf Finger und Nägel achtgibt und sie vorsichtig herunterzieht, ergibt das im allgemeinen, in Verbindung mit gegenseitigem Entkleiden, ein gutes Vorspiel. Lange Handschuhe erregen manche Männer – sie deuten auf die große Dame alten Stils hin. Wenn man Schuhe nicht sexy findet, liebt man sich am besten mit nackten Füßen und Zehen.

Südslawischer Stil

Schriftlich gut belegt durch die sehr reiche erotische Volksliederliteratur des heutigen Jugoslawien. Nackter Koitus mit Betonung auf der Wichtigkeit des Genitalparfums als Stimulans, mehrere bekannte Stellungen und Haltungen. Serbischer Koitus *(Srbski jeb)* ist Scheinvergewaltigung – man wirft sie nieder, faßt mit jeder Hand ein Fußgelenk und hebt sie über ihren Kopf, dann dringt man mit vollem Gewicht in sie ein (tun Sie das auf etwas Weichem – die traditionelle nackte Erde ist kein Spiel mehr). Kroatischer Koitus *(hrvatski jeb)* ist eine Tätigkeit für Frauen – ein gründliches Zungenbad, bei dem der Mann frei oder an Pfosten

STIEFEL

Gut für Verkleidungsspiele,
wenn man sie liebt, aber nicht
sehr praktisch für ernsthaften
Sex, es sei denn man behält sie
bei nicht horizontaler Betätigung
außerhalb des Bettes an.

STRÜMPFE
Oft sind nicht die modernen
beliebt, sondern altmodische
schwarze Strümpfe.

gefesselt ist, nach gemächlicher Erregung gefolgt von Koitus rittlings auf ihm (von einheimischen Besserwissern als »erschöpfend« bezeichnet). Die Löwenstellung ist eine männliche Masturbationsmethode – in Hockstellung, die Fersen am Hodensack, nehmen Sie den Penis zwischen Ihre Fußgelenke, setzen Sie sich auf Ihre Hinterbacken und Hände und bewegen Sie Ihre Beine gemeinsam. Der Stil ist leidenschaftlich und liebevoll, wie es zu einem Volk von bräutestehlenden Kriegern paßt, deren Frauen früher natürliche Partisanen waren und noch sind: hart und zart.

Tanzen

Alle Gesellschaftstänze zu zweit sind auf Geschlechtsverkehr ausgerichtet. Diesbezüglich hatten die Puritaner völlig recht. Die Entwicklung von Tänzen ohne gegenseitige Berührung kommt daher, daß man heute keinen gesellschaftlichen Vorwand braucht, um ein Mädchen zu umarmen, und als Reizmittel ist die Berührung dabei unnötig – in Wirklichkeit sind Tänze wie der Flamenco oder Twist viel erotischer als ein Festhalten, weil man nicht so nahe beieinander ist, daß man den Partner nicht sieht. Diese Art von Tanz ist im besten Fall einfach Geschlechtsverkehr mit Fernsteuerung.

Die meisten guten Liebespaare sind gute Tanzpartner. Sie können es in der Öffentlichkeit oder privat, bekleidet oder nackt tun. Gegenseitiges Entkleiden beim Tanzen hat einen eigenen Reiz. Übereilen Sie es nicht, zum vollen Koitus zu kommen – tanzen Sie, bis seine Erektion unerträglich wird und sie durch den Rhythmus, den Anblick und den gegenseitigen Duft allein beinahe kommt. Sogar dann brauchen Sie nicht aufzuhören. Die meisten Paare können den Penis einführen und weitertanzen, entweder in gegenseitiger Umarmung oder frei und nur durch den Penis verbunden, vorausgesetzt, sie passen in der Größe zueinander. Leider heißt das, daß die Frau zumindest so groß sein muß wie der Mann, während sie in der Regel kleiner ist. Dann muß er die Knie abbiegen, und das ist ermüdend. Wenn man mit dem Penis in der Vagina nicht tanzen kann und sie zu klein ist, hebt man sie in eine der stehenden Hindu-Stellungen, ihre Beine um seine Taille, die Arme um seinen Nacken, und tanzt so weiter. Wenn sie zu schwer ist, dreht man sie um und nimmt sie in gebückter Stellung von hinten, immer noch weiter tanzend.

Das ist kein Spiel für die Öffentlichkeit. Das Entkleiden beim Tanz wird in manchen Kreisen immer üblicher als Vorspiel zum Gruppensex, ist aber gewöhnlich nur ein Vorspiel – nach einigen

TANZEN
Gegenseitiges Entkleiden beim
Tanz hat einen eigenen Reiz.

Tänzen leert sich die Tanzfläche und die Ruhebetten füllen sich.

Beim Tanzen ist Verführung oder Ermunterung selbstverständlich. Zur Zeit, als die Tänze konventionell waren, hatte man den Wunsch, daß die Mädchen die Brüste auf dem Rücken hätten, wo man sie erreichen konnte, aber das hätte die Sache zu leicht gemacht. Sanfter Druck, Rhythmus, Anblick und Duft sowie die Kenntnis von Fernsteuermethoden sind alles, was man braucht.

Die meisten Liebespaare lehnen Gesellschaftstänze ab, bei denen die Partner häufig gewechselt werden.

200

Tastkleid

Eine teuflisch sinnreiche Vorrichtung, die vor kurzem auf den skandinavischen Markt kam, zur Herbeiführung eines dauernden Orgasmus bei der Frau – funktioniert im Gegensatz zu den meisten derartigen Geräten, zumindest bei jeder Frau, die es nicht als mechanisch zurückweist. Besteht aus einem sehr engen »Cachesex« aus Gummi mit einem dicken Phalluspfropfen, der in die Vagina paßt, und einem aufgerauhten Knoten über der Klitoris. Der Büstenhalter ist mit kleinen, gezahnten Vertiefungen in den Schalen versehen, welche die Brustwarzen fassen, und an der Innenseite ganz mit weichen Gummispitzen bedeckt. Wenn man das angezogen hat, berührt jede Bewegung ein empfindliches Gebiet – die Wirkung kann toll sein. Läßt sich unter der Alltagskleidung tragen, wenn man es aushält. Wenn es funktioniert, überträgt sich die auf die Trägerin ausgeübte Wirkung auf den männlichen Zuschauer. Ein amüsanter und kostspieliger Trick, der jedoch, wenn er zu oft benutzt wird, unserer Ansicht nach die normale Empfindungsfähigkeit herabsetzt. Sein Hauptreiz liegt in der ungewöhnlichen Neuheit – wäre ein hübsches Geburtstagsgeschenk. Es gibt kein Gegenstück für Männer.

Kleidung, die eine ständige sexuelle Erregung bewirkt – allerdings nicht so explosiv – ist jedoch ein altes menschliches Hilfsmittel, und es lohnt sich, damit zu experimentieren. Das meiste davon ist für Frauen bestimmt, nicht aus männlichem Chauvinismus, sondern einfach wegen der physiologischen Unterschiede: dauernder Reiz erhöht die eventuelle Reaktion der Frau, würde jedoch die des Mannes eher überbeanspruchen und ihn zu einer Leistung unfähig machen. Im allgemeinen rufen sie bei der Trägerin sexuelle Gefühle hervor und sehen für den Partner sexy aus. Manche davon könnten für das Erlernen der richtigen Sexualverwendung unserer Haut wirklich nützlich sein. Die Beispiele reichen von langen, schweren Ohrringen bis zu engen Gurten, Korsetts und Gürteln, rauhen Materialien (härene Hemden, Bambusringhemden), Fußknöchelketten, Schuhwerk, das die Gehweise beeinträchtigt und auf die Fußwölbung drückt und nun, noch offener, heißen Höschen, die genau in die Vulva passen. Hinsichtlich der ausführlichen Geschichte solcher Apparate siehe in Bernard Rudolfskys »The Unfashionable Human Body« (Der unmoderne menschliche Körper).

Die meisten erregen Frauen durch ihre Wirkung auf Haut und Muskeln, Männer hingegen durch ihren Symbolismus. Manche

Paare finden einen besonderen Reiz daran, wenn die Frau bei alltäglichen Gelegenheiten, wenn sie nicht frühzeitig nach Hause gehen kann, unter ihren normalen Kleidern etwas Ausschweifendes trägt. Manche handelsüblichen Dinge kann man absperren und den Schlüssel daheimlassen. Es könnte sich lohnen, sie auch für Männer auszuprobieren, und sei es nur im Interesse der gerechten Teilung. Dauernde sexuelle Erregung, gegen die man nichts unternehmen kann, würde zumindest einen langweiligen Nachmittag interessanter gestalten und eine angenehme Szene garantieren, wenn man schließlich heimkommt. Siehe unter »Ohrläppchen«, »Kleidung«, »Geräte und Kniffe«, »Spaß und Tollerei«.

Türkischer Stil

Der Sultan des Ottomanenreiches, das so weit davon entfernt war, »in Saus und Braus« zu leben, war der Mann auf der Grundfläche einer riesigen Pyramide von Beamten und Eunuchen, die dauernd um sein Leben zitterten. Er mußte bei jedem Sexualakt ein Erbstammbuch unterschreiben. Häufig verbrachte er seine Jugend in der Gesellschaft von Mätressen, von denen bekannt war, daß sie unfruchtbar waren, während man darauf wartete, ob er an die Regierung gelangen oder bei der Thronbesteigung eines anderen Erben erdrosselt werden sollte. Die unzählbaren Mitglieder seines Harems wurden in den Künsten liebevoller Bereitwilligkeit unterwiesen, aber dafür gibt es keine Aufzeichnungen. Die erwählte Dame kam nackt ins Schlafzimmer und glitt im Dunkel unter die Decken am Fußende des Bettes, schlängelte sich neben ihn und wartete auf seine Wünsche. Widerspenstige Neuankömmlinge wurden vom Aga Baschi mit auf dem Rücken fest aneinandergefesselten Daumen hineingeführt und häufig durch Schläge auf die Fußsohlen zum Gehorsam gebracht. Pflichtvergessene Konkubinen wurden in Säcken ertränkt. Türkische erotische Szenen waren, im Gegensatz zu den Tatsachen, im christlichen Europa des 19. Jahrhunderts sehr beliebt. Sie müssen nicht so sehr auf den Mann eingestellt sein – Sie können ebenso gut Gulbeyaz sein, die einen auserwählten christlichen Beschäler empfängt. Tun Sie es der Reihe nach.

Umkehrung

Nicht Homosexualität, die in unserem Buch nicht vorkommt, sondern die Stellung, bei der er sie oder sie ihn kopfüber nimmt. Er kann auf einem Stuhl oder Schemel und sie rittlings ihm gegen-

UMKEHRUNG
Die Schiebkarre

über sitzen – dann legt sie sich zurück, bis ihr Kopf auf einem auf dem Boden liegenden Kissen ausruht. Oder sie kann sich hinlegen und ihre Hüften hochheben – er steht zwischen ihren Beinen und dringt entweder von vorn oder hinten in sie ein, während sie auf ihren Ellbogen aufliegt oder auf ihren Händen vorwärts geht (die Schubkarre). Er kann sich mit dem Gesicht nach oben auf den Bettrand legen, während sie rittlings auf ihm sitzt oder über ihm steht. Der Druckanstieg in den Gesichts- und Halsvenen beim Orgasmus kann erstaunliche Gefühle auslösen. Versuchen Sie das nicht mit einem Generaldirektor mit hohem Blutdruck, es sei denn, Sie wollen mit einer Leiche zu tun haben – denken Sie an

VIBRATOREN
Liebespaare finden oft, daß sie
sie als Zusatzgefühl dem Ritual
der Hautstimulierung einver-
leiben sollen.

die junge Konkubine Attilas, des Hunnenkönigs; es sollte jedoch für junge Leute ganz ungefährlich sein. Auf diese Weise verfährt man mit den albernen Frauenzimmern, die einen Liebhaber überreden wollen, ihren Orgasmus anzukurbeln, indem er sie würgt – wenn Sie es mit einer solchen zu tun bekommen, dann hören Sie keinesfalls auf sie, sondern zeigen Sie ihr diese andere, ebenso lohnende Methode. Damit können Sie zwei Leben retten – ihres und, da sich der Griff der meisten Menschen beim Orgasmus verstärkt, das ihres nächsten Liebhabers, der es leicht im Gefängnis wegen Mordes verlieren könnte.

Umgekehrtes 69 wird an anderer Stelle (siehe unter »Mundmusik«) beschrieben. Das ergibt eine gute Probe. Funktioniert immer, wenn Sie sie aufheben können, und wird ihr eine Ahnung von der Art der Empfindung geben, die dabei im Spiel ist und die nicht jedermann mag.

Vibratoren

Ein neues Hilfsgerät, das sich für den Unterricht sexuell unerfahrener Frauen zur Stimulierung ihrer eigenen Reaktionen als sehr nützlich erwiesen hat. Es gibt zwei Hauptvarianten – penisförmige, die an der Haut, den Brüsten, der Klitoris oder tief in der Vagina verwendet werden können (die kleine Ausführung ist anal verwendbar) und größere, motorisch betriebene Modelle, wie sie von Masseuren benutzt werden, die wie ein Handschuh an die Hand geschnallt werden und an fast jedem Körperteil tolle Gefühle hervorbringen können. Vibratoren sind kein Penisersatz – manche Frauen verwenden sie lieber als einen Finger für die Masturbation oder stecken einen in die Vagina, während sie mit der Hand an der Klitoris arbeiten. Liebende wenden sie gern als Zusatz beim Ritual der Hautstimulierung an. Vibrierende Hotelbetten, die durch Münzeinwurf für eine gewisse Zeit betätigt werden, sind eine gleichfalls beliebte Einrichtung, können aber gerade im kritischen Augenblick aufhören oder der Benützerin Übelkeit verursachen. Eine sorgfältige Vibrator-Massage der ganzen Körperfläche ist der übertriebenen Konzentration auf Penis oder Klitoris vorzuziehen, erfordert jedoch einige Geschicklichkeit. Penisgeräte verschiedener Art, die an der Basis des Standardvibrators befestigt werden, scheinen abgesehen von ihrer Neuartigkeit nichts Empfehlenswertes an sich zu haben.

Voyeure

Bezeichnung für Leute, die Sex als Nicht-Spieler, als Zuschauer-sport pflegen. Jeder aktive Spieler ist wahrscheinlich fasziniert vom Zuschauen bei seinem Spiel, vorausgesetzt die Spieler sind des Zuschauens wert. Für wirkliche Paare trifft das zu – bei den gelangweilten Teilnehmern an Pornofilmen mit ihren Halberektio-nen lohnt es selten die Mühe. Echtes menschliches Paarungsver-halten ist ebenso interessant wie das von Vögeln und weit instruk-tiver. Wenn Sie andere beobachten können, tun Sie es, es sei denn, es verletzt ihr Gefühl für Ungestörtheit. Uns entgeht viel in dieser Gesellschaft, weil wir nicht gewohnt sind, in Gemeinschaft Ge-schlechtsverkehr zu betreiben. Wenn wir es täten, brauchte man weniger Bücher wie dieses zu schreiben.

Wet look

Noch ein großartiges Hautreizmittel, das immer mehr Beliebtheit erlangt – man wirkt darin schmuck und blank. Manche lieben das Natürliche – versuchen Sie, in einem enganliegenden Baumwoll-anzug zu duschen – man fühlt sich sexy und sieht auch sexy aus. Durchsichtige, auf der nackten Haut getragene Plastikregenmäntel sind für Trägerinnen und Zuschauer reizvoll und ein recht beliebtes Reizmittel für Männer. Verlangen Sie es, versuchen Sie es oder tun Sie beides.

Wiener Auster

Eine Dame, welche, natürlich auf dem Rücken liegend, ihre Füße hinter dem Kopf zu kreuzen vermag. Wenn sie das getan hat, fas-sen Sie sie mit den Händen fest um beide Riste und drücken nach, wobei Sie der Länge nach auf ihr liegen. Versuchen Sie nicht, eine unelastische Partnerin in diese Position zu bringen – mit brutaler Gewalt läßt sie sich nicht erzwingen. Sie können mit geringerem fachmännischem Geschick ein sehr ähnliches Gefühl erreichen – einzigartige Ruckbewegungen des Beckens –, wenn sie ihre Knie zu den Schultern hochzieht und die Fußgelenke auf dem Bauch kreuzt, und Sie sich mit Ihrem ganzen Gewicht auf ihre gekreuz-ten Gelenke legen. Woher die Beifügung »Wiener« stammt, wissen wir nicht. Erträglich nur für kurze Zeit, aber es ergibt für beide einen phantastischen Genitaldruck.

Zu viert und mehr

Heutzutage Gegenstand eines ganzen Kultes, dem wir nicht angehören, deshalb sprechen wir nur vom Hörensagen.

Es läßt sich gesellschaftlich immer leichter arrangieren, und wir können, vom persönlichen Geschmack abgesehen, keinerlei Grund erkennen, warum Freundespaare nicht gemeinsam Geschlechtsverkehr haben sollten; heute tun es viele. Ob sie auch die Partnerinnen wechseln sollten, ist Geschmackssache. Sie müßten entweder sehr gute Freunde oder einander völlig fremd sein, und wir hegen den Verdacht, es könnte in der Praxis weniger gut klappen als in der Vorstellung – bei ersten Versuchen dieser Art ist der Prozentsatz von Impotenzfällen hoch, da unsere Hemmungen oft lebendiger sind als wir annehmen. Manche erfahrene Paare schwärmen für Partnerwechsel. Andere bedauern ihn als störendes Element oder versuchen ihn nicht, weil sie das besondere Gegenseitigkeitsverhältnis, das mit wirklich völligem Sexeinverständnis noch weiter gedeiht, nicht gefährden wollen. Das würde die bloße Nachbarschaft ohne Partnerwechsel nicht beeinträchtigen. Da Freunde ohnedies Andeutungen über ihre sexuellen Erfahrungen austauschen, erscheint es nur natürlich, sie zu demonstrieren, und man kann beim Zusehen, abgesehen von dem durch die sexuelle Erregung anderer ausgehenden Reiz, viel lernen.

Die berühmte Szene mit dem Spionspiegel ist für nicht mitspielende Voyeure oder für Beobachter günstig, die ihr Objekt nicht ernüchtern wollen. Tatsächlich vergessen die meisten Menschen beim Koitus ihre Umgebung schon nach kurzer Zeit, wenn auch vielleicht manche es nachher mit dem Schrecken bekommen. Die meisten Männer können sich über den Gemeinschaftsbetrieb hinwegsetzen; manche Frauen werden durch die Vorstellung erregt, andere heftig ernüchtert.

»Orgien« dagegen erfordern viel Martini als Schmiermittel, und das ist schon an sich ein Problem. Man kann nicht zwei Jahrtausende von Moralpredigten mit seiner Unterwäsche ablegen. Orgien haben die Tendenz, durch vorurteilslose Intellektuelle verpfuscht zu werden, die schließlich unwandelbar dabei landen, zu reden anstatt zu handeln – und immer noch redend zu Boden fallen. Wir können daher sehr wohl glauben, daß die besten Teilnehmer im wohlhabenden Mittelstand, bei den zweitrangigen Jetsettern und im Showgeschäft zu finden sind. Es wäre interessant zu sehen, wie sie es schaffen, aber wir haben den voreingenommenen Verdacht, daß sie nach einigen Versuchen auf Teufel-komm-heraus ebenso

»WET LOOK«
Versuchen Sie in einem
enganliegenden Baum-
wollanzug zu duschen –
man fühlt sich sexy
und sieht auch sexy aus.

ZU VIERT UND MEHR
Da Freunde ohnedies
Andeutungen über Sex
austauschen, erscheint es nur
natürlich, ihn zu demonstrieren.

langweilig oder so gewissenhaft fidel sein würden, wie die Nicht-Sex-Partys derselben Leute; auch haben wir mehr Spaß daheim, es sei denn, es wären *alle* Fachleute, was wir bezweifeln. Wenn es eine Sexgesellschaft von Spitzenformat gäbe, würde sie doch mit dem Mangel an instinktiver Reaktion zwischen Fremden im Gegensatz zu echten Liebespaaren nicht fertig werden oder als geschlossener Zirkel enden.

Neuheit ist an sich erregend – der Schlüsselklub, das Spiel mit Lose-Ziehen wird in den meisten Ländern gelegentlich und in Indien als religiöses Ritual betrieben; wir sind der Ansicht, daß es meist, wenn auch nicht immer, besonderen Anklang bei männlichen Freidenkern findet. Wir haben keine Bedenken, wenn es unter wirklichen Freunden gespielt wird, insbesondere wenn die Frauen erwachsen, gut angepaßt und gegen Empfängnis gefeit sind und die Männer nicht bloß etwas beweisen wollen. Besser wäre es, solche Spiele nur zu organisieren, wenn die Frauen um die Männer losen wollten.

Alles in allem ist dies in unseren Augen kein wirklich gutes Sexspiel, sondern hauptsächlich eine Frage der Selbstsicherheit. (Allzu oft sind die Aktiven in diesem Spiel Leute, die in intimen Beziehungen keinen Erfolg zu haben scheinen.) Diese ist ein erstrebenswertes Ziel, aber nicht der Sinn von erstklassigem Sex. Es gibt keinen Grund, weshalb Sex, wenn man das gern hat, nicht in Gesellschaft praktiziert werden kann – ob er auch buntgemischt sein soll, ist Geschmacksache. Beide Partner haben diesbezüglich gleich viel zu sagen. Da gelegentliche ungehemmte Orgien ein wichtiger anthropologischer Ausweg für die Menschen sind, lassen sich vielleicht Argumente dafür anführen. Gewöhnlich wird die Partnerin irgendwie »herumgekriegt«. Es könnte auch zu Komplikationen und Angstgefühlen kommen, aber Komplikationen kann es immer geben, auch bei Bridgepartien. Und wir leugnen nicht, daß es etliche fabelhafte Partyspiele gibt, die man bei solchen Gelegenheiten veranstalten kann. Merkwürdigerweise scheinen echte »Swinger« nach wenigen Versuchen die Lust daran zu verlieren und zu einer zumindest vorübergehenden Paarbindung zurückzukehren. Vergessen Sie auch nicht, daß manche Ihrer besten Freunde geschlechtskrank sein können, und daß die Pille solche Ansteckungen erleichtert. Manche Gruppen endeten nicht durch Geschlechtskrankheit, sondern durch das erhöhte Auftreten nicht-venerischer Infektionen. Gehen Sie auf ein Verhütungsmittel mit Säuregelee oder Phenylquecksilber über oder verwenden Sie eines davon abwechslungsweise und waschen Sie sich zwischen den Kontakten mit Seife.

Angepaßte Menschen, die beim Verkehr zwischen zwei Paaren eine bisexuelle Betätigung versuchen, riskieren, Irrtümer vorbehalten, derartige Behinderungen nicht, obwohl das bisexuelle Element bei jeder Art von Partnertausch einen wichtigen Reiz darstellt. Wir alle besitzen eine sexuelle Gegenkomponente. So ausgedrückt ist sie, ohne jedes Angstgefühl, eher nützlich, wenn man von Nützlichkeit reden kann. Falls Sie das intuitive Gefühl haben, Sie sollten es besser sein lassen, dann folgen Sie diesem Gefühl.

Probleme

Alter

Alter spielt beim Sex nur insofern eine Rolle, als man um so mehr lernt, je länger man ihn praktiziert. Junge Menschen (und manche ältere) sind davon überzeugt, daß keiner über fünfzig sich sexuell betätigt und es im gegenteiligen Fall bloß unanständig wäre. Wir sind nicht die erste Generation, die weiß, daß es nicht so ist, aber wahrscheinlich die erste, die nicht dazu erzogen wurde, es schamhaft zu verschweigen.

Manche Paare beginnen vielleicht, sich mit einigen unserer Vorschläge zu befassen, wenn sie mit der Grundlage fertig sind und die dreißiger Jahre erreicht haben. Da wir aber alle älter werden und abergläubische Vorstellungen nicht noch weiter halten, lohnt es sich, die Sachlage zu klären.

Weder Männer noch Frauen verlieren im Alter ihre sexuellen Bedürfnisse oder Funktionen. Bei Männern bestehen die einzigen bedeutenden Veränderungen darin, daß es weniger oft zu einer spontanen Erektion kommt (infolgedessen brauchen sie mehr unmittelbare Stimulierung durch die Frau), daß es länger dauert, bis es zum Samenerguß kommt, was ein Vorteil ist; die Häufigkeit des Geschlechtsverkehrs wird allmählich geringer, aber mit einer anziehenden und aufgeschlossenen Partnerin und bei halbwegs guter Gesundheit bleibt man, wenn man nicht glaubt, man müsse schon ausgepumpt sein, sein Leben lang sexuell aktiv. Später im Leben verringert sich oft die Fähigkeit und das Bedürfnis zu ejakulieren. Man muß sich auch wirklich nicht jedesmal darum bemühen, denn es verlagert nur den Koitus und bringt nicht weniger gemeinsame Lust. Frauen verlieren ihre Fruchtbarkeit in den Wechseljahren, was aber für ihr Sexualleben oft eher nützlich als schädlich ist. Es gibt tatsächlich bis zum Alter von 75 und mehr Jahren ein, wenn überhaupt, nur geringes körperliches Nachlassen, wenn man von der Häufigkeit absieht. Ein Viertel bis die Hälfte aller Paare in diesem Alter haben noch regelmäßig Geschlechtsverkehr, dabei sind auch alle jene eingeschlossen, die, als sie jünger waren, niemals ein intensives Sexualleben führten. Da die fortgesetzte Tätigkeit den Hormonspiegel aufrechterhält, sind es bei Paaren, die häufig Sex betreiben, wahrscheinlich eher bis zu 75 Prozent, und das restliche Viertel dürfte wegen Arthritis oder anderer Alterskrankheiten, nicht wegen Impotenz oder Frigidität, aufgehört haben. »Was einen im Alter am Sex hindert, hat die gleichen Ursachen, derentwegen man nicht mehr Rad fährt (schlechte Gesundheit, die Ansichten, es sehe albern aus, kein Fahrrad).« Der Unterschied ist der, daß man am Beischlaf später behindert wird als am Radfahren. Über 50 ist es vor allem wichtig, die Sexbetätigung nie für längere Zeit aufzugeben – tun Sie es solo, wenn Sie im Augenblick keinen Partner haben; wenn Sie aufhören, können Sie beim Neuanfangen Schwierigkeiten haben (siehe unter »Gesundheit«).

Man kann natürlich bei Frauen mit Hilfe von Hormonen unbegrenzt lang Menstruationen aufrechterhalten. Wahrscheinlich hat es nicht viel Sinn, es sei denn, es bessert die seelische Verfassung. Einige finden, daß sie vaginal trocken werden und Östrogen brauchen, aber tatsächlich hat fortgesetzte Sexualtätigkeit ungefähr die gleiche Wirkung wie Hormonpillen.

Wie bei so vielen Dingen ist das spätere Leben, wenn man alles ausprobiert hat, die Zeit, in der man sich – zusammen – den Dingen widmet, die man am liebsten hat.

Ärzte

Es gibt keinen besonderen Grund, weshalb Ärzte uns in der Sextechnik beraten sollten, aber traditionsgemäß haben sie es oft getan. Tatsächlich schrieb schon Avicenna, daß dies ein höchst geachteter Teil der Aufgabe des Arztes sei, weil Lust am Sex »zur Fortpflanzung gehört«. Wir würden wahrscheinlich sagen, daß es auch dazu gehört, ein gesunder Mensch zu sein. Angesichts der vielen gesundheitlichen Sorgen, die im Zusammenhang mit der Sexualität noch immer bestehen, wäre der Arzt ein sehr guter Ratgeber, wenn er etwas davon verstünde. Früher, besonders in der Viktorianischen Zeit, gab es in der Medizin engstirnige Konformisten mit allen Ängsten und Aberglauben ihrer Zeit sowie eine Sorte von allwissendem, heimischem Moralismus, den man heute gelegentlich noch bei Problemen wie Abtreibung und Pille findet. Das ist aber nicht der Grund, weshalb so viele Menschen nicht nur mit Problemen, sondern einfach mit ehrlichen Fragen zur Sexualität bei ihrem Arzt einen Fehlschlag erleiden und sich dann an Zeitschriften oder völlig Unbekannte wenden.

Der Haken liegt darin, daß normales menschliches Sexualverhalten einfach nicht gelehrt wird und bis vor kurzem, trotz Forschern wie Kinsey und Masters, nicht gelehrt werden konnte, da es nur Volksbräuche zu übermitteln gab. Als wir vor dreißig Jahren Medizin studierten, stand nicht einmal die Geburtenkontrolle auf dem Lehrplan, wenn man uns auch zumindest aufforderte, Havelock

Ellis zu lesen. Auch war das meiste von dem, was in den Lehrbüchern stand, tendenziöses Geschwätz. Mit der Sorte gesunden Menschenverstands aus dem Volk, wie er in Balladen und Geschichten vorkam, war es vorbei, ebenso mit der Weltklugheit von Ärzten aus dem 18. Jahrhundert wie John Hunter. Infolgedessen mußte ein Arzt mit dem denkbar besten Willen, der Ratschläge über das Sexualverhalten geben wollte, zuerst selbst Forschungen darüber anstellen oder in einem seiner Bücher nachlesen oder aber sich nach seiner eigenen Erfahrung richten – das letztgenannte war sehr gut, wenn die Erfahrung mannigfaltig war, aber sie konnte begrenzt, absonderlich oder gar nicht vorhanden sein.

Das hat sich, glauben wir, vor allem bei der jüngeren Generation geändert, Hand in Hand mit der geänderten kulturellen Einstellung. Allerdings sind sich manche praktische Ärzte über ihre diesbezüglichen mangelnden Kenntnisse im klaren und schieben Fälle auf den Psychiater ab, der nicht unbedingt besser qualifiziert sein muß.

Es lohnt aber sehr wohl der Mühe, Sexprobleme, besonders wenn dabei Gesundheit, Angst im Spiel ist oder man in Büchern keine Antwort findet, dem Arzt vorzulegen. Wenn Sie die Wahl haben, so ist es am besten, sich an einen jungen Arzt zu wenden, der in der heutigen Sprache bewandert ist, oder (wenn Sie das beurteilen können) an einen älteren männlichen oder weiblichen Praktiker mit einiger persönlicher Erfahrung. Wenn Sie ein ernstes Problem haben und kein Lustgefühl finden, bleiben Sie hartnäckig; wenn der von Ihnen konsultierte Arzt ausfallend oder verlegen ist, wechseln Sie den Arzt. Vermeiden Sie Protestanten – Katholiken haben Hemmungen in bezug auf Sünden, sind aber oft jenseits ihrer Überzeugung sehr weltklug. Sehen Sie sich überall um – die Medizin umfaßt alle möglichen Leute, und Sie brauchen sich nicht um einen hippokratischen Eid zu kümmern.

Es ist Ihrem Arzt gegenüber unfair, die Pille zu nehmen, ohne ihn zu informieren (wenn er nicht Ihrer Ansicht ist, muß er sich damit auseinandersetzen); sich davor zu scheuen, ihm zum Beispiel mitzuteilen, daß Sie Potenzschwierigkeiten haben (sie könnten durch Medikamente verursacht sein, die er verordnet hat, oder verschiedene andere Symptome, die bei Ihnen auftreten, erklären); oder über Ihr Sexualleben im allgemeinen unnötig Verschwiegenheit zu bewahren, so wenig wie hinsichtlich Ihrer Verdauung. Wenn Sie dem Mann nicht vertrauen, kann er Ihnen nicht helfen, und Sie sollten den Arzt wechseln.

Bisexualität

Alle Menschen sind bisexuell – das heißt, sie sind imstande, bis zu einem gewissen Grad auf Menschen beiderlei Geschlechts zu reagieren. »Homosexualität« ist nicht eine Frage, ob man auf diese Art reagiert, sondern gewöhnlich, ob einen das andere Geschlecht irgendwie abstößt, wodurch die Reaktion auf unser eigenes Geschlecht deutlicher oder vorherrschend wird. Wie weit Menschen bisexuell handeln, wird von vielen Dingen abhängen, zum Beispiel von der Gesellschaft, in der sie leben, von ihren Möglichkeiten und auch davon, inwieweit der gleichgeschlechtliche Anteil ihrer sexuellen Reaktion sie stört.

Aktive Bisexualität verursacht in unserer Gesellschaft Probleme, nicht zum geringsten mit dem Partner, von dem offensichtlich der Großteil des lohnendsten Sexlebens der meisten Menschen abhängt. Wir erwähnen das in diesem Buch, das vom Sex zwischen Mann und Frau handelt, weil bei Sexerfahrungen zu dritt und in Gruppen, die sozial immer annehmbarer werden, bisexuelle Beziehungen unvermeidlich sind. Sehr viele normale Menschen sind beunruhigt – entweder weil sie finden, daß sie zu solchen Reaktionen fähig sind, oder weil sie nachher Angst haben, sie könnten »schwul« werden. Diesbezüglich besteht kein großes Risiko. Menschen mit starker Zuneigung zum anderen Geschlecht erkennen es gewöhnlich frühzeitig (und sollten es, wenn sie der normale Sex bisher befriedigt hat, lieber nicht pflegen). Wahrscheinlich zerbrechen sich Männer aus arteigenen und kulturellen Ursachen darüber mehr den Kopf als Frauen, welche anscheinend im Gruppensex leichter zu gleichgeschlechtlicher Tätigkeit bereit sind, und Frauen, die miteinander herumspielen, sind für Männer erregend. In den meisten Kulturen würden Männer miteinander Sexspiele treiben oder tun es unter gewissen Umständen, in einem Alter oder unter Bedingungen, bei denen keine kulturelle Ablehnung besteht; Affen tun es auf jeden Fall. Wenn wir diese Fähigkeit nicht besäßen, hätten die Menschen vielleicht nie Männergesellschaften gebildet, denn das erotische Spiel zwischen gleichgeschlechtlichen Partnern hilft bei der Überwindung der Rivalitäten und Kämpfe, die wir bei anderen Tierarten sehen. Zugleich gibt es eine ganze Biologie menschlicher Sexidentität, die nicht völlig mitinbegriffen ist, wie etwa die Reiz-(Befreiungs-)Wirkung des Partners, der einen Penis hat oder nicht. Freud hat das hervorgehoben, und die Primatologen sind bemüht, es weiter auszuführen. Der Zweck dieser Darlegung besteht darin zu erklären, daß gleichgeschlechtliches

BISEXUALITÄT
Frauen sind anscheinend im Gruppensex leichter zu gleich-geschlechtlicher Reizung bereit, und Frauen, die miteinander herumspielen, sind für Männer erregend.

Spiel, besonders in einer zweigeschlechtlichen Situation, für den Menschen nicht »unnatürlich« ist. Wenn es Sie beunruhigt oder Sie daran keinen Spaß finden, was ja auch bei anderen Arten von Sexspiel vorkommt, so tun Sie es nicht – aber es ist weder böser Zauber noch verderblich oder abnorm. Jedenfalls verliert man, außer man ist gegen solche Bedenken gefeit, bei einem sexuellen Durcheinander die Aufmerksamkeit dafür, was wem gehört. Wenn Sie sich diesbezüglich oder in bezug auf Gruppenspiele im allgemeinen verletzlich fühlen – lassen Sie die Finger davon. Für die meisten Menschen ist normaler Sex zwischen Mann und Frau das richtige – andere brauchen etwas anderes, aber durch solche Bedürfnisse wird ihr Spielraum gewöhnlich nicht erweitert, sondern eingeengt.

Enthaarung

Eine Methode, sich von ungewünschtem Haar zu befreien (siehe unter »Haar«). Japanerinnen verwenden einen geschliffenen Fingerring. Man kann chemische Pasten benutzen (nicht im Genitalbereich – sie brennen häufig) oder sich die Haare einzeln elektrolytisch entfernen lassen. Das kostet etliche Mark pro Haar und lohnt sich nur, wenn eine Frau viel Haare im Gesicht hat.

Entjungferung

Es ist merkwürdig, wie diese fixe Idee, die in früherer Zeit solche Wichtigkeit besaß, aufgehört hat, überhaupt ein Problem darzustellen. Es gab eine Zeit, da war sie eine dauernde Sorge für die zur Promiskuität neigenden Männer und eine echte Qual für die meisten Mädchen. Die Änderung kann nicht auf den Mangel an Jungfrauen zurückzuführen sein (für alles muß es ein erstesmal geben), auch nicht auf die Erfindung der Vaseline – wahrscheinlicher ist sie (vielleicht) dem Petting und (sicher) einer Änderung der sexuellen Bräuche zuzuschreiben. Heute werden die Mädchen vorher von rücksichtsvollen Freunden gedehnt, und die anderen wachsen nicht bei Geschichten von Blut, Schweiß und Tränen auf, die ihnen ihre Urgroßmütter zu erzählen pflegten. Im 18. Jahrhundert war ein Mädchen entehrt, wenn sie in ihrer Hochzeitsnacht nicht blutete wie ein Schwein; die meisten modernen Liebhaber würden fest annehmen, daß sie sie überhaupt nicht zum Bluten bringen, es sei denn sie verlangte, in der guten alten Weise »entjungfert« zu werden. Selbst dann sollte es, von anatomischen Seltenheiten abgesehen, sie nicht »mehr schmerzen als wenn sich eine eitle junge Dame die Ohren durchstechen läßt«.

Die erste Nacht ist eine besondere Situation, auf die wir hier nicht einzugehen brauchen. Unserer Ansicht nach können wir, da das Schreckgespenst der wirklichen Entjungferung ausgetrieben ist, in spielerischer Art das 18. Jahrhundert wieder aufleben lassen und sie, so oft es uns oder ihr gefällt, wieder entjungfern. Heutzutage wachsen den Huris im Himmel täglich neue Hymen und sie sind dauernd Jungfrauen, ebenso wie jede Frau, die vorgeben will, daß sie es sei. Es ist keine schlechte Art, einen Geburtstag zu feiern. Richtige Schwärmer können es tun, wie es sich gehört, samt Flitterwochenhotel und allem Drum und Dran; gewöhnlich funktioniert das Ganze viel, viel besser als auf einer Hochzeitsreise beim erstenmal. Man kann sogar dasselbe Zimmer im voraus reservieren lassen. Oder man kann es öfter, daheim und ohne lange Vorbereitung tun. Sie braucht nur zu sagen: »Heute abend bin ich eine Jungfrau.«

Exhibitionismus

Die meisten Menschen haben von frühester Kindheit Spaß daran, dem anderen Geschlecht (allerdings nicht in Gegenwart Erwachsener) ihre Genitalien zu zeigen – die gehören schließlich zu dem Besten, was wir haben, und sie einem Partner zu zeigen, ist der Start zu Besserem. Die selbstklebende Etikette bleibt an Menschen geheftet, die aus verschiedenen Gründen auf keine andere Weise Sex ausüben können und Fremden ihre Genitalien zeigen. Das wäre eine harmlose, aber wenig lohnende Tätigkeit (solche schüchterne Charaktere sind definitionsgemäß keine Frauenschänder), wenn die Menschen dadurch nicht erschreckt oder geängstigt würden, obgleich der Mann, der nicht mehr als die erreichen kann, zu den Behinderten zählt. In unserem seltsamen Gesellschaftssystem bestrafen wir diese Leute mit öffentlicher Schande, Gefängnis und so weiter. Keine Frau braucht Angst zu haben, wenn sie so einem Mann begegnet. Eine berühmte Französin sagte einmal zu einem Mann, der sich entblößte: »Werden Sie sich nicht erkälten, Monsieur?« Gewöhnlich attackieren Exhibitionisten Kinder nicht und würden sie nicht erschrecken, wenn diese vernünftig erzogen wären, obwohl es sie gewöhnlich verwirrt, wenn Erwachsene sich lächerlich machen oder sich irgendwie abnormal benehmen. Kinder sind konservativ und werden leicht verlegen. Wenn Ihre Kinder einem Exhibitionisten begegnen, sagen Sie ihnen, der arme Kerl sei im Babystadium steckengeblieben und habe so viele Probleme, daß sie ihm lieber aus dem Weg gehen sollten.

Exzesse

Die gibt es quantitativ im Sex nicht – dafür sorgt schon die Natur; die Frau wird wund, der Mann kann nicht weiter. Alte Weiber unter Medizinern und Moralisten haben jahrhundertelang gelehrt, daß übertriebene Sexbetätigung entkräftet – in bezug auf übertriebene Arbeit oder exzessive körperliche Bewegung haben sie uns nie und in bezug auf exzessives Essen, das heutzutage unsere gefährlichste Belastung ist, nur selten so ernst gewarnt.

Tatsächlich ist Sex die im Vergleich zur aufgewandten Energie am wenigsten ermüdende körperliche Erholung. Wenn Sie nachher ausgepumpt sind, führen Sie es auf Ihre Einstellung dazu oder (was häufiger der Fall ist) in zweiter Linie auf Schlafmangel zurück. Männliche Liebhaber vergessen, daß Frauen, die arbeiten oder einen Haushalt führen oder beides, nicht so frisch, wenngleich ebenso bereitwillig sind wie müßige Insassen des alten ottomanischen Serails. Mädchen vergessen, daß Sex zwar für beide Geschlechter die ideale Entspannung darstellt, daß aber Sorgen eher als körperliche Ermüdung die Ursache für Impotenz sein können, besonders wenn sie mit dem aufrichtigen Wunsch gepaart sind, aus persönlichem Ehrgeiz olympiareife Leistungen und noch mehr zu vollbringen. Verschiedene Schlafbedürfnisse und -gewohnheiten können, wenn man sie nicht erkennt und einander anpaßt, eine sexuelle Partnerschaft ernstlich gefährden. Setzen Sie sich mit all diesen Problemen im Gespräch auseinander – ein echtes Schlafbedürfnis wirkt nur auf extrem unsichere Menschen, die sich nicht aussprechen können, wie Ablehnung oder Schmollen.

Gewöhnlich macht der Sex Frauen so matt, daß sie schläfrig werden. Auf Männer kann er dieselbe Wirkung haben, sie aber auch dazu treiben, sich produktiv zu betätigen – dann betätigen Sie sich eben produktiv, und lassen Sie sie nach einer angemessenen Periode gemeinsamer Ruhe und Liebe schlafen. Nachts gibt es kein besseres Schlafmittel als heftigen, gemeinsamen Orgasmus – aktiv Liebende brauchen keine Barbiturate.

Wenn Sie sich bis zur Erschöpfung ausgeben, läßt sich diese durch einige Stunden oder Tage der Ruhe kurieren. Anders als manche Leute glauben, führt häufiger Sex nur zu besserem Sex – er verhindert den verfrühten Orgasmus, ohne den Höhepunkt zu mindern: die gewaltige »Explosion« nach einer Zeit der Trennung hängt nicht mit der Enthaltung, sondern mit der Wiedervereinigung zusammen. Sie können während einer Zeit der Trennung beide täglich masturbieren, und werden diesen Höhepunkt dennoch erreichen. Häufiger Sex erhält auch die Funktion bis ins hohe Alter – er ist nicht nur eine Gewohnheit, sondern beeinflußt den Hormonspiegel, und damit auch Aussehen und Kraft.

Fetisch

Etwas, das man statt eines Partners oder genau wie ihn braucht, um eine volle sexuelle Reaktion zu erreichen. Ist, insofern es konkrete Gegenstände oder Gewohnheiten betrifft, bei Frauen seltener anzutreffen als bei Männern, obwohl Dinge wie Sicherheit, Angst und subtilere Situationsnuancen von Frauen zu Fetischen gemacht werden können. Fetische können verschiedenster Art sein – in fast jedem Menschen sind solche embryonaler Art vorhanden, deren Befriedigung ebenso zur Kunst wie zur Funktion der Liebe gehört. Viele Männer erzielen die besten Leistungen mit Frauen, die große Brüste, eine bestimmte Haarfarbe oder -länge haben oder wie Jungen aussehen, sind aber anderen Reizansprüchen gegenüber weniger aufgeschlossen. Als nächstes kommen bestimmte Kleidungsarten – sie ist begehrenswerter mit Strümpfen, mit Schuhen oder mit Ohrringen. Benutzen Sie jedes dieser entsprechenden Reizmittel in vollem Ausmaß (siehe unter »Kleidung«).

Ein wirklicher Fetisch ist jeder nicht-sexuelle Umstand, der zur Potenz notwendig ist. Er wird zum Problem, wenn er alles überschwemmt und sich zu einem verzehrenden Angstgefühl entwickelt (nur Schuhe, nicht einmal Frauen mit Schuhen) oder wenn es etwa eine Phantasie ist, die Sie erregt und Ihren Partner abschreckt, oder wenn die Leistung immer komplizierter und mit Angstgefühlen verbunden wird, bis man dem Einhalt gebieten muß. Das normale Ehespiel kann fast allen Erfordernissen dieser Art genügen, wenn die Partner einander wirklich verstehen und Spaß daran finden; wenn aber der eine sich an ein Angstritual klammert, kann das ein großes Problem sein, das sich durch Vortäuschen nicht lösen läßt.

Zum ersten kann jemand mit einer echten derartigen Behinderung, sogar wenn die Rolle durchgespielt wird, an allem das Interesse verlieren, außer an seiner fixen Idee. Das ist aber ein medizinisches Problem und sollte möglichst rasch gelöst werden. Es ist verbunden mit anderen persönlichen Schwierigkeiten, für welche das Desinteresse an Liebe nur ein Symptom ist, da die meisten von uns auf irgendeiner Ebene eine Vorliebe für ein oder mehrere Dinge haben, die uns aufstacheln. Wenn wir uns mit unserem Partner nicht auseinandersetzen können, neigen wir zu immer stärkeren Schuldgefühlen und Empfindlichkeit. Befreit man sich spielerisch davon, so passiert das nicht; läßt es sich so nicht beheben, muß man Hilfe suchen. Vergessen Sie nicht, wir sprechen von hartnäckigen und ausschweifenden fixen Ideen, die den normalen Geschlechtsverkehr behindern können. Wenn man sich weigert, irgendeine andere als die Missionarstellung einzunehmen, so ist das ebenso ein Fetisch wie wenn man nur beim Tragen eines Taucherhelms potent ist. Zum normalen Sex gehören bevorzugte Gelüste und Mannigfaltigkeit – Mannigfaltigkeit ist das, woran sich der behinderte Ritualist nicht erfreuen kann. Bei jemand, der bereit ist, alles einmal zu versuchen, ist so ziemlich alles in Ordnung.

Es mag brutal klingen, aber nehmen Sie keinen Partner, wir wiederholen *keinen*, mit einem größeren sexuellen Problem wie Homosexualität oder Zwangsritualismus, um »ihn durch Liebe zu heilen«. Sie werden es nicht schaffen; allerdings wird es, wenn er Ihre Liebe und Ihr Verständnis hat, viel leichter sein, ihn mit Hilfe eines Fachmannes zu heilen oder ihn zumindest zu veranlassen, sich mit sich selbst zu beschäftigen. Wenn Sie ein solches Problem auf sich genommen haben – und wir wiederholen: die Frage, ob es ein Problem ist, hängt davon ab, ob es Angstgefühle verursacht und die sexuelle Freude beeinträchtigt –, sprechen Sie miteinander darüber, ohne Furcht oder Vorwürfe, und suchen Sie einen Fachmann auf. Es ist ebenso ein medizinisches Problem wie ein Bandscheibenvorfall, wenn es Ihren gegenseitigen Genuß so behindert, wie es ein Bandscheibenvorfall tun würde.

Fettleibigkeit

In unserer Kultur wird Korpulenz als unschön angesehen. Wir kennen eine Frau, deren hübsche, dicke Tochter wegen dieser Norm nur Freunde aus dem Mittleren Osten bekommen kann. Die Frauen Renoirs, die nackt ideal für den Sex aussehen, würden bekleidet zu plump wirken.

Daß Übergewicht bei Männern zu Impotenz führt, ist eine umstrittene Behauptung. Wenn weder das noch die Ästhetik Sie stört, werden Sie sich vielleicht doch durch eine List helfen müssen. Der britische König Eduard VII. ließ sich eine spezielle Couch, ähnlich einem gynäkologischen Untersuchungsstuhl, bauen, die es ihm ermöglichte, an sein Ziel zu gelangen. Die meisten dicken Männer schaffen es, indem die Frau, ihnen zu- oder abgewandt, rittlings auf ihnen sitzt. Wenn das nicht klappt, versuchen Sie sich mit dem

Gesicht nach oben an den Bettrand zu legen und die Füße auf den Boden zu stellen, während die Partnerin mit gespreizten Beinen darüber steht. Ein zu dicker Mann ist ein schlimmes Problem – Kleopatra konnte sagen: »O glückliche Stute, die Antonius' Gewicht trägt«, aber er wog nicht 200 Pfund. Wenn Sie sehr übergewichtig sind, bemühen Sie sich abzunehmen, wenn Ihnen Ihr Sexleben oder einfach Ihr Leben lieb ist. Das gilt für beide Geschlechter. Moderne Mädchen sind zwar elastisch, neigen aber dazu, nach dem Sexualstandard früherer Zeiten untergewichtig zu sein, besonders für Stellungen von hinten und für den Verkehr auf einer harten Oberfläche.

Frigidität

Nicht identisch mit: Kein Vergnügen am Sex, wenn man todmüde ist, wenn die Kinder an die Tür hämmern, mitten auf dem Hauptplatz oder ganz allgemein mit dem falschen Mann, zur falschen Zeit, immerfort und jederzeit oder mit den falschen Gefühlen. Männer vom Automatentyp (wirf eine Münze ein, und der Orgasmus kommt heraus) sollten sich das merken. Ebensowenig identisch damit, daß man nicht bei jeder Gelegenheit einen tollen Orgasmus hat. Wenn es so wäre, müßte jede Frau frigid sein. Auch ist es ein Zeichen von mangelnder Reaktion, wenn der Mann unbeholfen, überstürzt und »phallusverschossen« ist. Wir nehmen an, daß Sie all das wissen. Echte Frigidität liegt dann vor, wenn eine Frau ihren Mann liebt und vor keinem Teil des Sex bewußt Angst hat, aber dennoch kein Vergnügen empfindet, wenn beide sich darum bemüht haben, dafür zu sorgen. Im Gegensatz zu männlicher Impotenz, die oft (wenn auch nicht immer) durch bloße Beruhigung beseitigt werden kann, läßt sich diesem Zustand nicht leicht durch Bücher abhelfen. Die weibliche Sexualität ist viel weniger geradlinig als die männliche – wenn eine Frau Schwierigkeiten dieser Art hat, *muß* sie individuell behandelt werden.

Manche Fälle mangelnden Lustempfindens sind einfach gelagert: die Pille kann in beiden Richtungen große Veränderungen der Libido bewirken. Ebenso die inneren chemischen Eigenschaften der Frau, die, anders als beim Mann, zyklischer Natur sind und plötzlichen Veränderungen unterliegen. Wenn der Geschlechtsverkehr Schmerzen verursacht, ist das auch einfach – suchen Sie einen Gynäkologen auf und lassen Sie sich behandeln. Schwangerschaft und Geburt können die Reaktion physisch und psychisch beeinträchtigen. Angenommen, keiner dieser Fälle trifft zu, Sie haben einen Mann, mit dem Sie reden können, verständli-

FRIGIDITÄT
Es zeugt von mangelnder
Reaktion, wenn der Mann
unbeholfen, überstürzt oder
»phallusverschossen« ist.

226

che Gründe für eine Abkühlung (wie ein übergewichtiger Liebhaber) fehlen, und Sie haben dennoch keineswegs ein Gefühl der Befriedigung, so lassen Sie sich persönlich beraten. Die Verzahnung körperlicher und psychologischer Ursachen, die diese Art mangelnder Befriedigung bewirken, ist zu kompliziert, um in einem Buch behandelt zu werden.

Wenn Sie noch immer nichts empfinden, ist die einzige lohnende Methode, sorgfältige Selbsterziehung durch entspannte, allmähliche und ungestörte Selbsterforschung. Bei Frauen ist die Masturbation in weit höherem Maße als beim Mann ein Prozeß ständiger Selbsterforschung, und viele Frauen können sich auf diese Weise zur Reaktion erziehen und tun es auch. Weitverbreiteten Aussagen zufolge ist die Verwendung eines Vibrators von Vorteil – er kann bei fast jeder Frau sexuelle Empfindungen hervorrufen. Wenn man einmal ein Stimulans gefunden hat – ob allein oder mit einem Liebhaber –, das Gefühle vermittelt, soll man es bei der Liebesbetätigung voll und ganz anwenden. Wenn man einen Finger an der Klitoris oder einen Genitalkuß braucht, soll einen nichts daran hindern – die Propaganda hinsichtlich des »vaginalen Orgasmus« ist tatsächlich Propaganda, und das Werturteil, man sei keine Frau, wenn man nicht allein durch tiefes Eindringen des Penis voll befriedigt werde, ist absolut nicht zutreffend; manche Frauen werden dadurch befriedigt, andere nicht. Manche Frauen haben viele Orgasmen – mitunter so viele, daß sie ineinander übergehen und sich nicht als Einzelereignisse festlegen lassen –, andere einen einzigen wie ein Mann. Manchen Frauen macht nur Brust- oder Genitalstimulierung Vergnügen. Finden Sie heraus, welche Art Ihnen entspricht. Wenn Sie mit Stellungsveränderungen experimentiert haben, tun Sie es – wir nehmen an, daß Sie es nun schon getan haben. Und mit Lust und Einfällen. Wenn Ihnen nichts davon einen Weg zeigt, brauchen Sie individuelle Hilfe (oder besser gesagt, Hilfe als Paar – wenn Sie einen Ratgeber finden können, sollten Sie ihn beide aufsuchen).

Zur Selbsterziehung machen Sie es sich vorerst wirklich bequem – nackt oder nicht, vor einem Spiegel oder nicht, was Ihnen mehr zusagt. Denken Sie oder phantasieren Sie über alles, was irgendeine Reaktion bei Ihnen hervorbringt, dann beginnen Sie allmählich, Ihren Körper zu erforschen. Lassen Sie Ihre Hand dorthin gehen, wo es Ihr Körper wünscht – Brüste, die ganze Hautfläche, Schamlippen, Klitoris. Tun Sie das gleiche, wenn Sie einen Vibrator benutzen – legen Sie sich nicht auf einen Orgasmus fest, sondern gehen Sie darauf aus, zu entdecken, was Ihnen gefällt und was Ihrer Meinung nach Ihnen gefallen würde. Es dauert einige Zeit, das herauszufinden, wenn man es noch nicht weiß. Manchmal kann Ihnen eine Frau, wenn es Sie nicht einschüchtert oder abkühlt, dabei mehr helfen als ein Mann. Das macht aus Ihnen noch keine Lesbierin. Setzen Sie nicht voraus, daß ein anderer Mann imstande sein wird, es besser zu machen als Ihr Liebhaber – es wäre möglich, aber Sie können es nicht mit Sicherheit annehmen. Wenn Sie sich eine Situation vorstellen können, die Sie erregen würde, versuchen Sie sie mit Ihrem Geliebten – im Spiel, wenn es sich im Ernst nicht durchführen läßt – herbeizuführen und vergessen Sie nicht, daß gespielte Vergewaltigung nicht echte Vergewaltigung und gespielte Grausamkeit nicht echte Grausamkeit ist. Überlegen Sie, ob einer unserer Vorschläge Sie vielleicht in Erregung versetzen könnte. Sprechen Sie mit Ihrem Partner.

Darüber hinaus können wir Ihnen durch gedrucktes Wort nicht helfen. Die weibliche Libido wird, so seltsam es klingt, durch das männliche Hormon gelenkt. Siehe unter »Impotenz«.

Gefährdungen

Es gibt, im Gegensatz zu dem, was uns der Aberglaube weismachen will, nur wenig wirklich gefährliche Sexualtechniken. Ungeschicktes Eindringen in die Vagina, wenn die Frau oben ist, kann ihn oder sie verletzen; heftiges Analeindringen kann sie verwunden, und jeder Analkoitus enthält ein kleines Risiko einer Entzündung der Harnröhre beim Mann und der Scheidenschleimhaut (Kolpitis) bei der Frau, wenn man analen mit vaginalem Koitus vermengt. Frauen, welche zu Fehlgeburten neigen, müssen in der Schwangerschaft sanft behandelt werden, und solche, die stark dazu neigen, sollten während der Schwangerschaft einen Orgasmus lieber vermeiden. Davon abgesehen gibt es wenige Dinge, die an sich gefährlich sind. Keines davon ist sehr verbreitet, aber sie werden doch praktiziert, da gelegentlich von Unglücksfällen berichtet wird.

1. Würgen Sie nie jemanden, auch nicht im Spiel und besonders nicht im Orgasmus. Viele Sexualmorde sind Unfälle, die Frauen zustoßen, welche Teilstrangulierung als Reizmittel ausprobieren; sie können gefahrlos genau das gleiche Gefühl durch Koitus mit dem Kopf nach unten erlangen, siehe unter »Umkehrung«. Blockieren Sie nie die Luftwege eines Partners und seien Sie besonders vorsichtig bei Fesselungsspielen – auf einer weichen Oberfläche kann man ersticken.

2. Blasen Sie niemals in die Vagina. Dieser Trick kann eine Luftembolie verursachen und hat schon zu plötzlichem Tod geführt.

3. Spielen Sie niemals, trotz gelegentlichen Berichten in der Literatur über die Verwendung von Haushaltsgeräten für sexuelle Reize, mit Staubsaugern oder mit Druckluftleitungen herum. Als der Schlauch einer Luftpumpe in einer Entfernung von einem halben Meter auf den Anus eines Mannes gerichtet wurde (ein »lustiger« Streich), wurde diesem der Darm zerrissen. Verletzungen des Penis durch Staubsauger sind erstaunlich verbreitet und sehr schwierig zufriedenstellend zu heilen. Wasser mit normalem Druck aus der Leitung ist ungefährlich, aber richten Sie den Strahl auf die Klitoris, nicht unbedingt in die Vagina – alles, was unter Druck steht, kann in die Eileiter gelangen und Schaden anrichten.

4. Cantharidin (spanische Fliege) ist kein Aphrodisiakum, sondern ein Gift, das ungefähr so starke Entzündungen verursacht wie Senfgas. Die Dosis, welche eine wertlose, schmerzende Erektion durch Entzündung des Penis verursacht, ist größer als die tödliche Dosis für Nierenschaden. Einige Mädchen wurden durch Konfekt, das Cantharidin enthielt, getötet.

5. Nichts, das Sie einatmen, ist ein ungefährliches Reizmittel: Organische Chemikalien, welche Schwindel verursachen, führen auch ziemlich leicht den Tod herbei. Amylnitrit (bei Halsentzündungen verwendet) erzeugt Rötung und andere Sexualempfindungen, es ist aber durchaus nicht ungefährlich, damit herumzuspielen. Wenn Sie sich aufputschen wollen, versuchen Sie es mit lauter Musik im Kopfhörer.

Wenn man den Umfang menschlichen Experimentierens mit Sex in Betracht zieht, muß man die konventionellen Befürchtungen verneinen und sagen, daß nur offenkundig idiotische Sexualexperimente gefährlich sind. Angemessene Sanftheit vorausgesetzt, ist Sexspiel der bei weitem ungefährlichste aktive Sport – man kann durch einen Golfball ums Leben kommen.

Geschlechtskrankheiten

Sie wurden mehrere Generationen lang von der rechtschaffenen Gesellschaft heimlich als Gottes Strafe für die Sünde angesehen. Andererseits sind sie eine wirkliche Gefahr, wenn man mit Menschen, die man nicht kennt, Geschlechtsverkehr oder starkes Petting betreibt. Es gibt zwei verbreitete Arten der Krankheit. Syphilis ist eine tödliche Krankheit – das erste Anzeichen ist eine verhältnismäßig schmerzlose Wunde an der Stelle, wo man infiziert wurde (Genitalien, Anus, Mund), nach einiger Zeit gefolgt von einem allgemeinen Ausschlag und Jahre später von vielen unangenehmen Folgeerscheinungen. Sie kann sogar von der Mutter einem ungeborenen Baby übertragen werden. Die Gonorrhöe (»Tripper«) zeigt sich beim Mann gewöhnlich innerhalb einer Woche als schmerzhafter Ausfluß aus dem Penis. Bei der Frau kann sie Ausscheidungen und Drüsenschwellungen verursachen, kann aber symptomlos bleiben und viel leichter übersehen werden. Beide sind nicht schwierig zu behandeln, wenn man unverzüglich einen Arzt aufsucht. Versuchen Sie *nicht*, sich selbst mit Antibiotika zu behandeln, und trachten Sie nicht, wie immer die Folgen auch sein mögen, sie zu verbergen, sondern warnen Sie jeden, den Sie angesteckt haben könnten. Tatsächlich würde man, wäre nicht die magische Aura um die Krankheiten, viel lieber eine von beiden bekommen als etwa Masern. Es gibt noch eine, viel weniger verbreitete, »Geschlechts«krankheit *(lymphogranuloma inguinale)*, wenn man nämlich von einem schmutzigen Partner Filzläuse bekommt. Leute, die viel herumschlafen, und manche, die es nicht tun, können Trichomonadenbefall bekommen. Halten Sie Ihren Partner, wenn er ihn bekommt, nicht unbedingt für treulos, aber Sie beide und eventuelle dritte Personen müssen sich behandeln lassen, um die Geißeltierchen loszuwerden.

Wenn Sie etwas riskieren müssen, waschen Sie sich sofort nach dem Koitus gründlich mit Seife und fließendem Wasser, das ist ein ganz guter Schutz – ebenso das Tragen eines Präservativs, aber vergessen Sie nicht, daß Syphilis auch durch Küssen übertragen werden kann. Verkehren Sie mit niemandem, der einen Ausschlag oder eine offene Wunde hat. Eine Mega-Einheit oral eingenommenes Penicillin innerhalb von 1 bis 2 Stunden nach dem Kontakt ist ein praktisch hundertprozentiger Schutz, auch heute, obwohl manche Erreger schon verhältnismäßig resistent sind. Wenn Sie wissen, daß Sie ein Risiko eingehen werden, könnten Sie diese Dosis auch im vorhinein nehmen (»Sankt Peters Regenschirm« – nach dem Apostel, der die ganze Nacht schuftete und nichts abbekam). Die Moralisten haben durchaus recht mit ihrer Behauptung, daß das Vermeiden von Partnern, die leicht zu bekommen sind, die beste Prophylaxe darstellt, aber auch das ist nicht hundertprozentig.

Geschlechtskrankheiten könnten in unserer Generation völlig ausgerottet werden, wenn die Menschen aufhörten, sie als Sonderfälle zu behandeln, und wenn niemand ein Interesse daran hätte, sie als Abschreckung zu benutzen. Prostituierte sind nicht die

Hauptquelle von Ansteckungen – das große Risiko sind sorglose und unwissende Amateure. Homosexuelle können sie ebenso bekommen wie Heterosexuelle und bekommen sie auch tatsächlich sogar noch häufiger. Für eine Frau, welche die Pille nimmt, ist die Gefahr viel größer – nicht weil sie ihre Moral beeinträchtigt, sondern weil die Pille einen natürlichen antiseptischen Mechanismus ausschaltet.

Sehr wahrscheinlich haben manche Ihrer besten Freunde eine Geschlechtskrankheit.

Gesundheit

Wenn Sie akut krank sind, werden Sie wahrscheinlich keine Lust auf Sex haben. Es gibt nur sehr wenige längerdauernde Krankheiten, bei denen ein »Sexverbot« für mehr als kurze Zeit gerechtfertigt ist, wie etwa nach einem Herzanfall oder einer Bruchoperation oder natürlich bei ansteckenden Krankheiten wie Geschlechtskrankheit oder Trichomonadenbefall, oder wenn man schwanger ist und die Gefahr einer Fehlgeburt besteht. Das wissen die meisten Ärzte, aber manche erteilen noch immer alarmierende oder gedankenlose Sexverbote, wenn ihr eigenes Sexleben uninteressant ist.

Wenn der Arzt der Frau den Rat erteilt, Sex zu vermeiden, sollte sie fragen, warum. Vielleicht meint er nur, daß eine Schwangerschaft gefährlich sein könnte. Das gleiche gilt, wenn ein ernstes genetisches Risiko besteht. In diesem Fall würde ein rücksichtsvoller Partner sich sterilisieren lassen, um hundertprozentig sicher zu sein. Sonst gibt es keine Indikationen, außer den von uns genannten. Wenn dem Mann rotes Licht gegeben wird, diskutieren Sie darüber. Normalerweise ist sogar eine ernste Herz- oder Nierenkrankheit kein Grund dafür, vorsichtigen Sex zu verbieten, ebensowenig wie hoher Blutdruck. In diesen Fällen ist es vielleicht vernünftig, sehr angespannte und heftige Betätigungen zu vermeiden. Bei außerehelichen Beziehungen ist die Erregung größer und die Unfälle sind häufiger als bei ehelichen, und es hat mehr tödliche Unfälle in Boudoirs und Bordellen gegeben als im Ehebett. Bei vergrößerter Prostata oder hohem Blutdruck kann es ein Problem geben, weil manche Medikamente, die zu deren Behandlung verwendet werden, die Potenz beeinträchtigen können, und man muß sich dann, wenn andere Mittel nicht helfen, doch zu solchen entschließen. Wichtig ist, sich nicht mit einer verneinenden Antwort zufriedenzugeben, es sei denn, man habe eine volle Erklärung erhalten und ist sicher, daß der Arzt weiß, was Ihnen Sex bedeutet (manche Ärzte glauben noch, daß Sex über Fünfzig entbehrlich oder nicht vorhanden sei – siehe unter »Alter«). Ein guter Arzt wird wissen, daß das Aufgeben des Sex für irgendwelche Zeit normalen Menschen schwerfällt und die Sexreaktion eines älteren Mannes schädigen kann, wenn er wieder zu beginnen versucht. Ein wirklich guter und informierter medizinischer Rat kann hingegen genau das erreichen, was Ihnen dazu verhilft, weiter in Schwung zu bleiben und eine sonstige Krankheit zu vermeiden – Sie sollten zusammen mit dem Arzt die Lösung erarbeiten. Manche Menschen finden, daß es schlimmstenfalls die beste Art sei, das Zeitliche zu segnen. Wahrscheinlich würde die durch ein Sexverbot verursachte Angst und Depression mehr Schaden stiften als die mäßige körperliche Bewegung beim Geschlechtsverkehr. Siehe unter »Ärzte«. Es gibt Beweise dafür, daß ein besseres Sexualleben den überhöhten Blutdruck tatsächlich senken kann, wenn dieser durch allgemeine Ängste verursacht wird.

Impotenz

Die Grundlage für soviel Unsinn und Angst, daß einige Fakten festgehalten werden müssen.

1. Alle Männer sind manchmal impotent – gewöhnlich bei einem ersten oder übereilten Zusammensein mit einer besonders begehrten Frau, die sie beeindrucken wollen. Das Risiko entspricht der Verlockung. Es kann auch daheim vorkommen, ganz unerwartet und unangekündigt – oft durch irgend etwas, das einen abkühlt, ohne daß man sich dessen bewußt ist. Wichtig ist nur, sich dadurch nicht aus der Fassung bringen zu lassen. Die konventionelle Vorstellung der Männer, jederzeit und überall leistungsbereit zu sein, ist neurotisch und nicht durchführbar.

Nur die völlig Gefühllosen sind allzeit wirksame Fickmaschinen wie ein Gestütbulle, und auch Gestütbullen haben ihre freien Tage. Lassen Sie sich für eine Premiere eine ganze Nacht Zeit – dann wachen Sie entsprechend geil auf.

2. Es gibt tatsächlich physische Faktoren, die zur Impotenz führen – die wichtigsten sind Diabetes, Fettleibigkeit, Alkohol und einige gegen Depression und gegen hohen Blutdruck verordnete Medikamente.

3. Die einzige andere verbreitete Ursache für Impotenz ist psychologischer Natur – man verursacht sie selbst, wenn man sich Sorgen hinsichtlich der sexuellen Leistungsfähigkeit macht. Es ist genau das gleiche wie bei dem alten Mann, der darüber nachdachte, ob er mit dem Bart über oder unter der Decke schlafe, und bei

dem Versuch, sich daran zu erinnern, verrückt wurde, oder bei dem Pianisten, der über seine Finger nachzudenken beginnt.

4. Wenn Sie jemals (durch Masturbieren, im Schlaf- oder Wachzustand) eine Erektion bekommen können, ist mit Ihren Penisschwellkörpern alles in Ordnung.

5. Das Alter hat, es sei denn, es bringt Krankheit mit sich, nichts mit Impotenz zu tun. Wohl aber der Glaube, daß man älter wird und sich verausgabt habe. Die normale männliche Potenz bleibt einem das ganze Leben erhalten. Die einzige Veränderung besteht darin, daß spontane Erektion seltener wird, daß direkte Hautstimulierung erforderlich ist und daß es länger dauert, bis es zum Orgasmus kommt. Impotenz bei alten Männern wird durch Abschreckungen, mangelnde Gesundheit und das Fehlen einer aktiven Partnerin, zu häufige Leistungsversuche oder die Anforderungen einer jüngeren Partnerin hervorgerufen, die sie als Test für die Leistungsfähigkeit stellt. Sie würden normale Männer jeden Alters abschrecken.

6. Infolgedessen bedeutet hartnäckige Impotenz entweder, daß Sie einem bestimmten Versagen gegenüber – durch falsche Umstände, falsche Partnerin, falsche Gefühle, Rekordversuche – eine Leistung zu erbringen versuchen, oder daß Sie sich dadurch, daß Sie handeln, als wären Sie ein Zuschauer, kein Beteiligter, und sich darüber Sorgen machen, wie Sie es schaffen werden, selbst zum Versagen bringen. Das kann beginnen, wenn Sie sich über einen der unter 1) erwähnten »unergiebigen« Tage ärgern, und kann zu einer Gewohnheit werden. Verhalten Sie sich dagegen wie bei »Überempfindlichkeit«, nur sollten Sie beide in diesem Fall alle zusätzlichen Reize benutzen, aber mit dem festen Entschluß, nicht zu koitieren – eine genaue Beschreibung der Methode steht bei Masters und Johnson, die leicht für *do it yourself* anwendbar ist. Wenn das mißlingt, holen Sie sich Hilfe bei einem Fachmann. Wenn alle die hier aufgezählten Tatsachen wüßten, wäre die Aufgabe der Sextherapeuten zumindest durch Verständnis erleichtert.

Bei manchen Männern, die zu Mißlingen der Erektion neigen, ist der Hormonspiegel niedrig, das könnte jedoch Wirkung, nicht Ursache sein. Wenn man männliche Hormone nimmt, wird die Eigenhormonzufuhr abgestellt, und das kann die Sache noch verschlimmern (obwohl Eunuchen potent bleiben, so daß also, vorausgesetzt, man erreicht ungehindert die Pubertät, riesige Hoden nicht unbedingt notwendig sind). Manche synthetischen Hormone vermeiden den Abstelleffekt der Eigenhormone. Testosteron hilft tatsächlich bei Fällen starker, unerklärter Libidoschwankungen, besonders bei Männern über Fünfzig, muß jedoch unter ärztlicher Kontrolle genommen werden, um Störungen zu vermeiden; auch männliches Gonadotropin hilft in manchen Fällen, dürfte aber nur von einer Forschungsgruppe erhältlich sein. Es gibt neuere Medikamente zur Erektionsunterstützung, die vielleicht nützlich sein können; ihr hauptsächlicher Nutzen wäre ihre günstige Wirkung auf die seelische Verfassung – ist man einmal beruhigt, daß man eine Erektion erreichen kann, ist das Problem damit gelöst.

Die Japaner haben einen Elektro-Erektor auf den Markt gebracht, der angeblich bei geradezu Toten wirkt; wir haben den Apparat noch nicht gesehen. Auf keinen Fall dürfen Sie mit selbstgebastelten elektrischen Apparaten oder der elektrischen Leitung herumspielen.

Letzten Endes stimmt es wahrscheinlich nicht hundertprozentig, daß man eine Erektion nicht durch seinen Willen herbeizwingen kann. Fast alle unwillkürlichen körperlichen Vorgänge können durch eine Technik, das sogenannte »Wirksammachen«, steuerbar gemacht werden – man kann zum Beispiel lernen, den Herzschlag zu verlangsamen oder die Hirnwellen zu verändern. Das müßte sich auch mit der Erektion erreichen lassen, indem man irgendwelche psychologischen Hindernisse ausschaltet – Yogis können ohne Stimulierung durch Willenskraft zu sofortiger Erektion gelangen, es ist also durchführbar. Man würde aber dazu Hilfe auf Forschungsebene brauchen, bis die Methode erarbeitet wurde.

Notiz für Ärzte, die nicht Sexologen sind: Wenn Sie eine kurze Zusammenfassung aus letzter Zeit darüber suchen, was sich bei Impotenz und Frigidität mit Hormonen erreichen läßt, lesen Sie R. B. Greenblatt »Medical Opinion«, September 1971, 22–26. Lesedauer 5 Minuten. Mesterolon ist wahrscheinlich das ungefährlichste und wirksamste Hormon, das man verwenden kann.

Kinder

Kinder sind eine natürliche, wenn auch keine notwendige Folge der Sexbetätigung. Sie erlegen einem Verantwortung auf – nicht zum geringsten die, zusammenzubleiben und sie aufzuziehen und die unmittelbare Ungezwungenheit im Sex für mehrere Jahre einschränken zu müssen. Für die meisten Menschen sind sie diese Beschränkungen durchaus wert, wenn Sie aber nicht dazu bereit sind, das hinzunehmen, sollten Sie keine Kinder bekommen.

Wirklich sinnlicher Sex ist nicht auf Kinderlose beschränkt, wenn man ihn jedoch haben will, muß man für Ungestörtheit sor-

gen. Beziehen Sie Kinder nie in die Sexualbetätigung Erwachsener
ein: militante und exhibitionistische Freisinnige, die Kinder an die
Natürlichkeit des Sex gewöhnen wollen, indem sie sie auf allen
Stufen an ihrem Sexleben teilnehmen lassen, verursachen dabei
wahrscheinlich zumindest ebensoviel Schaden, wie er jemals von
der verbietenden Sex-ist-schmutzig-Generation verschuldet wurde. Ihre Kinder können aus Ihrem Bewußtsein, daß Ihre Beziehungen außerhalb des Schlafzimmers nicht gehemmt sind, ersehen, daß Liebe und Sex gut sind (wenn Sie ängstlich überzeugen
wollen, werden Sie die Ängstlichkeit auf die Kinder übertragen).
Was in anderen Kulturen geschieht, ist hier nicht maßgebend,
denn in unserer Gesellschaft gibt es deren unterstützende und erzieherische Mechanismen nicht.
  Die meisten Kleinkinder sind biologisch so programmiert, daß
sie den Anblick oder das Anhören von Geschlechtsverkehr als ge-
waltsamen Überfall interpretieren (sie sind sich dessen früher bewußt, als Sie erwarten würden, behalten Sie daher niemals Babys
im Schlafzimmer), und das Bewußtsein von Sexualbeziehungen
zwischen Mutter und Vater ist jedenfalls eine viel zu heikle Angelegenheit, um damit Reichsche Experimente durchzuführen. Es ist
etwas anderes, wenn man ihre eigene Sexualität (Masturbation, Interesse am anderen Geschlecht und dergleichen) mit Billigung und
Natürlichkeit behandelt, aber treiben Sie die Begünstigung weder
bei Kleinkindern noch bei Jugendlichen so weit, daß es zu inze-
stuösen Konflikten mit ihrem Privatleben kommt. Sonst werden
Sie am Ende noch versuchen, sie zur Ausführung Ihrer nicht ver-
wirklichten Phantasien zu benutzen, und sie völlig dem Sex ent-
fremden. Eine gute Sexualerziehung beginnt damit, nicht gehemmt, aber auch nicht exhibitionistisch zu sein, die Schüchternheit Ihrer Kinder zu respektieren, ihre Fragen zu beantworten und
ihnen zu zeigen, daß Sie Sexualität als ein Thema betrachten, dem
man mit Interesse, Natürlichkeit – und Ungestörtheit, nicht Geheimhaltung begegnet, sorgen Sie für Ungestörtheit im Hinblick
auf die Tatsache, daß ein normales Kleinkind Sie als Konkurren-
ten betrachtet, d. h. sperren Sie es nicht einfach aus.
  Die modernen Wohnverhältnisse machen das zu Ratschlägen
für ein zur Zeit unerreichbares Ideal, es sei denn, man ist reich.
Wenn Sie aber zu den notwendigen Zugeständnissen nicht bereit
sind, halten Sie sich an den Sex und bekommen Sie keine Kinder.
Nacktheit ist auch etwas, womit militante Freisinnige ihre Kinder
in Verlegenheit bringen können – es gibt eine ganze Reihe ange-
borener kindlicher Reaktionen auf die Genitalien der erwachsenen

Eltern. Wir würden sagen: »Gehen Sie dabei nicht zu weit.« Kinder sollten, wenn die Eltern normalerweise und ungehemmt nackt umhergehen, einander und andere Erwachsene als die Eltern nackt sehen; jedes Element einer besonderen Erziehungsschaustellung ist aber wahrscheinlich nicht vorteilhaft. Bei der Zugehörigkeit von Familien zu F.K.K.-Vereinen liegt das Gute darin, daß die Nacktheit von Menschen im allgemeinen der biologischen und psychologischen Angst-Assoziationen mit nackten Eltern entbehrt. Übertreiben Sie auch da nicht und wundern Sie sich nicht über Anstandsgefühle bei Ihren Sprößlingen, die Sie nicht teilen, und verurteilen Sie sie auch nicht. Vergessen Sie nicht, daß für den normalen drei- bis siebenjährigen Jungen der Penis des Vaters ein Dominanzzeichen und die Vulva der Mutter ein ambivalentes Objekt ist. Wenn Sie krampfhaft emanzipiert sein wollen, übertreiben Sie wahrscheinlich.

Man sollte Kinder noch vor der Pubertät über normale Sexphänomene wie Menstruation oder Masturbation informieren, ehe andere eifrige Ratgeber (Priester, Lehrer und andere Kinder) es tun – stellen Sie sie als das dar, was sie sind, zum Vorgang und Vorrecht des Erwachsenwerdens gehörig: Jede sexuelle Aufklärung einschließlich der, woher die Babys kommen und worin der Geschlechtsverkehr besteht, wird am besten erteilt, bevor sie noch verstanden werden kann, so daß das heranwachsende Kind weiß, worum es sich handelt, und vor Bangemachern gefeit ist.

Heranwachsende Kinder in Sexerfahrungen zu treiben, ist pathologisch. In diesem Alter hängt es davon ab, ob sie zu Ihnen Vertrauen haben und sicher genug sind, daß Sie vernünftig sprechen werden, wenn sie Sie um Rat fragen. Aber erschrecken Sie nicht, wenn sie dennoch ihre Fragen für sich behalten. Wenn Sie sich Sorgen machen oder Schwierigkeiten voraussehen, sagen Sie es offen und direkt, aber schüchtern Sie sie nicht ein. Wenn Sie Ihre Aufgabe richtig hinter sich gebracht haben und Ihre Kinder einen annehmbar guten Charakter besitzen, werden sie zwar weniger Erfahrung, aber ebensoviel Vernunft zeigen wie Sie. Einer um ʹ ʹ ʹ ʹ Freunde fand Präservative im Besitz seiner dreizehnjährigen Tochter und rief die Eltern ihres besten Freundes an, »um sie zu warnen«. Von seinem Vater befragt, sagte der Knabe: »Ja, ich weiß; ich habe sie ihr gekauft. Sie geht mit einem Jungen und hat nicht vorgesorgt, da wollte ich nicht, daß sie in Schwierigkeiten gerät!«

Wahrscheinlich werden Eltern, die ein natürliches Sexleben führen, in dieser Hinsicht gute Eltern sein, aber sie sind in unserer

Kultur eher selten, und wir können unsere Ängste nicht verhindern. Es hat wenig Sinn, sie verbergen zu wollen (viele davon sind dem Menschen angeboren) und Theaterspielen, ob nun moralistisch oder anderswie, ist schlecht und wird von Kindern durchschaut. Das Beste, was Sie erreichen können, ist, daß man Sie hinsichtlich Ihrer eigenen Ansichten für aufrichtig hält.

Schließlich sollte es sich jeder ernsthaft überlegen, bevor er ein Kind oder eine Schwangerschaft benutzt, um etwas zu beweisen, um »die Ehe zu kitten«, um die Persönlichkeit der Partner zu fördern, oder dem Einfall zu folgen, es wäre herrlich, ein oder mehrere Kinder allein aufzuziehen. Natürlich sind Kinder persönlichkeitsfördernd, und sie zu haben ist ein Teil der Persönlichkeit, aber sie sind Menschen, keine psychiatrischen Verfahren. Die Adoptionsvermittlungen sind auf der Suche nach Leuten, die ein Kind als Medizin, Schaumünze oder Rakete betrachten, und unterziehen sie einer Auswahlprüfung. Wenn wir motivierte natürliche Elternschaft ausmerzen könnten, gäbe es weniger Geisteskrankheit, und es würde das Bevölkerungsproblem in reichen Ländern lösen.

Klimakterium

Alte Bezeichnung für Menopause, die Zeit, in der die Frau zu menstruieren aufhört. Der alte Quäkerarzt John Fothergill schrieb im 18. Jahrhundert: »Es gibt im Leben der Frauen eine Periode, die man sie meist mit einiger Besorgnis zu erwarten lehrt; die verschiedenen und absurden Ansichten über das Aufhören der Menstruationsausscheidung, die im Lauf der Zeiten verbreitet wurden, haben das Leben vieler vernünftiger Frauen allmählich verbittert – manche in anderer Hinsicht fähige und vernünftige Praktiker scheinen diese falschen und furchterregenden Vorstellungen, wenn sie sie auch nicht unterstützen, doch nicht mit dem für einen solchen Gegenstand erforderlichen Eifer und Menschenliebe zu korrigieren.« Damit ist so ziemlich alles gesagt.

In der Menopause kommt es zu komplizierten Veränderungen. Das Aufhören der Ovulation bedeutet das Ende der Fruchtbarkeit, und das beeinträchtigt bei vielen Frauen die Selbstachtung, ganz abgesehen von den körperlichen Folgen einer Störung des Hormonhaushalts. Für andere stellt sie eine sexuelle Befreiung dar, wenn sie sich nicht länger Sorgen wegen der Empfängnisverhütung zu machen brauchen. Während unregelmäßige Blutungen oder Wallungen hormonal bedingt sind, können Persönlichkeitsänderungen wie Reizbarkeit und Depression sowohl hormonell wie

237

durch die Tatsache verursacht werden, daß man einen Markstein erreicht hat und nicht mehr jung ist. Die Männer, die keine Menopause oder sonstige plötzliche Hormonänderungen erleben, machen oft ein »männliches Klimakterium« durch, das mit der Erkenntnis zusammenfällt, daß sie Versäumtes nachholen sollten. Das kann zu unbesonnener Zügellosigkeit, zu tatsächlicher Erkrankung oder aber bloß zu neuerlicher Einschätzung ihrer Möglichkeiten, sehr ähnlich einer zweiten Jugend, führen.

Für Frauen endet das Sexleben keineswegs mit der Menopause es sei denn, sie sind davon überzeugt, daß es enden sollte, oder fühlen sich »nicht mehr als Frauen«. Oftmals beginnt es dann erst richtig, wenn sie sich früher Sorgen wegen einer Schwangerschaft gemacht haben. Ob die Symptome körperlich oder geistig sind, wie etwa Gemütsveränderungen, es lohnt sich oft, mit Hormonbeigaben (unter ärztlicher Aufsicht) über die Wiederanpassungszeit hinwegzukommen. Die Pille kann die Menopause verschleiern, indem sie den Zyklus ändert oder unterdrückt; nehmen Sie sie weiter, solange Sie nicht sicher sind, daß Sie nicht noch immer ovulieren, sonst könnten Sie überraschend schwanger werden. Manche Frauen brauchen nach der Menopause Östrogen gegen Trockenheit oder Entzündung – aber fortgesetzte Sextätigkeit scheint für die Aufrechterhaltung der Funktion beider Geschlechter bis ins späte Alter fast ebensogut zu wirken wie Medizin. Siehe unter »Alter«.

Perversität

In Büchern, die vor den siebziger Jahren geschrieben wurden, bedeutete das ganz einfach jedes Sexualverhalten, an dem der Autor selbst kein Vergnügen fand. Genauer gesagt bedeutet es etwas Antisoziales, das behinderte Menschen als Ersatz für die Sexualität verwenden, von der sie ihre Hemmungen ausschließen. Die verbreitetsten Perversitäten in unserer Kultur bestehen darin, daß man Macht erwirbt und sie dazu benutzt, andere Menschen herumzustoßen. Das kann sich in der Jagd auf Geld als Betätigungsstatus, in der sexuellen oder sonstigen Behandlung anderer Menschen als Dinge, die man manipuliert, oder in der Einmischung in das Sexualleben anderer äußern, mit der man erreichen will, daß sie diesbezüglich so hart und so ängstlich bemüht sind wie der, der sich einmischt. Klassifizierte Perversitäten wie das Ausgraben von Leichen oder das Begehen von Lustmorden sind nur auf Grenzpsychotiker beschränkt und von geringerer sozialer Bedeutung als die »achtbaren«, weil sie selten sind und abgeurteilt werden. Es ist ein

Maßstab für Prestige und gesellschaftlich anerkannte Perversität, daß die meisten öffentlichen Äußerungen in der Gesetzgebung, Rechtsvollstreckung und dergleichen Standpunkte gelten lassen, die im Grund pervers sind, auch wenn die Sprecher privat gesund sind und sich im Leben nicht nach dem richten, was sie predigen.

Derartige Behinderungen sind äußerst schwer zu kurieren, ob sie nun zu sadistischer Verstümmelung, Reinheitskreuzzügen, Bergen-Belsen oder Vietnam führen. Wie sehr einem auch diese Leute leid tun mögen, sie sind gefährlich, und man meidet sie am besten als Partner oder Ratgeber – sonst ist man nur selbst schuld an den bösen Folgen.

Priapismus

Von Priapus, dem römischen Gartengott mit einem langen, steifen Holzpenis: eine ungewünschte Erektion, die man nicht los wird, von keinerlei sexuellem Lustgefühl oder Erregung begleitet.

Eine schmerzhafte Erektion, die bestehen bleibt, ist selten und im allgemeinen ein Zeichen dafür, daß etwas nicht in Ordnung ist und man einen Arzt aufsuchen soll. Häufiger, wenn auch nicht oft, kommt es vor, daß man nachts sogar nach einem vollen Samenerguß, durch schmerzhafte, unangenehme Erektionen geweckt wird, so daß der Patient aufstehen und umhergehen oder duschen muß – Koitus oder Masturbation helfen nicht; das kann zu schwerer Schlaflosigkeit führen. Wir erwähnen es hier, weil die Patienten sich deswegen die schlimmsten Sorgen machen. Die Ursache ist unbekannt – sie kann psychologischer Natur sein (es hört oft auf, wenn man nicht daheim ist). Alle normalen Männer bekommen wiederholt Erektionen im Schlaf, doch gewöhnlich werden sie dadurch nicht geweckt, oder die Erektionen sind von angenehmen Sexgefühlen, nicht von Schmerzen begleitet. Es scheint für diese Störung kein wirksames Mittel zu geben. Medikamente, welche sie beseitigen, können auch die Potenz schädigen. Zum Glück schwindet das Symptom gewöhnlich, und das wird dann der Behandlung zugeschrieben, die man gerade anwandte. Sie stört den Sex ansonsten nicht.

Prostitution

Im allgemeinen praktizieren Prostituierte keinen fortschrittlichen Sex und finden auch kein Vergnügen daran. Das trifft nicht bei allen Kulturen zu, aber in der unseren ist eine aktive Abneigung gegen Männer das verbreitetste Motiv dafür, zur regulären Straßendirne zu werden. Die Anziehungskraft der Prostituierten ist, insoweit sie weiterbesteht, teilweise mythologischer Art und auch ihrem Verständnis für ungewöhnliche Sexwünsche sowie der Tatsache zuzuschreiben, daß der Mann zumindest sicher sein kann, ohne soziale Hindernisse von ihnen Sex zu bekommen. Dazu kommt ein Gefühlskomplex, der mit dem Teilen einer Frau mit anderen Männern zusammenhängt. Wenn wir die Gunstgewerblerinnen behandelten, wie es andere Kulturen taten – analog zu einer Konzertkünstlerin, die das häusliche Leben einer Kunst zuliebe aufgibt –, würde sich der Stand der Sexprofis bessern und seine derzeitige Psychopathologie verlieren. Es würde Klienten aus der Verlegenheit, aber auch den Mädchen selbst helfen, doch ist es wahrscheinlicher, daß die allgemeine sexuelle Freiheit den Sex für Geld völlig verdrängen wird, außer für jene, bei denen er unbewußten Bedürfnissen entspringt.

Von den erwähnten Anziehungspunkten abgesehen, ist jede Frau, die selbst bereit ist, Vergnügen am Sex und Verständnis dafür zu haben und den Wünschen ihres Partners ebenso zu genügen wie eine Professionelle, jedoch mit Liebe, jederzeit allen Prostituierten überlegen. Sie kann aus Zeitaltern und Kulturen lernen, in denen die Kurtisane eine Quelle der Kunst zu gefallen war, doch was wir Hurentricks nennen, sollte man als Liebestricks bezeichnen. Eine Frau, die mit Liebe und Mannigfaltigkeit zu lieben vermag, braucht keine kommerzielle Konkurrenz zu fürchten.

Wenn Ihr Mann zu einer Prostituierten geht, so geschieht es, weil er von Ihnen getrennt war oder weil er Sexbedürfnisse hat, von denen Sie nichts wußten, oder wegen des Gefühls der Nichtverantwortung bei der Frau, die man mit anderen teilt (das Gefühl der Verantwortung kann bei den meisten liebenden Männern noch sehr stark sein) oder einfach aus einem Impuls, den er nicht versteht. Versuchen Sie, auch wenn Sie dadurch verletzt sind, die Ursache herauszufinden, denn wenn Sie sie kennen, kann Ihnen das sehr helfen.

Rauchen

Starkes Zigarettenrauchen setzt die Lebenserwartung wesentlich herab. Es kann auch die Potenz stark beeinträchtigen und Küsse auf den Mund unangenehm oder zumindest unergiebig machen. Dagegen empfinden manche Frauen den Geruch von Pfeifen- oder Zigarrentabak als Teil von Männlichkeit; anderen mißfällt er. Warum wir Vergnügen am Einatmen von Rauch finden, ist biologisch klar – das Nikotin hat eine gewisse Drogenwirkung, auch eine große Zahl von Säugetieren wird durch Rauch »angeregt«. Krähen picken sogar brennende Zigarettenenden auf und streichen damit über ihre Federn, während Feuer mit Rauch verbunden eine vormenschliche soziale Entdeckung war. Saugen ist natürlich für den Menschen ein allgemein verbreitetes und lebenslanges Reizmittel. Es gibt auch eine ganze Anthropologie darüber, wer was raucht in Verbindung mit Sexrollen – Pfeifen haben in unserer Kultur für Frauen nie Verbreitung gefunden.

Zum Glück brauchen wir all dies nicht zu ergründen, um uns darin zurechtzufinden. Zigaretten sollten von Liebenden wie von Gourmets, von beiden vom Gesichtspunkt der Gefahr wie der abstoßenden Wirkung von üblem Atem und schmutzigen Händen, vermieden werden; Pfeifen und Zigarren weniger. Bei Männern kann starker Nikotingenuß die Erektion physisch beeinträchtigen. Wenn Sie das Rauchen aufzugeben beabsichtigen, tun Sie es völlig, entschließen Sie sich aber von einem Tag zum anderen und benutzen Sie Sex als Ablenkung, während Sie über die schwerste Zeit hinwegkommen wollen. Es ist wirksamer als reichliches Essen, und besser für Sie.

Haschisch hat komplizierte pharmakologische Wirkungen, spielt jedoch in unserer Gesellschaft vor allem die Rolle eines sozialen Reizstoffes. Er ruft bei den Haschischrauchern ein angenehmes Gefühl der Herausforderung und bei Nichtrauchern ein Aussetzen vernünftiger Überlegung hervor. Infolge dieser Wirkung wurde seine Gefährlichkeit absichtlich übertrieben. Ärzte, die bereits mit Alkohol, Pillen, Aspirin und dergleichen zu tun haben, sind der Ansicht, daß wir noch mehr pharmakologische Reizmittel etwa so dringend nötig haben wie ein Loch im Kopf, aber es gibt darüber zwei Meinungen. Eines, ein Aphrodisiakum ist Haschisch gewiß nicht. Die meisten Liebespaare, die am Sex Vergnügen haben, beginnen lieber nüchtern und lassen sich durch das, was sie tun, aufputschen – dafür sind eben Schnellverfahren-Reizmittel ein Ersatz.

Schmerz

Schmerz an sich ist, trotz der diesbezüglich verbreiteten Ammenmärchen, kein sexuelles Reizmittel. In Wirklichkeit nimmt die Schmerzwahrnehmung ständig ab, sobald die Erregung steigt, bis jeder stärkere Reiz, auch einer, der normalerweise zu stark wäre, zur Erregung beiträgt. Das kann auch anderswo zutreffen – man kann beim Fußballspielen einen Zahn verlieren und es erst nachher merken –, aber bei der sexuellen Erregung kann der Schmerzstimulus, vorausgesetzt, daß er nicht zu stark ist, tatsächlich in verstärktes Lustgefühl umgewandelt werden. Es gibt aber einen bestimmten Punkt, bei dem zu starker Reiz ernüchternd und nicht erregend wirkt, und wenn dieser überschritten ist, bricht die Erregung ab; die Widerstandsfähigkeit wächst, je näher man dem Orgasmus kommt – kurz davor können manche zum Beispiel ziemlich starke Schläge ertragen –, aber sobald es zum Orgasmus kommt, ist es mit der Veränderung vorbei. Deshalb sollten Sie danach keine unangenehmen Stellungen oder starken Reizmittel mehr verwenden. Manche Menschen verändern sich gar nicht. Wenn etwas, das Sie tun, als einfacher, unveränderter Schmerz empfunden wird, so ist es zu stark oder zu früh, oder Sie haben nach dem Orgasmus weitergemacht. Es ist eine Kunst zu lernen, welche Stimulantia als angenehme Reize empfunden werden und welche nicht.

Wenn irgendein Teil des normalen Sex zu einer Entzündung führt oder durch Stöße gegen innere Organe und dergleichen Schmerz verursacht, sind Sie ungeschickt oder es ist etwas nicht in Ordnung – im zweiten Fall suchen Sie einen Arzt auf, wenn der Schmerz länger als einige Tage anhält. Der erste Koitus kann für beide Teile ein wenig schmerzhaft sein – wenn sie vor dem Veränderungseffekt genügend erregt sind, werden die meisten Mädchen die Schmerzschranke überwinden, aber Sie müssen ihr, wenn Sie überhaupt eine Blutung verursachen, Zeit lassen, bis die Schrammen geheilt sind, ehe, Sie die nächste Runde beginnen. Wenn es unangenehmer ist, lassen Sie sich beraten (siehe unter »Entjungferung«). Mit Zartheit und vorausgehender Dehnung kann das Ganze bei den meisten Frauen ziemlich schmerzlos verlaufen.

Wirkliches Verlangen nach Schmerz (geistigem oder körperlichem) als Sexreiz ist ungewöhnlich. Meist ist die Vorstellung in der Phantasie erregend, in der Praxis jedoch abkühlend, es sei denn, Ihr Partner ist so geschickt, innerhalb der Grenzen der durch die Erregung erzielten Verwandlung zu bleiben, und die Phantasie ist nicht allzu hitzig. Nicht wenige Männer, die eine nicht allzu intelligente Hure dazu überredeten, sie »kräftig zu schlagen«, weil ihnen die Vorstellung aufregend erschien, wurden von einer Wiederholung abgeschreckt. Wenn Ihr Partner solche Wünsche äußert, bleiben Sie innerhalb der Stärke der Stimulusveränderung, ziehen Sie gute zwanzig Prozent von seiner Phantasie ab und hüten Sie sich vor gelegentlichen kranken Typen, welchen der Gedanke, verletzt zu werden, wirklich Lust bereitet. Für normale Menschen kann der gesunde Menschenverstand, ein wenig

Schauspielerei und kluge Verwendung des Verwandlungseffektes mühelos für das Verbleiben im normalen Phantasiebereich sorgen.

Schwangerschaftsunterbrechung

Sollte in einem gutgeführten Sexleben unnötig sein. Von aller Ethik abgesehen, kann der Arzt ebensowenig wie Sie ganz sicher sein, wie eine Frau – oder ein Paar – psychologisch darauf reagieren wird. Die jetzige Hochkonjunktur ist weniger auf die vermehrten Möglichkeiten als auf die Tatsache zurückzuführen, daß Frauen, welche durch absichtliches Bangemachen von der Pille abgeschreckt wurden, die aber die Auswirkungen einer wirklich verläßlichen, sorgenfreien Geburtenkontrolle kennen, einfach nicht bereit sind, zu den alten Notbehelfen zurückzukehren oder unerwünschte Kinder zu haben.

Auf der Ebene der Tatsachen ist ein frühzeitiger Abortus (in den ersten drei Monaten), der durch einen qualifizierten Fachmann in einem ordentlich ausgerüsteten Hospital durchgeführt wird, eine körperlich geringfügige und ungefährliche Operation. Wird sie von einer unqualifizierten Person, einem Pfuscher im Hinterzimmer oder im Do-it-yourself-Verfahren vollzogen, ist sie gefährlich und psychologisch schädigend. Nimmt man den Eingriff zu spät vor (und manche Ärzte, die prinzipiell gegen jede Abtreibung sind, versuchen die Sache absichtlich hinzuziehen, bis es zu spät ist, und sagen Ihnen das dann mit einem überlegenen Lächeln), so wird dabei ein möglicherweise lebensfähiges Kind getötet.

Wenn Sie Ihr Sexleben ordentlich planen und auf Grund von Informationen gewissenhaft Vorkehrungen gegen die Empfängnis treffen, sollten Sie, es sei denn aus außergewöhnlichen Gründen, keine Schwangerschaftsunterbrechung brauchen. Seltsamerweise sind jene Menschen, die hinsichtlich der Abtreibung das lauteste Wehgeschrei anstimmen, die gleichen, die am meisten dazu beigetragen haben, eine geeignete Geburtenkontrolle zu verhindern und der Forschung und dem Bildungswesen Geldmittel zu verweigern.

Sterilisierung (Samenstrangexstirpation)

Die einzige verläßliche, ein für allemal wirkende Empfängnisverhütungsmethode beim Mann. Sie besteht darin, daß die Röhren, durch welche die Spermien von den Hoden nach unten wandern, durch einen kleinen chirurgischen Eingriff verschlossen werden. Die Operation erfolgt unter Lokalanästhesie. Sie schmerzt weniger als wenn man eine kleine Wunde nähen läßt, und Sie können unmittelbar darauf nach Hause gehen. Das Resultat auf lange Sicht ist ein völlig männlicher, jedoch unfruchtbarer Mann. (Wir wiederholen, fachgerechte Sterilisierung enthält keinerlei Risiko von körperlicher Beeinträchtigung der Erektion, Ejakulation, Sexualgefühle oder Männlichkeit im allgemeinen – sie wurde unter dem Namen »Steinachoperation« früher als Verjüngungsbehandlung und Männlichkeitsverstärkung durchgeführt.) Wenn Sie so viele Kinder haben, wie Sie wünschen (und das sollten, falls Sie Verantwortungsgefühl haben, in den meisten Fällen nicht mehr sein als zwei), ziehen Sie das ernsthaft in Erwägung. Jedenfalls eher, als daß Sie bei Ihrer Frau die viel größere Operation, die zu ihrer Sterilisierung erforderlich ist, ausführen oder sie weiter die Pille nehmen lassen, wenn sie ihr nicht zusagt.

Es gibt noch einige Tatsachen zu überlegen.

1. Die Samenstrangexstirpation macht Sie nicht sofort unfruchtbar. Es können noch monatelang Spermien erhalten bleiben, Sie müssen also Ihre bisherigen Methoden der Geburtenkontrolle fortsetzen, bis Sie wissen, daß Sie tatsächlich zeugungsunfähig sind. Dann können Sie beide die Geburtenkontrolle vergessen.

2. Sie können es sich nachher nicht anders überlegen. Manchmal läßt sich die Sterilisierung rückgängig machen, aber Sie dürfen nicht damit rechnen. Es ist ein kalkuliertes Risiko, daß Sie später vielleicht plötzlich noch Kinder zeugen wollen, aber es lohnt sich nicht, deshalb zu zaudern, wenn es ansonsten für Sie richtig erscheint. Keine Entscheidung, die man trifft, ist hundertprozentig risikolos, aber wenn Sie noch Kinder haben wollen, so gibt es, vorausgesetzt Sie sind dafür geeignet, ungewünschte Babys, die auf Adoption warten.

3. Vergewissern Sie sich andererseits, daß Sie sich über Ihre eigenen Ansichten im klaren sind – sie werden in den mit Sex und Fortpflanzung verbundenen Angelegenheiten nie ganz von Vernunft geprägt. Wenn der Arzt die Operation auf den ersten Anhieb, ohne Erörterung Ihrer allgemeinen Selbsteinschätzung der Männlichkeit, verweigert, zeigt das nur, daß er sein Fach versteht. Wenn er sie aus Prinzip oder weil ihm Ihr Lebensstil nicht gefällt, verweigert, wenden Sie sich an einen anderen Arzt.

Wenn Sie verheiratet sind, zwei gewünschte Kinder bekommen haben oder keine Kinder wollen, und Probleme mit der Empfängnisverhütung haben, ziehen Sie eine Samenstrangexstirpation ernsthaft in Betracht. Wenn Sie mehr Kinder haben, sollten Sie sich, falls Sie Verantwortungsgefühl haben, sterilisieren lassen.

Vielleicht ist es später einmal möglich, einige Ihrer Spermien als Versicherung tiefgekühlt aufzubewahren, aber heute können Sie das noch nicht tun.

Streit

Die gelegentlichen, oft physischen Streitigkeiten, die alle Liebenden haben, hätten mit Sex nichts zu schaffen, wenn nicht manche Paare direkt, oft ohne es zu wissen, dadurch angeregt würden. Daß wirklicher Zorn eine erotische Wirkung hat, ist eine alte Überlieferung. In Frankreich gibt es ein Lied:

> »Hören Sie doch, Herr Polizist,
> Colin, der prügelt seine Freundin!
> Ach, die sollen nur weitermachen,
> enden ja bloß mit Küssen, solche Sachen.«

Oder wie eine Dame es formulierte: »Wir fanden, daß die alte Zärtlichkeitsschablone nicht genügte; er wendet gern Gewalt an, und mich erregt es, ihm Widerstand zu leisten. Ich finde Schmerzen aufregend, aber er tut mir nun auch in anderem Zusammenhang weh, und ich habe Angst davor, wie weit es noch kommen wird.« Leider ist unser Liebesimage, wie schon mehrmals erwähnt, in bezug auf die sehr realen Aggressionselemente bei der normalen Sexualität verkrampft. Das verleitet uns dazu, erotische Gewalttätigkeit mit wirklichem Groll oder echtem Zorn zu mischen und zwei ganz getrennte Dinge – den Streit, der Dampf abläßt oder ein Hilferuf ist, und sexuelle Reizung – zu verwechseln. Wir sprechen hier nicht von Menschen an der Grenze zum Sadismus. Es gibt Frauen, die unbewußt Gewalttätigkeit wünschen (und schüchterne Partner haben), die den Mann zu einem Streit aufstacheln, ohne zu wissen warum. Das führt zu nichts Gutem.

Statistisch gesehen ist es ziemlich normal, wenn man im Sex eine gewisse Gewalttätigkeit eher braucht als die herkömmliche klebrige, unkörperliche Art von Liebe. Aber diesem Bedürfnis begegnet man nicht, indem man Streitigkeiten dazu benutzt, es anzuheizen, sondern besser dadurch, daß man die zweckdienlichen Verwendungen des Spiels lernt. Der allzu sanfte Ehemann wird wahrscheinlich vor aggressivem Verhalten zurückschrecken und von dem Ansinnen »Nun probier mal, mich zu vergewaltigen!« verblüfft sein. Er hat gelernt, Mädchen anders zu behandeln – falls er übertrieben schonungsvoll ist, hat er vielleicht sogar ein starkes Bedürfnis zu diesem Verhalten. Wenn man aber einmal darüber sprechen kann, sollte man ihn (oder sie) die Verwendung von Sexspielen lehren – deshalb haben wir einige, im Vergleich mit den Normen des Eheberaters recht rauh wirkende Spiele in unseren Text aufgenommen – und zwar ohne sie mit echt alltäglichem Ärger und Enttäuschungen zu verwirren, die besonders mit dem falschen Partner außer Kontrolle geraten können. Wenn er allzu sanft ist, sticheln Sie nicht, sondern führen Sie ihn ein.

Mit anderen Worten, schämen Sie sich nicht, wenn Sie wirklich streiten (das tun die meisten), aber behandeln Sie es nicht als Reizmittel oder als eine Methode, um die Aggression eines Partners auszulösen. Tun Sie das im Spiel und halten Sie an der Sexsituation fest. Denken Sie auch daran, daß die Menschen verschieden sind und daß Aggression heute für uns etwas viel Erschreckenderes ist als Sex – so daß ein blaues Auge bei einem Paar ein Beweis für Zuneigung und bei einem anderen ein Scheidungsgrund ist. Betreiben Sie Bettgespräche, um Ihre geheimen Wünsche bloßzulegen – fragen Sie einander knapp vor dem Orgasmus »Was möchtest du mir jetzt tun, was soll ich dir tun?« – wobei das »jetzt« die Stufe des geheimen Wunsches bedeutet. Siehe unter »Vogelgesang am Morgen«.

Auch sind Symbolismen, wie fast immer beim Menschen, im allgemeinen stärkere Reize als allzu wörtliche Darstellungen. Manchen Paaren machen jedoch längere, vorsätzliche oder improvisierte Kämpfe (»Liebesringen« in der Alt-Wiener Athletentradition) großen Spaß. Begeisterte Anhänger dieses Sports haben eine Vorliebe für wohldurchdachte Hindernisse: Zeitbeschränkungen, Nicht-Beißen-oder-Kratzen und so fort. Den meisten Menschen genügt ein ziemlich robustes, aber annehmbares Balgen, andere betreiben komplizierte Spiele mit Schlägen für gefundene Fehler (spielen Sie die nicht mit wirklichen Fehlern). Frauen, die bei Gewalttätigkeit und/oder Hilflosigkeit ein besonderes Lustgefühl verspüren, können es sowohl dann empfinden, wenn sie niedergehalten, wie auch dann, wenn sie gefesselt werden; Männer können ziemlich viel von der Gewaltkomponente in den eigentlichen Vorgang des Eindringens und der Bemühung zum Orgasmus verlegen. Hat man das einmal begriffen, so ist nichts von diesem Bedürfnisrahmen schreckerregend und läuft auch nicht Gefahr, vom Sex in Grausamkeit oder die normalen Verstimmungen zwischen zwei Menschen, die zusammen leben, überzugehen.

Nichts von dem, was wir sagten, schließt Zärtlichkeit im Sex aus. Wenn Sie nicht gelernt haben, daß sexuelle Gewalttätigkeit zart und Zärtlichkeit gewalttätig sein kann, haben Sie noch nicht begonnen, als echte Liebende zu spielen, es sei denn, Sie gehören zu den Menschen (und solche gibt es), deren Zärtlichkeit völlig ungemischt ist: sie brauchen sich wegen des Risikos von Streitigkeiten keine Sorgen zu machen. Siehe unter »Fesselung«, »Disziplin«.

Wenn Sie einen echten Streit haben, sorgen Sie dafür, daß er im Bett endet. Das ist zumindest die beste Art, ihn zu beenden.

Transvestitentum

Viele Paare finden Vergnügen daran, gelegentlich spaßeshalber die Kleider des Partners anzuziehen. Das ist kein Transvestitentum. Ein Transvestit ist ein Mensch, der völlig in seiner männlichen oder weiblichen Geschlechtsrolle bleibt und dabei zeitweise den heftigen Drang verspürt, sich in der Rolle des anderen Geschlechtes zu kleiden, und dessen starkes Verlangen (nicht so sehr ein Reiz), wenn er es tut, eine lebhafte Entlastung erfährt. Sie sind nicht »homosexuell«, und eine bisexuelle Person, die Kleider des anderen Geschlechts anzieht, um einem Partner zu gefallen, ist kein Transvestit. Ein Transvestit ist jemand, gewöhnlich ein Mann, der sich aktiv in eine Person des anderen Geschlechtes verwandeln will, nötigenfalls durch Operation, und sich in seiner derzeitigen Rolle absolut nicht wohl fühlt. In manchen einfacheren Gesellschaften gibt es Rollen oder Zeremonien, welche diesen Bedürfnissen (Zauberer tragen oft Frauenkleidung) nachkommen. In unserer Gesellschaft können sie intensive Angstgefühle verursachen. Ein Transvestit mit einer informierten und furchtlosen Frau findet gewöhnlich, daß sein Trieb, wodurch immer verursacht, sein Sexleben in der männlichen Rolle nicht stört (wenn er es geheimhalten muß, oder sie ihn für schwul oder verrückt hält, was er nicht ist, kann er vor Kummer richtig krank werden). Ein Transvestit braucht fachärztliche Hilfe, er kann nach einer Geschlechtsumwandlung glücklicher sein, vielleicht aber auch nicht. Es könnte so manches Elend vermieden werden, wenn die Menschen die Tatsachen soweit wüßten, daß sie sich nicht ängstigen oder schockiert sind, falls sie ihnen begegnen. Wenn Sie einen Partner mit einem solchen Problem haben, helfen Sie ihm durch Verständnis und sehen Sie zu, daß er fachärztliche Hilfe erhält.

Treue

Treue, Untreue, Eifersucht und dergleichen. Wir sind absichtlich nicht auf die ethischen Aspekte eingegangen. Tatsache ist, daß in

TREUE
Was für ein bestimmtes Paar
richtig ist, hängt von ihren
Bedürfnissen, der Situation, den
Sorgen und dergleichen ab.

unserer Kultur die Sexualerfahrung der allermeisten Männer und auch kaum eines geringeren Teils der Frauen nicht nur auf einen Partner beschränkt ist. Was für ein bestimmtes Paar richtig ist, hängt von seinen Bedürfnissen, der Situation, den Sorgen und dergleichen ab. Diese Bedürfnisse stellen im Zusammenleben ein besonders heikles Problem dar. Wenn das Verständnis vollkommen und von Dauer ist, können Sie sich glücklich schätzen. Aktiver Betrug schadet einer Beziehung immer. Völlige Offenheit, die darauf abzielt, Schuld zu vermeiden, oder als Aggression gegen den Partner gedacht ist, kann das gleiche bewirken. Das echte Problem ergibt sich aus der Tatsache, daß Sexbeziehungen für verschiedene Menschen und bei verschiedenen Gelegenheiten alles mögliche sein können, von einem Spiel bis zu völliger Identitätsverschmelzung; der Kummer entsteht, wenn jeder Partner es anders sieht.

Es gibt keine Sexbeziehung ohne Verantwortung, denn es sind zwei oder mehr Menschen daran beteiligt; alles, was einen Partner gewissermaßen streitbar ausschließt, ist schädlich, dennoch müssen wir, um gesunde Menschen zu sein, an einem gewissen Punkt die völlige Verschmelzung miteinander vermeiden – »Ich bin ich und du bist du, und keiner von uns auf Erden kann den Erwartungen des anderen gerecht werden.« Menschen, die sich sexuell verstehen, müssen mit ihrer Aufrichtigkeit selbst zurechtkommen. Wir können nur anregen, daß Sie darüber diskutieren und zumindest wissen, wo jeder steht.

Überempfindlichkeit

Auch vorzeitiger Samenerguß genannt. Jede Ejakulation, die erfolgt, ehe sie von euch beiden gewünscht wird, ist vorzeitig.

Ejaculatio praecox wird durch zwei Ursachen, Übereifer und Ängstlichkeit, hervorgerufen. Übereifer mag gelegentlich köstlich sein, bedeutet jedoch gewöhnlich bloß, daß Sie nicht genug Sex treiben, um optimale Leistungen zu erzielen. Man kann sie dadurch abwenden, daß man häufig masturbiert und die Gelegenheit nutzt, langsame Reaktionen zu entwickeln. Allerdings kann man dann im Zusammensein mit einer Frau immer noch ein Desaster erleben. Wenn man einmal ängstlich wird, kann Ejaculatio praecox zu einer physiologischen Gewohnheit wie Stottern oder Impotenz werden. Sie kann erstklassigen Sex und die meisten unserer Vorschläge unmöglich machen.

Es gibt ein bestimmtes Training zur Behandlung dieser Schwierigkeit. Nehmen Sie es nicht zu spät in Angriff.

1. Finden Sie gemeinsam mit Ihrer Partnerin heraus wie bald nach einer Ejakulation Sie, entweder durch Selbststimulierung oder durch Stimulierung von seiten der Partnerin, eine neue Erektion bekommen können. Benutzen Sie das, halten Sie sich bewußt zurück und streben Sie nicht den Orgasmus an, sondern die Feststellung, wie lange Sie steif bleiben können. Tun Sie das oft.

2. Wenn der Zeitabstand zu groß ist oder Sie die zweite Erektion bald verlieren, brauchen Sie besondere Übungen. Setzen Sie eine Trainingszeit fest und entschließen Sie sich, bei den Trainingsgelegenheiten keinen Koitus zu haben. Lassen Sie sich, nötigenfalls von Ihrer Partnerin, steif machen und beginnen Sie, rittlings auf ihr sitzend, langsam zu masturbieren. Sie soll Sie nur in Erektion halten, sogar wenn sie das Tempo auf einen Strich alle drei Sekunden verringern muß. Wenn Sie »Stop« sagen, soll sie aufhören. Wenn ihr das bessere Kontrolle gibt, kann sie Sie fesseln, aber da das an sich ein Reizmittel ist, sollten Sie besser freiwillig stillhalten. Erschrecken Sie nicht, wenn Sie beim erstenmal sofort ejakulieren – versuchen Sie es nach einer halben Stunde wieder. Tun Sie das so oft, wie Sie es einrichten können, aber mit einem Koitus dazwischen, um Ihr Verlangen nicht aufzuschaukeln. Manche Männer finden beim Koitus oder für Übungsrunden ein lokal angewandtes, anästhetisches Gelee nützlich. Wenn Sie bei der Ausführung der Übungen auf Schwierigkeiten stoßen, könnten Sie das verwenden. Nach dreiwöchiger regelmäßiger Übung müßten Sie imstande sein, zumindest eine zweite und wahrscheinlich eine erste Erektion volle fünf Minuten lang aufrechtzuerhalten, und diese Zeit wird immer länger werden. Inzwischen versuchen Sie die normalen Koitusrunden auszudehnen. Benutzen Sie alle Zusatzmöglichkeiten, um Ihrer Partnerin vollen Orgasmus zu geben, so oft sie ihn braucht, sie sollte jedoch mit aufreizenden Stimulationsmethoden oder irgendwelchen Techniken vor der Peniseinführung sparsam sein. Versuchen Sie für bestimmte Minutenintervalle in ihr stillzuhalten.

3. Wenn das nichts nützt oder wenn Sie unruhig werden, suchen Sie einen Fachmann auf. Gewöhnlich funktioniert es aber. Das Wichtige ist, daß Sie mit Ihrer Partnerin eine bestimmte Runde ohne Koitus festlegen, um Sie in einen Zustand sexuellen Trainings zu bringen. Es wird für euch beide von Nutzen sein, und sie braucht dabei nicht leer auszugehen: Lernen Sie Ihre Hände und Ihre Zunge benutzen und vergessen Sie ihre Brüste nicht. Wenn Sie mitunter ausdrücklich nur *sie* zu befriedigen suchen, wird Ihnen das zur Entspannung hinsichtlich irgendwelcher Männlich-

keitsprobleme verhelfen. Wenn das Problem noch weiter besteht, suchen Sie Rat, bevor es zu einer Gewohnheit wird. Die meisten Männer mit begrenzter Sexualerfahrung sind anfangs überempfindlich und würden aus einem Training von der oben beschriebenen Art Nutzen ziehen.

Beim ersten Zusammensein mit einer sehr begehrten Partnerin haben fünfzig Prozent der Männer entweder vorzeitigen Samenerguß oder sie bekommen keine Erektion. Sorgen Sie dafür, daß Sie eine ganze Nacht lang Zeit haben, so daß Sie es wieder versuchen können, aber strengen Sie sich nicht allzusehr an. Wenn Sie einschlafen, werden Sie wahrscheinlich mit einer gewaltigen Erekion erwachen. Notiz für den Arzt: Trizyklische Antidepressionsmittel wie Tryptizol (Rx) oder Tofranil (Imipramin, Rx) verzögern den Orgasmus bei manchen Männern beträchtlich, ohne die Erektion zu blockieren; oft genügen geringfügige Dosen.

Unfruchtbarkeit

Wohltat oder Fluch – je nachdem. Kann darauf zurückzuführen sein, daß die Frau nicht ovuliert, die Eier infolge Eileiterverschluß nicht in den Uterus gelangen, oder auf verschiedene Störungen in den weiblichen Organen, darauf, daß der Mann keine oder zu wenig Samenkörperchen hat, und wahrscheinlich auch auf verschiedene chemische Unverträglichkeit zwischen den Partnern. Diese können mitunter durch Konzentration auf fruchtbare Zeiträume, durch Operation oder Hormone geheilt werden, erfordern aber eine entsprechende ärztliche Beratung (Sie müssen beide hingehen – wenn der Mann zu wenig Samenkörperchen hat, ist es zwecklos, die Frau allen möglichen Untersuchungen zu unterziehen). Ängstlichkeit kann manchmal scheinbar die Fruchtbarkeit verhindern – allzu häufiger Samenerguß verringert die Zahl der Samenkörperchen, seien Sie also nicht übereifrig. Zu enge warme Kleidung um den Hodensack kann die Spermatozoiden töten, die sich unter der Körpertemperatur entwickeln müssen. Orgasmus bei der Frau macht die Empfängnis nicht wahrscheinlicher. Manchmal kann die Unfruchtbarkeit nach Jahren plötzlich aufhören, und das Verdienst wird der Behandlung oder der Lebenslage zugeschrieben. Hartnäckiger Spermenmangel beim Mann ist schwierig zu behandeln, man kann allerdings die bei ihm vorhandenen Spermen sammeln und mit ihnen künstlich befruchten. Das hat mit der nach sexueller Leistung beurteilten Männlichkeit nichts zu schaffen. Nehmen Sie niemals an, Sie seien unfruchtbar, wenn das nicht bewiesen wurde, und seien Sie vorsichtig mit dem Absetzen der Pille beim Herannahen der Menopause. Über freiwillige Unfruchtbarkeit siehe unter »Kinder«, »Geburtenkontrolle«, »Sterilisierung«.

Vergewaltigung

Liebende werden endlos Notzuchtspiele treiben, aber eine echte Vergewaltigung ist grausam abschreckend. Es klingt vielleicht unangenehm, aber es lohnt sich zu wissen, daß die sicherste Art, wie eine Frau einer Vergewaltigung mit oder ohne Waffe widerstehen kann, darin besteht, plötzlich ihren Darm zu entleeren. Danach werden nur wenige Vergewaltiger hartnäckig bleiben, und es hat keine zornige und vielleicht nutzlose Vergewaltigung zur Folge.

Lassen Sie sich nicht notzüchtigen – d. h. erregen Sie einen Mann, den Sie nicht gut kennen, nicht absichtlich, es sei denn, Sie haben das gleiche Ziel vor Augen.

Wasserlassen

Kinder sehen einander fasziniert beim Wasserlassen zu. Das tun auch manche Erwachsene; es ist einfach ein Spiel aus der Kinderzeit.

Manchen Frauen ist es peinlich, daß sie bei intensiver Sexerregung unwillkürlich Urin verlieren. Das geschieht auch bei Tieren und läßt sich vermeiden, indem man seine Blase vorher entleert. Sehr heftige Sexbetätigung für sehr lange Zeit kann die weibliche Blase verletzen und eine gute Nachahmung eines Anfalls von Blasenkatarrh hervorrufen (»Flitterwochenblase«). Das gibt sich nach einigen Tagen der Ruhe – vermeiden Sie Stellungen, welche das verursachen. Manchmal können Frauen, die zu wiederholtem Blasenkatarrh neigen, Ärger vermeiden, indem sie sofort nach dem Verkehr urinieren.

Die meisten Männer bekommen mit einer vollen Blase eine stärkere Erektion und fühlen mehr, können aber wenn sie allzu voll ist, manche Stellungen schmerzhaft finden. Wir haben noch nie davon gehört, daß eine Blase gerissen wäre, aber ältere Männer mit Prostataleiden sollten diese Technik besser nicht benutzen. Normalerweise kann ein Mann mit einer Erektion nicht urinieren; es gibt ein bei ihm eingebautes Zweiwegventil. Bei Frauen ist der Harnröhrenausgang fast ebenso empfindlich wie die Klitoris, aber man sollte keine Kerzen oder Haarnadeln zwecks Masturbation dort einführen – sie müssen häufig von Ärzten aus der Blase entfernt werden.

Register

254

Alex Comfort · More Joy of Sex

More Joy of Sex

Noch mehr Freude am Sex

Herausgegeben von
Alex Comfort

Zeichnungen
von Charles Raymond und
Christopher Foss

Ullstein

Englischer Originaltitel:
More Joy – A Lovemaking Companion
to The Joy of Sex
Übersetzt von Wilhelm Thaler

Ungekürzte Ausgabe

Alle Rechte vorbehalten
© 1973, 1974 by Mitchell Beazley
Publishers Ltd., London
© 1978 der deutschen Ausgabe
Verlag Ullstein GmbH,
Frankfurt/M – Berlin
Printed in Germany 1987
Druck und Verarbeitung:
Ebner Ulm
ISBN 3 550 06412 8

Inhalt

Vorwort

Joy of Sex, der Vorläufer dieses Buches, hat in einem Jahr den Stil der Sexualerziehung verändert. Er vermittelte den Lesern nicht nur neues Wissen, sondern er brachte auch in den »Salon« unserer Vorfahren eine gesunde Diskussion über Sexualität. Es war das erste ausdrücklich sexuelle Buch für den Kaffeetisch.

Sein Nachfolger beschäftigt sich nur mit dem, was *Joy of Sex* ausgelassen hat – nicht mit weiteren oder kunstvolleren Techniken (davon gibt es nicht viele), sondern mit den beiden Elementen Entwicklung und Beziehung. Entwicklung spielt eine Rolle, weil die meisten Menschen mehr Freude an Sex finden, ebenso wie an Beethoven, je mehr Verständnis und daraus resultierenden Gewinn er ihnen verschafft. Was noch wichtiger ist, »besonderer« oder Gourmet-Sex ist nicht eine Frage des Erfindungsgeistes – obgleich das Spaß machen kann –, sondern der außerordentlichen Kraft dieser Art von Sinnlichkeit, die uns als Bürger einer ehemals puritanischen Kultur zu unserem Besten verändert.

Was nun die Beziehung anlangt, befinden sich selbst Menschen, die in sexuellen Dingen nicht mehr der Konvention verhaftet sind, in einer tiefen Verwirrung, welche Erwartungen sie in Liebe und Ehe setzen sollen. Viel von der Furcht, welche die Entdeckung der Sinnlichkeit zu begleiten pflegte, hat sich auf die Neu-Überprüfung der Treue mit religiös-sozialen Dogmen, persönlichen Ansichten, Vorstellungsbedürfnissen und den zutiefst besitzerischen gegenseitigen Einstellungen verlagert, die beiden Ehepartnern von Theologen, Mitmenschen, Anwälten und den herrschenden Sitten zur Pflicht gemacht wird. Die Botschaft der Autoren ist genau die gleiche wie bei den physischen Aspekten der Sexualität – daß es nichts gibt und auch niemals gab, wovor man sich zu fürchten braucht, und daß wir unseren eigenen Unsinn selbst produzieren.

9

Diese Fragen der Treue können aber persönlich und sozial viel beunruhigender sein als die Ängste im Zusammenhang mit physischem Vergnügen. Es ist möglich, wenn auch nicht ganz leicht, außergewöhnliche sexuelle Befriedigung auf körperlicher Ebene zu erleben, ohne deshalb die für unsere individuelle Persönlichkeit erforderliche Abwehr einzusetzen. Doch das ist etwa so, als wollte man ein Fahrrad nur für Bewegung an Ort und Stelle verwenden. Mit den Rädern auf dem Boden geht es weiter. Ich habe den Verdacht, daß das, was die Autoren hier über Partnerbeziehungen und Nichtbesitzen sagen – Probleme, die alle Paare weitgehend beschäftigen, auch wenn sie nicht ausdrücklich darüber diskutieren –, genau das ist, was die repektable Mittelstandsmoral in zehn Jahren gutheißen wird.

Das ist also der zweite Teil – wenn der erste Teil sich mit Klettern befaßte, handelt dieser vom Bergsteigen. Die Autoren haben auch einen Konsumentenführer für einige der anderen Hilfsmittel mitgegeben, welche die moderne Erfahrung für die Behandlung von Problemen bietet, die man durch Lesen nicht in den Griff bekommt. Darübcr hinaus handelte man selbständig, oder vielmehr miteinander – denn der Hauptzweck dieses Buches besteht, wie bei *Joy of Sex,* darin, es zu lesen, wie die Autoren es schrieben, als diskutierendes Paar.

10

Über fortschrittliche Liebesbetätigung hinaus

In *Joy of Sex* beschrieben wir, wie man mit der physischen Seite der Sexualbeziehung fertig wird. Das ist, genauso wie Kochen, etwas, das man lernen, verbessern und durch Lernen würdigen kann, und da wir diesbezüglich mehr Zivilisationsängste haben als in bezug auf das Kochen, können Bücher helfen, unsere eigene Erfahrung zu bestärken und uns zu beruhigen.

Andererseits gehören zu jeder Form von Sex, Masturbation ausgenommen, mindestens zwei Menschen. Sex spielt sich nicht zufällig oder in einem Vakuum ab und hat daher mit Beziehung zu tun: Um guten Sex zu erleben, muß er eine Beziehung beinhalten, ob diese Beziehung nun in einer lebenslangen Partnerschaft oder einer gelegentlichen, raschen Umarmung zwischen Freunden besteht. Außerdem sind alle menschlichen Beziehungen sexuell, auch wenn sie nicht so wirken und die Genitalien nicht beteiligt sind. Wir sind das einzige Säugetier, das, wahrscheinlich aus Gründen, die mit unserer Familienstruktur zusammenhängen, das ursprüngliche Sexualverhalten als Unterlage für fast all unsere sozialen Betätigungen verwendet hat. Manche Affen verwenden Dominanz; wir verwenden sie auch, aber wir sexualisieren sie.

Demnach gehört Gemeinsamkeit zu jedem Sexualverhalten, und meist beinhaltet Gemeinsamkeit irgendwo Sexualität, insbesondere wo es sich um Gefühle handelt, die unsere Identität, Annehmbarkeit und dergleichen betreffen. Es stimmt nicht, daß Sex das einzige im Leben ist, wohl aber stimmt es, daß das Klarwerden über unsere sexuelle Identität oft die wichtigste Methode ist, um uns über uns selbst klarzuwerden, und daß physischer Sex und die dazugehörenden Beziehungen die wirkungsvollste Quelle der Selbsterkenntnis sein können, wenn wir die Mühe dafür auf uns nehmen. Die Hälfte der Freude, die ein Paar aus gutem Sex gewinnt, liegt in ihrer gegenseitigen Achtung und Anerkennung und darin, daß sie aktiv Mann und

Frau sind, in einem Kontext, wo es nicht viel Kopfzerbrechen darüber gibt, wer was ist. Wichtig ist auch herauszufinden, daß Phantasieerlebnisse, die sie immer wünschten, gemeinsam ausgekostet werden können – und daß sie physisch und emotionell funktionieren. Man kann sich als Mensch in anderer Umgebung fühlen – man landet auf dem Mond, füllt einen Job aus, gewinnt ein Match oder malt ein Meisterwerk –, aber sexuelle Identität ist ein Erlebnis auf zwei Wegen. Wirkliche Liebende werden, wenn sie auf dieser Ebene die Freude genossen haben, sie weiterführen wollen; nicht indem sie neue Höhepunkte suchen oder alte wiederholen, um zu sehen, ob sie welche versäumt haben, sondern indem sie die anderen Beziehungsaspekte von Sex entwickeln. Auf dieser Ebene werden sie wissen, daß sexueller Austausch warme Identitäts- und Interessengefühle, komplizierte Dominanz- und Feind- schaftsgefühle und Spannungen zwischen dem Wunsch, einan- der zu besitzen und dem, nicht ganz besessen zu werden, beinhaltet. Sie werden sie eher verstehen und erleben, als von einem davon geängstigt zu werden.

In *Joy of Sex* hielten wir uns absichtlich von dem Beziehungs- aspekt fern. Wir nahmen an, daß Sie entweder ein Paar mit einer Beziehung waren, das regelmäßig sexuell verkehrte, oder daß Sie in einer anderen Beziehung zueinander standen, bei der Sie Liebesakte ausführten. Um das ausführlich zu behandeln und über Sexualität als Quelle persönlicher Entwicklung zu spre- chen, müssen wir auf einiges eingehen, was wir übergangen hatten.

Wahrscheinlich brauchte man nichts davon zu sagen, wenn wir in einer Kultur mit einem festen Modell lebten, das für sexuelle und soziale Rollen nicht viel Auswahl läßt. Wären Sie ein Präerieindianer, müßten Sie entweder ein Krieger mit unerhört hoher Ausdauer sein oder sich als Frau verkleiden, um zu zeigen, daß Sie nicht dazugehören wollen. In unserer Kultur können Männer alles mögliche sein, von Boxern und Soldaten (die als sehr männlich eingestuft werden), bis zu Tänzern und Köchen (die als schwul gelten, obwohl viele von ihnen ebenso heterosexuell sind wie irgendein anderer Mann). Manche

Menschen kümmern sich nicht um derart einfältige Klassifizierungen, andere doch. Die gleiche Art der Rollenfixierung wurde zur Diskriminierung der Frauen benutzt, die mit vollem Recht dagegen revoltieren.

Parallel zum Niedergang solchen Volksglaubens über sexuelle Identität sind Institutionen wie die monogame Einmal-Hochzeit als Norm im Aussterben begriffen.

Menschen probieren andere Modelle und haben tatsächlich, abgesehen von wirtschaftlichem Druck, immer größere Wahlmöglichkeiten. Diese werden noch weiter wachsen. Demnach wird man entweder halb bewußt einem der beschriebenen Beziehungsmodelle, wie etwa der Ehe, folgen oder versuchen, eigene Wege zu gehen, wobei man allerhand unklare Lernprozesse zu bewältigen hat. Vielleicht entschließt man sich letzten Endes für ein konventionell wirkendes Modell. Dieses Buch zielt, ohne über Psychiatrie oder ethische Philosophie zu sprechen, darauf ab, einiges von dem Wissen, das Sie brauchen, und einige von den Ideen, die Sie sich bei Ihrer Wahl überlegen sollten, zu vermitteln.

Außerdem sind die meisten praktischen Hemmungen im Sex eine Folge der Tatsache, daß Sie sich über Ihre sexuelle Identität und Ihre Bedürfnisse nicht im klaren sind. Da wir alle biologisch und sozial Männer, Frauen oder beides zugleich sind, hängen die meisten anderen praktischen Hemmungen – sogar die Tatsache, daß man im Geschäft immer benachteiligt wird oder durchdreht, wenn man alt zu werden glaubt – mit dem Gefühl sexueller Identität zusammen und können auf die gleiche Art angepackt werden. Es gibt zwei Arten sexueller Freude – einen vollen Orgasmus mit einem Menschen zu erleben, den man schätzt, und selbst eine totale Persönlichkeit zu sein. Da das Sexualerlebnis eine der wichtigsten Erfahrungen ist, die in unserer Kultur erhalten geblieben sind, ist es jedenfalls ein guter Ausgangspunkt, denn sein eingebauter Lohn sind Liebe und Orgasmus. Wir können das nicht für jeden bestimmen, aber wir können und werden einige der Dinge untersuchen, die damit in Zusammenhang stehen.

Dies ist nicht so sehr ein Buch über Sexualtechnik: es gäbe triftige Gründe für ein ausführliches Werk zur Beantwortung von Fragen darüber, wie man eigentlich einige der weniger bekannten Dinge bewältigen soll; das müßte jedoch zum Großteil ein Bildwerk sein. Wir befassen uns mehr mit physischen Eindrücken und dem Hintergrund, vor dem sie stehen.

Der erste Teil ist eine Abhandlung über Körpersprache. Massage, nonverbale Kommunikation, Berührung und dergleichen wurden zu einem von Kalifornien ausgehenden Kult, bei dem leitende Angestellte einander in Warmwasserbassins befingern, vom selben Sandwich abbeißen und sich ganz allgemein anheizen, um sich sexuellen Spielen hinzugeben, sobald der Leiter der Gruppe zu reden aufhört und nach Hause fährt. Wenn man bereits sexuell enthemmt ist, kann man dabei leicht Spaß haben und alles als Wollüstigkeit betrachten, ohne dabei offen Wollust zu treiben, wie die sprichwörtliche arme Katze. Andererseits unterschätzen sexuell enthemmte Menschen die massive Blockierung der meisten Menschen in unserer Kultur gegen Berührung, gegen körperliche Spontaneität und gegen den Ausdruck von Zuneigung. Das trifft vor allem zwischen Männern zu, aber fast genauso zwischen Mann und Frau, begründet durch unsere Zwangsvorstellung über sexuelles Bewältigen. Manche nicht gehemmte Menschen haben Blockierungen, die sie nicht erkennen. Oft sind sie fast ausschließlich mit den Genitalien beschäftigt – sie benutzen den Penis und die Vulva zur Liebesbetätigung, nicht aber die Haut – und haben Restkomplexe, die an unwahrscheinlichen Stellen auftauchen, bezüglich der Sauberkeit und Qualität tadellos sauberer Körper.

Angesichts der Größe dieser Komplexe können sich die Menschen nur helfen, indem sie ihre falsche Erziehung hinsichtlich Ungestörtheit, Absonderung, Nichtberührung und dergleichen überwinden. Vielleicht sind andere ängstlicher in bezug auf Sex als Sie, und Sie Ihrerseits könnten wahrscheinlich davon profitieren zu lernen, einander zu berühren, von Fremden beiderlei Geschlechts berührt zu werden und zu lernen, Ihre Haut und Ihre Muskeln für die Empfindungen zu verwenden, die sie hervorrufen können. Wir werden uns nicht mit Berühren, nonverbaler Kommunikation, Massage und dem übrigen als

14

Ideologie oder Kult befassen, sondern eher mit deren Verwendung als Teil der Erziehung von Liebespartnern.

Wir haben als Ergebnis unserer grundlegend falschen kulturellen Erziehung drei Komplexe abzulegen: wir müssen lernen, daß Menschen nicht gefährlich sind, daß der Körper nicht anstößig ist und daß kein lohnendes sexuelles Erlebnis anomal oder schlecht ist, es sei denn, es wäre antisozial. Manchmal ist eine physische Demonstration erforderlich, um das Kindesgemüt in unserem Inneren zu verändern, auch wenn wir wissen, daß diese Dinge richtig sind.

Die Sprache des Körpers

Babys

Der moderne Sex in seiner besten Form ist nicht auf Fortpflanzung ausgerichtet. Häufiger Kindersegen in einer Zeit wie der unseren zeugt von Verantwortungslosigkeit, außerdem kann sich ein der Erholung dienendes erotisches Leben nur entwickeln, wenn man ungestört ist. Sexuelle Freiheit ist mit einem Lebensstil, in dem Kinder geboren werden, nicht vereinbar, und vieles, was in diesem Buch über sexuelle Gleichheit zu lesen ist, hängt vom Gebrauch der Pille ab. Andererseits diente die Sexualität ursprünglich der Fortpflanzung; viele Menschen wollen noch immer Kinder, und die Mutter-Kind-Beziehung ist an sich erotisch und der Ursprung der gesamten Sprache körperlicher Berührung, die in den Beziehungen zwischen Erwachsenen vorkommt.

Die Sexualität der Erwachsenen beginnt bei den Babys. Sie brauchen die geschmeidige Kleidung der Mutter und die Wärme und wahrscheinlich den Geruch ihrer Haut, während ihr Saugen die Mutter erregen kann. Vieles, was den Erwachsenen fehlt, ging wahrscheinlich während der menschlichen Entwicklungsgeschichte verloren, weil wir das Babyalter ent-erotisiert haben. Menschen mit einem befriedigenden erotischen Leben werden einiges davon zurückgewinnen: indem sie das Baby nackt stillen; in den ersten Lebenswochen des Kindes zumindest so viel Zeit auf Hautberührung verwenden wie auf eigene Liebesbetätigung; das Baby, wenn überhaupt möglich, nicht mit der Flasche, sondern mit Muttermilch ernähren; das Kind, wenn es älter ist, seinen Körper erforschen lassen; Schuldgefühle vermeiden; und indem beide Elternteile sich ständig um das Kind kümmern.

All das kann für die Mutter eine zutiefst sinnliche Erfahrung sein. Bei der Geburt ist das Baby ein kleiner, tragbarer Mund und eine Hautoberfläche, die nicht Ihre eigene ist, die Sie tragen

Babys, die alt genug sind, um klar zu sehen. Sie werten Sex aus irgendeinem Grund als Aggression zwischen Erwachsenen, und es gibt eine schlecht verstandene Reaktion auf Sexualgerüche von Erwachsenen, mit der wir besser nicht experimentieren sollten, ehe wir mehr darüber wissen. Wenn Sie ein Kleinkind sofort nach einem Orgasmus an die Brust nehmen, wird es wahrscheinlich wegen Ihres sehr schnellen Herzschlags schreien. Davon abgesehen, schließen manche Paare ihr Baby in den ersten Wochen gern in eine sanft besinnliche Liebesbetäti-

gung ein. Sie können sogar das Erlebnis haben, Ihr Baby an der einen und Ihren Geliebten an der anderen Brust zu haben (nachdem das Baby diese Seite zu Ende gesaugt hat). Das kann ein Erlebnis sein, das Sie sehr miteinander verbindet. Später sollten Sie es vermeiden, aber brechen Sie den engen Hautkontakt auch dann nicht ab, wenn Sie es nicht so ausdrücklich am Liebesakt teilhaben lassen können – folgen Sie dem Kind auf seinem Weg, ein Einzelindividuum zu werden. Gewöhnlich zeigt sich Ängstlichkeit vor nackten Elternkörpern und der »Dominanz« des Vaters nicht bei Kindern unter drei Jahren.

Psychoanalytisch gesehen, gibt es bei vielen Frauen eine Assoziation zwischen Baby und Penis – beide sind gewissermaßen Gemeinschaftseigentum, unabhängig vom Geschlecht des Kindes. (Nebenbei bemerkt, männliche Babys bekommen schon frühzeitig Erektionen, und Kindermädchen pflegten sie zu beruhigen, indem sie sie möglichst dem nahe brachten, was ein Baby im Sinne eines Orgasmus zustande bringen kann. Manche Kinderärzte sagen nun, das überreize das Kind: im späteren Alter wäre das der Fall, wir können somit keine Ansicht darüber abgeben, ob es vernünftig ist oder nicht, aber da viele Primitive ihre Babys masturbieren, ist es höchstwahrscheinlich harmlos, und das Kind scheint es zu mögen). Ziehen Sie nicht aus hygienischen Gründen die Vorhaut zurück: sie ist normalerweise erst viel später zum Zurückziehen geeignet, und schneiden Sie sie nicht ab, es sei denn, Sie sind Jude oder Mohammedaner. Peniskrebs ist eine seltene Gefahr; waschen Sie, schneiden Sie nicht weg.

Frauen sind verschiedener Ansicht darüber, ob die Geburt selbst ein sinnliches Erlebnis sein kann; wenn sie schwer ist, wird sie es nicht sein, ebensowenig wenn die ganze Umgebung klinisch ist. Das Dabeisein des Vaters ist eine komplizierte Zugabe – die meisten Männer haben Schuld- oder Teilnahmegefühle bei einer Frau, die in Wehen liegt, die traditionsgemäß als *Couvade* (imitiertes »Männerkindbett«) oder, in unserer Kultur, als Anfall von Zahnschmerzen oder als völlig uncharakteristische Sauftour abreagiert wird. Sie müssen beurteilen, ob sein Dabeisein ihn durcheinanderbringen wird und ob es ein Ablenkungselement gibt, wenn Sie ihn kommen lassen.

20

Wir haben keinen Beweis dafür, aber es wäre nicht überraschend, wenn eine Frau, die mit völlig entspannten Muskeln und erregt den Orgasmus erlebt, eine leichtere Geburt hat als eine Frau, die verkrampft ist. Ob Wehen an sich ein Orgasmus sein können, hängt weitgehend vom Glück und von der Mutter ab; manche Frauen, die natürlich entbinden, sich entspannen können und nicht von einer allzu robusten Hebamme geschult wurden, sagen, es sei möglich. Wenn es nicht der Fall oder schmerzhaft ist, läßt es sich ganz leicht kontrollieren – das erstmalige Anlegen des Babys an die Brust ist eine sinnliche Erfahrung, und sei es nur ein Gefühl der Erleichterung. Es ist auch programmiert, denn die Bruststimulation veranlaßt den Uterus, sich zusammenzuziehen, was die Rolle der Brüste beim Liebesakt Erwachsener erklären könnte.

Ein Kind zu bekommen, ist also eine einzigartige Funktion Ihres ganzen Körpers und ein verbindendes Erlebnis mit Ihrem Geliebten. Das ist ein Grund, abgesehen von den Erfordernissen des Kindes, ein Baby nicht allein zur Welt zu bringen, wenn man es vermeiden kann. Es ist eine sexuelle Erfahrung, welche Sie, zumindest bis das Kind aufwächst, bindet.

Man muß vorsichtig sein mit der Behauptung, daß die Schwangerschaft ein schönes und sinnliches Erlebnis sei – viele Frauen, die unter Übelkeit litten und sich wie ein halbvoll geladener Öltanker fühlten, haben den berechtigten Verdacht, daß derartige Behauptungen von Männern oder von unfruchtbaren Lesbierinnen aufgestellt werden. Andererseits würden die meisten beipflichten, daß die Bewegung des Kindes im Mutterleib, die erste Begegnung mit dem Baby als Person sehr erregend ist. Auch verlagern sich bei vielen Frauen während der Schwangerschaft Gefühlsrüstzeug und -haltung – das kann in Richtung Angst sein, wenn es die erste Schwangerschaft ist oder wenn das Baby nicht ganz erwünscht war, es kann aber auch in Richtung einer sanften Sinnlichkeit geschehen, die der Mann teilen kann. Das macht sanftere Liebesbetätigung während der Schwangerschaft für alle Frauen geeignet, außer für jene, die zu Fehlgeburten neigen und die – das ist so ziemlich der einzige Fall – Orgasmen in dem Zeitraum, in dem sie schon früher Fehlgeburten erlitten, vermeiden sollten.

Batakas

Weiche, stoffüberzogene Plastikschaumschläger, mit denen man völlig schmerzlos und ohne das geringste Risiko einer Verletzung boxen oder fechten kann. Zwei damit bewaffnete Menschen können einander mit voller Kraft schlagen, ohne weh zu tun, und Frauen sind nicht im Nachteil. Das Duell kann bloß ein Spaß oder eine Dramatisierung sein – kann nicht, wie die Hersteller vorschlagen, nur Aggression abreagieren, sondern unsere viel tiefer verwurzelte Angst beseitigen, daß uns nämlich Agression vernichten würde, wenn sie zum Ausdruck käme. Diese Furcht geht sehr tief, und dies ist ein Spiel, um sie loszuwerden – es gestattet auch die Körpersprache von wirklich heftigem Kämpfen ohne irgendwelche schlimmen Folgen. Kissenkämpfe kommen dem am nächsten, aber Kissenecken können in Augen geraten, und die verflixten Dinger platzen, wenn man wirklich kräftig zuschlägt. Ein mit aller Kraft geführter Batakakampf mit jemandem, den man liebt, nicht haßt, kann ein sehr lehrreiches Erlebnis sein für Gefühle, von denen man nicht wußte, daß man sie hat. Wenn es wenig zärtlich klingt und nicht richtig für Liebende, brauchen Sie es wahrscheinlich. Wenn sie immer verliert, geben Sie ihr in jede Hand eine Bataka und nehmen selbst nur eine, und umgekehrt. Siehe auch unter »Aggression«.

Bilder

Sexuelle Bilder sind ein Reizmittel für sich (einer der Gründe, warum wir sie in diesem Buch bringen) und können einzigartig schön sein (das ist ein weiterer Grund). Seit die Instant-Kameras das Entwickeln von Filmen unnötig machen, verwenden die Leute Schnappschüsse sexuell, wie sie sie bisher für andere Familienaufnahmen verwendet haben – als Erinnerung an schöne Zeiten –, und dafür sind sie äußerst wirkungsvoll. Außerdem kann man sie in Traumform verwenden und seine eigenen Phantasien für immer visuell verwirklichen.

Leider können nur kostspielige Instant-Kameras auf Zeitraffer eingestellt werden, und gute Fotos von einer interessanten Tätigkeit wie der Liebe, erfordern wirklich einen Fotografen. Wir verlangen von Fußballern auch nicht, sich selbst zu knipsen. Dementsprechend klappt es mit dem Fotografieren am besten, wenn zwei Paare damit beschäftigt sind.

Es gibt einige Regeln. Schicken Sie keine Sexfilme an kommerzielle Fotolabors, besonders nicht über Staatsgrenzen hinweg. Manche werden sie zurückweisen, vernichten oder der Polizei schicken (und da die meisten von uns bei jeder Sitzung obskure Sexualgesetze brechen, könnte das ernste Folgen haben – die Gerichte gehen auf diesen Unsinn tatsächlich ein, und Sie könnten zu Sexualverbrechern erklärt werden, einfach weil Sie miteinander oralen Sex getrieben haben); die es nicht tun und widerspruchslos kopieren, machen gewöhnlich Abzüge, um sie zu verkaufen. Verwenden Sie eine Polaroid-Kamera, es sei denn, Sie wollen Filme machen. Wenn Sie Bewegung wünschen, sparen Sie und kaufen Sie sich einen Videorecorder. Sie können sich ruhig ein Album anlegen, aber zeigen Sie die Fotos anderer Leute nicht ohne deren Einwilligung herum, wie es manche »Swinger« tun. Taktgefühl und das Bewußtsein, wie bösartig und gefährlich spießbürgerlich die Behörden sind, wenn sie in Bewegung gesetzt werden, sind von wesentlicher Bedeutung für das Überleben, wenn Sie ein volles und frohes Sexualleben haben, und doppelt wichtig, je mehr Menschen daran beteiligt sind.

Natürlich können Sie Sexfotos als Reizmittel kaufen, aber wenige Profis sind so geschickt, wie Sie selbst sein könnten. Die beste Verwendung von Diapositiven liegt darin, Blumen, Spitzen und Gewebe, wie gestreifte indianische Decken oder Reihen von Eiern in einer Schachtel, zu fotografieren, sie zu projizieren und gemeinsam in den Lichtkegel zu treten, bis sich die Bilder scharf auf der Haut abzeichnen. Dann tanzen Sie oder führen den Beischlaf aus, wobei Sie sich in einem Spiegel betrachten. Es ist viel sauberer als Körperbemalung, abwechselnder und weckt ein menschliches Reizmittel, das wir beinahe vergessen haben – eine bemalte Person ist magisch. Wenn Sie gute Sexfilme bekommen, können Sie sie als *hors d'oeuvre* zeigen; das ist aber gewöhnlich nicht nötig, wenn Sie sich, statt zuzusehen, selbst betätigen können – es sei denn, Sie müssen ein anderes Paar in Erregung bringen.

Bewahren Sie Sexfotos und -dias außerhalb der allgemeinen Schachtel auf, die Sie in Gesellschaft zeigen. Sie würden staunen, wie oft eins im ungeeigneten Augenblick auftaucht, wenn Sie es nicht tun. Bewahren Sie Ihre Polaroid-Kamera geladen, eingestellt und schußbereit auf, besonders wenn sich zwei Paare zugleich vergnügen, damit jemand hinlangen kann, um etwas besonders Schönes, Lustiges oder Originelles aufzunehmen. Prüfen Sie die Abzüge gemeinsam und teilen Sie sie auf, bevor Sie auseinandergehen und achten Sie darauf, die Negative nicht in den Mülleimer zu werfen, wenn es Ihnen etwas ausmacht, daß andere Leute sie sehen.

Tonbänder sind sogar noch bessere Reizmittel – bewahren Sie die besten Gelegenheiten auf und spielen Sie sie als Hintergrund: insbesondere Frauen werden oft durch die richtige Erinnerung ungeheuer erregt.

Feindseligkeit

Heute wachsen Teenager nicht mit Fred-Astaire-Filmen auf, und wahrscheinlich beziehen sie ihre Ideen nicht aus der *Love Story*. Sie leben aber tatsächlich in einer Kultur, in der Sex gleich Liebe ist. Das ist oft der Fall, aber es verhält sich viel komplizierter, denn obwohl Sex gleich Liebe ist, kann er dennoch auch Feindseligkeit ausdrücken. Die Version in alten Filmen und rührseligen Fernsehspielserien ist eine vereinfachte Version, die im wirklichen Leben nicht vorkommt. Sie gehört zu dem Mythos, daß Lieben ein totales Übernahme-Angebot für jeden Partner durch den anderen beinhaltet, das in einer Art parasitärer Umarmung endet.

Wir wollen nicht zynisch sein. Wenn Ihre Beziehung zu jemandem nicht Geben, Fürsorge und ein großes Maß an Teilhaben beinhaltet, kann das Spaß machen, wenn beide der gleichen Ansicht sind, aber als Beziehung kann es nicht weit gehen. Andererseits wäre es ein gefährliches Verhalten zu lieben und von jemandem, der keine Spur von gesundem,

24

selbstschützendem Egoismus besitzt, geliebt zu werden, ein gefährliches Verhalten, das zu unbegrenzten und völlig unmenschlichen Ansprüchen von beiden Seiten führen kann. Tatsächlich ist streitbare Selbstlosigkeit eine schlaue Art, unbegrenzte Forderungen zu stellen, gegen die man sich nur schwer wehren und doch zugleich gut abschneiden kann.

Beide Geschlechter müssen sich klar sein, daß es bei jeder dauerhaften Liebe zwischen Erwachsenen (wo es einen Schutz dagegen gibt, von einem anderen Menschen zu sehr beherrscht zu werden) einen gesunden Teil Feindseligkeit gibt und daß manches sexuelle Verhalten ganz und gar feindselig ist: Halsabschneiderei beider Geschlechter, zum Beispiel Verführung und Verlassen durch Männer, Jagd auf Ehemänner durch Frauen. Erwachsene können oft – aber nicht immer – den Spielstand erkennen, aber als junger Mensch kann man viel leichter verletzt werden oder in eine Falle geraten. Tatsächlich werden in den versuchsweisen Beziehungen, welche zwischen Menschen üblich sind und die mit Sex beginnen, all diese Komponenten durcheinandergebracht. Wenn sie als Spiel ausgedrückt und als Spiel gesehen werden können, gehören die Versuche der Teenager herauszufinden, was in sexuellen Beziehungen ausgedrückt werden kann, zum Lernprozeß. Leider erfolgen sie oft zu einer Zeit, in der die Menschen leicht verletzt werden können. Wenn beide nur Punkte erzielen wollen, schön und gut – aber sogar da weist die Feindseligkeit, die in dem Punktejagen um seiner selbst willen liegt, auf ein gewisses Maß an innerer Unsicherheit hin.

Mädchen wurden oft bereits von enttäuschten Müttern zu der Erkenntnis erzogen, daß die Liebe des Mannes feindselig ist (und müssen oft lernen, daß sie dennoch sorgend und stärkend sein kann). Junge Männer erkennen nicht immer das Raubtierverhalten am anderen Geschlecht – und sollten sich ebensowenig einschüchtern oder ängstigen lassen, wenn sie ihm begegnen. Wichtiger ist es, daß Sie Ihre eigene Sexualität begreifen, um nicht zu riskieren, jemand anders zu verletzen. Wenn Sie im stillen glauben, daß alle Mädchen oder alle Jungen »Sexobjekte« sind, falsch sind, erobert und verächtlich behandelt werden müssen oder grundsätzlich gefährlich sind, werden Sie

jemand verletzen und andere, die im stillen ebenso denken, werden wiederum Sie verletzen, es sei denn, Sie sind so hart, daß Sie schon unmenschlich sind.

Andererseits kann es nicht völlig schmerzlos sein, mit dem Sex zu beginnen oder ihn auszuüben, so wenig es schmerzlos ist, mit dem Fußballspielen zu beginnen oder es auszuüben. Normale Menschen sind robust genug, um einige Runden der Erfahrung durchzuhalten. Hier hilft das Bewußtsein der Realität gegenüber sentimentaler Fiktion, und junge Menschen sollten nicht durch Eltern abgeschreckt werden, deren schlechte Erfahrungen sie veranlassen, allen Männern oder allen Frauen ohne Unterschied zu mißtrauen und sie zu hassen – eine Feindseligkeit, die sich im Verhalten ihrer Kinder fortsetzt und eine weitere unglückliche Generation hervorbringt. Wenn Sie nicht großes Glück haben, werden Sie feindselige Menschen kennenlernen, betrogen werden und traurig oder enttäuscht sein. Darauf können Sie genauso vorbereitet sein, wie darauf, in irgendeiner anderen Situation gelegentlich Mißerfolg zu haben: diese Erfahrungen machen es nur leichter zu vermeiden, daß man sich mit der ersten Hauptbeziehung zufriedengibt, um dann die richtige zu erkennen, wenn sie kommt. Sie sind nicht aus Glas oder Sülze, und Ihre endgültige, wichtigste Beziehung wird einige gesunde Stacheln haben, wenn Sie beide wirkliche Menschen sind.

Dieses Buch kann Erfahrung nicht ersetzen, und nicht alle Erwachsenen sind darin vernünftiger als Teenager, trotz der Anzahl von Jahren, die sie ihnen voraus haben (und die manche von ihnen damit verbringen, die gleichen neurotischen Fehler zu begehen). Wenn man jung ist, besteht die beste Reaktion auf einen Betrug odcr eine Enttäuschung darin, nicht länger als zwölf Stunden zu weinen oder zu fluchen, nicht länger als drei Tage in Selbstmitleid zu schwelgen, dann die Sache als Erfahrung abzuschreiben und sich darüber klar zu sein, daß man viel reifer geworden ist.

Haut

Die Haut ist unser größtes Sexualorgan und das, wodurch wir mit jedem Liebesobjekt in Nahkontakt treten, wie mit unseren Müttern im Babyalter. Wenn sie eine Sprache hat, so ist es eine von zarter Sinnlichkeit. Aus diesem Grund haben Generationen von »grauer« Kultur sie geächtet. Sie konnten den Genitalsex nicht völlig für tabu erklären, aber wir dürfen zumindest am Rest unserer Körper nicht diese Betätigung zulassen, sonst könnten wir wirklich sinnlich werden und Vertrauen, Lust und Berührung schätzen, anstatt sie zu fürchten und ihretwegen Schuldgefühle zu haben. Es gibt noch immer Menschen, die fruchtbaren Sex betrieben haben, aber noch nie die Haut einer anderen Person berührten oder ihre eigene berühren ließen.

Ganz abgesehen davon, daß Liebespaare lernen, einander zu betasten, sich an Hautempfindungen zu erfreuen und einander dadurch aufzustacheln, ist das nackte Zusammensein durchaus sinnvoll, bei dem sich die Haut beider Geschlechter berühren, um zu sehen, wie sie sich anfühlt und Sie die Ihre berühren lassen, um zu sehen, was man dabei fühlt. Die meisten Kulturen und alle Tiere stilisieren das Berühren anderer Individuen,

benutzen es als Sprache und beschränken es auf sinnvolle Zusammenhänge – wir aber haben eine Menge Rückstand aufzuholen. Wir sind Kontakttiere (die einander von Natur aus eher berühren, als auf Distanz zu bleiben wie viele Vögel), und Hautzufriedenheit ist wahrscheinlich eine unserer wichtigsten Kindheitserfahrungen, wenn auch einige Generationen wegen der Kleidung diesbezüglich zu kurz kamen.

Liebende berühren einander überall, mit Fingern, Haut, Lippen und Zunge (und sollten einige ruhige Zusammenkünfte bloß dieser Art des Kennenlernens widmen, um sich an gegenseitigem Anblick, an Berührung, Geschmack und Geruch zu erfreuen). Wer wen in Gesellschaft berührt, ist in verschiedenen Regionen verschieden, ebenso wer wen wo küßt – Wange, Stirn, Hand, Lippen, alles mit verschiedener Bedeutung. Eines ist nett bei amerikanischen Frauen: sie haben keine Angst davor, Männer in Gesellschaft zu berühren; das hat sich von der Haut auf die Kleidung verlagert (Schlips-Zurechtrücken zum Beispiel), ist jedoch ein Schritt in der geeigneten Richtung und kommunikationsfördernd, nicht verführend. Männer haben große Angst davor, einander zu berühren, außer bei gewissen festgelegten Situationen, und das ausgeprägteste Sinnlichkeitstraining liefert die erzieherische Erfahrung zweier Männer, welche gegenseitig die nackte Haut berühren.

Es ist wahrscheinlich als Reizmittel und für die gesellschaftliche Verwendung am besten, Hautberührung mit Muskelreizen, zum Beispiel Massage (siehe diese), zu verwenden, denn Haut und Muskeln wurden nicht für getrenntes Funktionieren programmiert. Denken Sie daran, daß die menschliche Haut sichtbar oder unsichtbar behaart ist und daß die Haare stimuliert werden können. In unserer Kultur wird das Berühren sexuell, wenn die Lippen und die Zunge beteiligt sind: eine vorübergehende Berührung der Genitalien besagt nicht das gleiche. Versuchen Sie sich mit verbundenen oder geschlossenen Augen von einem oder mehreren Menschen und mit verschiedenen Materialien – Federn, Stoff und dergleichen – berühren zu lassen (wir haben von einer Gruppe gehört, die dafür spezialisiert ist, ein Ei aufzuschlagen und auf Sie zu gießen, aber das klingt wie eine freiwillige zusätzliche Möglichkeit).

Jedenfalls kommt es darauf an, Ihr eigenes Hautbewußtsein zu steigern, und das ist recht vernünftig. Die beste häusliche Methode ist einfach Nacktheit im Bett, obgleich das nur ein Anfang ist, und nicht alle Menschen, die nackt miteinander schlafen, haben wirklich das gegenseitige Hautbewußtsein entwickelt. Es ist merkwürdig, aber wahr, daß Sie, je nachdem, wie sich die Haut anfühlt, sagen können, ob jemand erregt, nicht erregt, ablehnend oder was immer ist – wahrscheinlich durch den Tonus der kleinen Muskeln unter der Haut –, aber mißdeuten Sie nicht wirkliche Kälte als sexuelle Kälte, obgleich sie sich ähnlich anfühlt. Es muß Ihnen warm sein, um das zu beginnen – das Klima und frühere Eiszeiten können für manche Hemmungen der Menschen in nördlichen Regionen verant-wortlich sein.

Heiße Bäder

Es gibt die Behauptung, es sei unmoralisch, allein zu baden. Das gemeinsame Bad ist eine japanische Erfindung. Man wäscht sich, bevor man ins Wasser steigt, dann baden alle gemeinsam. In Japan ist das ebensowenig eine erotische Tätigkeit wie der Besuch einer Sauna, für uns jedoch wirkt es als äußerst erfolgreicher Eisbrecher und als eine Art von Bindung. Menschen, die miteinander baden, verhalten sich so, als säßen sie miteinander in einem warmen Schoß.

Europäische Häuser sind dafür nicht eingerichtet – sie könnten es sein, denn das Klima in Japan unterscheidet sich kaum vom Klima in Europa. Reiche Kalifornier verfügen über ein heißes Jacuzzi-Bassin; weniger reiche kaufen alte Weinfäs-ser oder bauen ihre eigenen Freiluft-Badewannen, die durch eine kleine Warmwasserheizung gespeist werden. (Für prakti-sche Einzelheiten siehe *Hot Tubs* von Leon Elder, Capra Press.) Abgesehen davon, daß es seit den Tagen des Römischen Reiches die beste Erfindung für gemeinsame Entspannung ist, ermutigt das Baden in Warmwasserwannen Nichtnudisten eher als das Schwimmen, gemeinsam nackt zu sein. Mickey Mouse hat uns

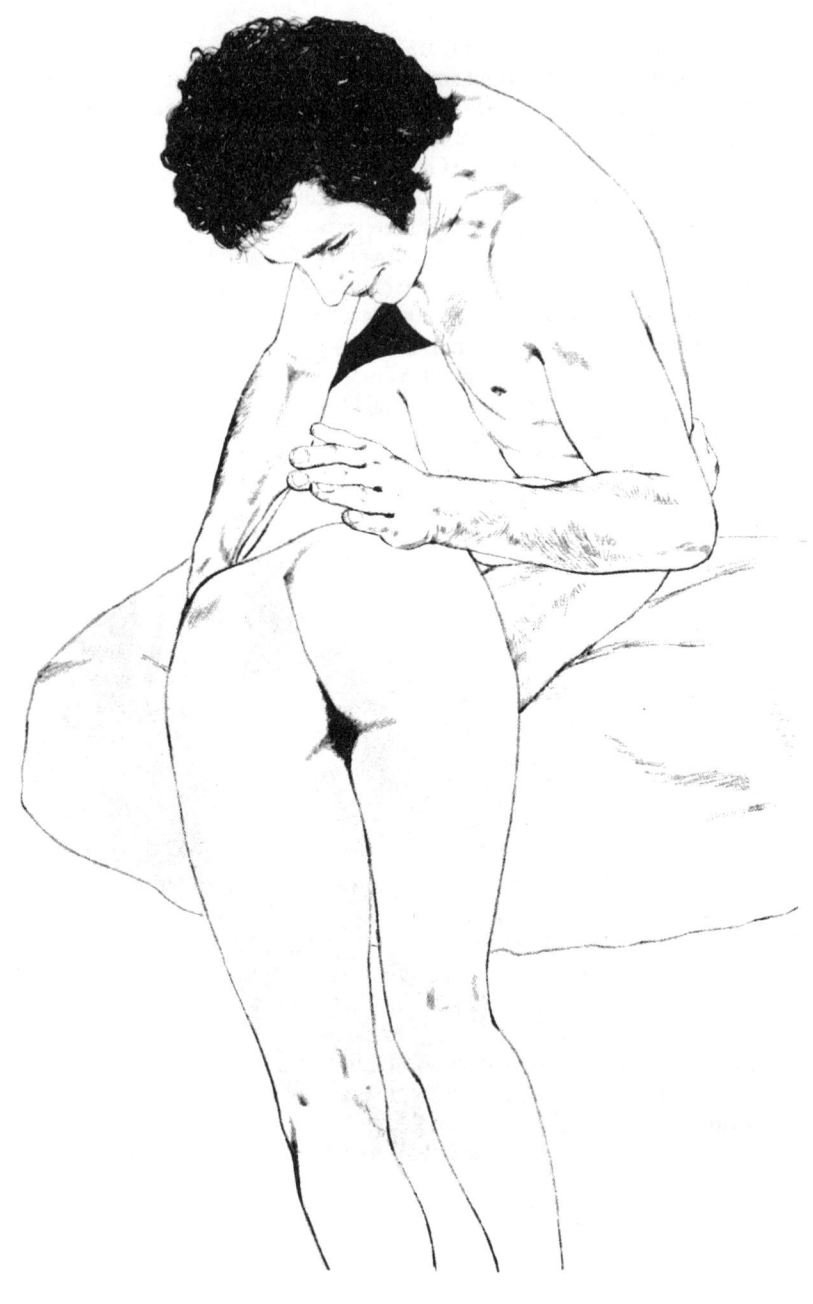

bisher noch nicht dazu gebracht, in unseren eigenen Bädern Badeanzüge zu tragen, somit sind Badewannen mit Warmwasser ein guter Anfang. Das Wasser in der Wanne soll ungefähr eine Temperatur von 37 Grad Celsius haben – es ist eher für ein Zusammensein und Dinge wie Gruppenmassage gedacht als für Liebesbetätigung, für die es wirklich zu heiß ist, wenn Sie sich anstrengen wollen. Wir erwähnen es hier, weil es zum Repertoire größerer Sinnlichkeit zwischen Paaren und zwischen Freunden gehört, das mit besserem sexuellen Ausdruck Hand in Hand geht und ein guter Anfang für Gemeinsamkeit (siehe diese) ist. Gewöhnliche Bäder und sogar die »Konversationsbäder« von Millionären haben nichts von dieser gesellschaftlichen Eigenschaft. Das Ganze braucht nicht mehr zu kosten als 250 Dollar plus Brennstoff, obgleich es kostspielig wäre, es dauernd zu heizen – entsprechend weniger in einem warmen Land. Paare, die einander nahe genug stehen, um es richtig zu verwenden, könnten es gemeinsam besitzen.

Körperbild

Es ist das Bild, das wir (als Beobachter in unseren Köpfen) uns von unserem Körper machen; aber es ist viel komplizierter als wir denken, denn es ist die ganze Computersynthese sensorischer Aufnahmen inner- und außerhalb unserer Körper sowie ein zusätzliches Programm, das aus Ideen stammt, die wir über uns selbst bezüglich Dominanz (»sich zwei Meter groß fühlen«, »sich kleiner fühlen als die Knie einer Schlange«) und Kindheitserfahrungen haben. Nur leider sind »wir« der Computer, so daß die Wechselwirkung mit unserer Identität nicht die eines außenstehenden Beobachters ist, sondern viel näher liegt.

Die meisten Menschen manipulieren den Körper, um das Körperbild zu manipulieren – Kronen auf Königen und Bärenfelle auf Gardesoldaten lassen diese sich »groß fühlen«. Dicke Menschen, die sich mästen und junge Leute, die hungern, tun das gleiche. Eine ganze Reihe von sexuellen Komplexen und Befriedigungen sind Körperbild-Phänomene, besonders Fetische, Geräte, welche die Muskelspannung und den Orgasmus, bei dem das Körperbild plötzlich »explodiert«, verstärken oder abschwächen sollen.

Joga-Manipulation geht in die andere Richtung und zielt darauf ab, die Physiologie durch Manipulation des Körperbildes zu manipulieren. Wir wissen jetzt, daß das (siehe »Biofeedback«) bei ganz spezifischen Kontexten möglich ist, und niemand würde eine allgemeinere Manipulation von Dingen wie Hormone, Fruchtbarkeit oder sogar Anfälligkeit für Krankheit ausschließen. Das ist ein Grund, weshalb ein Selbstbild wichtig ist und weit tiefer geht, als wir im Spiegel sehen.

Tatsächlich haben Jogis bei der Erforschung dieser Fragen einen Vorsprung von mehreren Jahrhunderten (wenn wir sie auch vielleicht mit Hilfe von elektronischen Monitoren einholen könnten). Der springende Punkt bei all diesen exzentrischen Haltungen ist, daß sie ausgearbeitet wurden, um das Körperbild zu beeinflussen (ursprünglich mit dem Ziel, die Körperbild-Komponente der Identität völlig auszuschalten, so daß man sich mit dem Ganzen verschmolzen fühlt – der Orgasmus kann das gleiche erreichen, deshalb wird er im Mystizismus verwendet). Diese Haltungen hängen von Muskelspannungen ab und vom Überkreuzen propriozeptiver (innerhalb des Körpers entstandener) Aufnahmereize – das Sitzen in einer überkreuzten Haltung hat in seiner Endwirkung auf das Körperbild eine gewisse Ähnlichkeit mit dem alten Trick, wenn man eine Münze zwischen den Rücken zweier Hände hält – man fühlt zwei Münzen. Manche ausgeklügelte Sexualstellungen, Zusammendrängen, Bewegungseinschränkung oder sogar enge Umarmung, und zahlreiche halbsymbolische Beeinträchtigungen des menschlichen Körpers, zum Beispiel das Mieder oder die in China früher übliche Deformierung des Fußes durch Einschnüren, sind im Grunde eine Manipulation des Körperbildes und unserer Erfahrung damit.

Das Körperbild steht analog zu einer Telefonzentrale und einem Computerspeicher für alle Körpersprachen, die wir untersuchen. Ein großer Teil der Medizin und Sexologie der Zukunft wird sich ebenso an das Körperbild wie an den Körper wenden. Was nach verschiedenen Arten von Erfahrung vage als »sich lebendiger fühlen«, »sich mehr als Person fühlen«

bezeichnet wird, befaßt sich in Wirklichkeit mit unserer eigenen Erfahrung mit unserem Körper, wie sie der »Computer« überprüft. Das kann seinerseits unser Körperbild verändern – und mit ihm unsere Haltung, den Geschmack in der Kleidung, die Physiologie und Orgasmusfähigkeit. Da das Körperbewußtsein mit der Geburt beginnt und sich in den Wochen, wenn ein Baby seine Muskelkoordination erlernt, rasch entwickelt, entstehen wahrscheinlich schon ziemlich früh Störungen des Körperbildes, die oft das spätere Sexualverhalten beeinflussen.

Körpersprache

Der brillante Exzentriker Wilhelm Reich wies als erster darauf hin, daß wir unseren Körper als Panzer gegen unsere Ängste benutzen. Menschen, die sich klein und suspekt fühlen, machen einen krummen Rücken (anstatt »hoch aufgerichtet« zu gehen), und diese Art von Anspannung führt zu Rückenschmerzen. Andere, weniger deutlich sichtbare Spannungen manipulieren unser Körperbild auf andere Weise und stören unsere Physiologie. Außerdem war, wie Reich ganz richtig bemerkte, der Teil von uns, den wir bis vor kurzem am meisten zu unterdrücken lernten, unsere sexuelle Identität – indem wir uns abwandten, wenn wir etwas Sinnliches spürten, uns verkrampften, wenn wir einen Orgasmus haben konnten, und unsere Beine fest geschlossen hielten. Es ist recht anstrengend, sein ganzes Leben mit geschlossenen Beinen zu verbringen.

Der Ausdruck »verkrampft« ist medizinisch völlig richtig. Und das Verkrampftsein geht fast immer auf eine Art der Angst vor dem Ausdruck normaler Gefühle zurück, von denen viele sexuell sind. Die Energie, welche amerikanische Männer für den Versuch aufwenden, Bisexualität nicht auszudrücken, und amerikanische Frauen dafür, Gefühle nicht auszudrücken, die sie ihren Männern zufolge nicht haben sollten, würde das Problem der Energieknappheit lösen. Bei verkrampften Menschen hat diese ganze Energie das Ergebnis, ihre Physiologie durcheinander zu bringen und ihre normalen menschlichen Reaktionen fehlzulenken.

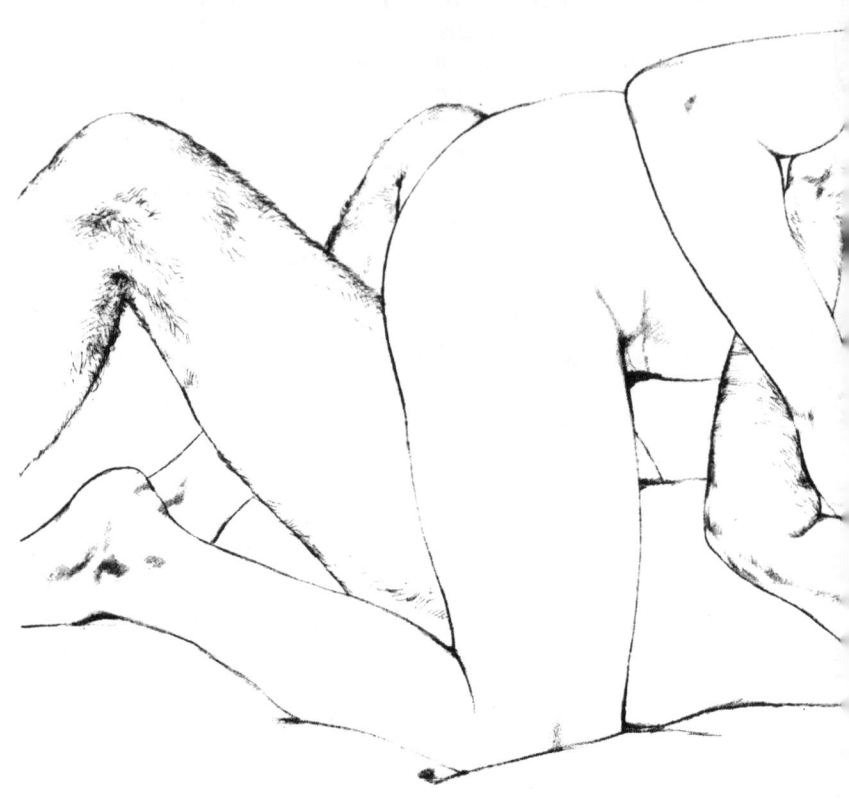

Wenn wir also beginnen, sexuell zu leben, müssen viele von uns den Schub kultureller Gewohnheitskrämpfe loswerden, die uns daran hindern, uns zu entspannen und uns dem Gefühl hinzugeben. Es ist im Sinn der Verhaltenspsychologie, daß die Selbsteinschätzung des gebückten Selbstanklägers sich ändern wird, wenn Sie ihn überreden können, sich aufzurichten, und daß andere, die seine Körpersignale erkennen, ihn anders

38

behandeln werden. Das gleiche gilt für die orgasmuslose Dame, die sogar ihren Mund geschlossen hält – lehren Sie sie, ihn zu öffnen, und sie wird sich vielleicht anders fühlen.

Das ist die Rechtfertigung für alle paramedizinischen Kurse in Entspannung, Ausdruck und Sich-nicht-schrecken-lassen, die derzeit so weit verbreitet sind. Wenn aus einer moralisierten Ankleidepuppe ein lebendiger Körper wird, kann das einen dazu bringen, sexuell und sozial weniger wie eine Ankleidepuppe zu handeln (und wahrscheinlich eine Menge Verkrampfungsleiden, die nicht auf haltungsbedingte Rückenschmerzen beschränkt sind, zu heilen). Da die halbe Aufgabe der Sexerziehung darin besteht, den Plunder loszuwerden, der den Menschen durch gestörte Menschen beigebracht wurde und den sie geglaubt haben, ist diese Art von Umerziehung nützlich.

Guter Sex macht uns weniger puppenähnlich, nicht so anfällig für Krankheiten und zersetzende Arten der Körpermanipulation wie zwangsläufiges Zu-viel-essen. Zugleich brauchen wir, um guten Sex, nicht bloß irgendwelchen Sex zu haben, die totale Zustimmung zu unserem ganzen Körper als Quelle von Lust, nicht von Schuld, Angst, Verboten, Vorsichtsmaßregeln und Besser-nicht-Warnungen. In dieser Hinsicht haben wir als Gesellschaft noch einen ziemlich weiten Weg vor uns. Die verschiedenen sinnlichen Dinge, die wir hier beschreiben, sind dazu bestimmt, das voranzubringen.

Tierische Körpersprache ist – da jegliche tierische Kommunikation nonverbal ist – ein wichtiger Teil der ethologischen Wissenschaft. Die meisten Tiere vollführen Gebärden der Selbsteinschätzung, die wir als Dominanz und Unterwerfung bezeichnen. Wenn ein Pavianmännchen einem anderen Männchen seine Hinterbacken zuwendet und die Haltung eines sich paarenden Weibchens einnimmt, drückt es Unterwerfung aus, nicht Homosexualität. Man nennt die Paviangesellschaft »agonisch«, völlig auf Dominanz und Unterwerfung aufgebaut. Dies sind jedoch Gebärden, die in unserem eigenen Sexualverhalten vorkommen – bedeuten sie das gleiche oder etwas anderes, oder ist es so, daß wir einfach die Anlage unserer Primatenvorfahren behalten haben? Schimpansen sind eine »hedonistische« Gesellschaft: ihre Gebärden sind Einladungen für andere, sich auf besondere Weise zu verhalten, oder sind Erklärungen darüber, wie sie sich fühlen – zum Beispiel vor Wut hüpfen. Schimpansen, die diese Wutvorstellung geben, werden von anderen umringt, die zuerst verdutzt sind und sich dann zustimmend oder entschuldigend verhalten.

Das sehen wir auch bei Menschen. Der Mensch, der den Rücken krümmt, bringt seine geringe Selbsteinschätzung zum

Ausdruck und wird wahrscheinlich herumgeschubst, was die Herabwürdigung seiner selbst verstärkt. Körpermerkmale, welche offen erkennbar sind, werden dadurch verstärkt, daß andere Leute sie durchschauen. Die unzugängliche Dame, die den Mund nicht aufmacht, ist im Begriff, Männern eine nonverbale Mitteilung zu machen – in diesem Fall werden sie ihr eher aus dem Weg gehen, als sie ansprechen. Wir alle lesen und sprechen die Körpersprache, und das kann unsere Beziehungen weitgehender bestimmen, als wir es merken, denn es funktioniert auf den ersten Eindruck.

Massage

Dieses Buch ist kein Lehrbuch der Physiotherapie, daher befassen wir uns nicht mit den medizinischen, auch nicht den orientalischen, sinnlichen, erotischen und anderen Arten der jetzt oft erörterten Massagen. Wenn Sie es genau studieren wollen, können Sie Bücher über sinnliche Massage kaufen, die zusammen mit einer Flasche Baby-Öl im Handel erhältlich sind. Sie sollten aber die Kunst sinnlicher Massage lernen; zufällig ist sie eines der besten Anheizmittel vor der Sexbetätigung für beide Geschlechter, eines der besten Entspannungsmittel nach dem Koitus und sicher der beste Eisbrecher. Wir haben Paare gesehen, die wirklich tüchtig darin sind – beide Partner. Holen Sie sich ein zweites Paar mit einer anständigen gesellschaftlichen Ausrede zum Strippen und bringen Sie es in Erregung, ohne sich unwiderruflich verführend zu verhalten, wenn die Szene nicht klappt (Sie können immer danke sagen und sich wieder anziehen, wenn Ihnen danach zumute ist). Siehe auch unter »Gemeinsamkeit«.

Wenn Sie Erfahrung in medizinischer Massage haben, ist es gut. Wenn nicht, rubbeln Sie nicht einfach die Haut, was nicht angenehm ist, sondern arbeiten Sie an einem Körperglied oder am Rumpf mit beiden Händen zusammen, kneten Sie ziemlich fest, aber nicht mit allzuviel Druck der Hände, mit Daumen und Fingern. Wenn Sie das gegenseitig regelmäßig tun, werden Sie lernen, was angenehm ist und was irritiert. Versuchen Sie sich

von jemand massieren zu lassen, der es versteht, um zu lernen, wie es sich anfühlt, und beobachten Sie ihn (versuchen Sie jedoch keine Profitricks wie zum Beispiel Anwendung von Kniedruck am Rücken, ehe Sie genau wissen, wie).

Kneifen Sie den Partner nicht – das schmerzt, hat keine medizinische Grundlage, und man überläßt es am besten den Masochisten. Verwenden Sie nicht zu viel Öl, es sei denn, Sie lieben das Gefühl davon (Sie brauchen kein Öl für eine gute Massage), und wenn die Dinge richtig erotisch werden, tun Sie nicht automatisch Öl auf den Penis, obgleich es die Mädchen in' Massagesalons tun – es setzt das Empfindungsvermögen bei manchen Männern unter den Auslösepunkt herab, andere allerdings haben es gern, insbesondere wenn Sie die Eichel selbst massieren.

Sie müssen selbst nackt sein, so daß Sie Ihre ganze Körperoberfläche einsetzen können. In den frühen Stadien können Sie das Kneten mit Klopfmassage abwechseln (sehr leichte, schnelle Karateschläge, die mit den Kanten beider Hände abwechselnd und in geringem Abstand auf Rücken, Schenkel und andere Muskelpartien gegeben werden – tun Sie es so, als würden Sie mit zwei Hackmessern Zwiebel hacken). Legen Sie Ihre Hände mit gespreizten Fingern auf je eine Hand der zu massierenden Person, die auf der Vorderseite liegt, streichen Sie mit ihnen gleichzeitig die Arme entlang, dann nebeneinander über den Rumpf nach unten, über beide Hinterbacken und beide Beine bis zum Fuß, mit festem Fingerdruck. Später tun Sie das gleiche mit dem Massierten in Rückenlage, wobei Sie leicht über die Brüste streichen, wenn es eine Frau ist, dann über die Schenkelinnenseite nach unten. Sie können sie durch Berührung mit Ihren Brüsten, Genitalien und Ihrem Schamhaar ergänzen, wenn Sie wollen. Nicht alle äußerst sinnlichen Effekte kommen von den selbstverständlichen Stellen – vorsichtige Fingerarbeit zwischen den Fingern, den Zehen sowie auf den Handflächen und Fußsohlen (ohne zu kitzeln) können die meisten Menschen erregen. Nehmen Sie sich Zeit herauszufinden, was gegenseitig wirkt, bevor Sie es mit jemand anders versuchen – dann bearbeiten Sie beide eine dritte Person, wobei der eine den ganzen Körper massiert, während der andere (gewöhnlich der Partner des anderen Geschlechts) sich auf spezielle Teile wie Hände und Füße konzentriert.

Beide beginnen jedoch mit einfacher Körperarbeit und steigern die Sinnlichkeit nur, wenn der Massierte zu reagieren scheint – Sie gehen auf Finger, Achselhöhlen, Brüste (vernachlässigen Sie bei Männern nicht die Brust- und Brustwarzengegend), Innenschenkel mit den Fingernägeln (sanft), bei beiden Geschlechtern über, während der Partner des gleichen Geschlechts im normalen Muskelkneten fortfährt. Schließlich nehmen Sie einen Finger oder eine Zehe in den Mund – wenn das wirkt, können Sie anderswo mit Zungenarbeit beginnen, an den Ohren, der Rumpfhaut, den Brustwarzen. Streicheln Sie die Klitoris nicht, wenn die Partnerin nicht offensichtlich dazu bereit ist, aber berühren Sie ihre Lippen mit Ihren Brustwarzen oder Ihrer Eichel, je nachdem, in welcher Lage Sie sich befinden. Wenn ein Mann eine volle Erektion bekommt, können Sie zuerst den Hodensack streicheln und dann zu voller Masturbation übergehen oder, wenn Sie die Massage fortsetzen und sie speziell gestalten wollen, die Eichel einölen und zwischen Ihrem Daumen und Finger reiben. Der Punkt, von dem an es wirklich sexuell wird, ist dann erreicht, wenn Sie mit Mund- und Zungenarbeit beginnen – vorher ist es sinnliche Massage, danach Vorbereitung zum Sex.

Auch wenn es nicht so weit kommt, ist Massiertwerden von mehr als einer Person ein ganz besonderer Eindruck: Gruppenmassage durch mehrere Leute, mit geschlossenen Augen, ist eher ein zutiefst beruhigendes Erlebnis als ein Gefühlskitzel. Mit geschlossenen Augen von einer anderen nackten Person massiert zu werden, die ihren ganzen eingeölten Körper an Ihrem Körper einsetzt, ist eine erregende Erfahrung. Bei zwei Paaren ist es oft am besten, wenn drei Personen an einer arbeiten, bevor man auf das Eins-zu-eins übergeht; zu dritt tauschen Sie die Rollen oder massieren Sie einander alle drei. In keinem Fall sollten Sie rasch auf vollen Sex übergehen, sondern den mündlichen Teil mit Küssen und Zungenmassage verlängern. Bei Frauen ist, wenn die Berührung spezifisch genital wird, gewöhnlich die Zunge besser als der Finger. Ein schüchterner Mensch eignet sich oft besser für sexuelle Massage, wenn seine

Augen verbunden sind (und Sie sind vielleicht gleichgeschlecht-lichen Kontakten gegenüber weniger gehemmt, wenn die massierte Person nicht weiß, wer was tut). Beim Massieren einer Frau ist es in der Tat oft nicht der Mann, der mit der Mundarbeit beginnt – oder der die Sache zum Orgasmus bringt.

Betreiben Sie, abgesehen von ihrem gesellschaftlichen Zweck, längere gegenseitige Massage als Paar (merkwürdiger-weise hilft auch da oft das Verbinden oder Schließen der Augen, obgleich Sie ganz genau wissen, wer massiert). Vergessen Sie den Kopf, das Haar und die Kopfhaut nicht, vergessen Sie auch nicht, daß Penis und Vulva ebenso wie Hände und Mund, insbesondere die Vulva wegen ihrer Wärme, hautstimulierende Werkzeuge sind. Ebenso alle Haarbüschel, wenn Sie geschickt sind, und Ihr Kopf- und Barthaar, wenn Sie welches haben.

Das einzige Problem liegt darin, daß geschickte und sinnliche Menschen nötig sind, um eine gute Sexualmassage durchzuführ-en. Sie können das jedoch verbessern, indem Sie lernen, nicht hart zuzugreifen, zu quetschen oder zu reizen – und dadurch bekommen Sie im allgemeinen viel besseren Sex.

Gruppenmassage oder Massage zwischen mehr als zwei Personen ist heute als Teil der »Neuen-Begegnungs«-Praxis weit verbreitet. Sie braucht nicht das zu werden, was die Gesellschaft als sexuell bezeichnen würde, kann es aber werden. Die Wahl liegt bei Ihnen – es ist noch immer eine gute Erfahrung, wenn sie knapp vor der genitalen Stimulation aufhört und nicht durch übermäßige Konzentration auf dieses eine Ziel vereitelt wird.

Wenn die Massage wirklich sexuell wird, besonders zu dritt, werden die passiven Partner gewöhnlich nicht passiv bleiben, oder wenn sie es tun, können sie zur Beteiligung eingeladen werden – auch sie haben Hände und einen Mund. Wenn Sie das tun wollen, legen Sie eine ihrer Hände an die gewünschte Stelle – auf eine Hautfläche, wenn Sie das Tempo nicht zu sehr beschleunigen wollen, oder auf eine Brust, den Penis oder die Vulva, falls Sie es wollen – und geben Sie ihnen etwas, womit sie sich mündlich befassen können, einen Daumen oder etwas Interessanteres. Wenn Sie das tun, werden sie gewöhnlich halb-passiv bleiben: wenn Sie es nicht tun, werden Sie wahrscheinlich alle drei zu küssen beginnen. Wenn Sie oder die anderen keinen Sex wollen, kann das faktisch einen natürlichen Endpunkt ohne irgendwelche Enttäuschung darstellen, wobei das Küssen bedeutet, daß es nicht sexuell, sondern gesellschaftlich gemeint ist.

Wenn Sie von da ausgehen, können ein aktiver Partner und der zuvor Massierte mit dem anderen, wenn auch nicht ganz von Anfang an, beginnen. Wenn zwei Frauen einen Mann massieren, kommt es oft dazu, daß sie sich so sehr miteinander beschäftigen, daß er warten muß; aber es lohnt sich, den Dingen ihren Lauf zu lassen. Gelegentlich verwandelt sich eine Massage zu dritt in etwas, das aussieht wie Notzucht, aber keine ist (wenn der massierte Partner sehr erregt ist, sich wütend sträubt, aber offensichtlich weitermachen will). Vergewissern Sie sich, daß er es wirklich will – Massage darf kein Vorwand für Sex werden, gegen den jemand Vorbehalte hat.

Seltsamerweise endet sogar bei denen, die bis zum Letzten gehen, ein sich in dem absichtlich langsamen Tempo, das durch die Massage bewirkt wird, entfaltendes Trio gewöhnlich nicht in richtigem Beischlaf, zum Teil weil ein Mann oder eine Frau zu viel da ist. Mit zwei Frauen und einem Mann endet es weit üblicher und befriedigender in oralem Dreifach-Sex; mit zwei Männern und einer Frau führt es wahrscheinlich eher dazu, daß sie den einen oral und den anderen vaginal entgegennimmt, wenn sie es war, die massiert wurde. Wenn sie an dem Masseurteam teilgenommen hat, nimmt sie den Massierten auf, während ihr Partner pausiert oder ihre Brüste streichelt; es ist schwierig für sie, gute Handarbeit zu leisten, außer seine Erektion aufrechtzuhalten, während sie rittlings Orgasmen hat und jeden Augenblick Lust haben kann, mit ihrem Partner den Platz zu wechseln. Bei zwei Paaren besteht, wenn die Massage zu Sex übergeht, kein zahlenmäßiges Problem – und es gibt auch weniger Gegenseitigkeit. Sexualmassage zu dritt kann ein sehr verbindendes Erlebnis sein, ob es zu vollem Sex übergeht oder nicht; betreiben Sie sie also nicht mit dem falschen Partner (siehe unter »Dreiergruppen«).

Was den meisten erfahrenen Paaren sehr oft entgeht, ist wahrscheinlich die Tatsache, daß die Hinterbacken und das

Rückenende höchst erogene Zonen sind. Man kann auf dem Bauch liegende Partner durch richtiges Betasten, Kneten, leichtes Schlagen und dergleichen ausgezeichnet erregen. Praktizieren Sie das – von hinten haben Sie Zugang zum Nacken, zu der ganzen Rückenpartie, den Hinterbacken, dem Rückenende (das bei Männern, wenn Sie den richtigen Punkt für den Fingerdruck finden, eine erektionauslösende Stelle ist), den weichen Innenschenkel und einem Großteil der Schamleiste einer Frau. Denken Sie daran, die Massage nicht nur vor dem Beischlaf anzuwenden – sie ist auch während des Geschlechtsverkehrs möglich (zum Beispiel am Rücken ihrer Partnerin, in einer Stellung, bei der Sie von hinten eindringen, wenn Sie sich gut beherrschen). Wenn sie jedoch mit dem Penis begonnen hat, werden dort konzentrierte Empfindungen vermutlich stärker sein als diejenigen der Rückenmassage, oder diese wirkt als Ablenkung – dann ist es ihm vielleicht lieber, sich auf Genitalgefühle zu konzentrieren.

Wie weit Sie die Massage führen, hängt davon ab, wen und wo Sie massieren. Es ist jedoch die sanfteste Form nicht der Verführung, sondern der Einführung. Es ist auch eine ausgezeichnete Methode zu lernen, Ihren und anderer Leute Körper zu benutzen und zu akzeptieren.

Masturbation und Lernen

Dieses ist nun eine Lernerfahrung, die für die Frau wichtiger ist als für den Mann, weil eine ganze Reihe von Mädchen nicht spontan damit beginnen. Männer masturbieren von früher Jugend an fast ausnahmslos zum Vergnügen – sie können die Masturbation auch dafür verwenden, sich weniger empfindlich zu machen und allzu schnelle Reaktionen beim Geschlechtsverkehr zu vermeiden; letzteres muß gelernt werden, das erstere nicht. Frauen, die nicht zum Höhepunkt gelangen oder die beim Geschlechtsverkehr frigide sind, müssen fast immer in erster Linie unterrichtet werden, wie sie selbst einen Orgasmus herbeiführen können, bevor sie lernen, diese Fähigkeit auf sexuelle Situationen zu übertragen. Dies legt überzeugend nahe,

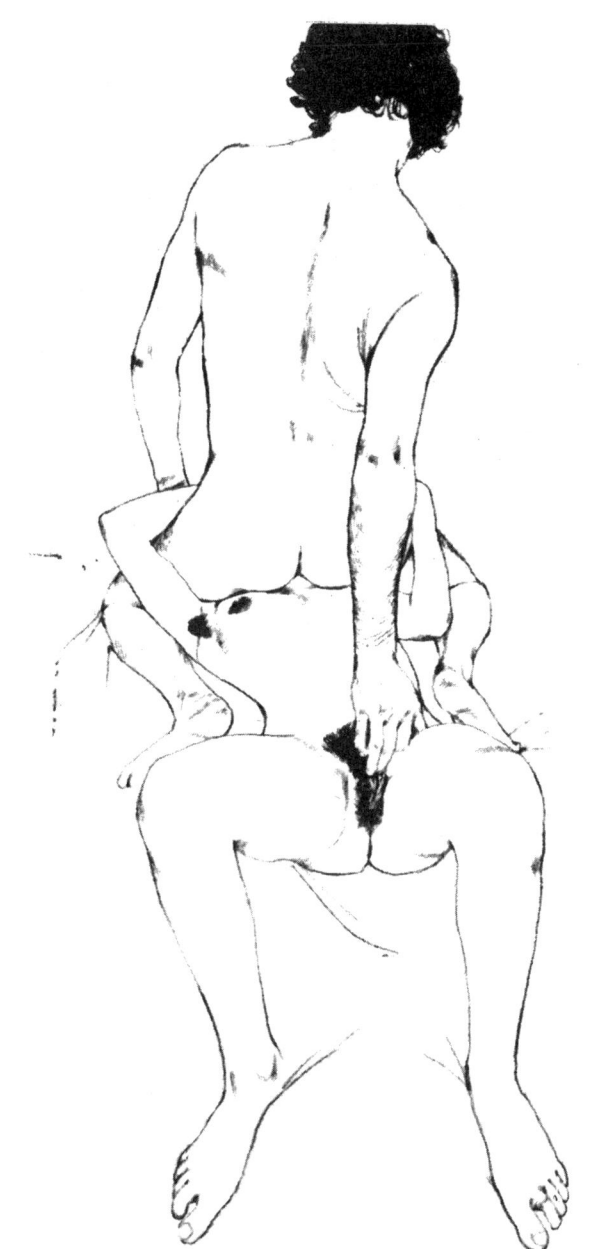

daß man Knaben nur zu sagen braucht, sie sollen sich ohne Schuldgefühl an der Masturbation erfreuen, während Mädchen aktiv ermutigt werden sollten, ihren eigenen Körper zu erkunden. Der Gedanke, dies sei ein schönes Liebesgeheimnis, das ihnen nur durch einen idealisierten Verlobten eröffnet werden sollte, geht an der Unerfahrenheit und Ängstlichkeit nicht idealisierter Männer, mit denen sie zusammenkommen, in die Brüche. Wenn sie ihre eigenen Reaktionen nicht kennen, können sie einem Mann nicht helfen, sie in Erregung zu bringen. Die Idee, daß Lernen sie auf diese Weise veranlassen wird, an Reaktionen ohne Beischlaf festzuhalten, ist ein Aberglaube. Schüchterne und ängstliche Menschen beiderlei Geschlechts können an der Masturbation festhalten, weil sie keine Beziehung erfordert; das ist jedoch eine Folge ihrer ursprünglichen Introvertiertheit.

Für die Mutter, die ihre Tochter beim Masturbieren antrifft und wissen will, was sie ihr sagen soll, lautet die Antwort: Freuen Sie sich und seien Sie glücklich, daß sie eine Fertigkeit lernt und hoffen Sie darauf, es nicht zu zeigen, um sie nicht davon abzuhalten, falls Sie durch alten Aberglauben beunruhigt sind. Und sagen Sie ihr, es ist etwas, woran sie sich ihr Leben lang erfreuen kann, eine Praxis der Liebesbetätigung für Erwachsene und die einzige Möglichkeit, ihre eigenen Reaktionen kennenzulernen; warnen Sie sie vor verschrobenen Leuten, die behaupten, es sei sündig oder schädlich. Geben Sie ihr keinen Vibrator – manche Erwachsene finden ihn wirksam, aber er könnte bei längerem Gebrauch die Sensibilität dämpfen und sollte besser sexuell aktiven Menschen vorbehalten bleiben. Falls Ihre Tochter nicht masturbiert, wäre es eine Gelegenheit, es ihr beizubringen, wenn nicht elterlicher Unterricht möglicherweise zur falschen Zeit und aufdringlich erfolgte; Bücher oder Gruppenunterricht als Teil normaler Sexerziehung wären da vielleicht besser.

Liebende sollten einander nicht nur masturbieren, sondern einander auch beim Masturbieren zusehen – zwecks Erregung und zugleich als Anleitung. Einige Frauen reagieren bestens auf Fingereinführung, welche gern von Männern verwendet wird, um den Sexualverkehr nachzuahmen. Wenn Ihr Mann zusieht, wie Sie es tun, kann er das für neue Empfindungen variieren. Eines der nützlichsten Dinge, die jeder sexuell Erfahrene tun kann, ist eine Neubewertung der Masturbation. Wenn wir als Kinder damit beginnen, haben wir nicht die Erfahrung, es zu tun, und die meisten von uns bleiben bei der Technik, die wir damals gelernt haben und verwenden sie als Gelegenheitsfall. Als Erwachsener kann man darauf zurückgreifen – es ist etwas, das einem Spaß macht, das man gelten läßt, und nun ist man ungestört und kann es richtig tun. Wenn Sie sich noch nie haben masturbieren sehen, setzen Sie sich nackt und möglichst bequem vor einen Spiegel. Ein Mann sollte bewußt nach neuen Methoden suchen: Versuchen Sie es mit Ihrer linken Hand, wenn Sie normalerweise die rechte benutzen (Sie werden staunen über den Unterschied), verwenden Sie die Vorhaut, wenn Sie sie normalerweise zurückziehen – wenn Sie beschnitten sind, versuchen Sie die Eichel anzufeuchten oder einzuölen und reiben Sie nur diese. Ebenso sollte eine Frau Dinge versuchen, die sie normalerweise nicht probiert hat – die Klitoris allein, wenn Sie die Methode mit der ganzen Hand verwenden, und umgekehrt. Es kommt darauf an, sich zu erfreuen und zugleich mehr über die Reaktionen zu lernen, deren man fähig ist. Wenn ein anderer Körperteil Aufmerksamkeit zu erfordern scheint, merken Sie es sich. Wenn Sie einen besonderen Einfall haben, merken Sie sich ihn. Dann probieren Sie das gleiche mit Ihrem Partner, wenn er zusieht. Er oder sie wird auch neue Dinge lernen.

Muskeln

Beim Orgasmus erfolgt eine Muskelkontraktion des ganzen Körpers, insbesondere bei Männern, manche scheinen geradezu Krämpfe zu bekommen. Die Einbeziehung der gesamten Muskulatur in den Ejakulationsakt ist so ziemlich das Nächste, wozu Männer normalerweise fähig sind, um den Gefühlen gleichzukommen, welche Frauen beim Orgasmus, wenn auch in anderer Form, im ganzen Körper empfinden. Die meisten Männer haben durch die Anstrengung beim Geschlechtsakt ein diesbezügliches Teilerlebnis – ein passiver oder völlig entspannter Orgasmus ist bei Männern durchaus möglich, bedient sich aber offensichtlich nicht dieser besonderen Körpersprache.

Es ist tatsächlich eine Sprache, und das führt zu Hemmungen, welche diesmal nicht kulturbedingt sind, sondern im Grunde menschlich sein könnten. Die Sprache des Hautkontaktes wurde in unserer Kultur tabuisiert, weil sie zärtliche Sinnlichkeit ausdrückt. Muskelsprache ist für manche Menschen sogar noch beunruhigender, weil sie mit Aggression oder Gewalt assoziiert wird.

Interessant ist der biologische Aspekt. Der Mann ist dazu programmiert, beim Geschlechtsverkehr viel Muskelkraft aufzuwenden und muß das tun, um eine Art von Orgasmus im ganzen Körper zu erreichen. Andererseits würde ein starker Mann, der wirklich darauf ausginge, seiner Partnerin Probleme schaffen und müßte sich zurückhalten, um auf dem Bett zu bleiben und sie nicht durch Muskelkrämpfe so zu quetschen, daß sie blaue Flecken bekommt. Sogar bei weniger muskulösen Paaren können Kinder, die zu Zeugen des Geschlechtsverkehrs werden, diesen irrtümlich für einen gewalttätigen Überfall halten. Das könnte der Hintergrund für die bei Anhängern der sozialen Entwicklungslehre verbreitete Ansicht sein, daß das Männchen unserer Primatenvorfahren für Kampf programmiert war, weil er das Weibchen fangen und überwältigen mußte (der alte Höhlenmenschenscherz) und daß dies das Überleben der Fähigsten zur Folge hatte. Die Erklärung ist treffend, sie gibt aber nur menschliches Verlangen, nicht Primatenverhalten wieder. Kein Affe überwältigt das Weibchen (das sehr wirksam beißen und ein Männchen einschüchtern kann), und normalerweise besorgt das Weibchen die Einladung – Notzucht ist eine absolut menschliche Erfindung.

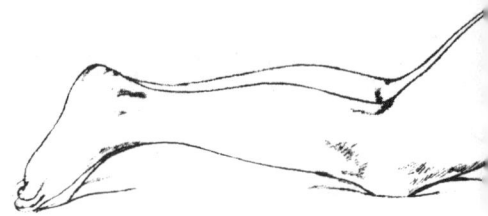

Warum wir intensive Muskelkontraktionen beim Orgasmus erotisieren und dann mit Aggressivität assoziieren, ist nicht klar, es könnte jedoch mit Kleinkinderfahrungen von Sinnlichkeit und Enttäuschung zu einer Zeit zu tun haben, in der unsere Muskulatur nicht sehr koordiniert und jeder andere stärker war als wir. Es kommt vor allem bei Männern vor, weil sie stärkere Muskeln und ein spezielles Hormonsystem haben, um diese Muskeln zu erhalten; es wäre interessant zu sehen, ob weibliche Athleten, welche Anabolika zur Stärkung ihrer Muskulatur nehmen, die gleiche Reaktion zeigen.

Auf praktischer Ebene gelingt es manchen Leuten, diese Reaktion voll zum Ausdruck zu bringen, indem sie beim Geschlechtsverkehr Stellungen verwenden, die ihnen einen maximalen Muskelspielraum geben. Vorgänge außerhalb des Beischlafs wie Sport oder tatsächlicher Kampf können sexuelle Erregung bewirken – bei beiden Geschlechtern ziemlich verbreitet –, und zwar durch Zusehen, nicht durch Beteiligung. Zuschauer neigen dazu, die Bewegungen, die sie sehen, auf geistiger Ebene nachzuspielen; es könnte also sein, daß zumindest die Hälfte der Erregung in Wirklichkeit von fruchtlosen und nicht ausgeführten Bewegungen kommt, wenn auch das Element nichtverbaler Kommunikation und des Symbolismus hilft. Das könnte erklären, warum »Gewalt«

aufregend ist – eine für den Menschen unglückliche Assoziation. Eine andere Wirkung der Gleichung: Anstrengung gleich Aggression könnte sein, daß wir Sexualenergie im Interesse zivilisierten Verhaltens gut verwenden könnten. In unserer Kultur sind wir mehr oder weniger gezwungen, die Bewegungen zu blockieren, welche Feindseligkeit gegen Menschen wie etwa politische Schwindler, andere Autofahrer und Menschen bei der Arbeit ausdrücken, und es mangelt uns an nicht feindseliger, aggressiver Tätigkeit wie Jagen, Laufen und Baumstamm-Werfen. Affen hingegen machen intensive Bewegungen und werfen mit Dingen herum, um ihre Enttäuschung auszudrücken – wenn wir es täten, würde man uns auslachen.

Obwohl die Muskel-Zorn-Gleichung Ärger verursacht, besonders wenn sie mit dem Kampf der Geschlechter darum, wer

der Stärkere ist, zusammenhängt, ist doch das Lernen der sexuellen Muskelsprache eine Hilfe und kann durch die Intensität der Steigerung, die sie verschafft, sehr verstärkt werden. Autoren psychiatrischer Werke, die heftige körperliche Betätigung beim Geschlechtsverkehr als verdeckten Sadismus werten, verwechseln Tätigkeit mit Feindseligkeit. Echter Sadismus – Selbstbestätigung durch Verletzen oder Demütigen von jemand anders – ist fast sicher ein Teil dieser normalen Assoziationsfolge, die ziemlich mißglückt ist.

Manche Menschen müssen andere Techniken anwenden, zum Teil wegen der Symbolismen, die Muskelsprache für sie erzeugt. Wirklicher Kampf, wenn er kontrolliert ist, bringt viele Männer in Erregung (siehe unter »Ringen«), und weil fruchtlose Bewegungen wirkungsvoll sind und an sinnliche Kindheitserfahrungen erinnern, könnte es der Fall sein, daß sie oft wünschen, die Frau wäre stärker. Fesselung (d. h. jemand so fesseln, daß die Muskelspannung möglichst stark ist, sie sich aber nicht bewegen oder losmachen können) ist eine andere

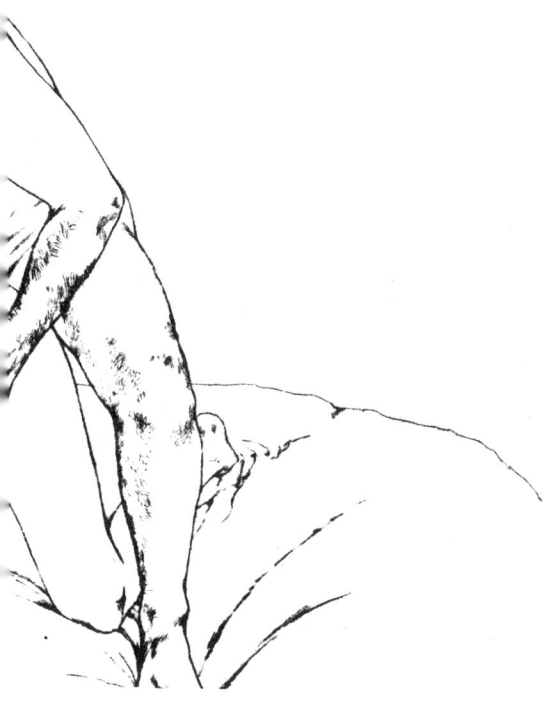

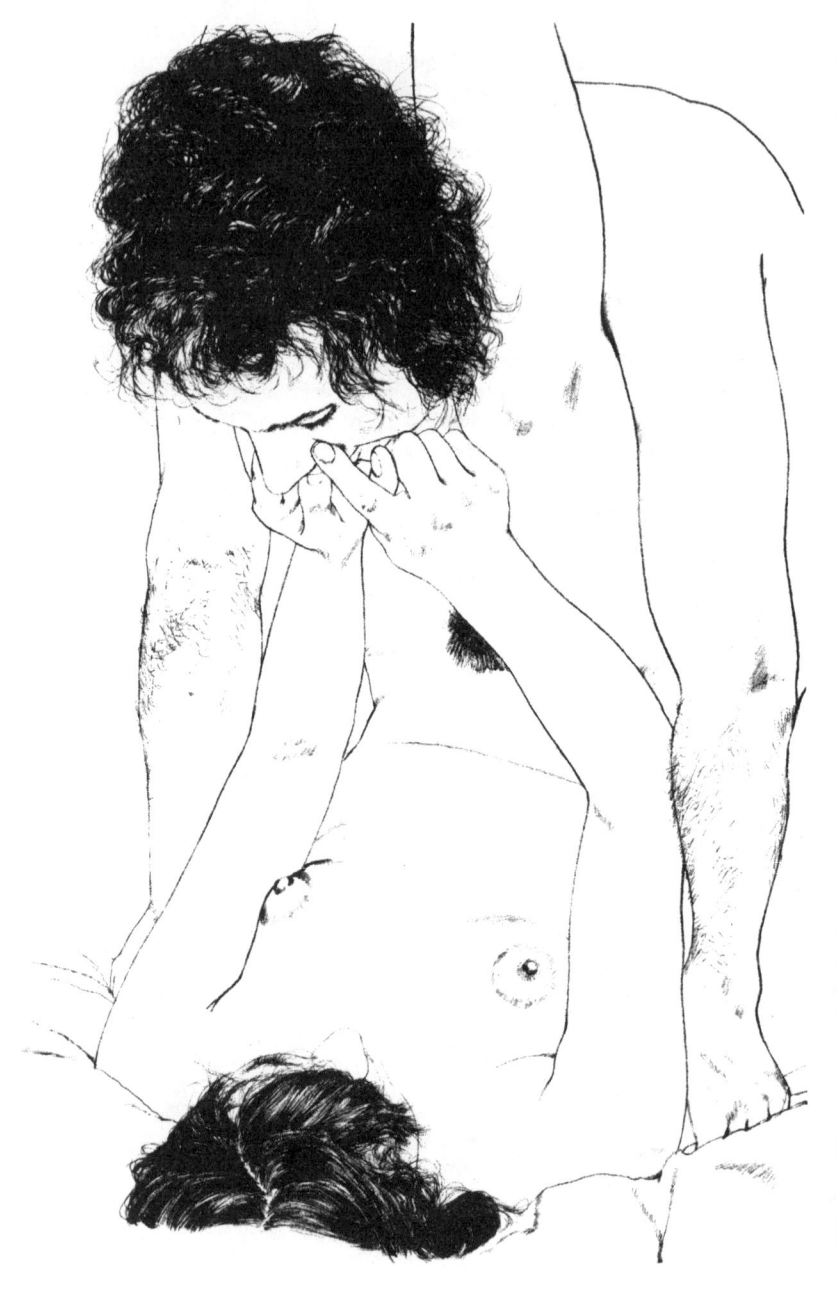

traditionelle Methode und die einzige, welche die Spannung ganz bis zum und noch während des Orgasmus selbst aufrechterhält; während des Ringens können Sie keinen Orgasmus haben. Sachkundig ausgeführt kann sie einem Mann einen Orgasmus bringen, an dem fast jeder Muskel des Körpers beteiligt ist, und der ihn, wie ein Gewährsmann sagte, dazu bringt, sich »wie ein einziger Riesenpenis zu fühlen« – ein psychoanalytischer Bonus, der wahrscheinlich zur Beliebtheit des Fesselns beiträgt.

Das gilt nur für einige der komplizierteren Stellungen, die engen Ellbogendruck geben. Paare, die einander nominell fesseln, um ihr Vorspiel aufzuheizen, führen hauptsächlich ein Schwächer-Stärker-Spiel aus (siehe unter »Aggression«), und Frauen, denen das Gefesseltwerden Spaß macht, lieben gewöhnlich auch die Dramatisierung der Hilflosigkeit. Das ist der andere Fall einer Sexualtechnik, die aus symbolischer Bedeutung, der körperlichen Effekte wegen oder (gewöhnlich) aus beiden Gründen gespielt werden kann. Auf der körperlichen Ebene kann eine wirklich erfahrene Frau bei einem Mann einen Orgasmus in allen Muskeln erzielen, wenn sie ihn richtig fesselt. Die Muskelreaktion ist stärker als bei normalem Geschlechtsverkehr, so heftig er auch sein mag, weil die Bewegungen ins Leere gehen oder in allen Richtungen gleich stark sind und er seine volle Kraft anwenden kann. Es läßt sich denken, daß dies erklärt, was Dalila dem Samson antat. Beachten Sie nach dem, was wir gesagt haben, daß Ringen und Fesselung als sexueller Zusatz von manchen ängstlichen Menschen als gewalttätig, aggressiv oder sadistisch gewertet wird und sie einschüchtert (oder fasziniert). Sie haben viel mehr mit dem Körperbild zu tun.

Im anderen Extrem ist völlige Muskelentspannung (bei beiden Geschlechtern) sexuell und enthält keinen für den Menschen alarmierenden Symbolismus, weil sie eine Erklärung völliger Nicht-Aggression ist. Dennoch kann sie bei Männern, die den Trick lernen, einen Orgasmus im ganzen Körper erzeugen, wenn auch seltener als Spannung, weil sie keine positive Anstrengung ist und künstlich nicht gesteigert werden kann. Wirklich gute Massage kann sie herbeiführen. Es ist bemerkenswert, daß die sexuellen Kontakte, welche auf längere Massage folgen (siehe unter »Massage«), intensiv, aber oft für den Betrachter eher inaktiv sind, wenn die Massage richtig durchgeführt wurde. Sogar die Betätigung am Penis oder an der Klitoris bleibt Massage, nicht Masturbation, da der Muskeltonus anders ist. Das Gefühl ist zwar ebenso intensiv, aber anders geartet, und, wenn gut vorbereitet, allgemeiner. Für den Mann kommt es dem weiblichen Modell viel näher und sollte möglichst erlebt werden. (Es könnte sein, daß der männliche Orgasmus nicht so allgemein ist wie der der Frau, nicht nur weil Männer sich auf den Penis konzentrieren, sondern weil sie sich auf ihre Muskeln konzentrieren.)

Auch Frauen benutzen ihre Muskulatur bei Geschlechtsverkehr und Orgasmus, es sind jedoch hauptsächlich die Becken- und Schenkelmuskeln, allerdings kann auch der Rücken einbezogen sein. Sie haben die Möglichkeit, das zu pflegen (insbesondere die Becken-Innenbewegungen, die man lernen kann) und an einem Muskelorgasmus nach Männerart teilzuhaben, wenn sie wollen.

Im Gegensatz zum Volksglauben sind mächtige Muskeln bei einem Mann üblicherweise nicht erregend für Frauen, so wenig wie riesige Geschlechtsteile. Muskeln sind, wie Genitalien, wahrscheinlich ein männliches Dominanzzeichen, was den Kult des *Bodybuilding* erklärt, der die Zeit mancher Männer ausfüllt. Der »120-Pfund-Schwächling« in diesen Bodybuilding-Annoncen, der am Strand von einem Rowdy eingeschüchtert wird, macht den Kurs, und dann schlägt er den Rowdy zusammen: das hat eine biologische Grundlage im männlichen Denken. In der Annonce begeistert seine neu errungene Aggressivität seine früher enttäuschte Freundin: das ist aber eine Männerphantasie, da bei den meisten Frauen der Erfolg bei einer Rauferei nicht sehr hoch eingeschätzt wird. Die einzigen Muskeln, die für Frauen eine wichtige Auslösungsrolle spielen, scheinen die männlichen Hinterbacken zu sein.

Bei Homosexualität zwischen Männern sind sowohl Muskelkraft wie Genitalgröße Reizmittel, denn da sind es eben die männlichen Dominanzsignale, die erotisiert werden.

Ringen

Ringen ist sexuell erregend. Es gibt viele Menschen beiderlei Geschlechts, die durch Zuschauen bei Profikämpfen – oder bei Affen, die in England an Sonnabenden im TV zu sehen sind – erregt werden. Die meisten von uns versuchten in der Jugend mit dem anderen Geschlecht zu ringen; viele Liebende ringen gern. Hier ist der Haken, daß es bei den meisten Paaren kein gleichwertiges Match ist – als Kind konnte man das durch Altersunterschied überwinden, aber die vielen Männer, welche durch das Ringen mit einer Frau gereizt werden, die ebenso stark oder stärker ist als sie, haben vielleicht Probleme bei der Wahl einer Gefährtin, denn wünschenswerte Ringkampfpartnerinnen sind in anderer Hinsicht nicht unbedingt die beste Gemeinschafts- oder Sexualwahl. Sogar nicht-sexuelles Ringen führt zu Penis- und Brustwarzenerektion, zumindest zu Halbsteifheit bei den meisten jungen Erwachsenen, was die antiken Künstler wußten.

Wenn es Ihnen nichts ausmacht, daß der Mann meist siegt, gut und schön. Nicht zu beißen, zu kratzen oder zu treten ist eine vernünftige Regel, wenn man sexuell erregt bleiben und nicht verletzt werden will, aber das ist eine Benachteiligung für die Frau. Wenn sie gewinnen oder er manchmal verlieren soll, muß man ihn benachteiligen – die Ringerprinzessin in den Arabischen Nächten konnte Männer durch Magie besiegen, also erklären Sie sich mit Ihrer eigenen Magie einverstanden. Oder machen Sie daraus ein Nummernspiel – nach drei Niederlagen hat sie das Recht, ihn gefangenzunehmen und eine eigene Fesselungsszene in Gang zu bringen. (Siehe unter »Muskeln«). Albern? Nicht mehr als andere Kinderspiele: manche Paare haben keine Beziehung zum Ringen, oft weil sie es nicht versucht haben. Andere betrachten das Liebesringen als Reizmittel und seltsamerweise, wenn man »Ringen« bei seinem üblichen sozialen Wert nimmt – als durchaus zärtlich, eine Dramatisierung von Vertrauen ebenso wie von komplizierten, aber ganz normalen Bedürfnissen, zu überwinden, überwunden zu werden, stärker oder schwächer zu sein oder zu spielen. Kinder erproben im Ringen ihre tatsächliche Kraft, Liebende empfinden Kraftgefühle in den Beziehungen der Geschlechter, die sie nicht wörtlich ausdrücken können, die aber ihr Identitäts- und Beteiligungsgefühl vertiefen. Weniger stark zu sein als eine Frau, ist manchmal für sehr starke Männer wichtig, und gelegentlich stärker zu sein als ein Mann, veranlaßt Mädchen, einen Teil der Männerrolle zu übernehmen.

Lassen Sie das Ringen nie ausarten, hören Sie damit auf, wenn es gröber wird, als beide es wünschen, tun Sie es nicht, wenn es sinnlos scheint oder Sie abkühlt, aber versuchen Sie es – in vernünftigem Rahmen –, wenn der Gedanke Sie reizt. Wenn es klappt, wird das zärtliche Element genügen, um Unfälle zu verhüten. Sogar wirkliche Kämpfe können so enden – siehe der wunderbare Kampf in dem Film *A Touch of Class* in einer sehr gut beobachteten Szene dieser Art.

Seelenkraft

Es muß die älteste menschliche Überzeugung und Sorge sein, daß andere (Schwarze, wenn man weiß ist, Weiße, wenn man schwarz ist) größer gebaut, potenter und allgemein tüchtiger im Sex sind als man selbst. Es wäre tatsächlich recht seltsam, angesichts der Verschiedenheit der Menschen, wenn alle Schwarzen bei irgend etwas besser oder schlechter wären als Weiße, ausgenommen vielleicht das Verstecken in einer dunklen Nacht; aber Menschen neigen zu albernen Rasseverallgemeinerungen. Der alte Hut von der Genitalgröße ist gleichfalls Unsinn. Wahrscheinlich stammt er von Zusammentreffen

mit Afrikanern in einem heißen, feuchten Klima, wo der Penis im Ruhezustand nicht durch Kälte einschrumpft, die unerschrockenen Forscher bekleidet waren und ihre eigene »Ausrüstung« nicht sehen konnten. Derartiger Unsinn ist für Schwarze und Weiße gleichermaßen beleidigend.

Worin die Schwarzen beiderlei Geschlechts zweifellos sexuell überlegen sind, ist der Umstand, daß die Schwarze Kultur ihr Körpergefühl nie so verloren hat wie die Weiße und physisch nicht gehemmt ist. Ihre Körpersprache ist viel freier, und deshalb sind viele Schwarze im Sex besser als ängstliche Weiße,

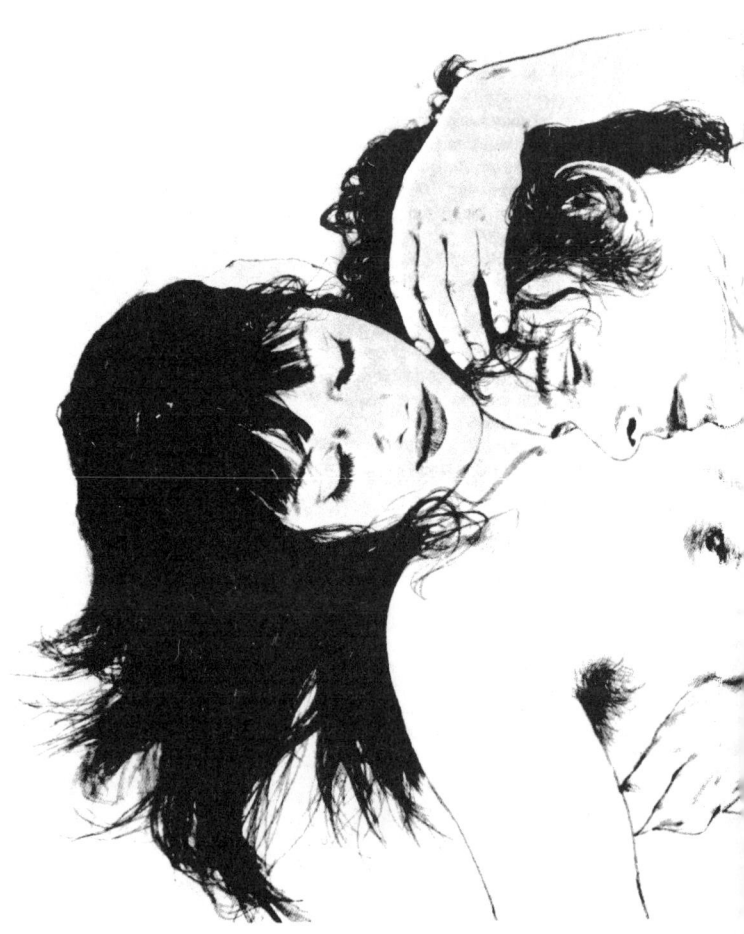

aus dem gleichen Grund, weswegen sie viel besser tanzen. Ein gewisses Maß an *soul*, Rhythmus und Körpergefühl, ist etwas, das wir anderen dringend wieder lernen sollten.

Sprache des Herzens

Sie hat nichts zu tun mit rosa Schleifen oder Franz Lehar. Der wahrscheinliche Grund dafür, daß das Herz der traditionelle Sitz von Gefühlen ist, liegt darin, daß sein Schlagtempo mit der

Erregung steigt. Das ist nur bei engem Kontakt oder für den eigenen Herzschlag erkennbar, aber der Herzschlag der Mutter ist ein programmiertes Signal ihres Erregungszustandes für ein an der Brust liegendes Baby (siehe unter »Babys«). Zwischen Partnern funktioniert Ihr eigener Herzschlag und der des Partners als Erregungssignal – dieses und auch Kindheitserinnerungen erklären vielleicht, warum herzschlagähnliches Trommeln in der Musik erotisch ist (das Schicksalsthema in »Carmen«, der Baß in Roberta Flacks »The First Time Ever«).

Die meisten Liebenden zielen aufrichtig auf Herz-an-Herz-Kontakt ab, oft in der kindlichen Kopf-an-Brust-Haltung, so steigert der sich beschleunigende Herzschlag beim Sex die Erregung, und das Abklingen beim Abschwellen der Erektion wirkt beruhigend.

Der Herzschlag beim Orgasmus kann bei beiden Geschlechtern ein Tempo wie in der Leichtathletik erreichen, hervorgerufen sowohl durch Erregung wie durch Anstrengung. Es scheint jedoch sogar für Menschen mit Herzproblemen wie Angina pectoris oder Arhythmie die am wenigsten riskante Form von Leibesübung zu sein – verglichen mit erregungslosem Stiegensteigen, verursacht es selten Schmerzen in der Herzgegend oder Extrasystolen, vermutlich weil sich die Kranzgefäße im voraus ausdehnen. Bett-Todesfälle sind scheinbar viel häufiger auf Angstgefühle zurückzuführen als auf tatsächliche körperliche Anstrengung, weil sie gewöhnlich nicht in der vertrauten ehelichen Umgebung vorkommen – sondern viel öfter bei dem, was gemeinhin als »Verhältnis« bezeichnet wurde.

Stellungen

In dem Buch *Joy of Sex* haben wir uns mit ihnen nicht besonders befaßt, weil sie in der ganzen Geschichte immer eine fixe Idee der Sexbücher waren. Erfahrene Paare haben gewöhnlich ein ganzes Repertoire bereit, finden jedoch durch Versuch und Irrtum heraus, welche davon angenehme Empfindungen verursachen und bleiben bei diesen. Sie gehören zur Körpersprache im Sex, und nicht jede damit verbundene Erfahrung ist einfach

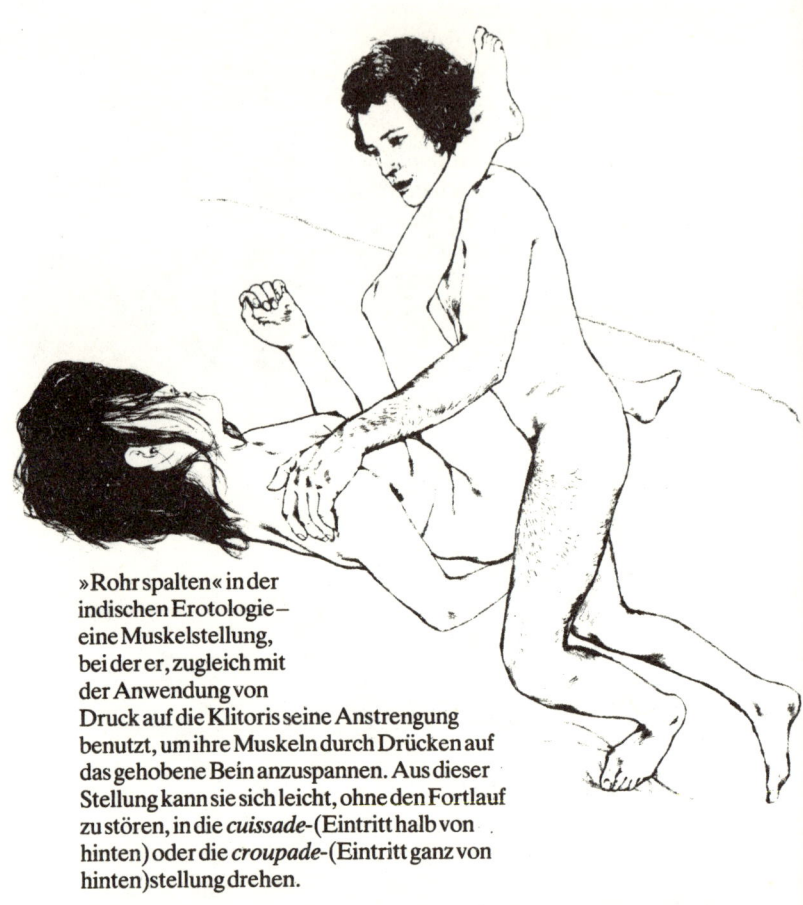

»Rohr spalten« in der indischen Erotologie – eine Muskelstellung, bei der er, zugleich mit der Anwendung von Druck auf die Klitoris seine Anstrengung benutzt, um ihre Muskeln durch Drücken auf das gehobene Bein anzuspannen. Aus dieser Stellung kann sie sich leicht, ohne den Fortlauf zu stören, in die *cuissade*- (Eintritt halb von hinten) oder die *croupade*- (Eintritt ganz von hinten) stellung drehen.

ein Ergebnis harmonierender Genitalien. Die Missionarstellung ist zu Recht beliebt: Sie hat Vorzüge für den Körper, ist flexibel und betont die Vertrautheit, allerdings die Vertrautheit mit dem Mann als stärkerem oder oben liegendem Partner. Die Partnerin wird vielleicht mehr oder anders erregt, wenn sie die stärkere Rolle spielt (und in der oberen Lage ist sie tatsächlich stärker, da sie mehr Kontrolle hat). Manche Menschen werten

Sex von hinten als animalisch – ihrer Ansicht nach ist es schlecht, dem Partner nicht in die Augen zu blicken (die von den meisten beim Herannahen des Orgasmus ohnedies geschlossen werden). Aber vielleicht ist das Von-hinten-Genommenwerden ungefähr so, als hätte man verbundene Augen; man kann den Mann nicht sehen, er wird zu einem Fremden, und das kann erregend sein; es wird dabei auch die ganze Schamleiste gereizt. Man kann es aus einem dieser beiden oder aus beiden Gründen lohnend finden. Das Zuwenden der Hinterbacken ist eine Einladungs- und/oder Unterwerfungsgeste der Primaten, und auch das kann als Reizmittel wirken.

Ganz abgesehen von der Bedeutung und der physischen Wirksamkeit verschiedener Stellungen für Menschen verschiedener Gestalt, versuchen gute Liebende sie mitunter als Sequenz wie Tanzen, nicht für einen raschen Orgasmus oder eine regelmäßige Liebesbetätigung, sondern als Abwechslung. Durch sie können sie die verschiedenen körperlichen Betonungen und die verschiedenen Spiele auskosten, die als Dauererlebnisse dramatisiert werden – Geliebter-Fremder, stärker-schwä-

70

Eintritt von hinten ist eine ganze Szenerie. Die Kniend-Liegend-Stellungen, bei denen die Hüften der Frau erhöht sind, ergeben sehr tiefes Eindringen und Kontakt mit ihrer ganzen Dammgegend

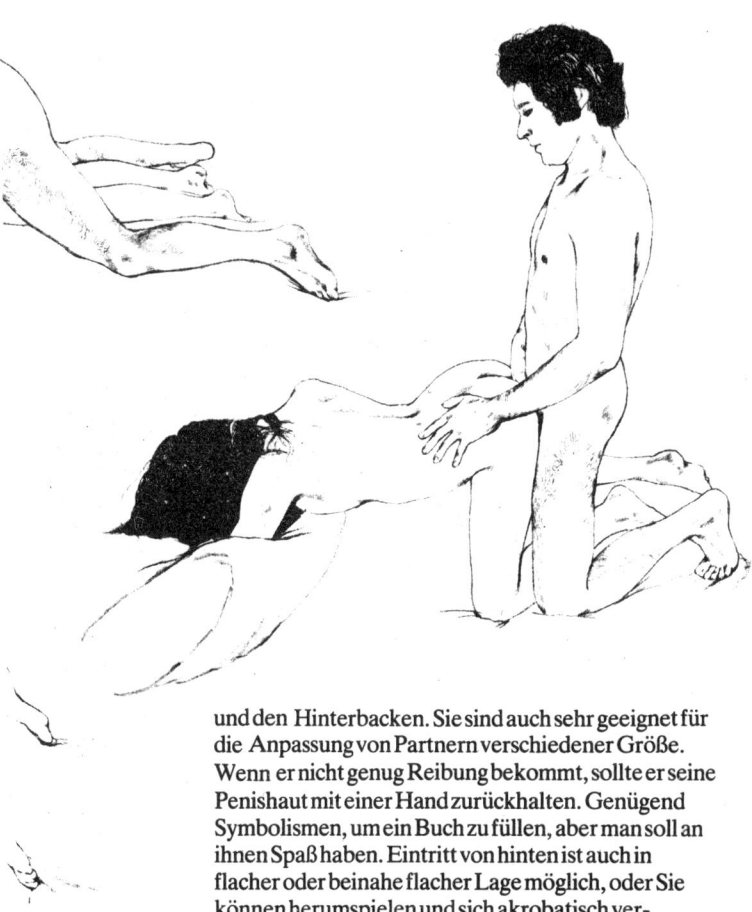

und den Hinterbacken. Sie sind auch sehr geeignet für die Anpassung von Partnern verschiedener Größe. Wenn er nicht genug Reibung bekommt, sollte er seine Penishaut mit einer Hand zurückhalten. Genügend Symbolismen, um ein Buch zu füllen, aber man soll an ihnen Spaß haben. Eintritt von hinten ist auch in flacher oder beinahe flacher Lage möglich, oder Sie können herumspielen und sich akrobatisch vergnügen.

Enge Stellung rittlings. Er saugt wie ein Baby an ihren Brüsten und hält seine Vorhaut zurück, um mehr Reibung zu haben und weniger tief einzudringen.

Frau rittlings. Sie hat volle Körper- und Brustberührung, und er kann ihre Hinterbacken streicheln.

72

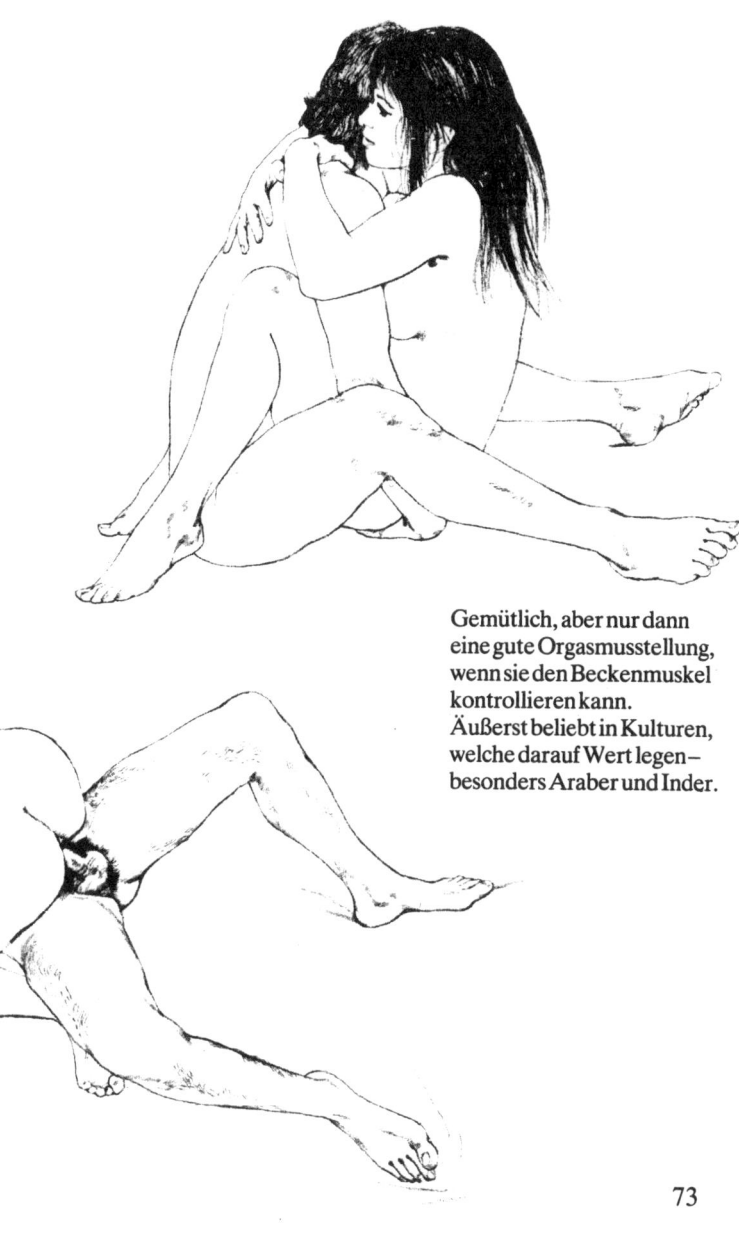

Gemütlich, aber nur dann
eine gute Orgasmusstellung,
wenn sie den Beckenmuskel
kontrollieren kann.
Äußerst beliebt in Kulturen,
welche darauf Wert legen –
besonders Araber und Inder.

73

Wenn sie sich zurücklehnt
(gewöhnlich sobald sie sich
dem Orgasmus nähert),
bekommen sie ein Höchst-
maß an Muskelspannung.

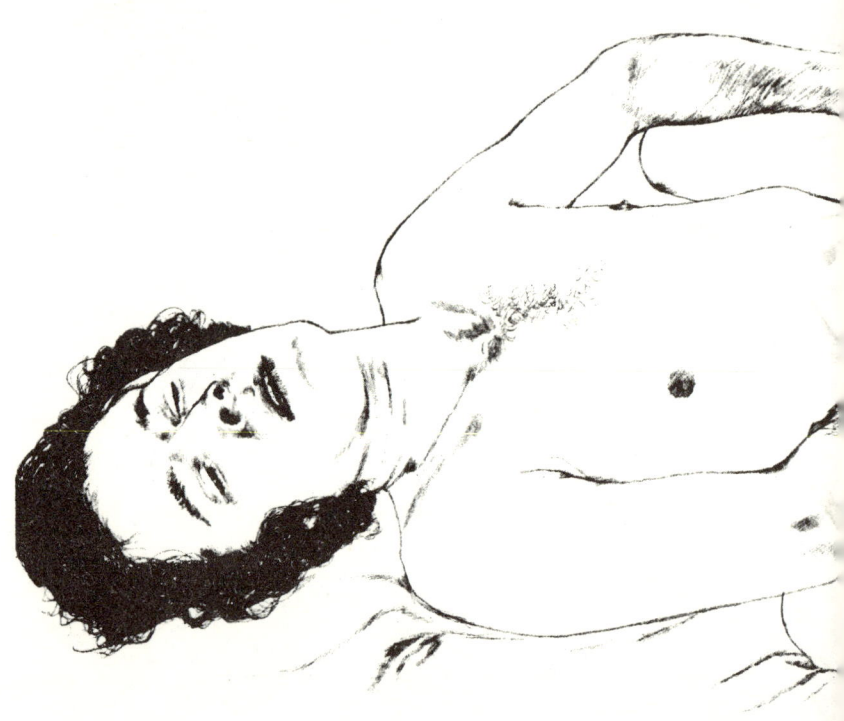

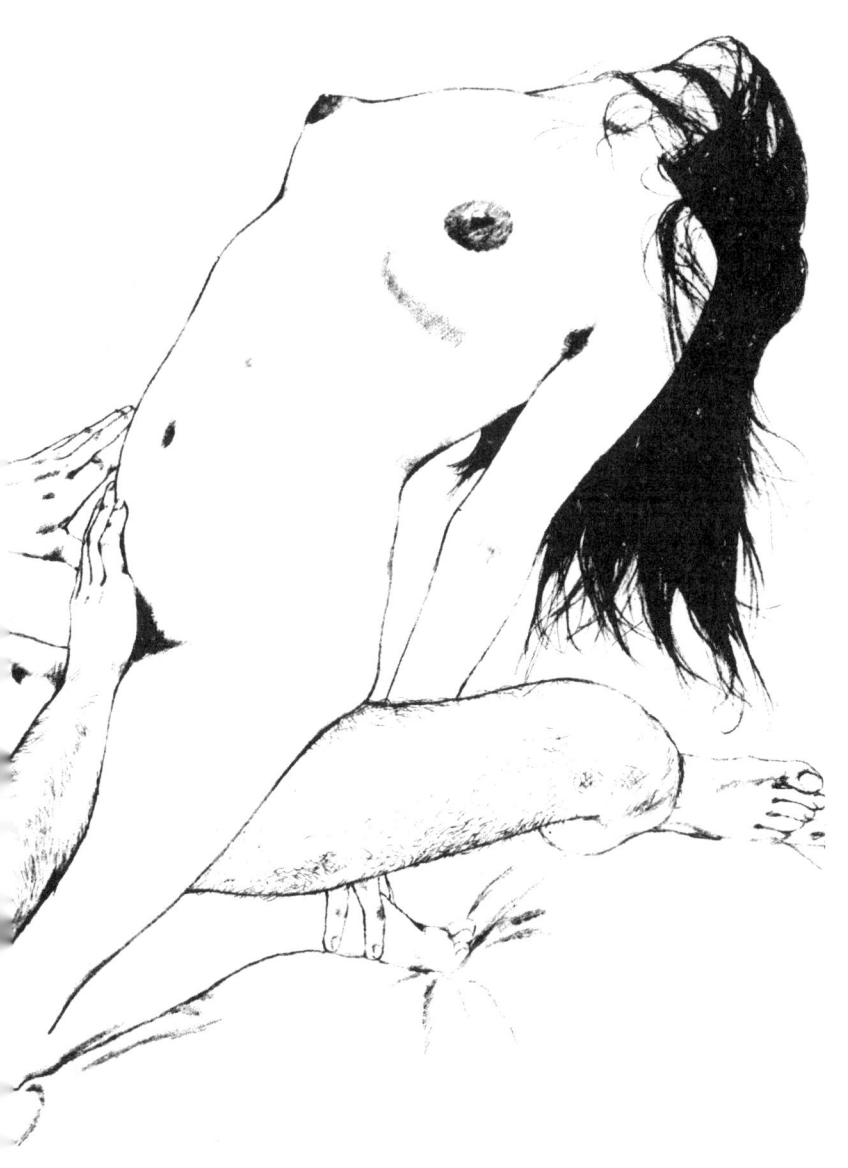

75

Diese indische Tantra-Stellung ist schwierig, aber versuchen Sie sie, wenn Sie beide die richtige Größe haben. Sie macht Spaß, wenn auch vielleicht eher für Meditation als für Orgasmus.

Weit geöffnet mit vollem Genitalkontakt, aber geringer Eindringtiefe. Ermüdend und ungut für jemanden mit schwachem Rücken, es sei denn, er gibt ihr volle Stütze.

76

Eine Ruhestellung, zu der man aus jedem
gewöhnlichen Eindringen von hinten gelangt,
indem man sich einfach hinlegt. Ihre Hinterbacken sind gut zugänglich, und beide können
sich genügend bewegen, um die Erektion zu
erhalten.

cher, Nehmender-Genommener –, bei denen all ihre Haut-, Muskel- und Genitalreaktionen erforscht werden.

Die bevorzugte Stellung gehört zur Körpersprache, aber kehren Sie das nicht um, indem Sie zum Beispiel annehmen, daß eine oben sitzende Frau von Natur aus herrschsüchtig ist. Es könnte umgekehrt sein, wie bei vielen Spielen, oder vielleicht findet sie einfach, daß sie in dieser Stellung besseren Körperkontakt hat. Ebenso ist ein Mann, der die Stellung von hinten liebt, nicht unbedingt von dem Wunsch erfüllt, mit einem anderen Mann zu schlafen oder Frauen gering zu bewerten. Vielleicht findet er einfach, daß Hinterbacken an seinem Unterleib seine Reaktion verstärken, oder er liebt den Verkehr tief und halbaufrecht. Diese Art von Besorgnis, die auf der realen Sprache des Beischlafs basiert, darf die älteren theologischen Einwände, die sie aus dem Weg räumt, nicht ersetzen. Machen Sie es so, wie es Ihnen Vergnügen bereitet und testen Sie Ihre weiteren Reaktionen durch gelegentliche Zusammenkünfte, die einfach der Abwechslung gewidmet sind – eine Sprache ist nichts wert, es sei denn, man spricht sie ständig, und die psychologischen Obertöne sind einfach Quellen zusätzlicher Stimulierung.

Es wurde gesagt, das Beschreiben von Sexualstellungen sei so ähnlich, als wolle man jemandem erklären, wie er einen Liegestuhl aufstellen soll. Wir zeigen eine Reihe davon (die Sie vielleicht gar nicht gemeinsam ausführen wollen oder können) mit ein paar Bemerkungen für jede.

Technik

Haben Sie keine Angst vor Technik – »Sex auf eine Sache der Technik zu reduzieren« und so weiter und so fort. Sex befaßt sich mit totaler Körperkommunikation zwischen Menschen, die einander zugetan sind. Wenn Sie sich ganz auf die Technik konzentrieren, angeben wollen oder glauben, daß Ihre spezielle Zungen- oder Fingerarbeit, weil sie jemanden fasziniert hat, auch jemand anders faszinieren wird, übersehen Sie etwas: es gehört zum Verständnis (das Wichtigste für Zärtlichkeit), daß man die Reaktionen des anderen zu lesen versteht und weiß, was man tun soll und was man nicht tun darf, ebenso wie man seine eigenen Bedürfnisse dem anderen begreiflich macht. Wenn Sie aber nicht wissen, wie der Körper erforscht werden kann – nicht bloß theoretisch, sondern praktisch –, fehlt Ihnen die Ausrüstung, mit der Sie sich anpassen können.

Diese Anpassungsfähigkeit ist eine der Anwendungen von Techniken. Die meisten Bücher werden geschrieben, als wären die Menschen moralisch und physisch eine endlose Reihe identischer Zwillinge. In Wirklichkeit sind nicht zwei einander gleich. Einen neuen Partner muß man erforschen, und es ist möglich, daß Sie zum erstenmal Bedürfnisse kennenlernen, von denen Sie noch nichts wußten. Mit einem ständigen Partner kommt die Technik richtig zur Geltung, denn Sie können mit leichterer und ständiger Kommunikation einen Teil Ihrer Liebesbetätigung dazu verwenden, alles zu perfektionieren, was Ihnen beiden Freude macht – Ihre Hand- und Mundtechniken völlig den Wünschen anpassen, Stellungen und dergleichen gründlich ausprobieren.

Es ist nicht gefühllos, das systematisch zu tun, die Hälfte Ihrer Liebesbetätigung dafür zu verwenden und den Rest spontaner

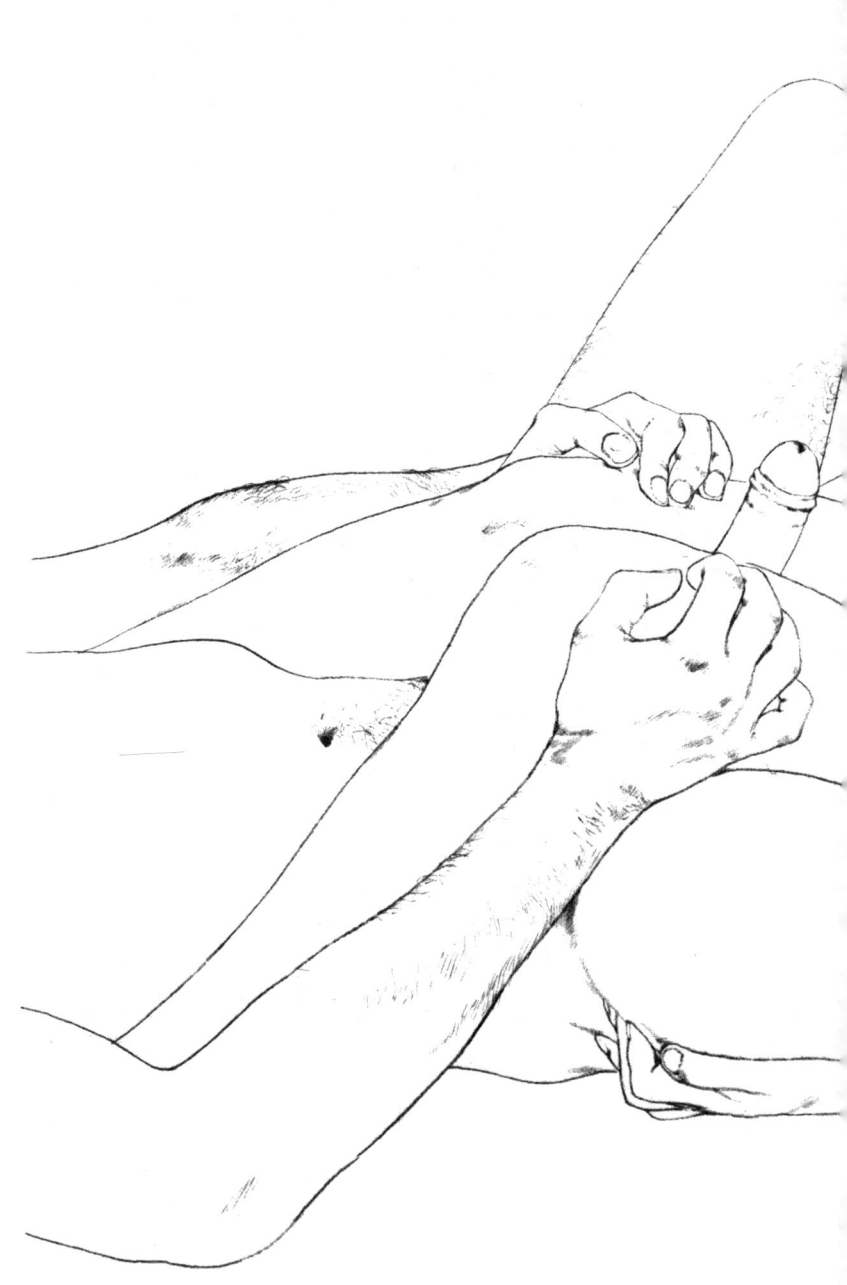

81

Eingebung zu überlassen, indem Sie zum Beispiel, wann immer es Ihnen behagt, eine »Nationale Woche für Einführung von hinten« oder eine »Nationale Woche für die Frau oben« proklamieren und nach Empfindungen suchen, die Sie noch nicht hatten. Manches davon wird Ihnen nichts bringen, aber schreiben Sie es nicht ab, bevor Sie sicher sind, daß es nicht Unerfahrenheit, sondern eine Vorliebe anderer Art ist, weshalb es Ihnen nicht behagt. Halten Sie beide intelligent Ausschau nach Liebesgaben für den anderen – das können auch Dinge sein, die Sie von anderen lernen, aus Büchern oder auch durch aktive erotische Phantasie. Wechseln Sie nicht ständig um des Wechselns willen, aber lassen Sie den Sex nicht zur Routine werden, sonst könnte er aufhören, sowohl gegenseitige Erforschung der Körper als auch Kommunikation zwischen Ihnen zu sein. Die Reichweite der Haut-, Muskel-, Genital- und Oralempfindungen, die allen Launen und Bedürfnissen eines guten Paares angemessen sind, ist nahezu unerschöpflich; wenn Sie sie wirklich ausgeschöpft haben, müssen Sie wieder von vorne beginnen.

Eine Rechtfertigung dafür, daß man manchmal eine Dreiergruppe bildet oder den Partner tauscht, liegt darin, daß es dieses Gefühl fortgesetzter Erforschung auffrischt. Führen Sie es so durch, daß Sie alles schnell, fachmännisch, nicht unbeholfen und ohne Hemmungen und Enttäuschungen tun können, aber (insbesondere wenn Sie ein Mann sind) nicht mit einem Anstrich, der glatte Routine bekundet. Diese Sensibilität vorausgesetzt, werden nur durch und durch sentimentale Menschen die Technik ablehnen. Meist sind es Leute, die keine haben, mit enttäuschten Partnern, die jede Hoffnung fallenließen.

Am Anfang von gutem Sex steht das Wissen darum, welche Hilfsmittel manche Menschen reizen, und die ungefähren Gründe dafür. Wenn Sie mehrere Partner haben, müssen Sie mit dieser Kenntnis beginnen und können sie in der Praxis überprüfen. Wenn Sie einen Partner haben, können Sie Teile davon überprüfen – starke Hautreaktion, starke Muskelerotik, ob er auf orale Betätigung reagiert und so fort – und sich entsprechend konzentrieren. Aber halten Sie die anderen

Möglichkeiten in Reserve. Wenn sich jemand seiner Muskeln bewußt wurde, könnte er sich nun als Ausgleich seiner Haut bewußt werden und umgekehrt. Die Sexphantasien, die wir haben und freiwillig anbieten, stellen Teile unseres Selbst dar, und ein Gutteil von schöpferischem Sex liegt darin, daß wir andere freilegen und entwickeln. Deshalb bleiben Sie beide nicht bei bekannten Neigungen, es sei denn in Situationen, in denen Sie sich gehen lassen. Das sollten Sie oft tun, aber dazwischen auch bewußt experimentieren.

Zuschauen

Anderen Menschen bei einem Sexualakt zuzusehen, ist für viele Paare nicht nur aufregend, sondern auch ungeheuer lehrreich (siehe unter »Gemeinsamkeit«). Sex ist ungefähr die einzige Gemeinschaftsfertigkeit, die wir nicht durch Zuschauen lernen; statt dessen hat die »graue« Gesellschaft Normen von Anstand und Heimlichkeit erstellt, welche besagen, daß Sex selbst verborgen sein muß und daß andere Leute böswillig sind. Das Ergebnis sind Individuen, die sich Sorgen machen, ob ihre Leistung, ihre Methoden und ihr Geschmack normal sind, weil sie keine Möglichkeit hatten, das zu überprüfen und keine Möglichkeit, ihr Spiel durch Beobachtung zu verbessern. Sie können bei einer Zusammenkunft durch Beobachten einiger anderer Paare mehr lernen als aus diesem ganzen Buch. Wenn die anderen nicht mehr wissen als Sie, werden Sie zumindest angeheizt und hinsichtlich Ihrer Fähigkeiten beruhigt; wenn die anderen etwa in der Hautstimulation besser oder beim Spielen schöpferischer sind, gehen Sie hin und tun Sie es ihnen gleich. Gelegentlich lohnt es sich, Filme anzusehen, wenn auch viele Porno-Regisseure und -Schauspieler sich nicht allzusehr vergnügen (beobachten Sie, ob die Männer kräftige Erektionen bekommen und ob die Frauen beim Orgasmus eine Bruströtung aufweisen – das können sie nicht vortäuschen). Aber die Gemeinsamkeit mit wirklichen Menschen ist natürlich besser, und Sie können auch mit ihnen sprechen. Manche Paare ermutigen Freunde, mit ihnen Liebesspiele zu treiben, auch wenn sie nicht »*swingen*« (d. h. die Partner tauschen) wollen, einfach damit alle zuschauen und die Methoden vergleichen können – es ist eine gute Methode, um Erfahrungen im Sexualverhalten zu sammeln. Die meisten Leute, die über Sexualität geschrieben haben, haben noch nie ein Paar beim Geschlechtsverkehr beobachtet – wahrscheinlich auch Sigmund Freud nicht; er hatte keine Möglichkeit dazu. Das ist ein bedrückender Gedanke. Wie viele Bücher über Fußball, die einem genau angeben, wie man spielen soll, wurden von Leuten geschrieben, die in Wirklichkeit nie ein Spiel gesehen haben? Das ist eine gute Frage an eine medizinische Autorität, die sich päpstlich über Sex gebärdet. Wir würden weniger Unsinn vorgesetzt bekommen.

Ja, wir haben Dutzenden von Paaren zugesehen, und vieles von den Erläuterungen in diesem Buch kommt aus unmittelbarer Beobachtung. Aber verlassen Sie sich nicht auf unser Wort darüber, probieren Sie es aus, und ziehen Sie Ihre eigenen Schlußfolgerungen. Sich selbst im Spiegel zu beobachten, ist gut, aber nicht das gleiche – Sie bekommen keine neue Information und keinen Vergleichsmaßstab. Sextechniken sind so verschieden wie Menschen – der meiste Unsinn in früheren Büchern hätte einfach nicht einmal die mindeste direkte Beobachtung überdauern können. Beobachten und Beobachtetwerden ist aufregend, nett und ermutigend – nicht zudringlich oder peinlich.

Seine und ihre Rolle

Aggression

In unserer Kultur fürchten sich die meisten Menschen vor Aggression. Es klingt wie etwas, das die Vereinten Nationen veranlassen wird, Napalm auf uns abzuwerfen, und wir, insbesondere Frauen, sind dagegen indoktriniert. Es werden Symposien von Medizinern und Sozialfürsorgern darüber abgehalten, wie man damit fertigwerden soll. Es ist faktisch das am nachlässigsten verwendete Wort in der Sozialwissenschaft, und das besagt eine ganze Menge. Zu verschiedenen Zeiten und im Mund verschiedener Menschen bedeutet es wenigstens drei Dinge.

Das erste davon ist Feindseligkeit, der Wunsch, jemanden zusammenzuschlagen. Wahllos Menschen zusammenzuschlagen, mit Händen oder mit Bomben, ist offensichtlich eine schlimme Sache, aber wir brauchen uns des rein im Privatleben empfundenen Wunsches nicht zu schämen, wenn er vernünftig ist. Alle Liebenden wollen einander manchmal schlagen. Auf die Frage, ob sie jemals an Scheidung gedacht hätten, antwortete ein seit langem verheiratetes Paar: »An Scheidung nie – an Mord oft.« Das ist völlig normal.

Die zweite Bedeutung ist Selbstbehauptung, der Wunsch nach Einwirkung auf die Umgebung – wie ein »aggressiver« Verkäufer oder ein »Einsatz« in der Musik. Ersteres und letzteres werden nicht nur in Worten, sondern auch in der Haltung verwechselt. Wenn junge Leute das Gefühl haben, daß sie von granitharten Behörden unterdrückte Nullen sind, attackieren sie Leute und verursachen Sachschäden ebensosehr um der Wirkung willen wie aus Feindseligkeit. Frauen der frühen Emanzipationsbewegung hatten das Problem, daß man zwar von Männern als männliche Leistung erwartete, sie sollten im zweiten Sinn aggressiv sein und im ersten Sinn nur um die

Wirkung zu unterstützen, daß aber alle Versuche von Frauen, im zweiten Sinn aggressiv zu sein, als Aggressivität im ersten Sinn aufgefaßt und niedergeschlagen wurden. Es gibt natürlich einen biologischen Zusammenhang insofern, als die erste Bedeutung oft die Unterstützung ist, wenn die zweite, welche alle außer den schüchternsten Menschen brauchen, enttäuscht wird.

Es gibt auch eine dritte, mit beiden verwandte Komponente: Dominanz. Dies ist ein zoologischer Begriff für ein Verhalten, durch welches oft Tiergemeinschaften gelenkt werden, bei denen manche Individuen sich anderen, dominierenderen unterwerfen und so eine »Hackordnung« bilden, und das verursacht noch mehr Verwirrung in den Begriffen. In bezug auf den Menschen bedeutet Dominanz grundsätzlich die Fähigkeit, selbstsicher und furchtlos mit anderen Individuen in Beziehung zu treten und intuitiv und durch das Lesen nonverbaler Signale zu wissen, welche Rolle man ihnen gegenüber zu spielen hat. Es hat absolut nichts, weder sozial noch in einem sexuellen Silbenrätsel, mit »Dominieren« zu tun. Menschen, die Stiefel und knallende Peitschen brauchen, stehen nicht in vertrauensvoller Beziehung zu anderen; sie benötigen eine ganze Reihe von Requisiten, um überhaupt in eine Beziehung treten zu können. Das gleiche gilt, wenn das Dominieren echt ist, für soziales oder häusliches Prahlen.

Eine vorherrschende Theorie über aggressive Feindseligkeit besagt, daß man sie wie Abfall aufstapeln und dann und wann abladen kann. Es ist keineswegs sicher, daß das der Fall ist; aber es gibt etliche Therapien, die darauf beruhen, daß man Leute ihre aufgestaute Feindseligkeit an billigem Geschirr, Gummipuppen oder dadurch entladen läßt, daß sie mit Kissen oder Batakas aufeinander losschlagen. Natürlich kann ein Mensch mit niedriger Dominanz (oder jemand in einer heiklen Situation), der dem Ehepartner oder Chef seinen Zorn nicht zu zeigen wagt, hingehen und der Katze einen Tritt versetzen, aber das ist weniger ein Prozeß des Aufstauens als ein Weitergeben des eigenen Grolls auf der Dominanzlinie nach unten. Aufundabspringen oder Zerschlagen von Gegenständen sind typisches Schimpansenverhalten und stellen den nonverbalen Ausdruck dessen dar, was wir selbst nicht zu sagen wagen (ein direktes Bild des Schimpansenverhaltens bietet Ihnen ein Fußballer, der soeben einen Paß verschossen hat; vergleichen Sie damit den Ausdruck »bebend von Zorn«). Wahrscheinlich hilft uns das Prügeln von Puppen und das Schlagen mit Batakas, indem es uns lehrt, uns vor unseren eigenen Gefühlen nicht zu fürchten.

Maslow, der Dominanz und Sexualität bei Frauen studierte, teilte die Dominanz in Fühlen (Selbstachtung) und Status (mehr oder weniger stark oder zulänglich sein als jemand anders). Die einzige Beziehung zwischen hoher Dominanz und Aggression besteht darin, daß Menschen mit einem hohen Niveau an Selbstachtung weniger Hemmungen haben, ihren Zorn auszudrücken, wenn sie ihn fühlen – andere bleiben still, aus Furcht vor den Folgen. Hohe Selbstachtung bei Maslows Frauen ging Hand in Hand mit Ablehnung der von Männern diktierten weiblichen

Eigenschaften wie Schüchternheit, Unterwürfigkeit, Religiosität und konservativen Grundsätzen und mit großem Vergnügen an echt weiblichem Sex-Orgasmus, ebenbürtigen Beziehungen, Experimentieren. Frauen mit hoher Dominanz hatten auch eine positive Einstellung zum Sex im allgemeinen, hatten keine Angst davor, oben zu sein, nicht weil sie wollten, daß der Mann unten lag, sondern weil es ihnen auf diese Weise gefiel. Wo beide Partner diese hohe Selbstachtung besaßen, schrieb Maslow, »wird jeder Aspekt von Sex und Sinnlichkeit eifrig, begeistert akzeptiert und angenehm betrachtet . . . Experimente aller Art werden gemacht, alle Sexualakte werden eher als ›Spaß‹ denn als ernste Angelegenheit angesehen. Sehr oft gab es in einer Ehe zwischen Menschen hoher Dominanz Erfahrungen jeder Form sexuellen Verhaltens, wie es den Psycho-Pathologen und auch den Sexologen bekannt ist . . . Diese Akte (Analverkehr, homosexuelle Kontakte, Oralsex, Exhibitionismus, Gruppensex u. a.) haben keine pathologische Tönung und sind auch keineswegs pathogen . . .« Mit anderen Worten, ein Paar mit hoher Dominanz versucht alles einmal und findet Vergnügen an allem, als Spaß und ohne Furcht.

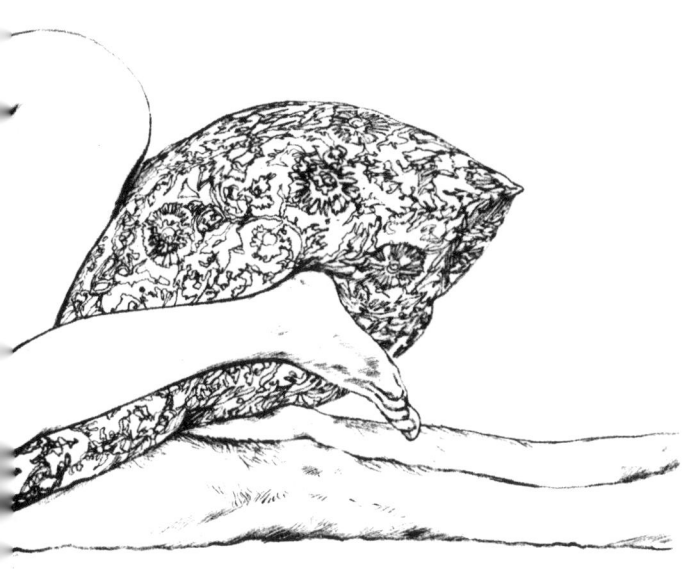

Großartig, wenn Sie es tun können, aber es gibt nicht nur – und das muß auch nicht so sein – Menschen mit hoher Dominanz. Selten sind beide Hälften eines Paares, sexuell und in anderer Hinsicht, gleichermaßen selbstsicher. Es macht nichts aus, wenn es einen stärkeren Partner gibt, und es wird wohl nicht immer ein- und derselbe in allen Situationen der Stärkere sein. Es kommt darauf an, daß diese beiden, während die Person mit hoher Dominanz lernen kann, abzulehnen und gelegentlich zärtlich zu sein (und sich einen ganzen Sektor sexueller Erfüllung entgehen ließe, wenn sie es nicht täte), die einzigen sind, die aus spielerischem Sex das Beste herausholen. Da ein Großteil der Menschen durch Ängste, Besser-nicht-Gefühle und den Versuch, Liebe eher als Bindemittel denn als Experiment zu verwenden, in der Fähigkeit zu Sinnlichkeit gehemmt ist, kann das Training in vernünftiger Selbstbehauptung (Aggression in der zweiten Bedeutung) ihr Sexualleben verbessern, und die Art von Gourmetverhalten gegenüber dem Sex, die wir beschrieben haben, kann ihre Fähigkeit zur Selbstbehauptung unterstützen. Menschen mit sehr niedriger Dominanz, die unterdrückt wurden, können reagieren, indem sie die Selbstbehauptung übertreiben und zu napoleonischen Tyrannen werden. Gewöhnlich zeigt sich das, weil auch ziemlich viel Feindseligkeit daran beteiligt ist (Aggression in der ersten Bedeutung).

Auch die Arten des Sexualspiels sind wichtig. Frauen mit niedriger Dominanz werten die Stellung, bei der sie oben sind, und anderes, wie etwa den Finger-Klitoris-Orgasmus, als »nicht zärtlich«; man sollte ihnen raten, diese Dinge öfter zu versuchen. Manche mögen Spiele, die aggressiv wirken, sei es, weil sie sich an dem Selbstvertrauen, alles zu versuchen, erfreuen, und zwar in vollem Bewußtsein, es zu haben, sei es, weil es ihnen hilft, ein Selbstvertrauen zu dramatisieren, das sie nicht besitzen. Manche werden dadurch so verwirrt, daß sie ganz unfähig sind. Übertreiben Sie andererseits die symbolische Interpretation von Reizmitteln nicht. Für die meisten Leute, denen Ringen, Fesselung, vorgetäuschte Notzucht und andere nicht grausame und ungefährliche »Aggressionen« Spaß machen, sind sie gar nicht aggressiv, auch nicht nur symbolisch, sondern hängen ganz einfach von dem pikanten körperlichen Reiz ab, wobei es auch einen Zusammenhang mit Kindheitsvorstellungen von Sexrollen geben kann. Oft genug ist die Dramatisierung nicht Aggression, sondern Vertrauen und das Überwinden der Idee, daß das andere Geschlecht ziemlich gefährlich sei.

Man hat auch festgestellt, daß Frauen mit einer Vorliebe für sadistisch aussehende Spiele, in denen sie eine den Mann dominierende Rolle spielen, oft nicht sadistisch im korrekten Sinn sind, indem sie daran Vergnügen finden, jemandem weh zu tun oder ihn zu demütigen. Sie probieren einfach die konventionelle, unechte, überaggressive Rolle des Mannes aus, um zu sehen, wie man sich dabei fühlt, und um zugleich mit dem Gefühl zu experimentieren, der stärkere Partner zu sein. Die Idee der Männlichkeit, in der er sie sozial und durch Kraft »dominiert«, ist längst überholt, aber es schadet nicht, in einem sicheren Modell zu sehen, wie man sich dabei gefühlt hätte. Männer, die Dominanz von Frauen aufbauschen, versuchen öfter über den Gedanken hinwegzukommen, daß Frauen grundsätzlich gefährlich sind. Wenn Sie diese Bedürfnisse haben, verbinden Sie sie mit Spiel und wechseln Sie einander ab – sie haben mit Grausamkeit und Feindseligkeit nichts zu tun.

Jedenfalls hat das »Überwältigt-werden« und »Durchbohrtwerden« für Frauen eine biologische Bedeutung, doch Frauen mit hoher Dominanz werten sie als prickelnden Reiz und lassen sich durch sie weder ängstigen noch entwerten. Wenn einer von zwei selbstbewußten Partnern sich bei einer bestimmten Gelegenheit körperlich unterwirft, so geschieht es im Interesse des wechselseitigen Orgasmus und wird als Spaß gewertet, nicht als Entehrung; es gehört zu der völlig ebenbürtigen Keilerei, die mit vielen weit sanfteren und beziehungsreichen Momenten durchsetzt ist. Für die Frau ist ein völlig unaggressiver, von Zärtlichkeit besessener Mann, der keine Initiative ergreift, ohne zu fragen, tödlich abkühlend, so wie für ihn eine unaktive Frau, die den Penis nicht anfaßt. Die Versuchung liegt darin, bei einem solchen Partner Feindseligkeit auszulösen, wenn man keine andere Reaktion erreichen kann und ihn aufzustacheln, bis er etwas tut, und sei es nur, daß er schreit.

»Aggression« beim Liebesspiel ist also ein guter Teil des menschlichen Sexrepertoires und nur dann ein Gefahrensignal, wenn sie nicht mehr zu zügeln ist. Was echte Feindseligkeit anbelangt, wird man damit am besten fertig, indem man gleich offen seinen Ärger ausdrückt und danach diskutiert (nicht meckert, trotzt, nein sagt oder Methoden sucht, um abzurechnen) – das heißt, wenn man wirklich erwachsen ist.

Die letzte Eigenschaft von Menschen mit niedriger Dominanz und vielleicht, wie Maslow meinte, die wichtigste ist Unsicherheit. Diese Menschen drücken Feindseligkeit oder Zorn nicht aus, weil sie fürchten, vom Partner abgewiesen oder verlassen zu werden. Weil sie den anderen als Stock zum Emporklettern benutzen, ist es viel zu erschreckend, selbst nur die Möglichkeit in Betracht zu ziehen, sie müßten selbständig beginnen, eine Beziehung könne nicht glücklich bleiben bis in alle Ewigkeit, und sie müßten allein sein. Für diese Menschen ist Dauer ein Fetisch, andere Menschen sind Quellen lebenswichtiger Vitamine, und zur Liebe gehört Besitz oder Annexion.

Das ist ein geschlossener Kreis, wie Sie aus dem, was wir gesagt haben, erkennen werden, weil es die Beziehung in eine Form von Aggression verwandelt: es ist aggressiv (und entwertend), jemanden zu besitzen, ihm Regeln aufzuzwingen und dergleichen. Alle Menschen brauchen andere Menschen. Für Leute mit hoher Dominanz ist Liebe ein Erlebnis zwischen Menschen. Wenn es gut ist, hoffen sie, daß es dauert. Wenn es endet, werden sie Trauer empfinden, aber ihre Selbstachtung nicht verlieren. Sie neigen auch dazu, Erfahrungen zu bewerten, wie sie sich ereignen und nicht als Garantien, daß sie ewig dauern werden; diese Garantie gibt es nicht, und sei es nur deswegen, weil Menschen sterblich sind. Für Leute mit niedriger Dominanz ist Liebe oft ein halbparasitärer Besitz. Augenblicksfreude geht unter in Sorgen oder Planen, um sicherzugehen, daß sie andauert, und im Ausstrecken weiterer Fühler. Das ist Maslows »Sein-Liebe« und »Mangel-Liebe«. Blake sagt es besser:

> »Wer sich Freude erzwingt,
> vernichtet beflügeltes Leben.
> Wer Freude im Fluge fängt,
> lebt in der Ewigkeit Morgenlicht.«

Die meisten von uns haben neben dem Verlangen nach Freude auch das nach einer gewissen Sicherheit – das ist nur recht und billig. Es lohnt sich aber, darüber nachzudenken, wie Liebe durch Menschen mit niedriger Selbsteinschätzung in Aggression umgewandelt wird, und wie Menschen mit hoher Selbsteinschätzung Feindseligkeit durch Spiel in Liebe umwandeln. Frederick Perls formuliert es am besten: »Ich bin ich und du bist du, und keiner von uns ist hier, um den Erwartungen des anderen zu entsprechen. Aber wenn wir zusammenkommen, ist es schön.« Tigger war eine Person mit hoher, Eeyore eine mit niedriger Dominanz. Winnie-the-Pooh steht zwischen den beiden, dem niedrigen näher.

Das schwächere Geschlecht

Sexuell gesprochen, ist es der Mann. Er hat dehalb im Lauf der Jahrhunderte die Frauen zu überreden versucht, ihre potentielle Sexleistung einzuschränken, ein Prozeß, an dem die Frauen selbst mitgearbeitet haben. Dem wurde dadurch ein Ende gemacht, daß der Sex endgültig von der Fortpflanzung getrennt wurde: nun können Frauen ihr volles Sexpotential ohne Angst verwirklichen, sie können »swingen«, wenn sie wollen. Vor allem können sie die Tatsache gelten lassen, daß der Sex für beide Partner der Erholung dienen oder beides zu verschiedenen Zeiten sein kann. Mit anderen Worten, sie können die Freiheiten fordern, welche die Männer gehabt hatten und um die sie durch die Propaganda betrogen wurden, Frauen seien unfähig, in irgendeinem Kontext zu reagieren, ausgenommen totale Beziehung und so weiter und so fort. Bei manchen Frauen trifft das zu. Auch bei manchen Männern, aber Byrons Stichelei, daß Liebe ein Teil von eines Mannes Leben, aber das ganze Leben einer Frau sei, ist eine normative Verallgemeinerung – mit anderen Worten Propaganda.

Für manche Männer ist das ein Schock. Daß eine voll erregte Frau zehn, fünfzehn oder zwanzig endlose Orgasmen haben und sich noch weiter, nötigenfalls mit mehreren Partnern, vergnügen kann, erschreckt sie. Die Einführung der Pille und das verstärkte

Bewußtsein der Frauen davon, was sie erreichen können, hat bei vielen Ehemännern, die vergleichsweise neurotische Ansichten über Männlichkeit hegten, vielfach zu Impotenz geführt. Männer, die theoretisch gewünscht hatten, eine Nymphomanin kennenzulernen, wurden manchmal von ihren eigenen Frauen so erschreckt, daß sie ganz starr (oder schlaff) wurden.

Wir selbst nehmen diese spezielle Angst nicht wahr. Sie gehört zu einer falschen Auffassung der männlichen Leistung ebenso wie auch der weiblichen; Unkenntnis der Technik, einen längeren Geschlechtsverkehr zu bewerkstelligen; Unkenntnis der Methoden, mit denen man, ohne selbst eine Erektion zu haben, eine Frau zu vollem Orgasmus bringen kann; Unkenntnis auch dessen, was eine geschickte Frau mit einem nicht aufgerichteten Penis – manuell, oral und, wenn sie die Gabe guter Muskeln besitzt, vaginal – tun kann. (Tatsächlich können Frauen mit voller Muskelkontrolle am meisten mit einem halb erigierten Penis leisten, wobei der Partner sich entspannen kann

und ihren inneren Bewegungen keinen Widerstand leistet.) Wir müssen jetzt, nachdem wir die militärischen Rein-raus-Vorstellungen der Männer von sexuellem Können begraben haben, dafür sorgen, daß die Frauen nicht im entgegengesetzten Sinn wieder beschwindelt und gezwungen werden, anzunehmen, daß jede von ihnen mehrfachen Orgasmus wünscht, daß jede swingen will, daß jede Sextreffen von Marathonlänge braucht. Manche ja, manche nicht. Menschen sind darin so verschieden wie in jeder anderen Hinsicht auch. Wichtig ist, daß sie ihre Sache ausfindig machen und einen Partner finden, der genügend

auf Draht ist, um es ihnen zu gestatten, sich so zu lieben, daß es manchmal ihm, manchmal ihr mehr, immer aber beiden Spaß macht.

Das ist ein Gebiet, auf dem größere Mannigfaltigkeit in Partnererfahrung wirklich nützlich ist, wenn auch manche Leute sie lieber nicht haben. Denken Sie nur, wie die Mahlzeiten wären, wenn keiner von Ihnen beiden je eine andere Küche gekostet hätte. Und lassen Sie sich nicht von Nebensachen stören oder durch die Vergangenheit daran hindern, Ihr volles und gewünschtes Reaktionsmodell zu finden. Der Aberglaube von der gefährlichen, unersättlichen Frau wird wahrscheinlich einer unerschrockenen Generation nicht plausibel erscheinen, die gelernt hat, was Männlichkeit und Weiblichkeit im Sinne zusammenwirkender Selbstverwirklichung ist. Wenn wir die Jahrhunderte wettmachen können, in denen man Frauen dauernd enttäuscht hat, werden sowohl Männer als auch Frauen sich an den Resultaten erfreuen können.

In einem Punkt ist der Mann allerdings deutlich das schwächere Geschlecht: in der Abhängigkeit seines Männlichkeitsgefühls von dem Rollenspiel, das ihm die Gesellschaft auferlegt hat. Frauen wurden in der gleichen Weise geplagt (manche geraten ganz außer sich oder fühlen sich entweiblicht, wenn die Rolle der Ehefrau und Mutter zu Ende geht), aber wir haben den Eindruck, daß sie lange vor der Emanzipationsbewegung das Rollenspiel weniger ernsthaft betrieben als Männer. Die Rolle, welche die Gesellschaft den Männern aufgedrängt hat, wurde durch die Sorgen der Männer verschieden gestaltet. Sie reichte von einem groben und im Grunde kindischen Stereotyp dauernder Erektion (mit unheilvollen Auswirkungen, wenn sie nicht dauernd, sondern nur normal ist) bis zur Unüberwindlichkeit bei Frauen (die zur Ablehnung führt, wenn Frauen andere Vorstellungen haben oder Männer absichtlich, zufällig oder dadurch, daß sie klüger und erfolgreicher sind, demütigen). Es ist nichts Schlechtes, wenn Sie für Ihre Frau, laut stereotypem Modell, und für Ihre Kinder verantwortlich sind. Wir finden aber heute viele Fälle von Impotenz und Depression bei arbeitslosen Männern, die nicht erleichtert, sondern erbittert sind, wenn die Frau noch immer gut verdient. Man hätte glauben können, sie wären froh, daß das Familieneinkommen gesichert ist und die Rollen einverständlich getauscht werden, bis die Geschäftslage sich wieder bessert, doch nein – eine Frau mit Broterwerb ist eine Bedrohung, hat dem Mann die Hoden geraubt und so fort.

Man könnte diese gefährlichen männlichen Stützungsmechanismen durch eine ganze Tradition hindurch verfolgen: Gezänk, wenn ein anderer Mann Ihre Frau beleidigt (sie ist durchaus fähig, ihn durch Verachtung zu strafen, ohne eine häßliche Szene zu verursachen), die Manie für Feuerwaffen als Ersatzpenisse und sogar die fürchterliche Drohung mit gleichen Haartrachten bei beiden Geschlechtern. Es gibt gute Freudsche Gründe, warum Männer das ängstlichere Geschlecht sein sollten, aber sie werden sich viele der Reaktionen, die gegen diese Angst auszubilden sie ermutigt wurden, abgewöhnen müssen, wenn es vernünftige Beziehungen zwischen Männern und Frauen in einer Gesellschaft mit gleichen Möglichkeiten geben soll.

Bei einem aufgeklärten und liebevollen Paar ist kein Partner schwächer, es sei denn, es kommt auf das Heben von Möbelstücken an. Er kann keine Babys bekommen oder säugen und wird es nie können. Sie kann sie nicht zeugen. Jeder hat besondere, aus der Kindheit übernommene Bedürfnisse, die sich aber gegenseitig im allgemeinen ergänzen werden. Was aber einerseits Leistung und andererseits täglich zu erledigende Aufgaben angeht, wird sich jeder über den Erfolg des anderen freuen, ohne verstimmt zu sein und ohne Konkurrenzgefühle, und die Fragen, wer was wann besorgt (Geldverdienen, Kinder, Kochen), werden durch vernünftige Diskussion geregelt – ebenso wie die, wer im Bett die Initiative übernimmt, dadurch entschieden wird, wie sich beide gerade fühlen.

Egoismus

Manche Leute glauben vielleicht, dies sei ein Buch für den wohlhabenden Mittelstand, das helfen soll, in einer Welt, die schnell zur Hölle fährt, mit Sinnlichkeit, rein persönlichen Erfahrungen und Nervenkitzel zu experimentieren.

Genau das Gegenteil ist der Fall. Natürlich sind gute Sexualerfahrungen für wohlhabende Menschen leichter zu erreichen, die Ungestörtheit, Empfängnisverhütung, Muße und Kontrolle über ihr Leben haben, ebenso eine gute medizinische Betreuung. Aber das Bewußtsein und die Einstellung, die von dieser Erfahrung kommen können, wirken gleichzeitig nicht gegen den egoistischen Rückzug; die Leute werden eher radikalisiert.

Die Sexfeindlichkeit der autoritären Gesellschaften und der Menschen, die an ihrer Spitze stehen, ist keine Folge der Überzeugung (sie selbst treiben Sex), sondern der unklaren Vorstellung, daß Freiheit auf diesem Gebiet zu einem Geschmack an Freiheit anderswo führen könnte. Einerseits sind Menschen, die ihre Erfahrung mit sich und der Welt erotisiert haben, unverhältnismäßig unkriegerisch – sie würden lieber daheim bleiben und der Liebe frönen, als Vietnamesen und Ungarn umzubringen – und andererseits außerordentlich streitbar in ihrem Widerstand gegen Raufbolde, politische Agenten, Rassisten und Moralapostel im allgemeinen, die die persönliche Freiheit, die sie erreicht haben und an der sie auch andere teilhaben lassen wollen, bedrohen.

Die fixe Idee des Zusammenraffens von Geld und der Jagd nach Macht wird sehr weitgehend genährt durch frühe Verzerrungen des Körperbildes und der Selbstachtung – Verzerrungen, die in eine ganze Reihe politischer Verhaltensweisen hinüberführen, von Menschenhaß und Tyrannei bis zum Zerstören der Landschaft für einen Profit, den man nicht braucht und nicht verwenden kann. Tatsächlich werden die meisten Großmächte heute von einer Minorität Kranker geführt, die unter ihrer Unfähigkeit zu erotisieren leiden und deshalb ihre Erfahrung humanisieren, und die uns andere zur Spieltherapie verwenden. Als Marcuse einmal in dieser Richtung argumentierte, forderte ihn jemand mit den Worten heraus: »Gehen Sie doch hin und erotisieren Sie den Staat Kansas.« Das könnte geschehen. Marcuse ist ein Marxist alten Stils, der den Marxismus noch als ebenso radikal betrachtet und die Tatsache beklagt, daß die bestehenden marxistischen Bürokratien äußerst sexualfeindlich eingestellt sind, genauso wie sie in ihrer Haltung gegen die Freiheit des einzelnen sind.

Eine Generation, die ihre Erfahrung erotisiert hat, wird in ganz anderer Hinsicht radikal sein – auf Umwelteinflüsse bedacht, auf wissenschaftlicher Grundlage basierend (weil man die Biologie des Menschen studieren muß, um zu wissen, warum man funktioniert) und hoffentlich durch »Unpersonen« genausowenig beherrschbar wie die amerikanischen Kolonien durch König Georg. Wenn Ihre erweiterte Selbsterfahrung und die Erfahrung anderer Sie in Ihrem Zustand als nichtumgeformter Bewohner einer mittelgroßen Stadt beließe, dem alles egal ist, wäre sie nicht genug erweitert oder nicht genug menschlich.

Eindringen

Es liegt etwas Fundamentales in der Tatsache, daß sie ihn einlassen muß – nicht nur in ihr Territorium oder in ihre Nähe, sondern tatsächlich in ihren Körper. Es gibt nicht viele identifizierbare, angeborene Unterschiede zwischen Mann und Frau, das aber ist einer von ihnen, und er beeinflußt das weibliche Denken. Für einen Mann ist Sex äußerlich, auf einer vor der Küste liegenden Halbinsel, wie dem Staat Florida, lokalisiert, und er läßt sie wachsen; für eine Frau ist er innerlich – ein Besuch oder eine Invasion – und es bleibt etwas Äußerliches in ihr zurück. Das heißt nicht, daß Frauen jeden Geschlechtsverkehr unbewußt als eine Gewalttat betrachten; die Tatsache, den Mann in sich zu haben, kann warm, gut und stärkend sein wie nichts anderes, aber er bleibt doch, was die Rechtsanwälte einen Gast nennen.

Diese Gefühle sind kompliziert, und Männer werden sie nicht schlechthin intuitiv erkennen. Positive und negative Gefühle in Verbindung mit diesem Eindringen sind ziemlich stark an der Formung der tatsächlichen Reaktion der Frauen beteiligt, und einige ziemlich leidenschaftliche Mitglieder der Women's-Lib-Bewegung haben vorgeschlagen, daß jeder Mann sich selbst zumindest einmal »anbohren« lassen solle, um zu sehen, wie man sich dabei fühlt. Wir bezweifeln, daß dies völlig funktionieren könnte – anales Eindringen ist nicht wirklich vorgesehen, und man fühlt sich dabei nicht ebenso.

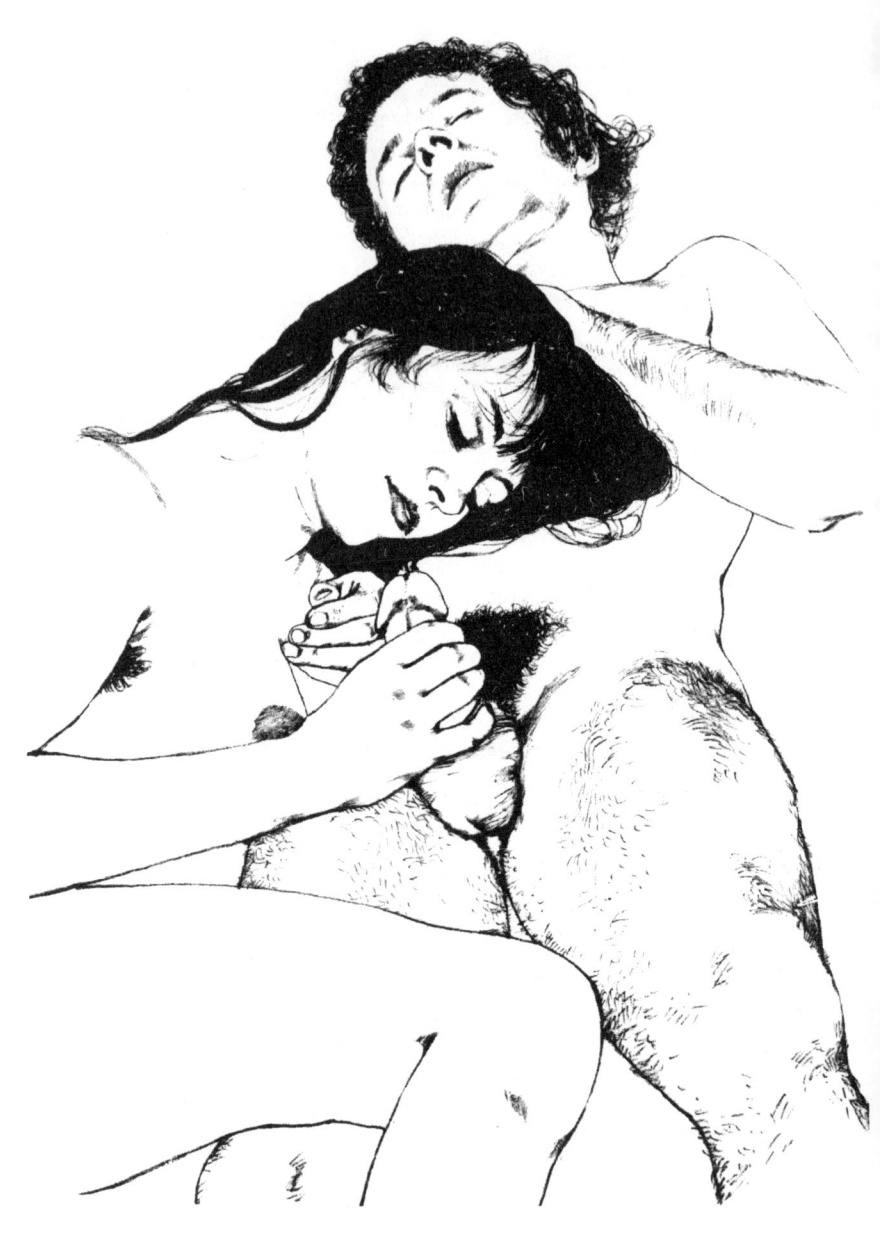

Eine Schwierigkeit besteht darin, daß Frauen viel mehr als Männer dazu neigen, den Ort, wo sie wohnen, als Körperersatz zu betrachten, während Männer den ihren als Territorium ansehen. Eine Frau, die Menschen nicht in ihre Wohnung lassen mag, sagt etwas – ebenso wie die Frau, die sagt: »Er müßte mit mir glücklich sein, Doktor – ich habe ihm doch eine hübsche Wohnung mit Teppichbelag von Wand zu Wand eingerichtet.« In Wirklichkeit spricht sie von ihrem Körper.

Wenn ein Mann, den Sie lieben und dem Sie vertrauen, der Sie als gleichwertigen Partner behandelt und Sie auch liebt, tief in Sie eindringt, ist es wohl das beste Erlebnis, das Sie als Frau überhaupt haben können – es bezeichnet das Ende aller Ängste darüber, wer in wen eindringt. An diesem Punkt ist der Penis gemeinsamer Besitz, viele Kindheitsängste werden zerstreut.

Erektion

Männliche Erektion kann natürlich spontan zustande kommen, wenn man geil ist, eine Frau mit starkem sexuellen Reiz, einen Film sieht usw., es muß jedoch nicht der Fall sein. Ziemlich viele Männer brauchen immer, die meisten manchmal und alle, wenn sie älter werden, eine unmittelbare physische Stimulierung des Penis, damit dieser ganz steif wird. Sie werden ihn entweder selbst stimulieren oder wollen, daß es die Partnerin tut. Das zu sagen, lohnt sich, denn es gibt Frauen, die sich abgewertet fühlen, wenn ihr Mann nicht sofort »ohne Hände« eine Erektion hat (und machen ihn, indem sie das sagen, für das ganze Zusammensein schlaff). Es gibt aber auch Männer, die glauben, es sei irgendwie unmännlich zu verlangen, sich reiben zu lassen, wenn sie es brauchen. Diese Einstellungen sind jedoch eine Folge der Unkenntnis der menschlichen Naturgeschichte.

Die spontanen Erektionen, die Männer beim Aufwachen und in den Perioden des sogenannten »Schlafs mit schneller Augenbewegung« bekommen, sind physiologisch interessant; was sie verursacht, ist unbekannt. Am besten ist es, wenn man die am Morgen entstandenen Erektionen gleich an Ort und Stelle benutzt.

Erschöpfung

Etwas, das Männer anscheinend unmöglich überwinden können. Sie werden müde und vielleicht durch Inanspruchnahme oder Ängste so abgekühlt gegenüber Sex, daß sie auf eine Heute-nicht-Josephine-Ebene geraten, scheinen aber nie völlig erschöpft zu sein. Anfangs finden sie wilden Sex belebend; und wenn sie sehr müde sind, erwarten sie, daß die Frau die Initiative ergreift und sie durch Reiben, Reiten, Saugen oder dergleichen hegt bis hin zum Orgasmus. Frauen werden aber wirklich müde, nicht zuletzt, wenn man, wie es in unserer Kultur häufig geschieht, entweder von ihnen erwartet, daß sie zwei Berufe, einen häuslichen und einen anderen, ausfüllen oder vierundzwanzigstündigen Kinderwünschen ausgesetzt sind.

Anscheinend hat sich in den Männern die Vorstellung erhalten, daß die Frau an der Schlafzimmertür wartet, wenn der Mann heimkommt, die Lippen halb offen, das Pessar eingeführt,

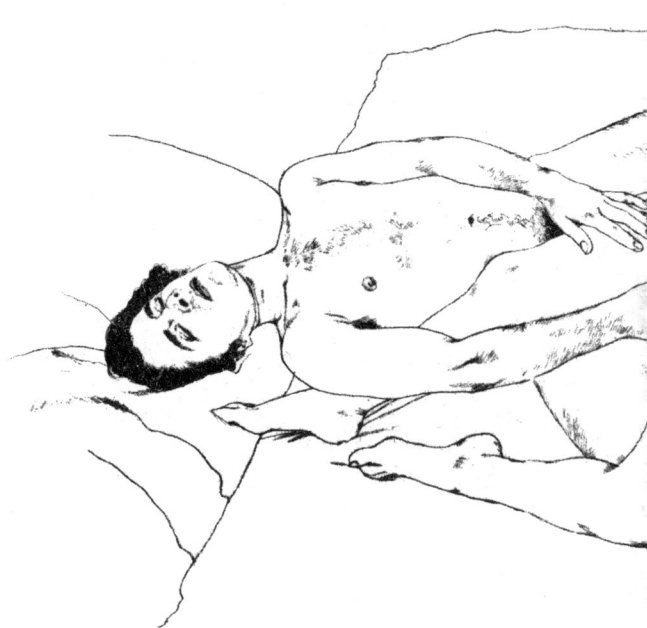

geil wie eine Hündin und dabei noch verliebt, bevor sie ihn, damit er sich ausruhen kann, verläßt, und das Abendessen zubereitet. Danach lieben sie sich mit Unterbrechungen die ganze Nacht, bis sie aufsteht, ohne ihn zu wecken und Kaffee kocht. Das, man muß es kurz und bündig sagen, ist einfach nicht drin. Vielleicht ist es eine Karikatur, aber sie ist von der Wahrheit nicht weit entfernt, und Männer, die stillschweigend die Einstellung vertreten, daß sie die Arbeit besorgen und sonst nichts verlangen, als daß die Frau das Haus sauber und ihre Beine offen hält, laden zu tätlichem Angriff ein.

Tatsache ist, daß Frauen Schlaf brauchen, und Frauen, die im Beruf stehen und/oder Kinder haben, brauchen viel Schlaf. Wenn sie müde sind, ist ihre sexuelle Reaktionsfähigkeit herabgesetzt und sie kommen nur schwer zum Orgasmus. Wenn sie es tun, hat es eine viel einschläferndere Wirkung als bei Männern, und sie brauchen gewöhnlich Ruhe und müssen sich sammeln – dann sind sie froh, wenn sich nach einer angemesse-

nen Zeit des Beisammenseins jemand anders um die Kinder kümmert, Kaffee macht und dergleichen. Sie können, wenn sie müde sind, keine ausgelassenere oder aktivere Sexualleistung erbringen.

All das kann man mit einer Mischung aus Rücksicht und Meinungsaustausch meistern, es sei denn, die richtige Anordnung ist wirtschaftlich unmöglich und beide müssen ständig arbeiten, um sich über Wasser zu halten. Sogar dann läßt sich die Situation bessern, nicht aber, wenn Männer Ermüdung (die sie oft selbst als Ausrede für Potenzängste benutzen) für eine verdeckte Form der Ablehnung ansehen und Erschöpfung für sexuelles Sich-Drücken halten. Es ist herrlich, wenn man im Urlaub die Frau jedesmal weckt, wenn man eine Erektion hat; wenn sie aber arbeitet, sollten Sie rücksichtsvoll sein. Sogar ein anerkennendes Aufteilen der Hausarbeit hilft, den verzeihlichen Ärger aus der Welt zu schaffen; wirkliche Rücksicht mit offener Diskussion hilft noch viel mehr.

Wenn sie müde ist und er nicht, kann Liebe in Ordnung sein, aber diese wird in der Hauptsache darin bestehen, daß er sie umarmt und zu dem spezifisch sexuellen Teil nicht drängt, es sei denn, sie scheint ihn zu brauchen. Wenn er müde ist und sie nicht, kann es auch Zeit dafür sein oder für sie der Anlaß, sehr aktiv zu werden; verhalten Sie sich den Gegebenheiten entsprechend. Zwischen wirklich liebenden Menschen wird Erschöpfung weder ignoriert noch abgelehnt.

Gleichzeitiger Orgasmus

Großartig, wenn es dazu kommt, es ist aber ein Komplex des modernen Sex-Volksglaubens, daß das jedesmal oder auch nur häufig der Fall sein muß, und daß man versagt hat, wenn es nicht so ist. So wie bei jeder anderen Sexeigenschaft gibt es auch hier Unterschiede. Manche Paare sind immer gleichzeitig soweit oder manchmal oder selten, einige nie, aber das spielt überhaupt keine Rolle. Wir erwähnen es nur deshalb, weil das Gegenteil eine der vielen Phantasien ist, die dadurch entstanden sind, daß

108

Sexhandbücher von Leuten geschrieben werden, die selbst nicht viel Sex getrieben oder viel Abwechslung erlebt haben.

Wenn man es besonders wünscht und es versuchen will, müßten beide Partner ihre Reaktionen während ihrer gebräuchlichsten Art der Liebesbetätigung zeitlich aufeinander abstimmen und dann eine andere Methode anwenden, bevor sie die Erhitzungssequenz für ungefähr die Zeit beginnen, die ihrer Schätzung nach der Langsamere braucht, um den Partner einzuholen. Das funktioniert nicht immer, denn möglicherweise hängt der Höhepunkt der Erregung von dem üblichen Modell ab, das Sie gelernt haben, es könnte aber mit einer gewissen Anpassung klappen. Ist die Frau langsamer, so versucht man es am besten mit Brustspiel, gefolgt von einer längeren Periode der Zungenarbeit an der Vulva (besser als den Finger zu verwenden – nach einem langen Genitalkuß bleibt sie feucht und dadurch dauert es bei ihm länger, wenn er dann eindringt). Wenn er langsamer ist, kann sie mit Hand- oder Zungenarbeit beginnen (wobei sie zugleich ihre eigene Erregung steigert), ihn zum Abschluß rittlings in sich einführen, dann drehen sie sich um und legen es zeitlich möglichst so an, daß beide in die Zielgerade kommen und so durchs Ziel gehen. Wenn sie mehrere Höhepunkte bekommen kann, sollte er es mit Glück bei einem davon gleichzeitig schaffen (der Volksglaube scheint nicht anzuerkennen, daß die meisten Frauen mehrere Orgasmen haben oder haben können).

Größe

Sexratgeber, die voll Teilnahme sind und es auch zeigen wollen, haben richtig die Nase voll von all den Fragen ängstlicher Leute hinsichtlich der Größe des Penis. Wir haben Jahre damit zugebracht, diese Fragen wahrheitsgemäß zu beantworten: daß nämlich die Penisgröße funktionsmäßig absolut unwichtig ist; daß die meisten Männer irren, wenn sie befürchten, daß sie kleiner gebaut sind als ihre Geschlechtsgenossen (sie haben einfach andere Männer nicht in Erektion gesehen, zumindest nicht seit der Knabenzeit); daß der einzige Unterschied zwischen Penissen, die in schlaffem Zustand groß oder klein sind, von wenigen seltenen Ausnahmen abgesehen, nur darin besteht, daß die großen sich bei Erektion weniger vergrößern, und daß die Phantasie bei der Liebesbetätigung eine viel größere Rolle spielt als ein Penis von Eselslänge. Offener Sex und gegenseitige Beobachtung würden viel von diesem Unsinn kurieren – große Modelle werden vielleicht in Texas idealisiert, aber in New Hampshire trifft man sie ebenso gut.

Der Haken ist der, daß die Angst nicht persönlich, sondern programmiert ist. Der Penis dient nicht nur dazu, um ihn in die Vagina zu stecken, sondern er ist sichtlich auch ein Dominanz-signal bei anderen Primaten. Wir bekommen nicht, wie Totenkopfäffchen, eine Erektion, um ein anderes Männchen zu vertreiben (oder vielmehr gibt es keine gedruckte Beschreibung davon, daß wir es tun, obwohl Primitive, die einander durch gegenseitiges Betätscheln des Penis begrüßen, ein wenig so aussehen, als vergewisserten sie sich, daß der andere Mann sie nicht bedroht), aber wir scheinen den Schaltplan behalten zu haben, so daß er unser Verhalten formt. Wenn Sie sagen, Sie seien im Vergleich zu anderen Männern klein gebaut, ist das eine Feststellung über Ihre Selbsteinschätzung. Wahrscheinlich haben wir in Wirklichkeit nur das Dominanzsignal-Verhalten in die Kindheit verlegt, wo Vater größer war als ich. Man denkt an Cassius' Bemerkung über Caesar:

Ja, er beschreitet, Freund, die enge Welt
Wie ein Kolossus, und wir kleinen Leute,
Wir wandeln unter seinen Riesenbeinen
Und schaun umher nach einem schnöden Grab.

Eine praktische Bedeutung hiervon und vom Sich-klein-Fühlen in unseren Beziehungen zu dominanteren Männchen besteht darin, daß sich Ihr Penis, wenn Sie sich klein fühlen, tatsächlich zusammenziehen wird, wenn Sie nackt beisammen sind, wie im kalten Wasser – somit ergibt das einen Circulus vitiosus. Selbstbehauptungs-Training und warmes Wetter wer-den mehr dazu beitragen, Ihnen einen Penis von normaler

110

Größe im Ruhezustand zu geben als irgendwelche Apparate, die bloß helfen, das Bankkonto ihrer Hersteller anwachsen zu lassen. Ein oder zwei gute Sexerfahrungen werden noch mehr erreichen. Frauen, die einen Partner entweder wegen der Größe oder der Erektionsfähigkeit herabsetzen, können Menschen, die nicht selbstbewußt sind, aus der Fassung bringen und wären ohnedies nur Partnerinnen, die dauernd herummäkeln. Es lohnt sich, daran zu denken, daß Dominanz nicht alles ist, und so mancher überdurchschnittlich große, schlaffe Penis, der an einem Muskelmann hängt, bleibt schlaff, wenn man ihn braucht, während viele kleinere Exemplare schnell in Bereitschaft sind.

Homo- oder Heterosexualität

Wenn ein Marsbewohner die Geschichte der menschlichen Dummheit schriebe, würde er mit dem Sexualverhalten beginnen, sehr wahrscheinlich sogar genau da. Alle Menschen sind imstande, unter gewissen Umständen mit Mitgliedern des eigenen Geschlechts ebenso wie mit denen des anderen in sexuelle Beziehung zu treten. Das gilt wahrscheinlich für die meisten anderen Säugetiere (wenn diese auch homosexuell-wirkendes Verhalten für spezielle Zwecke verwenden). Es ist nur seltsam oder biologisch anomal, wenn Sie, wie manche Theologen, glauben, daß Fortpflanzung die einzige Funktion des Sex sei: beim Menschen und bei vielen Affen ist sie es nicht – Zusammenhalt oder der Ausdruck von Dominanz sind ebenso wichtige Verwendungen dessen, was wir als Paarung betrachten.

In allen Gesellschaftsformen und zu allen Zeiten trat ein gewisser Teil der Menschen leichter oder vorziehenderweise zum eigenen und nicht zum anderen Geschlecht in Beziehung. Dieses Verhalten wurde verschieden aufgenommen. In manchen Kulturen war es einfach eine gebilligte Variante, die jeder entgegennehmen oder abweisen konnte: spartanische und japanische Krieger vergnügten sich auf Feldzügen sexuell mit ihren Knappen und banden sie dadurch an die Kriegergruppe; die Athener in der Antike waren der Ansicht, daß ein Mann eine

Art sexueller Beziehung mit Knaben und eine andere mit Frauen haben sollte. In anderen Völkern machte diese Vorliebe den Mann zum Zauberer. Unsere eigene Kultur, geprägt durch die jüdische Furcht vor dem »Unnatürlichen« und durch den christlichen Haß gegen Sex im allgemeinen, hat jahrhundertelang jeden gehenkt, verbrannt, gefoltert und verfolgt, der so unbesonnen war, diese Vorliebe im Handeln oder auch nur in Worten zum Ausdruck zu bringen. Das hat sich erst vor nicht allzulanger Zeit geändert. Homosexuelle wurden in einen Topf mit Hexen und Ketzern geworfen, erregten die gleichen Ängste und wurden ähnlich behandelt.

Nach Jahrhunderten blödsinniger Verfolgung ist es kein Wunder, daß Menschen, die sich einer solchen Vorliebe bewußt sind, die Bewegung der Homosexuellen-Befreiung gegründet haben und das Recht dafür verlangen, ihr eigenes Leben leben zu können. Natürlich haben sie ein Recht darauf, aber die Kampagne ist insofern bedauerlich, als sie die völlig falsche Vorstellung unterstützt, daß es zwei Arten Menschen gibt, normale und homosexuelle (frühere Verteidiger behaupteten sogar, daß Homosexuelle ein drittes Geschlecht darstellen). Tatsache ist, daß alle Menschen sowohl normal als auch homosexuell sind, wenn sie es zulassen wollten; die Unterschiede der Betonung wurden von der Gesellschaft mit einem außerordentlich starken Normenzwang geprägt, so daß die Menschen in eine Wahl zwischen Entweder/Oder gezwungen wurden, statt einen subtileren Bereich von Möglichkeiten zu haben, die ihnen eigentlich offenstehen. Die Gesellschaft kümmerte sich nicht allzusehr um die gleiche Klassifizierung bei Frauen und verfolgte sie auch nicht wegen dieser Dinge; Frauen weisen daher einen viel größeren Spielraum normaler Möglichkeiten auf und werden wegen ihrer zärtlichen und körperlichen Beziehungen zu beiden Geschlechtern bei weitem nicht so belästigt.

Manche Männer würden sich ausdrücklich als homosexuell bezeichnen. Sie ziehen es vor, Beziehungen und Sex mit Männern zu pflegen. Das bedeutet nicht, daß sie eine Reaktion haben, die andere nicht besitzen. Es bedeutet, daß sie zu Frauen keine Beziehung haben oder haben können. Das Warum ist

unbekannt – Erziehung, Familienerfahrung und vielleicht Genetik und pränatale Hormonbeeinflussung spielen dabei eine Rolle, und die Anstandsregel, daß man, wenn man das eine ist, das andere nicht sein kann, blieb ohne Erfolg. Ein überwiegend homosexueller Mann, der heterosexuell werden will (das wollen manche, wenn es ein Irrtum für sie ist oder sie glauben, daß ihnen ein wichtiger Erfahrungsbereich verlorengeht), braucht keine Hilfe, um nicht mehr verlockend für Männer zu wirken, denn das ist eine ungenutzte potentielle Präsenz bei allen normalen Männern, die sie auf Befehl der Gesellschaft unterdrückt haben. Vielmehr braucht er Hilfe, um seine Beziehungslosigkeit zu Frauen zu überwinden.

Der völlig normale oder Null-Zustand für nicht beeinflußte, nicht eingeschüchterte Männer und Frauen wäre wahrscheinlich jener der antiken Athener – sie wären dann bisexuell, sexueller Beziehungen zu Männern und Frauen fähig, hätten jedoch ihre individuelle Vorliebe. Es ist nicht ganz so einfach, wie es klingt, denn Mann-Mann-Beziehungen haben nicht die gleichen biologischen Funktionen wie Mann-Frau-Beziehungen. Menschen, die darauf bestünden, zufriedene Homosexuelle zu behandeln statt sie zu quälen, um ihr »abnormales« Verhalten »normal« zu machen, würden in Wirklichkeit nur versuchen, ihr Verhalten zu modernisieren. Das Repertoire von Mann-Mann-Reaktionen, die offensichtlich mit Fortpflanzung nichts zu tun

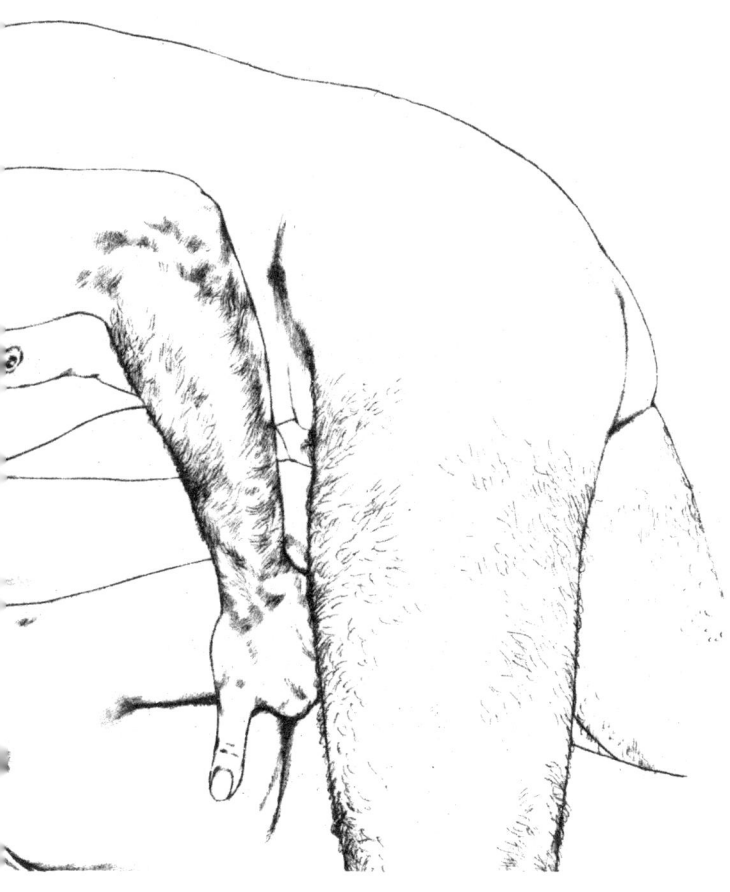

haben, hängt mit Dominanz und Beziehung zusammen: zu Situationen wie der Beziehung zwischen David und Jonathan kann Sexualität hinzukommen, weil Menschen fast alles sexualisieren. Uns erscheint das seltsam, weil wir in unserer panischen Angst davor, daß Homosexualität vermutlich unmännlich sei, alle Zärtlichkeit zwischen Männern ausgemerzt haben. Ein David und ein Jonathan, die im Sinne unserer Kulturverbrecher zärtlich waren, was aber andere nicht sind, würden natürlich kameradschaftliche Sexspiele verwenden, um es zum Ausdruck zu bringen. (Fragen Sie sich doch einmal warum, wenn Sie Männer an die Kandare nehmen, statt ihnen zu erlauben, zärtlich zueinander zu sein.)

Angesichts des heutigen Standes der Gesellschaft und der Erziehung, die wir erhalten haben, wäre es wahrscheinlich für normale Männer (oder bewußt bisexuelle, die nach einem fixen heterosexuellen Modell leben) keine gute Idee, loszustürmen und ihr gesamtes bisexuelles Potential zu verwirklichen, einfach weil sie es, wenn sie nicht gerade sehr robust sind, selbst störend fänden; vor allem aber würden sie die Feindseligkeit erregter Menschen hervorrufen. Man kann seine Kultur nicht über Nacht ändern. Sie könnten aber ebendiese Möglichkeiten prüfen und die Tabus in Sachen Zärtlichkeit zwischen Männern notieren, nach denen Sie gelebt haben. Menschen beiderlei Geschlechts, die sich ihrer homoerotischen Neigung bewußt sind, sollten sich, besonders wenn sie Jugendliche sind, in acht nehmen, daß sie nicht von der Gesellschaft und solidarischen Homosexuellen getäuscht werden und eine Position einnehmen, die alle anderen Möglichkeiten ausschließt und sie für ihr ganzes Leben als Homosexuelle abstempelt. Junge Menschen beiderlei Geschlechts machen oft, von allem anderen abgesehen, eine normale Zeitspanne durch, in der sie zum eigenen Geschlecht bessere Beziehungen haben als zum anderen. Wenn Sie sich endgültig zur Homosexualität entschließen, versperren Sie sich im voraus Möglichkeiten wie Fortpflanzung, Heirat und normale Sexualerlebnisse, die lohnend sind, es sei denn, Sie wollen oder können sie wirklich nicht nutzen. Sie handeln sich auch allgemein einen dauernden geheimen Kampf mit den *Moralaposteln* ein. Es ist durchaus möglich, beide Arten von

Erfahrungen zu haben, und schlecht, für eine von beiden, insbesondere um einer Bezeichnung willen, völlig blockiert zu sein. Sie brauchen sich mit keinem der beiden Bataillone in einer Reihe aufzustellen – die Fahnen sind ohnedies Schwindel.

Die gesündesten Regeln bei gewöhnlichen Sexualbeziehungen scheinen zu lauten: werfen Sie ein gutes und dauerndes Modell nicht über den Haufen, wenn Sie einfach mal eine Möglichkeit verwirklichen wollen, die Ihnen vorher nicht wichtig war; und seien Sie nicht ängstlich oder erschrocken in Gruppenszenen, wenn Sie feststellen, daß Sie auf jemanden Ihres eigenen Geschlechts sexuell reagieren. Das ist ganz normal und wird Ihr bestehendes Modell nicht verändern, nur Bedürfnisse, über die Sie sich nicht klar waren, erfüllen (tun Sie aber

auch nichts, das Sie oder Ihre Partner erschrecken könnte, nachdem die Erregung sich gelegt hat). Wenn Sie echte Bedürfnisse haben, lassen Sie sie gelten.

In *Joy of Sex* haben wir uns nicht mit Homosexualität befaßt. Männer verwenden gegenseitig Hand- und Mundarbeit und manchmal (nicht immer, trotz Sodom und Gomorrha) Analverkehr. Frauen verwenden Hand-, Mund- und Brustarbeit, Küsse und manchmal gegenseitiges Genitalreiben. Die Methoden sind die gleichen wie bei Mann-Frau-Beziehungen, ebenso die Extras, aber ein Partner desselben Geschlechts hat oft eine bessere Kenntnis der Physiologie des Partners oder der Partnerin und verwendet sie sehr wirkungsvoll, etwas, das Leute mit homoerotischer Erfahrung manchmal bei heterosexuellen Beziehungen vermissen. Wenn Sie Ihre Reaktionen auf das andere Geschlecht aus irgendeinem Grund verstärken wollen, kann Verhaltenstherapie förderlich sein – das bedeutet jedoch das Lernen einer neuen Fertigkeit, nicht die Behandlung einer Krankheit. Die ganze Reichweite menschlicher Sexualreaktionen ist normal und gesund; eine weniger komplexbeladene Generation wird wahrscheinlich mehr davon verwenden, ohne ängstlich zu sein.

Jungen

Die zwei Hauptmerkmale von Jungen in unserer Kultur bestehen darin, daß sie eine kolossale Last von Ideen männlicher Erwartungen tragen und daß sie körperlich leichter als Mädchen bis zu dem Punkt gereizt werden, wo es kein Zurück gibt. Das erste macht sie durch irgendeinen Mißerfolg besonders anfällig für neuerliche Kindheitsängste hinsichtlich der Wettbewerbsfähigkeit und Männlichkeit (Mädchen sind für andere Dinge anfällig – aber beide sind es für die Idee, abgewiesen zu werden). Infolgedessen neigen Jungen dazu, Muskeln und Penis in den Mittelpunkt zu stellen oder das auf andere Weise wettzumachen, wenn sie es nicht tun. Das Bewußtsein eines Jungen, daß er es mit einem Mädchen getan hat, ist für ihn ein anderes Gefühl als das des Mädchens, wenn sie es mit dem Jungen getan hat – er hat das Eindringen besorgt, sie hat ihn eingelassen. Vielleicht wird *Women's Lib* das ändern, aber es ist ziemlich fundamental. Die Hauptsache an den Reaktionen der Jungen liegt darin, daß Mädchen sich oft nicht bewußt sind, wie schnell ein wirklich lüsterner Junge in Erregung geraten kann; manchmal unangenehm schnell, wenn sie selbst nicht wissen, was sie wollen. Andere enden im Bett, weil sie nicht glauben können, daß sie so begehrenswert sind, um eine so unbezähmbare Reaktion auszulösen. Gar nicht wenige von diesen Mädchen, die sexuellen Vorspielen frönen, haben gar nicht die Absicht, so zu sein; sie wissen einfach nicht genug über die Psychologie der Jungen: der Anblick hübscher Brüste und ein paar Küsse bringen die meisten Männer zur Erektion. Wenn das geschieht und das Mädchen keinen Geschlechtsverkehr wünscht, sollte sie ihm sagen, daß sie ihre Regel habe, und eine Alternative anbieten. Man kann einen Jungen mit der Hand zum Orgasmus bringen, und wenn sie nicht weiß wie, sollte sie es sich von ihm zeigen lassen.

Leistung

Noch etwas Grundlegendes zwischen Mann und Frau ist die Tatsache, daß sie sich schlimmstenfalls auf den Rücken legen und Sex geschehen lassen kann, während er eine positive physiologische Reaktion braucht – die Erektion. Angesichts aller anderen männlichen Angstgefühle, die sich aus der Tatsache ergeben, daß der Penis nicht nur zum Geschlechtsverkehr dient, sondern ebensolch ein Dominanzsignal ist wie ein Geweih, ist es für den Mann fast unmöglich, die Erektion nicht als Leistung, Errungenschaft und allgemeines Zeichen für Männlichkeit zu betrachten. Für Leute mit Erektionsproblemen hat diese Art von überängstlicher Bemühung die gleiche Wirkung wie starker Lärm oder ein kaltes Bad und macht eine entspannte Erektion nahezu unmöglich. Es ist so, als hätte es der Entwicklungsdämon so eingerichtet, daß Männer ihr Dominanzsignal nur zu zeigen (und sich fortzupflanzen) vermögen, wenn sie eher vertrauensvoll entspannt als aufgedreht sind, um

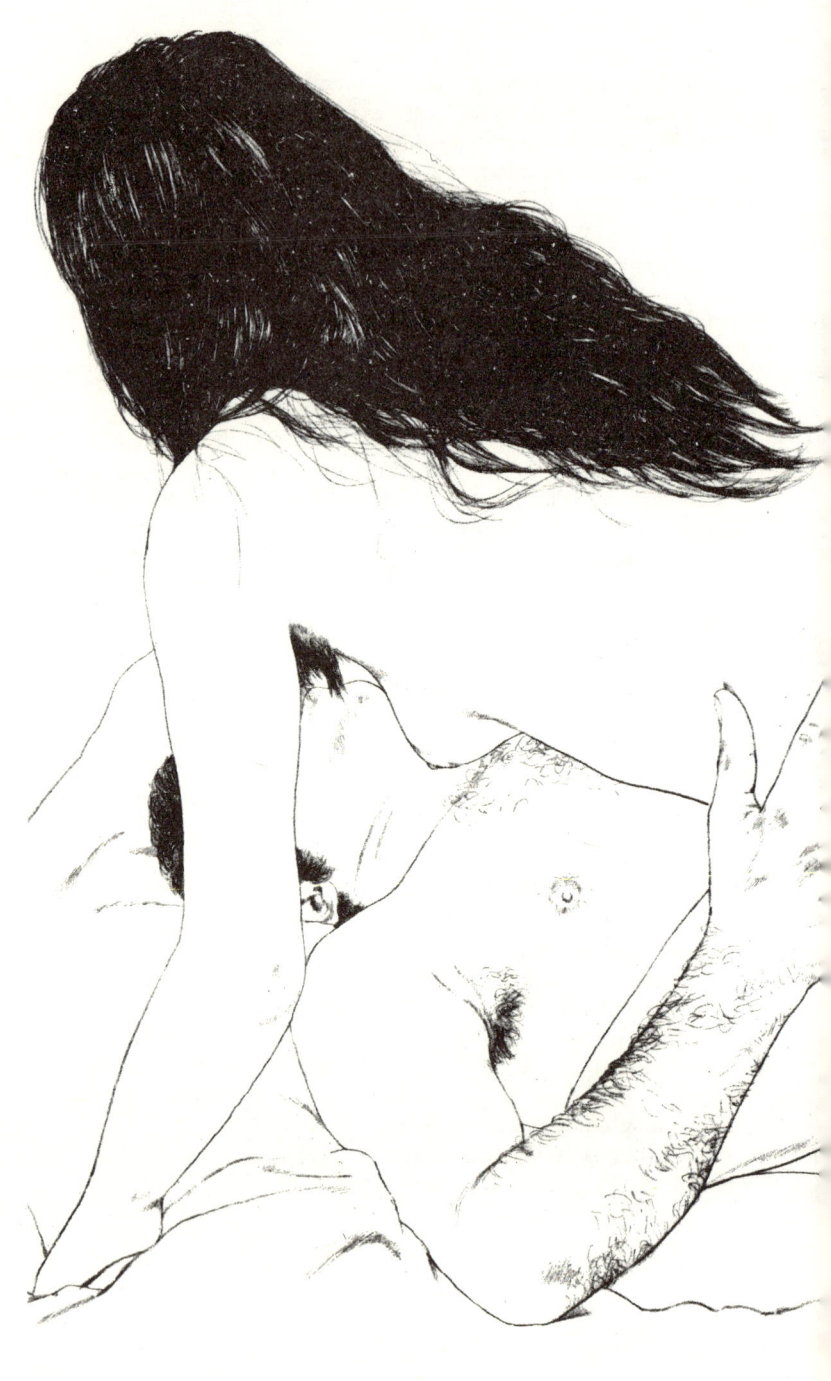

Eindruck zu machen – keine schlechte Einrichtung, aber sie bringt für manche ein gerüttelt Maß an Problemen.

Es gibt keine sichere Methode, Männer ganz und gar davon abzuhalten, Sex als Leistungstest anzusehen. Am besten ist es wahrscheinlich, ihr Interesse auf etwas zu lenken, das wichtig ist, namentlich die feinfühlige Fähigkeit, eine Frau mit oder ohne Erektion zu erregen und zu befriedigen. Diese Leistung ist wirklich lohnend und trägt, indem sie den Zwang beseitigt, zur Besserung der Erektionsängste bei.

Nein sagen

Es ist ein Nebenprodukt der Arbeit, die Erzieher in den letzten Jahren geleistet haben, um mit den unsinnigen Ansichten über die Gefährlichkeit, das Schuldgefühl und die Wertlosigkeit des Sex aufzuräumen, daß einige Menschen zum anderen Extrem übergingen und ihre früheren Ängste ins Gegenteil umwandelten. Sie fürchten, keine Befriedigung zu finden und bekommen Schuldgefühle, wenn sie nein sagen.

Bei einem Paar, das regelmäßig sexuell verkehrt, ist es so ziemlich der beste Test für die Ungezwungenheit ihrer Beziehung, daß jeder nein sagen kann, wenn er aus irgendeinem Grund eigentlich keine Lust auf Sex hat, ohne daß sich jemand schuldig, zurückgewiesen oder offensichtlich verabschiedet fühlt. Frauen, die müde sind (siehe unter »Erschöpfung«) und Männer, die Sorgen haben, sind oft bereit, es zu versuchen und nehmen es dann übel oder sagen nein und haben daraufhin Schuldgefühle. Wenn jemand natürlich die ganze Zeit nein sagt, dann ist etwas verkehrt, und Sie sollten der Sache nachgehen. Bei einem guten Paar können es beide tun, wenn sie keine Lust haben und sich darauf einigen, so vorzugehen.

Für alleinstehende Menschen, oft junge Mädchen, handelt es sich darum, sich nicht erpressen oder allzusehr überreden zu lassen. Die Antwort aus dem Leserbriefkasten »wenn er mit Ihnen schlafen will, meine Liebe, dann liebt und achtet er Sie nicht wirklich«, ist Unsinn. Andererseits neigen alle normalen Männer dazu, zumindest in der Phantasie, mit jeder Frau, mit der sie in näheren Kontakt kommen, schlafen zu wollen, und das trifft noch mehr bei jungen Leuten zu, die ihre Männlichkeit und Begehrenswürdigkeit beweisen wollen. Auch Mädchen brauchen das Gefühl, begehrenswert zu sein, und es gibt komplizierte Gefühle des Nicht-abgelehnt-Werdens, Nicht-übergangen-Werdens und dergleichen. Routinemäßiges Jasagen ist jedoch nicht vernünftiger als erzwungenes Neinsagen; es kann zu noch mehr Ablehnung führen, wenn Sie Ihren Körper als Liebesgabe benutzen, um jemanden zu etwas zu verpflichten, und es ist Blödsinn, wenn Sie nicht hundertprozentig gegen Empfängnis gefeit sind. Es ist Zeit, ja zu sagen, wenn Sie ineinander verliebt sind und beide es ohne Bedingungen und nachfolgende Verpflichtungen genießen werden. Es ist auch besser, nicht aus Mitleid ja zu sagen. Sich aus anderen Gründen zum Jasagen zu entschließen, vor allem, um nicht allein zu sein, funktioniert nur, wenn man willensstark genug ist, nicht enttäuscht zu sein, wenn sich der Sex nicht als Kontaktklebemittel erweist und die Beziehung nicht aufrechtzuerhalten vermag.

Nicht nur Teenager müssen Neinsagen lernen. Eine der wertvollsten Lektionen für die Frauen, die nach Sandstone (siehe dieses) gingen, war genau das.

Oraler Sex

Genitalküsse sind nur deshalb ein Problem, weil sie eine Erwartung der Männer geworden sind, und manche ansonsten sexbetonten Frauen werden durch den Gedanken, nicht durch die Ausführung, wirklich abgeschreckt. Man bekommt die Auskunft: »Er erwartet es, ich finde es wirklich schwierig – macht es Frauen tatsächlich Freude, oder ist es nur männliche Propaganda?« Es macht ihnen wirklich Freude, nicht nur wegen der Reaktion ihres Partners, sondern wegen des sinnlichen Teils des Erlebnisses – die Beschaffenheit des Penis, die Sinnlichkeit ihres eigenen Mundes und oft der Samenerguß – der das Säuglingsalter mit einer besonderen Erwachsenenintimität und einem Gefühl der Empfängnis vermengt. All das ist kaum erstaunlich, und zwar deswegen, weil es eine generelle Säugetierliebkosung ist (so viel über seine Unnatürlichkeit) und das Männchen wahrscheinlich einen Geruchslockstoff besitzt, der das Weibchen in Erregung versetzt.

Andererseits ist jede übermäßige Erwartung schlecht und führt zu Ablehnungsgefühlen, wenn das, was den einen Partner erregt, den anderen abkühlt. Oft wird eine durch Widerwillen verursachte Hemmung durch Mangel an Gegenseitigkeit verstärkt: Er will, daß sie ihn mit dem Mund bearbeitet, will es aber selbst nicht tun und ist im Grunde ebenso von Abscheu berührt wie sie, wenn er das auch oft nicht zugibt und irgendeinen

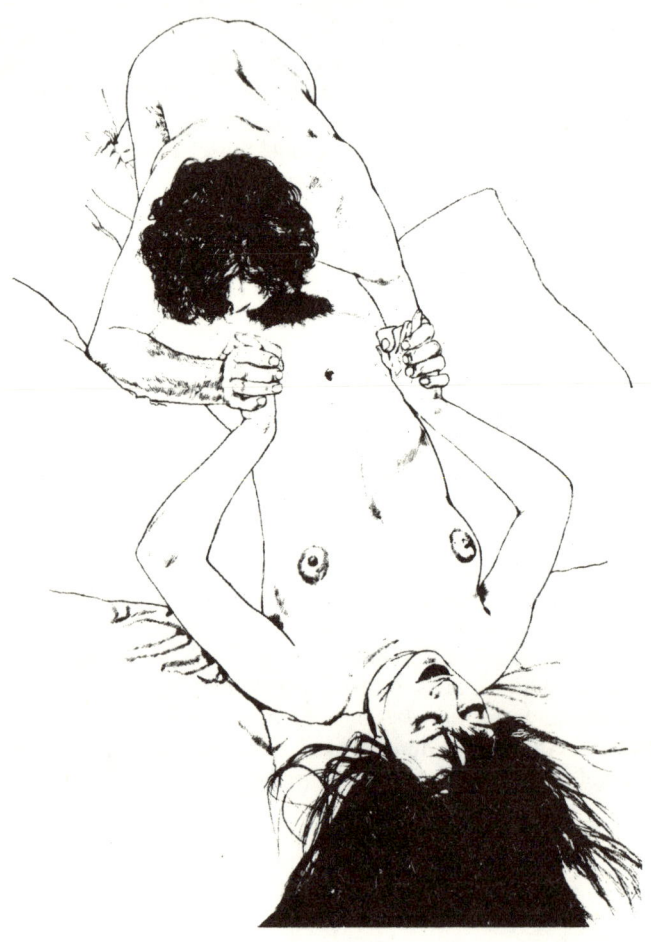

anderen Grund anführt. In Wirklichkeit sollte auf niemanden irgendein Druck ausgeübt werden, eine bestimmte Form des Sexualverhaltens anzunehmen – nur Ermutigung, Gutes nicht zu versäumen.

Oraler Sex hat sich in knapp zehn Jahren von böser Magie zu einem obligatorischen Merkmal sexuellen Erregtseins entwikkelt. Dennoch gibt es noch manche von Narren geschaffenen Staatsgesetze, die oralen Sex zu einem Verbrechen machen. (Man kann sich nur schwer vorstellen, daß geistig gesunde Gesetzgeber sich hinsetzen und ernsthaft vorschreiben, welchen Teil Ihres Mannes oder Ihrer Frau Sie küssen dürfen.) Die Genitalien sind erst seit kurzem nicht mehr »schmutzig« wie es Generationen von Eltern, Kindermädchen und Lehrern behaupteten; deshalb ist es nicht verwunderlich, daß manche Menschen noch immer Probleme haben. Bei Leuten, die sich nicht waschen – und die gibt es bei beiden Geschlechtern –, sind sie unsauber, und sie zu küssen ist unangenehm wie der Mund von Menschen, die sich nicht die Zähne putzen.

Guter oraler Sex ist nicht nur eine erstklassige Liebesgabe für einen Partner, sondern auch ein potentielles Reizmittel für den Spender, und es ist eine Liebeserfahrung, um die es schade wäre, sie sich entgehen zu lassen, es sei denn, daß sie einen wirklich abkühlt. Sie werden irgendwelche unnötigen Hemmungen nicht los, wenn Sie gehemmte Psychiater lesen, die einem nahelegen, daß es erniedrigend sei und in Wirklichkeit Masochisten gefalle (sie sagen das gleiche von Frauen, die gern von hinten verkehren). Es lohnt sich, dieses Vorurteil zu überwinden. Veranlassen Sie ihn, sich zu waschen, wenn er es nicht tut. Es besteht wirklich kein großer Unterschied, es sei denn in der inneren Einstellung, zwischen der Beschäftigung mit einem sauberen Penis und einem Daumen, also üben Sie mit einem Daumen. Es ist nützlich, es gegenseitig zu tun – sagen Sie »Jetzt bin ich an der Reihe« und schieben Sie seinen Kopf in die gewünschte Richtung. Aber betreiben Sie nichts von Ihrem Sex auf der Grundlage »wenn Du's nicht tust, tu ich's auch nicht«. Wenn es der Samenerguß ist, den Sie nicht mögen, so lassen Sie ihn einfach aus. Und denken Sie daran, wenn Sie das einmal abgestoßen hat und Sie es plötzlich unaufgefordert tun, wird sich die Mühe höchstwahrscheinlich lohnen. Vielleicht wird es nie Ihr bevorzugtes Sexspiel sein, aber der Penis ist eines der zwei besten Spielzeuge, die es auf der Welt gibt. Die meisten Frauen, die guten oralen Sex spenden, tun es, weil sie es selbst besonders erfreulich finden, nicht weil ein anspruchsvoller oder unempfindlicher Mann es ihnen auferlegt. Es ist auch eine Situation, in der sie völlige Kontrolle besitzen, nicht eine Art von Hausarbeit.

Eine andere Folge aus der Erwartung des Mannes ist der Umstand, daß manche Männer annehmen, oraler Sex sei das

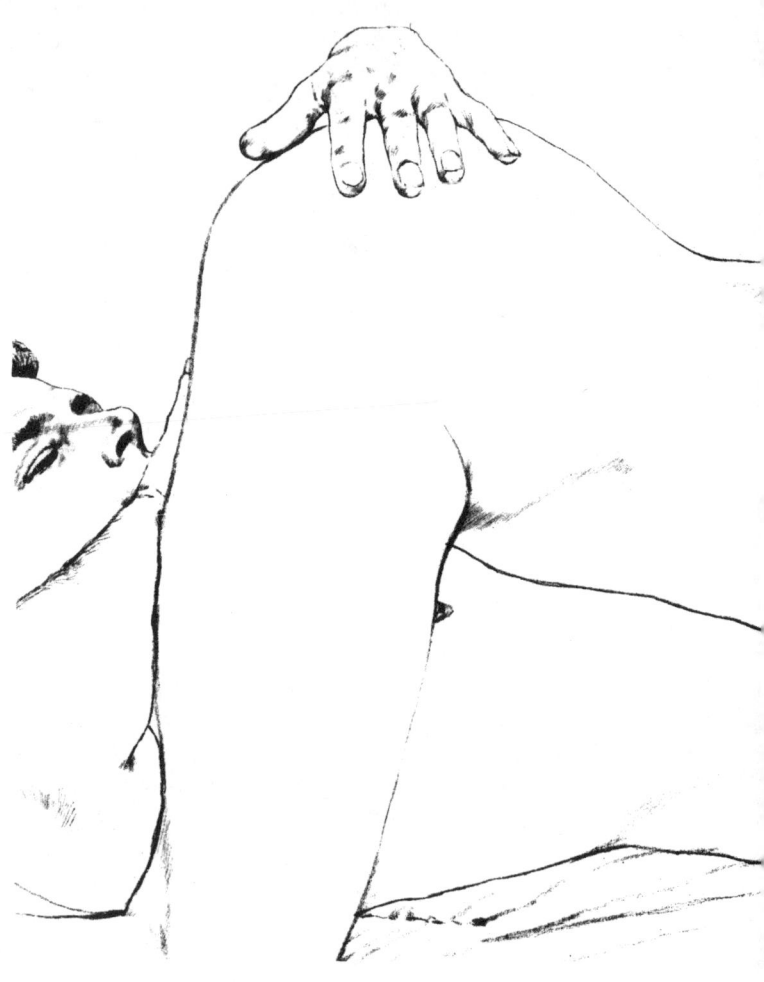

Höchste. Wenn sie dann nicht zum Orgasmus kommen, sagen sie vielleicht, Sie könnten nicht richtig damit umgehen. In Wirklichkeit kann mehr als ein Viertel der Männer auf diese Weise nicht ohne zusätzliche Handarbeit zum Orgasmus gebracht werden, wie geschickt die Frau auch sein mag: dazu gehören viele, die häufig andere Arten von Sex betreiben und einfach mehr Reibung brauchen, als Zunge und Lippen bieten können. Das ist wichtig zu wissen.

Was den Mann betrifft, liegt der einzige Grund, warum lustvolles Einbeziehen all ihrer Geschlechtsteile in seine orale Betätigung keine allgemeine weibliche Erwartung wurde, die zu ähnlichen Hemmungen bei den Männern führte, darin, daß Frauen unvernünftigerweise ihre Bedürfnisse aus Angst, sie

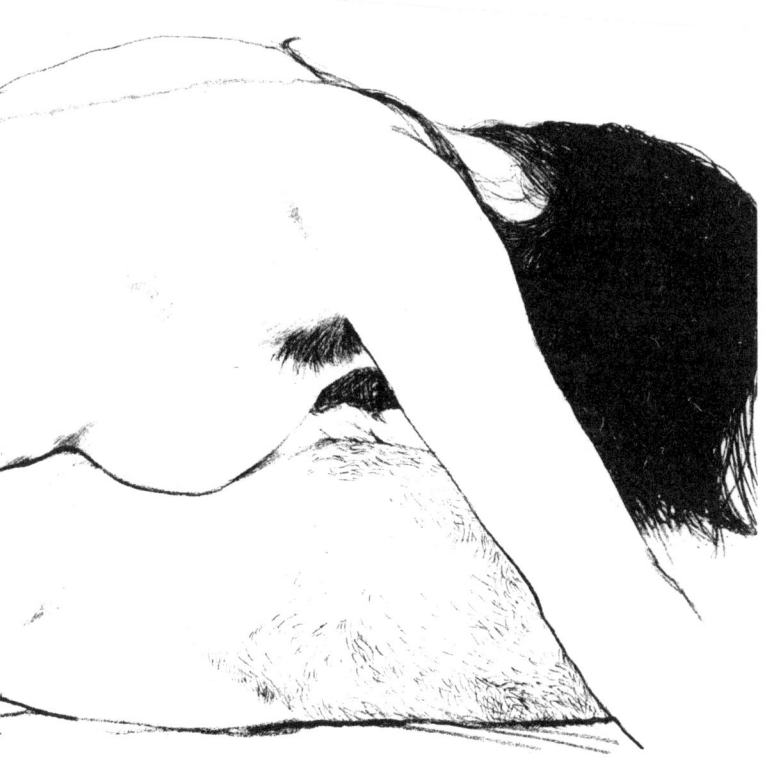

könnten schlecht aufgenommen werden, verschwiegen haben. Alle Frauen, die jemals gute Genitalküsse kennengelernt haben, werden sie erwarten, viele, die sie nicht kennen, würden sie gern haben, und das Lesen und das offenere Gespräch über Sex werden die Lage ausgleichen, in welcher bis vor kurzem nur Männer ihr Begehren zum Ausdruck brachten. Leider haben sehr viele Psychologen bisher noch die Idee unterstützt, das Küssen der weiblichen Vulva sei ein Akt der Unterwerfung und so weiter. In einer guten Atmosphäre sind alle Genitalküsse für beide Partner gleich wichtig. Sie sollte sich waschen (Fruchtessenzen sind keine Hilfe), aber darüber hinaus sind alle Abneigungsprobleme eine Sache der Unvoreingenommenheit und sollten einen einzigen Versuch nicht überdauern.

Der saubere Genitalgeruch beider Geschlechter ist ein angeborenes Reizmittel. Wenn er unangenehm ist, stimmt etwas nicht. Sie sollte es herbeiführen, wenn sie es wünscht – bei manchen Männern hat es keinen Sinn, auf Initiative zu warten. Überdies sollte er dazu bereit sein, ein gutes Maß an Technik zu entwickeln. Es hat keinen Sinn, fünf Minuten zu arbeiten und dann zu sagen: »Jetzt bin ich an der Reihe.« Im Gegensatz zu Männern können manche Frauen es eine halbe Stunde lang genießen und nachher noch sexuell verkehren. Da dies für beide Geschlechter zu den lohnendsten Dingen gehört, lohnt es sich für Sie beide, Virtuosen auf diesem Gebiet zu werden.

Seine und ihre Rolle

Es gibt einfach biologische Unterschiede zwischen Mann und Frau – wenn es keine gäbe, gäbe es dieses Buch nicht –, aber außer den wirklich offensichtlichen ist es das auffallendste, daß es unter den tatsächlichen und vermutlichen Verhaltensweisen und Fähigkeiten, die unsere Kultur als männlich oder weiblich einstuft, praktisch unmöglich ist zu sagen, welche angeboren sind und welche nicht. Mag sein, daß Frauen wirklich in der Intuition (das heißt, in der Fähigkeit, nonverbale Zeichen zu erkennen) biologisch überlegen sind. Vielleicht aber erwartete es die Gesellschaft bloß, und sie erwarben diese Fertigkeit. Es mag einen angeborenen Grund für die überwiegende Mehrzahl an männlichen Komponisten und Malern geben, oder ähnlich könnte es sein mit der Vorherrschaft von Nicht-Eskimos im US-Kongreß. Sogar wenn man mit dem Argument beginnt, daß Männer Meisterwerke hervorbringen, weil Frauen Kinder bekommen und das lieber tun, beginnt man mit einer Reihe von Annahmen, die den Frauen durch eine Gesellschaft auferlegt wurden, die ihnen auftrug, sie sollten lieber Babys haben. Nun sind Babys kein Zwang mehr, so daß mehr Frauen Zeit und Gelegenheit zum Wettbewerb haben werden – Bach brauchte die Nasen seiner Kinderschar nicht zu schneuzen und konnte sich seiner Tätigkeit als Organist widmen, während das einzige Organ, für das Frau Bach wohl Zeit hatte, nur das ihres Mannes war.

Fast alle feineren Unterschiede in der wirklichen Reaktion zwischen Mann und Frau in unserer Gesellschaft sind von dieser »wahrscheinlich erlernten« Art. Tatsächlich wissen wir von Kindern, die unter falschem Sexualverständnis aufwuchsen, daß Sexrollen und sogar biologisch Wirkendes wie Aktivität und die Wahl von aggressivem oder nichtaggressivem Spiel zu ungefähr 80 Prozent erlernt sind, obwohl der Hormonhaushalt das Verhalten in männlicher und weiblicher Richtung beeinflussen kann und das auch tatsächlich tut. Beim Menschen überwiegt das soziale Verhalten ganz gewaltig.

Wir lernen somit, gemäß den von der Gesellschaft bestimmten Regeln, männlich oder weiblich zu sein. Da diese Regeln sich ändern, wird es auch die Erwartung tun, welche einem Kind beim Lernen seiner Geschlechterrolle auferlegt wird. Vielleicht lernen unsere Kinder, daß die Rollen der Geschlechter in der Gesellschaft sehr ähnlich sind und wachsen so auf wie Rennpferde – bei denen beide Geschlechter ziemlich gleich aussehen und die Chancen für ein männliches und ein weibliches Pferd ungefähr gleich sind. Daraus sollte eigentlich klar ersichtlich sein, daß es keine feststehenden menschlichen Geschlechterrollen gibt – jede Zeit formt ihre eigenen und gibt sie weiter. Man kann von Frauen erwarten, daß sie schreien und in Ohnmacht fallen oder daß sie an Luftlandeaktionen teilnehmen, daß Männer über Frauen herrschen und sie als Sklaven behandeln oder sich ihnen völlig unterwerfen. Es hängt davon ab, wann man lebt und wo (obgleich es zu allen Zeiten Menschen beiderlei Geschlechts geben kann, die ihre Rolle gern aufnehmen oder sie hassen). Alles in allem haben die freundlichen und auf Sexualität konzentrierten Gesellschaftsformen einen auf

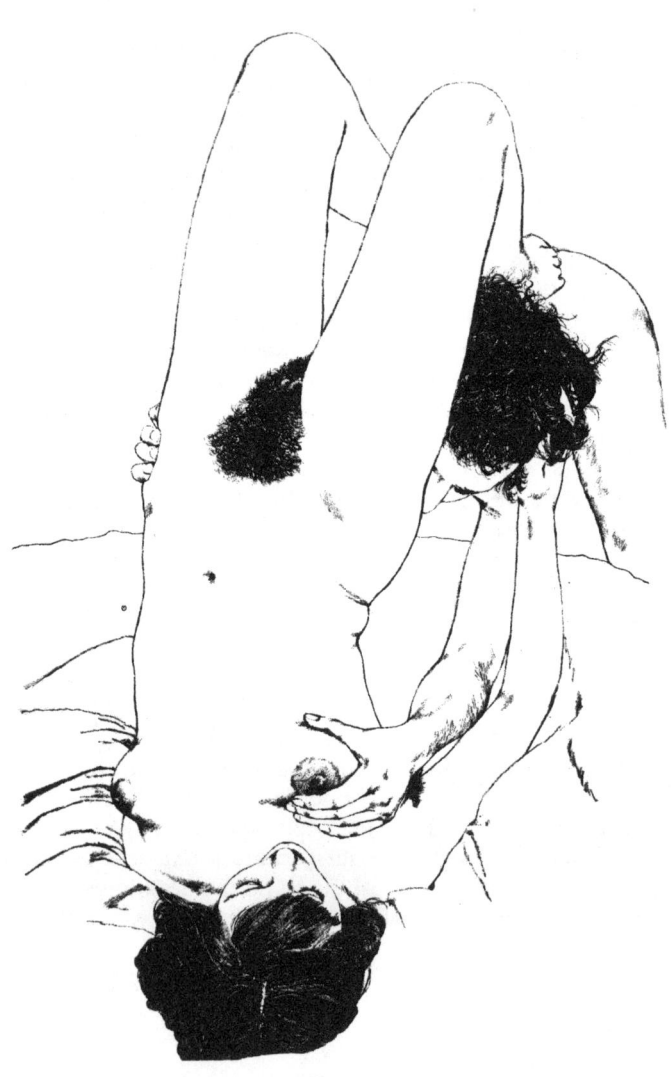

liebevoller Gleichheit mit ein wenig Abwechslung basierenden Ausgleich gefunden.

Wir wollen uns hier nicht eingehend mit den sozialen Aspekten der männlichen und weiblichen Gleichheit befassen, weil sie weitgehend diskutiert wurde. Die biologischen Unterschiede bleiben und sind interessant. Der erste und auffälligste liegt darin, daß der Mann eine Erektion bekommt, während die Frau ihn einläßt. Das kann beeinflussen und hat auch die Einstellung beider beeinflußt (siehe unter »Eindringen«, »Leistung«), tut es jedoch in weit höherem Maß in der traditionell männlich-chauvinistischen Ordnung als zwischen Menschen, die eine andere, weniger polarisierte Einstellung besitzen und die gelernt haben, mit ihrem ganzen Körper zu lieben. Wieviel wir auf einem biologischen Faktum aufbauen, hängt davon ab, wie stark unsere Gefühle – und wie stark unsere Hemmungen – in dieser Hinsicht sind.

Zweitens können Frauen Kinder gebären und stillen, Männer nicht. Außerdem sind Männer nicht dafür programmiert, sehr kleine Babys zu ernähren, denn es fehlt ihnen die Fettschicht unter der Haut, welche die richtige Körperbeschaffenheit liefert, und das spielt wahrscheinlich eine größere Rolle als die Fähigkeit, Milch zu geben oder nicht. Es ist auch möglich, daß sie nicht den richtigen Geruch haben. Unsere Kultur hat einiges davon umgangen, insofern, als keines der beiden Geschlechter die Babys nackt ernährt, obgleich es, soweit wir es aus der Affenbiologie wissen, vielleicht besser wäre, wenn sie es täten. Es mag auch einmal wichtig gewesen sein, daß eine Frau keinen Bart hatte, der ihren Gesichtsausdruck verborgen hätte.

Eine viel wichtigere Tatsache liegt darin, daß Frauen heutzutage Babys haben »können«; vor gar nicht langer Zeit war es ein »müssen«. Da nun Mutterschaft eine reine Frage der Wahl ist, kann Sex wieder der Entspannung und nicht der Fortpflanzung dienen, ganz nach Belieben. Das ist der bedeutendste Einzelfaktor, welcher die Bedürfnisse und Erfahrungen von Mann und Frau ähnlicher und gleichwertiger macht. Zwangsschwangerschaft – die Sanktion hinter den meisten anderen Demütigungen – ist das Wichtigste, wovon die Frauen befreit wurden. »Unerfüllte biologische Mutterschaftstriebe«, welche über die Liebe zu Kindern und den Wunsch, eines zu haben, hinausgehen, stellen gewöhnlich, wie Kants kategorischer Imperativ, etwas dar, das die Person vor ihrem fünften Lebensjahr lernte, und sind auf das zurückzuführen, was die Mutter sagte oder tat, nicht auf Hormone oder Jungsche Fabelwesen.

Drittens sind die Hormonmodelle der Frau zyklisch, die des Mannes nicht. Abgesehen von der Tatsache, daß magische Vorstellungen über die Menstruation seit der Steinzeit eine Hauptursache für die Herabsetzung der Frauen sind, ist dieses Faktum von Bedeutung, weil der Hormonzyklus die geistige und körperliche Leistung und die seelische Verfassung zu einem gewissen Grad beeinträchtigt, was Sportlern und Prüfungskandidaten zu ihrem Nachteil bekannt ist. Die meisten Selbstmorde und Affektverbrechen bei Frauen ereignen sich in den wenigen Tagen kurz vor einer Menstruation – bei Männern sind sie unabhängig von der Zeit verteilt –, aber obwohl wiederkehrende Erscheinungen wie Epilepsie, Migräne oder Depression oft mit dem Zyklus zusammenfallen, treten sie nicht unbedingt häufiger auf als bei Männern. Es gibt auch Bestrebungen in der Richtung, die Menstruation zu unterbinden, falls kein Risiko damit verbunden ist. Das wird manchmal schon jetzt gemacht, obwohl es noch ein wenig gefährlich erscheint.

Ob es Unterschiede in der Einstellung gibt, abgesehen von denen, die daraus entstehen, daß man Erfahrungen dieser Art hatte oder nicht, oder Unterschiede in der Befähigung, abgesehen von den Rollen, welche Männer und Frauen zu erwarten gelernt haben, können wir nun einmal nicht wissen, ehe nicht beide Geschlechter, wenn überhaupt, ähnlichere soziale Rollen einnehmen. Wenn es welche gibt, ergänzen sie sich wahrscheinlich.

Zwischen Liebenden bestehen die Unterschiede, auf die es ankommt, in den Muskeln und dem spezifischen Gefüge – die Beschaffenheit jedes Geschlechts bereitet dem anderen großes Vergnügen, und da ist der reproduktiv-mütterliche Widerhall echt und wertvoll. Sie hat eine nährende Oberfläche und Brüste, und sie riecht weiblich – alle Männer hatten Mütter, und das ist eine Wonne. Er ist anders gebaut als sie, er ist oft so stark, daß er sie aufheben kann, und alle Frauen hatten Väter. Harmloses, halb-verführerisches Spiel mit einem Vater im Kindesalter ist bekanntlich so ziemlich die beste Garantie dafür, daß eine Frau, sobald sie erwachsen ist, voll auf Mäner reagieren wird, und vieles davon liegt in dem Sich-Vorher-Ausmalen des Kontaktes mit einem Mann. Es kann auch Abneigungen verursachen, wenn die Erinnerung verkehrt ist. Bevor man zu der ebenso faszinierenden sichtbaren und greifbaren Erforschung der gegenseitigen Genitalien übergeht, gehört die Erforschung dieser Reaktionen zu dem Besten in der wechselseitigen Einwirkung von Mann und Frau.

Sicherheit

Es ist ein psychiatrischer Volksglaube, daß Sicherheit bei Frauen als Auslöser wirkt. Das trifft keineswegs immer zu: es gibt gar nicht wenige Frauen, für die Gefahr oder Aufregung Auslöser sind – wie die Frau in »Une Femme Mariée«, die sich jedesmal liebkost, wenn sie im Taxi auf der Fahrt zu ihrem Liebhaber an einem Zeichen »Gefährliche Kreuzung« vorbeikommt. Es stimmt aber andererseits zum Teil. In einer neuen Untersuchung von Dr. Fisher stand das Sicherheitsgefühl in einer höheren Wechselbeziehung zum Orgasmus als irgendein anderer sexueller Umstand. Wahrscheinlich verhält es sich so, daß einerseits Unsicherheit für beide Geschlechter abkühlend wirkt, andererseits die Gesellschaft den Frauen eine sozial gesicherte Partnerschaft als Vorbedingung für Freude am Sex auferlegt hat. Die Dinge, welche Männer verunsichern, haben andererseits, von sexueller Fehlleistung abgesehen, nichts mit dem Schlafzimmer zu tun. Sehr dominierende und selbstbewußte Frauen merken das nicht so sehr, aber die meisten von ihnen brauchen entweder eine dauerhafte Beziehung oder eine feste Gemeinschaft als Hintergrund. Das könnte der Verlust der Angst vor Schwangerschaft ändern, der ein gesunder biologischer Hintergrund für ein Sicherheitsbedürfnis wäre.

Letzten Endes liegt für manche Menschen die Sicherheit nicht auf der sozialen Ebene, sondern bloß darin, sich mit dem

Partner, den sie bei dieser Gelegenheit haben, wohl zu fühlen, und in ihrer richtigen oder falschen Kommunikation. Über Maslows diesbezügliche Entdeckungen siehe unter »Aggression«.

Unsauberkeit

Hier stehen zwei Wahrheiten im Widerstreit: zu richtigem Genießen von Sex gehört es, daß man den Gedanken überwindet, die Geschlechtsteile, dazu ihre Ausscheidungen und das ganze Drum und Dran – damit der menschliche Körper als Ganzes – seien unsauber, schmutzig, irgendwie gemein oder abstoßend. Zugleich ist Sex auf praktischer Ebene unsauber, und in unserer Kultur haben oft die Frauen, wie befreit sie auch sein mochten, saubermachen müssen und tun es häufig noch immer. Samen ist nicht unsauber, läßt sich aber nicht leicht von Möbelstücken oder aus den Haaren entfernen, und wie gut der Sex auch sein mag, es ist doch peinlich, wenn man in einer Lache liegend aufwacht oder seinen Mann dabei ertappt, wie er seine Hände oder seinen Penis an den sauberen Laken abwischt, wenn man ein Handtuch vorbereitet hat. Manche weibliche Überempfindlichkeit ist recht nützlich.

Teilen Sie das Problem auf und geben Sie auch Sinnlichkeitsübungen einen praktischen Nutzen. Geschlechtsverkehr während der Menstruation ist in Ordnung, aber tun Sie es dort, wo es keine Flecken macht, zum Beispiel unter der Dusche. Für andere Zwecke benutzen Sie auf vernünftige Weise Handtücher, aber drücken Sie sie nicht einem Partner in die Hand, der soeben einen Orgasmus hatte oder wischen Sie den Samen so eilig ab, daß es aussieht wie eine Ablehnung – ziehen Sie Bilanz. In manchen Situationen, zum Beispiel bei langsamer Masturbation des Mannes, spritzt der Samen überallhin (es kann aussehen, als nähme die Ejakulation gar kein Ende), und der Springbrunnen gehört zu den Dingen, welche die Frau reizen.‧ Da ist es besser, nachher sauberzumachen, als ihm ein Tuch überzuwerfen und den letzten Spritzer zu verlieren. Sie könnten ihm ein Kondom überziehen, wenn es wirklich erforderlich ist, keine Spuren zu hinterlassen, aber dann entgeht Ihnen ein Teil des Vergnügens.

Wenn Sie die Wahl haben, ist es wichtiger, sich nicht Gedanken darüber zu machen, daß Sex und irgendwelche damit verbundene Flecken »schmutzig« sind. Wenn aber die praktischen Aspekte unangenehm werden, verwenden Sie die gleiche Erfindungsgabe, die Sie in einem Motel benutzen würden, wo Sie nicht wollen, daß Sie Zuschläge bezahlen oder in Verlegenheit geraten müssen. Beziehen Sie Ihr Sexbett mit schnell waschbaren Laken und die Matratze darunter mit nichtknisterndem Plastikbelag (das tun Motels, und nicht aus Angst vor Bettnässern). Wählen Sie samenbeständige Sexmöbel (dann brauchen Sie nicht zu unterbrechen und etwas zu suchen, das Sie über den Stuhl breiten können). Inwieweit Sie Ihr Haus oder einen Teil davon im Hinblick auf sexuelle Erfordernisse einrichten, hängt davon ab, wie weit Sie gekommen sind – und wie oft.

Vaginaler Orgasmus

Manche Frauen empfinden bei ihren Orgasmen immer die gleichen Gefühle, und manche haben ein gewohnheitsmäßiges Modell – einen großen oder mehrere oder eine Hochfläche, in der alle zusammenlaufen. Doch sogar mit einem gewohnheitsmäßigen Modell überraschen sich die meisten Frauen mitunter durch einen massiven, uneingeschränkten Höhepunkt, während sie normalerweise auf einer flacheren Stelle der Erregungskurve bleiben, oder durch eine andere Variante. Die beiden Geschlechter fühlen auch den Orgasmus anders, wenn er anders erteilt wird, zum Beispiel per Hand oder Mund. Bei Frauen sind die Klitoris und die sie umgebenden Gewebe die üblichsten Auslöser, manche finden jedoch deren unmittelbare Stimulierung allzu intensiv und ziehen die mit tiefem Eindringen verbundene Annäherung an diese Gegend vor. Wenn sie einmal richtig in Laune sind, können ziemlich viele Frauen von beinahe jeder Körperregion Orgasmen bekommen – Ohrläppchen, Brüste, Finger, Fußsohlen – und sogar beim Hören von Musik

oder beim Zusehen eines Fußballspiels. Wir kennen eine Frau, die nicht mehr zu ihrem Friseur gehen kann, weil das Ausbürsten ihres Haares bei ihr Orgasmen auslöste. Zum Glück hat niemand versucht, all das zu katalogisieren.

Orgasmen, wie aufgedrehte Menschen sie empfinden, haben ein gewisse Ähnlichkeit mit Weinsorten und lassen sich ebenso schwer klassifizieren. Leider haben sich, wie immer, die nicht-spielenden Beobachter eingeschaltet (hauptsächlich Männer): »klitorale« Orgasmen seien unreif, »vaginale« Orgasmen unfrei und es gebe sie nicht usw. Abgesehen von dem Umstand, daß die meisten dieser Autoren keinen weiblichen Orgasmus gehabt haben können und das, was sie schreiben, so klingt, als hätten sie noch nie einem beigewohnt, haben sie bei Menschen, die noch nicht gelernt haben, daß das meiste belehrende Geschreibsel über Sex Unsinn ist, Ängste hervorgerufen. Wenn man darüber

nachdenkt, ist es das Beste, man kostet sein eigenes Modell voll aus und erkundet andere Reaktionen, um zu sehen, ob man eine Abwechslung hineinzubringen vermag.

Der Ursprung des Streits über klitoralen oder vaginalen Orgasmus lag in Freuds fixer Idee, daß die Peniseinführung die einzige reife Sexbetätigung sei, und seiner Vorstellung, die Klitoris sei ein kleiner Penis, so daß man, um eine reife Frau zu sein, die Empfindungsfähigkeit auf die Vagina »übertragen« muß (die zufällig gar keine sensorischen Nervenenden besitzt). Das beachtet die Frage, wozu dann die Klitoris da ist, anscheinend nicht – eine Klingel an der Eingangstür ist da, um geläutet zu werden. Natürlich hat eine reife Frau an tiefem Geschlechtsverkehr Vergnügen, und es gibt dafür biologische Gründe, wenn sie Kinder bekommen soll, aber Freud hat die Spielfunktion des Sex nie erkannt, und seine Vorstellung von

139

Reife war so streng wie die Vorstellung der Katholiken von Tugend. Die Klitoris ist dazu da, um sich an ihr zu vergnügen, und wenn sie Ihr Maskottchen ist, kümmern Sie sich nicht um diese Theorie.

Wahr scheint allerdings zu sein, daß manche Frauen, entweder immer oder manchmal, ein anderes und oft sogar noch beglückenderes Gefühl bei schnellem Geschlechtsverkehr ohne Vorspiele, aber mit sehr tiefem Eindringen, empfinden und das vom Orgasmus unterscheiden, den sie durch Klitorisstimulation oder auch durch gewöhnlichen, aber weniger heftigen Verkehr bekommen. Es scheint hier nicht die Vagina, sondern das Bauchfell, die empfindliche Haut an der Innenseite des Unterleibs, die Auslösergegend zu sein. Diese Art des Orgasmus erzeugt ein keuchendes, atemanhaltendes, einmaliges

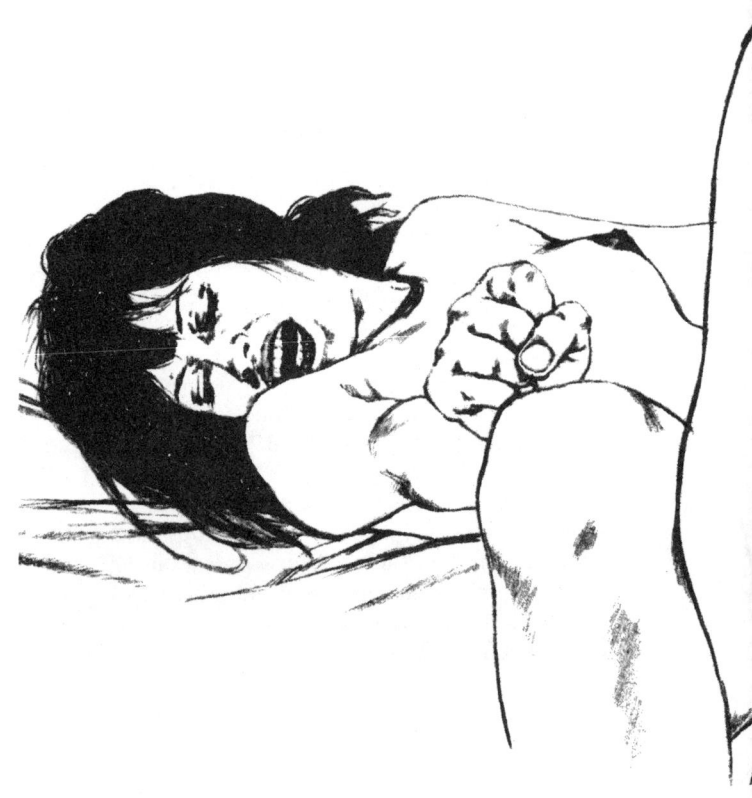

Spitzengefühl, und Frauen, die wissen, daß sie beide Orgasmus-
arten bekommen können, sind sich oft bewußt, welche sie
gerade bei dieser Gelegenheit wünschen. Zu viel Klitoriskon-
takt oder Vorspiel scheint diese spezielle Reaktion zu blockieren, die, wenn sie kommt, so schnell ist wie die eines Mannes.
Subjektive Schilderungen können bedeuten, daß eben die
Vorliebe für eine bestimmte Form bei jedermann verschieden
ist, man muß sie aber in Betracht ziehen, auch wenn in den
physiologischen Veränderungen nicht viel Unterschied besteht
– schließlich ist es wichtig, was man bei einem Orgasmus
fühlt, nicht seine Physiologie.

Wenn das Bauchfell sexuell empfindlich ist, könnte das
erklären, warum analer Geschlechtsverkehr bei manchen
Menschen beiderlei Geschlechts funktioniert; das
einzig spezifisch Weibliche daran ist, daß die
meisten Männer nicht routinemäßig angebohrt
werden. Wahrscheinlich erklärt es auch, warum der
Druck auf den Unterleib bei manchen Frauen die
Reaktion steigern kann. Da aber nicht alle so
reagieren, hat es keinen Sinn, enttäuscht zu sein,
wenn es bei Ihnen nicht so ist.

Manche sehr unsichere Frauen lehnen die Klito-
risreaktion völlig ab und finden sie widerlich, zu
heftig oder unzärtlich. Das ist oft ein Überbleibsel
von Masturbationsängsten oder einer Unfähigkeit
zu sinnlicher Entspannung, es sei denn, der Partner
dringt tief ein, was das Gefühl, ihn zu »besitzen«,
verstärkt und mütterliche Assoziationen enthält,
die sie beruhigend finden. Das könnte seltener
vorkommen, wenn man Frauen und Mädchen
ermutigte zu masturbieren. Gute Masturbation
steigert die Reaktion, indem sie Billigung der
Sinnlichkeit lehrt und keine tiefen Reaktionen
beeinträchtigt, die sich später entwickeln können.
Es wäre schade, sich eine davon entgehen zu lassen.
Siehe unter »Masturbation und Lernen«.

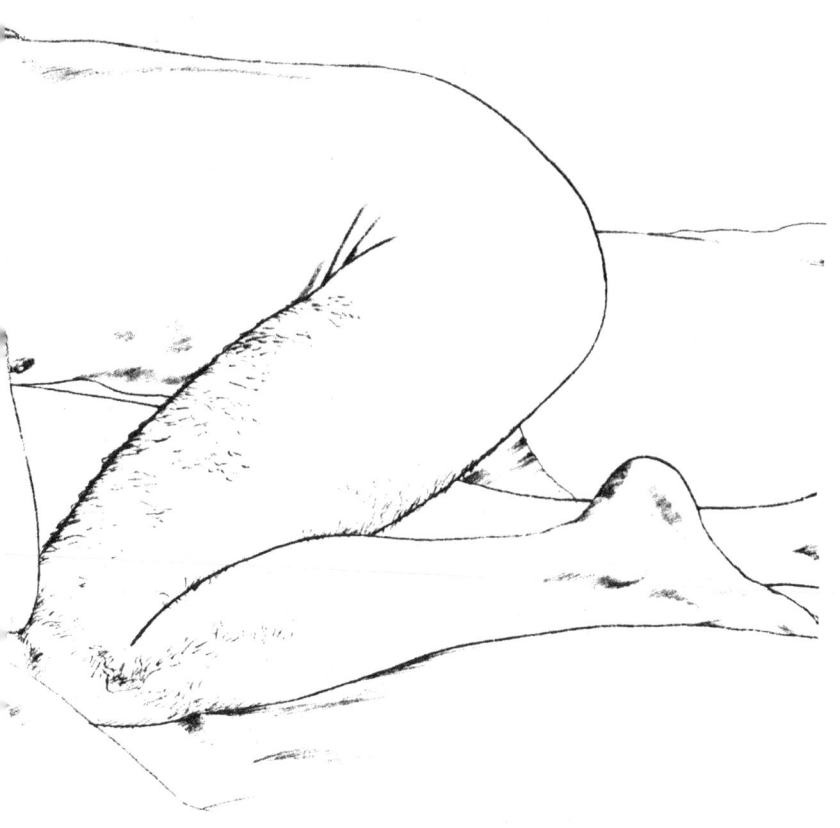

Zeit genug

Die Heranwachsenden sind sich einer Tatsache nicht bewußt: daß man fürwahr genug Zeit hat. Die Erwachsenen sollten sie darauf aufmerksam machen, wenn sie können – nicht daß junge Menschen vernünftige Gelegenheiten für sexuelle Erlebnisse ablehnen sollten, bloß um Erwachsenen Freude zu machen oder um sich den Erwartungen Erwachsener zu fügen. Der sechzehnjährige Junge, der hört, wie Jungen seines Alters oder etwas ältere mit den Mädchen prahlen, die sie gehabt haben und das Mädchen, dessen Klassenkameradinnen mit ihren Verabredungen prahlen, sind nicht unwiederbringlich sitzengeblieben, wenn sie auch sicher im Augenblick dieses Gefühl haben. Wenn andere wirklich gesellschaftlich mehr Erfolg haben, ist der beste

Rat: »Merken Sie sich, wie die es machen und warum Sie nicht Erfolg haben. Oft ist es deshalb, weil sie mehr Selbstvertrauen haben, das mit dem Alter kommt, und vielleicht haben sie sich die Mühe gemacht, sich gesellschaftliche Fähigkeiten, wie zum Beispiel Tanzen, anzueignen.«

Einige der schlimmsten Hemmungen des Selbstvertrauens beruhen auf dem Äußeren – unreiner Teint oder Übergewicht – und auch diese heilen oft zwischen dem sechzehnten und siebzehnten Lebensjahr. Ist das nicht der Fall, kann man später auf vernünftige Weise damit fertigwerden: die Hauptsache ist, dafür zu sorgen, daß sie in den wichtigen Jahren die sexuelle und persönliche Selbstachtung nicht beeinträchtigen und einen jungen Menschen allzu schüchtern machen oder bei dem Versuch, nachzuholen, dazu bringen, völlig wahllos zu schlafen. Beachten Sie, daß die pickeligsten, dicksten und unansehnlichsten Erwachsenen beiderlei Geschlechts Partner finden (sagen

Sie den jungen Leuten, sie sollen sich Ihre Gäste beim Abendessen ansehen – die wurden nicht alle so, als sie ins mittlere Alter kamen).

Körperliche Ängste sind wohl die lähmendsten sexuellen Unzulänglichkeiten – es gibt faktisch keinen Körperbau, den man nicht durch gesellschaftliche Fähigkeiten wie Lebhaftigkeit, Humor und Aufmerksamkeit wettmachen könnte. Man muß sie nur lernen. Mit sechzehn ist jeder linkisch, und wenn Ihr Kind seine Zeit damit verbringt, sich zu grämen, weil es übergangen wird, wird es sich diese Fähigkeiten nicht aneignen. Leider begegnen uns allen, mit Ausnahme der Glücklichen unter uns, die meisten Demütigungen durch ebenso unreife Klassenkameraden, wenn wir am wenigsten dafür gerüstet sind, uns lachend darüber hinwegzusetzen. Die wichtigste Fähigkeit ist zu lernen, dem anderen Geschlecht als Menschen zu begegnen (ohne anzugeben oder in kalten Schweiß auszubre-

chen, und vor allem ohne sich zu überhasten, aus Angst, jemand mit mehr Selbstvertrauen könnte einem zuvorkommen). Jugendliche sollten die Haltung von Klassenkameraden, die sich als »richtige« Männer oder als Sexsirenen gebärden und die innerlich wahrscheinlich ebenso gehemmt sind wie sie, nicht nachahmen. Sie sollten sich tatsächlich klar sein, daß alle sich unsicher fühlen, wie zuchthengstähnlich oder schön oder beliebt sie sein mögen. Niemand versucht, in knapp drei Wochen Skilaufen zu lernen, und Liebe ist eine kompliziertere Kunst als Skilaufen.

Paare und andere

Dreiergruppen

Eine Dreiergruppe, an der ein zusammengehörendes Paar und ein dritter Partner beteiligt sind, kann ein einzigartiges, eindrucksvolles Sexerlebnis sein, wenn die Bedingungen stimmen (und eine eiskalte Dusche, wenn es nicht so ist). Es stellt auch die bei weitem üblichste erste Erfahrung auf dem Gebiet erweiterter Sexualität dar.

Der dritte Partner kann sowohl männlichen als auch weiblichen Geschlechts sein. Die beiden gleichgeschlechtlichen Teilnehmer werden oft, anstatt die von der Gesellschaft erwartete Eifersucht zu empfinden, überaus vertraut, so als ob sie alle ganz geschlechtslos wären – eine Art Schwestern- oder Bruderschaft. Bei Frauen kann das zu ganz unerwartetem gegenseitigen sexuellen Ausdruck führen, der nichts Lesbisches an sich hat und den Mann sehr erregen kann. Sie sollten, wenn das geschehen ist, nachher nicht aus der Fassung geraten – es ist völlig normal. Die meisten Männer bleiben auf einer Ebene starker Freundschaft, können aber auch weitergehen, wenn die Vorstellung von Kontakten mit einem Mann sie nicht stört – gewöhnlich behandeln sie die Frau als Brücke.

Eine Dreiergruppe wird nicht funktionieren, wenn ein Teilnehmer einen Partner bringt, der die Absicht hat, sich einzudrängen; wenn ein Paar mutwillig eine dritte Person verführt, welche durch das Erlebnis völlig außer Fassung geraten kann, oder die Gelegenheit auszunutzen versucht, um den anderen zu ärgern oder etwas zu beweisen (»du weißt ja gar nicht, wie man richtig fickt – du solltest mich mal mit Mabel sehen«). Ebenso wird es nicht klappen, wenn Sie, entgegen besserem Wissen aller, versuchen, die Stimmung mit Alkohol aufzuheizen. Das endet mit Ekel und Vorwürfen. Es kann funktionieren, wenn ein durch und durch vertrauensvolles und

liebendes Paar, das eine befriedigende sexuelle Beziehung hat,
jemanden einlädt, den beide gern mögen und von dem sie genug
wissen, um sicher zu sein, daß es für alle drei ungefährlich ist. Die
Beziehung ist ein eher subtiles Geschenk nach zwei Seiten – die
Frau, die eine andere einlädt, weil diese ihrem Mann gefällt,
macht ihm ein Geschenk (nicht zuletzt das Gefühl, daß sie völlig
sicher ist und nicht eifersüchtig zu sein braucht), und beide
machen der anderen Partnerin das Geschenk, ihre gesicherte
Intimität zu teilen – und ihre sexuelle Erfahrung. Das gleiche gilt
im umgekehrten Fall.

Menschen, die aufrichtig zueinander stehen, sagen: »Wir
wollen uns lieben, möchtest du mitmachen?« Es ist besser, man
ist ehrlich, als man versucht, jemanden hereinzulegen. Eine
Dreiergruppe beginnt am besten mit freundlichen Annäherun-
gen mit dem dritten Partner in der Mitte. Dann befassen sich die
beiden Partner des Paares mit dem Gast (Massage ist ein

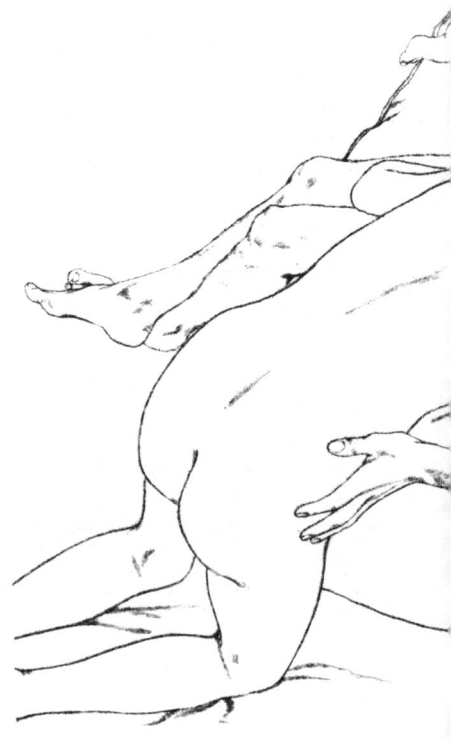

ausgezeichneter, zwischen Männern nicht peinlicher Anfang, der allmählich sexuell werden kann). Manchmal scheint freundliche Intimität während der ganzen Nacht mit abwechselndem Geschlechtsverkehr die richtige Aufeinanderfolge zu sein – oder es kann ausgelassen verspielt sein. Wir hörten von einem Mann, um den die zwei Frauen mit einer Münze losten – die Ehefrau gewann und bekam den Orgasmus ihres Lebens. Vernünftige machen aber für dieses oder andere Sexerlebnisse kein Programm. Wenn es schiefgeht, sind sie klug genug, aufzuhören, falls einer der drei Beteiligten es verlangt, und gehen zu einfacher Intimität – Schlaf oder Plattenhören – über.

Dreiergruppen sind am besten, wenn beide den Neuankömmling als Paar einladen, etwas Einfühlungsvermögen dabei

zeigen, wen sie einladen, aufrichtig spielen – keine falschen Einladungen und Riesen-Martinis – und nicht im mindesten enttäuscht sind, wenn nichts passiert.

Ein ständiges Dreieck (ménage à trois) ist selbstverständlich etwas völlig anderes. Es kann funktionieren und funktioniert auch bei manchen Leuten, aber nur wenn alle drei beteiligten Personen zueinander in Beziehung stehen. Das können sie oft aus ziemlich speziellen Gründen: einer oder mehrere von ihnen sind vielleicht betont bisexuell; eine ältere, insbesondere kinderlose Frau, kann eine jüngere mit Kindern als Schwester oder Tochter behandeln; zwei Männer können eine David-Jonathan-Beziehung haben, die sexuell ist oder nicht, bei der sie einander unterstützen. Die Situation ist für unsere Gesellschaft unkonventionell, nicht jedoch für den Menschen – schwesterliche Polygamie (gleichzeitige Ehe mit zwei oder mehr Schwestern, wie Jakob) ist ein weitverbreitetes menschliches Modell. Es ist oft »wirtschaftlich«, basiert auf Bequemlichkeit bei der Organisation von Arbeit und Kindererziehung, während brüderliche Polygamie (Ehe mit mehreren Brüdern, wie Draupadi in der »Mahabharata«) mit männlicher Kameradschaft und Bindung zu tun hat. Keines von beiden stimmt mit einer besonderen Betrachtung der Sexrollen überein, und zweifellos würden Leute, die sich heutzutage dafür entschließen, es zur Erfüllung anderer Bedürfnisse benutzen. Man kann die Arten von Streß aufzählen, zu denen es führen könnte, insbesondere wenn einer der Beteiligten nur widerwillig bereit wäre, die Situation zu akzeptieren. Ob sie größer sind als die Beanspruchungen einer Beziehung zwischen nur zwei Menschen, wird wohl von den beteiligten Personen abhängen.

Paarbildende Tiere scheinen das gleiche gefunden zu haben. Bei normalerweise monogamen Vögeln sind Dreiergruppen in beiden Richtungen ziemlich häufig und offenbar ganz unkompliziert (ohne irgendwelche tief Freudschen Bedürfnisse seitens der Vögel). Kinder können zu Verbindungen zwischen gleichgeschlechtlichen Erwachsenen führen – eine Katze, deren Junge gestorben sind, wird sich mit einer anderen Katze beim Beaufsichtigen und Aufziehen von deren Jungen abwechseln. Wenn zwei Männchen sich in ein Weibchen teilen, geschieht es

150

gewöhnlich deshalb, weil eine solche Teilhaberschaft sie nicht, wie die Gesellschaft zu erwarten scheint, zu Rivalen, sondern zu Verbündeten macht und sie befähigt, gemeinsam einen Dritten durch Drohen in die Flucht zu jagen. Das könnte auch für uns gelten.

Ehe

In einem großen Teil der menschlichen Geschichte hatte die Ehe nicht in erster Linie mit Sex zu tun, sondern mit zwei anderen Dingen – Eigentum und Verwandtschaft, die ähnliche Funktionen hatten, weil die Familie eine Hilfsquelle ist. Bis zum Beginn des vorigen Jahrhunderts waren Eigentum und Verwandtschaft noch immer zwei der wichtigsten Beweggründe für eine Ehe zwischen reichen Leuten, und wenn man arm war, lag die Hauptsorge im Finden eines tüchtigen Arbeitskameraden. Im Lauf des neunzehnten Jahrhunderts tauchte etwas Neues auf, dem Gewicht beigemessen wurde. Immer mehr wurden Liebe und Ehe als lebenslange Fortdauer des Spitzenerlebnisses des Werbens angesehen, bei der zwei Menschen ganz in und für einander in einem Zustand gegenseitiger Versenkung in sich selbst und gegenseitigen Eigentumsrechts leben. Die Kitschversion findet man in alten Filmen und in gewissen Frauenzeitschriften.

Diese neue oder sentimentale Vorstellung von der Ehe war in ihrer ursprünglichen Form nicht ganz so rückständig. Die Frau wurde als Mensch gewertet, nicht als Obligation, man erkannte die Möglichkeit an, Sensitivität und Sinnlichkeit zu erforschen. Die Begriffe Elternschaft und Erwartung erlebten gleichzeitig eine arge Verklärung. Da glücklich leben bis ans Ende der Tage das Erstrebenswerteste war, steuerte es das Element ausgeprägter Unsicherheit bei. Wenn das Interesse eines der Partner nicht mehr ausschließlich und 24 Stunden täglich dem anderen gehörte, oder wenn einer sich zu entwickeln oder überhaupt zu ändern schien, blinkten Warnlichter auf. Alle alten Besitzerwägungen wurden auf eine psychologische und emotionale Ebene verlegt. In der alten Ordnung waren Männer auf ihre Frauen als

Besitztümer und Mütter ihrer Kinder eifersüchtig. In der romantischen Ordnung durften sie im Interesse totaler Beteiligung eifersüchtig bleiben und ihnen Loyalität, Treue und dergleichen auferlegen – man beachte den finanziellen Symbolismus, wenn man von einer Frau sagt, sie betrügt. Da das neue Konzept mehr Gleichheit vorsah, machten die Frauen nun Eigentumsrecht auf ihre Männer geltend, die zu *ihrem* Besitz gehörten – was man ganz einfach als lebenslängliche Penissklaverei bezeichnete.

»Romantische« Liebe war faktisch ein guter und lohnender Austausch, der ein Leben lang währen konnte, wo diese Merkmale nicht hervorstachen und wo die Sache ein offenes gemeinsames Abenteuer war. In anderen Fällen führte es schlimmstenfalls zu gegenseitigem Schmarotzertum, das als Liebe maskiert war und viel Feindseligkeit barg oder bestenfalls zu liebevollen Beziehungen, wobei sich beide Partner bewußt waren, daß Teile ihres Lebens einem Depotfach glichen, zu dessen Öffnung zwei Schlüssel erforderlich sind, von denen jeder Partner nur einen besitzt. Es war jedoch nicht realistisch, über irgendeine Art freier Beziehung zu sprechen, die für verschiedene Menschen geschneidert ist, solange große Familien obligatorisch waren, weil die Fruchtbarkeit der Ehe den Charakter der Beständigkeit aufzwingt.

Die positiven Merkmale dieser Art von Ehe bestanden darin, daß man allmählich Männer und Frauen als gleichberechtigt anerkannte, fähig zu einem sinnlichen und emotionalen Erlebnis. Die negativen Merkmale waren ihre unsoziale Zurückgezogenheit, welche die Menschen allzusehr einander und die Kinder Erwachsenen aussetzte, und ihr Beharren auf völliger Fortdauer sowohl in Erwartung wie in gesellschaftlicher Konvention. Das brachte nicht ein Element von Sicherheit, sondern von Angst und Besitzverhalten mit sich und führte zu einer versteckten Vormundschaftsbeziehung zwischen den Partnern.

In Amerika gibt es diese Art von Ehen jetzt nicht mehr. Allerdings finden wir oft etwas wie eine Vorspiegelung dieses Zustands (das macht noch immer die Erwartung vieler naiver junger Menschen, die heiraten, völlig unrealistisch), und die Praxis einer durch Ehebruch unterstützten serienmäßigen

Polygamie. Es gibt drei Hauptgründe für diesen Notbehelf: größere Intoleranz gesellschaftlicher Fiktionen und die Vorliebe dafür zu sagen, wie es ist, Fruchtbarkeit nach freiem Entschluß und längere Lebensdauer. Viktorianische Pietisten wurden häufig durch den betrauerten Tod eines Ehepartners von einer allzu possessiven Beziehung befreit – die Klagen entlasteten Schuld als faktische Erlösung. Bei einer Lebenserwartung von etwa achtzig Jahren und der Abnahme vorzeitiger Todesfälle dauert es jetzt verdammt lang, bis daß der Tod uns scheidet. Der Zustand gegenseitigen Auskommens würde nun effektiv zwei Leben hintereinander andauern müssen, einschließlich der harten Umbewertungsperiode (zweite Jugend), welche die meisten Menschen Ende der vierziger, Anfang der fünfziger Jahre erleben, wenn die Kinder erwachsen sind und Phantasiebedürfnisse neu eingeschätzt werden, um zu sehen, ob noch Zeit ist, mit ihnen in Berührung zu kommen.

In einer Beziehung zwischen Mann und Frau ist Sicherheit notwendig. In der Jugend braucht es nur die Sicherheit zu sein, daß dies für den Moment die richtige Person ist. Im mittleren Alter und nach der Geburt von Kindern, wenn zwei Menschen sich ein vollständiges emotionales und wirtschaftliches Lebensmodell aufgebaut haben, ist sie immer noch erforderlich. Das ist jedoch die Zeit, in der sie aus verschiedenen Gründen abbröckeln oder umgeformt werden kann oder manchmal auch muß – eine Aussicht, auf welche die traditionelle Erwartung die Menschen einfach nicht vorbereitet.

In christlichen Ländern wird noch immer angenommen, daß die Ehe die dauerhafte Sexualverbindung eines Mannes mit einer Frau unter Ausschluß aller anderen ist. Das ist nicht nur die Annahme der Kirche und des Staates, sondern auch einer großen Anzahl von Menschen. Andere, insbesondere junge Leute, würden sagen, daß sie im modernen Amerika nicht diese Bedeutung hat. Sie werden entweder keine Ehe eingehen, weil sie Gelübde, die niemand im voraus verwirklichen kann, als unehrlich ansehen, oder unter Vorbehalten heiraten.

Es ist richtig, daß heutzutage ein beträchtlicher Teil amerikanischer Ehen mit einer Scheidung endet, daß ein Großteil der Menschen im Lauf des Lebens mehr als einen Ehepartner hat

und daß wenige Männer und kaum mehr Frauen in ihrem Leben nur mit *einem* Partner Sexerlebnisse haben. Ein häufiges Modell ist der Kompromiß serienmäßiger Polygamie (nur eine Ehe auf einmal), gepaart mit zumindest einer gewissen ausgesprochenen oder stillschweigenden Toleranz sexueller Erfahrungen mit anderen. Dieser Ehebruch wird oft unter der Bedingung nachgesehen, daß er diskret oder geheim ist und im anderen Partner keine Befürchtungen hervorruft oder daß er nicht ernst gemeint ist, das heißt, daß er keine ständige Konkurrenzverpflichtung beinhaltet.

Im Augenblick wird im allgemeinen Strom des Experimentierens leicht die Tatsache übersehen, daß sogar unter jungen Menschen das traditionelle Modell nicht nur existiert, sondern auch funktioniert und daß es von vielen Paaren positiv bewertet und gern angenommen wird. Seine Nachteile sind die Altersprobleme, die wir erwähnt haben, und sein hervorstechender Vorteil liegt darin, daß es in *unserer* Kultur die wenigst schädliche Umgebung für das Aufziehen von Kindern zu sein scheint, es sei denn, man will mit ihnen experimentieren. Sogar Fachleute, nach deren Ansicht die isolierte Kleinfamilie den Kindern schadet, würden einräumen, daß serienmäßige Polygamie so ziemlich die schlimmste Anordnung ist. Wenn man auch zugeben muß, daß den Kindern zweier streitender Partner, die sich nicht scheiden lassen, vielleicht ein möglicherweise besseres Milieu vorenthalten wird, so ist doch anzunehmen, daß die mehrfach wiederverheirateten Paare, die ein halbes Dutzend Kinder aus verschiedenen Ehen mit sich herumschleppen und jedes Wochenende anderen Kindern vom Scheidungsrichter festgesetzte Besuche abstatten (die sie oft dazu benutzen, alte Beziehungen weiterzuführen), wahrscheinlich den Kindern keine positive Basis für ihre Beziehungen zum anderen Geschlecht geben und daß auch die allgemeine Unsicherheit dieser Kinder nur bestärkt wird. Kinder sind erstaunlich widerstandsfähig, aber es gibt auch Ausnahmen. Hier liegt die Schuld nicht in der serienmäßigen Polygamie, sondern in dem unreifen Verhalten der Erwachsenen ihren Kindern gegenüber und in der emotionalen Nachgiebigkeit gegen sich selbst. Man hat Kinder, weil sie so lieb sind, weil es die Gesellschaft erwartet oder weil sie ein Ausweg aus der eigenen Unfähigkeit sind, mit einer bestehenden Beziehung fertigzuwerden. Da nun Kinder entweder eine Frage der Wahl oder der Nachlässigkeit sind, ist es wirklich an der Zeit, daß wir das Wort »Ehe« für einen Lebensstil aufsparen, in dem Kinder in einer konstanten Umgebung, am besten nicht in einer streitbaren Kleinfamilie, aufwachsen, sondern in einer Umgebung, die nicht aufgelöst wird, ehe die Kinder psychologisch ohne fremde Hilfe auskommen. Man sollte Elternschaft nur dann auf sich nehmen, wenn man bereit und imstande ist, diese Aufgabe auch zu Ende zu führen.

Die Ehe hat auch insofern vertragliche Vorteile, als sie die geschäftliche Seite der Beziehungen zwischen zwei Menschen regelt, die zusammen leben. Für Erwachsene aber, deren Verbindung eine kameradschaftliche und sexuelle Prägung hat, ist »Hauptbeziehung« ein viel besserer Ausdruck: er umgeht die Gesetzbücher, bedeutet Verpflichtung, ist jedoch insofern für die Partner elastisch, als sie entscheiden können, was es genau für die Partner bedeutet. Hauptbeziehungen können sich ändern, manchmal nebeneinander bestehen und einander ergänzen. Wenn man einen anderen Namen verwendet, nimmt es dem menschlichen Leben nicht die Brisanz, verhindert nicht Schmerz und Ablehnung oder, daß die Leute streiten, führt aber zu der Erkenntnis, daß Liebe eine Beziehung ist, keine Romanze und keine Margarinewerbung. Es macht auch zweitrangige Beziehungen menschlich, indem es betont, daß es Beziehungen sind, nicht Intrigen (in denen der Dritte ausgebeutet wird und es verdient), nicht drohende und schäbige Verschwörungen gegen das andere Mitglied des Hauptpaares. Es erkennt die wahren Fakten an: daß zwar bei einem guten Paar jeder dem anderen durchaus genügt, aber nicht zwei Menschen ganz die gleichen sind und sich auch gegenseitig nicht besitzen. Zugleich ist eine Hauptbeziehung alles, was die meisten Leute wünschen, brauchen oder womit sie fertigwerden können. Vielen Paaren sagt eine konventionelle Ehe zu, die dadurch modernisiert ist, daß man ihr das Konzept gegenseitigen eifersüchtigen Besitzrechtes aberkennt, auch wenn die Ehe kinderlos ist. Was sie nicht institutionsmäßig anerkennt, ist die breite Vielfalt menschlicher Bedürfnisse, die eine totale Paarbeziehung einschließen, aber nicht darauf beschränkt sind. Der Gedanke, daß kein Beziehungs- oder Verhaltensmodell, sei es herkömmlicher oder anderer Art, jedermann zusagt, ist der wichtigste, den wir verständlich machen müssen, ob es sich um Monogamie, Heterosexualität, befreite Weiblichkeit, konventionelle Weiblichkeit, Partnertausch, das frauenlose Dasein als Mönch oder was sonst immer handeln mag.

Da die Gesellschaft mehr oder minder gezwungen ist, Beziehungen zu institutionalisieren, wird sie letzten Endes diese Abweichung im Gesetz anerkennen, indem sie Verantwortungen den Verpflichtungen anpassen und im allgemeinen Religionsunterschiede zwischen Frauen und Geliebten, legitimen und illegitimen Kindern fallenlassen wird. Derzeit spricht sie von Monogamie, akzeptiert jedoch serienmäßige Polygamie – ein Beispiel für Herman Kahns Ansicht, daß ein wenig Scheinheiligkeit die Normen erhalten hilft. Es wäre besser, sie würde sich damit befassen, die Ehe auf die Wiege, nicht auf die Vagina zu beschränken, aber das wäre eine allzu hochfliegende Hoffnung.

In Wirklichkeit stellt die freie Ehe, wie sie jetzt in der Literatur genannt wird, jene Art von Kompromiß dar, die Leute mit mehr Menschenfreundlichkeit beim Zusammenleben natürlich annehmen würden – und die mit dem Unsinn über Geschlechtsrollen Schluß machte, sowohl mit der traditionsmäßig dem Mann aufgebürdeten Rolle, als auch mit der, welche die Frau zu einem untergeordneten Partner macht. Die traditionelle Rolle von Mann und Frau mag früher einmal zutreffend gewesen sein; sie wurde zumindest akzeptiert. Grundsätzlich erwarb die Frau dadurch, daß sie fügsam, keusch und von männlichen Tätigkeiten ausgeschlossen war, ein dauerndes Vormundschafts- und Eigentumsrecht auf den Mann, während er dafür, daß er ihr wirtschaftliche Sicherheit gab, Vormundschaftsrechte über ihre Tugend hatte. Dieses Verhalten ist für Menschen unserer Zeit einfach nicht mehr relevant. Partner einer freien Ehe sind gleichberechtigt, erhalten einander, helfen einander, besprechen und lösen die Forderungen ihrer nicht gleichgerichteten Ambitionen und Wünsche, vermeiden es, einander zu verletzen oder abzulehnen, erpressen einander jedoch nicht, um das Besitzrecht zu wahren. Sie lieben und vertrauen einander, sind aber nicht eifersüchtig und bemühen sich, nicht durch neurotische, sondern durch reife Verhaltensweisen Sicherheit zu schaffen. Das wären ehrliche Richtlinien für die meisten sexuellen Hauptbeziehungen, und sie wären viel realistischer als die konventionelle Vorstellung von weiblichem Gehorsam plus Penissklaverei auf Lebenszeit.

Ernsthaftigkeit

Nicht alle Menschen gehen mit derselben Ernsthaftigkeit an Sex heran. »Die einen nehmen ihn wie die Hostie, die anderen wie ein Sahnebonbon«, und es gibt Quixotes und Sancho Pansas. In Richard Strauss' »Ariadne auf Naxos« kann Ariadne, die Hochdramatische, als sie von einem Heros verlassen wird, schließlich nur von einem Gott getröstet werden. Für Zerbinetta, die Soubrette, heißt es einfach, Schluß mit der alten Liebe, los mit der neuen.

Unsere Kultur hat wahrscheinlich viel zu viel Wert auf die Intensität des Gefühls gelegt. Manche Menschen können nicht anders – für sie ist es natürlich und gehört zu ihnen –, aber es liegt kein Vorzug, sondern eher ein gewisser Nachteil darin, diese Intensität allzusehr zu kultivieren. Zärtliche Verspieltheit ist kein Übel, sie hat ihre Vorteile. Tragische Intensität des Gefühls bringt leicht böse Erfahrungen, nicht Gipfelerlebnisse.

Gemeinsamkeit

Gemeinsamkeit bedeutet genau das Teilen sexueller Erfahrung mit einem anderen Paar (nicht »Austauschen«, das ist etwas völlig anderes). Manche Liebespaare halten das für einen Einbruch in ihre Privatsphäre; andere finden, es sei eine Hilfsquelle. Das Wesen der Gemeinsamkeit besteht darin, daß zwei Paare sich in beiderseitiger Anwesenheit lieben, nicht mehr als das. (Siehe auch unter »Zuschauen«, »Massage«.)

Ein Paar, bei dem beide Partner den Wunsch haben, es zu versuchen (und »beide« schließt aus, daß man aus Loyalität oder um des lieben Friedens willen dem Partner den Willen tut), sollte damit beginnen, sich alles aus dem Kopf zu schlagen, was es über Orgien, Frauentausch und dergleichen gelesen hat. Das meiste davon sind Masturbationsphantasien. Als nächstes sollten sich beide darüber klarwerden, daß sexuelle Erregung nicht das Ziel des Experiments ist. Sex in einer Gruppenszene kann aufregend sein, aber das Haupterlebnis bei der Gemeinsamkeit ist Entspannung, und die Absicht ist eher sinnlich als sexuell. Die Erfahrung der Gemeinsamkeit, von der wir so oft sprechen, beinhaltet keine sexuelleren Kontakte zwischen den Paaren als Berührung. Eine Gemeinsamkeit kann zu völliger sexueller Beteiligung aller Partner führen, meist ist das jedoch nicht der Fall. Ihr Wert hängt nicht davon ab, daß es zu dieser sexuellen Beteiligung kommt, und den Mitgliedern der Gruppe sollte es freistehen, die Einschränkungen vorzuschreiben, die ihren eigenen Gefühlen und Vorbehalten entsprechen. Das wird das Erlebnis nicht zunichte machen; wenn es zu weit gehen sollte oder zu rasch voranschreitet, können sie es einfach in gemeinsame Intimität umwandeln.

Die grundlegende Überlegung lautet, bei der Wahl des Paares oder der Paare, mit denen man sich gemeinsam vergnügen will, vorsichtig zu sein. Am schlimmsten sind die Leute mit Eigenwerbung, denn sie werden versuchen, möglichst schnell einen Partnertausch zu erreichen. Auch die besten Freunde sind keine gute Wahl, es sei denn, die Begegnung erfolgt spontan. Ideal ist ein Paar, von dem beide Partner die anderen beiden gern mögen und das nicht mit ehelichen Problemen zu kämpfen hat. Die Wahl ist dann gut, wenn keiner der Teilnehmer den späteren gesellschaftlichen Umgang miteinander peinlich oder zu persönlich findet.

Der Abend beginnt gewöhnlich mit einer Gruppenmahlzeit – ein guter Anfang für jedes religiöse Erlebnis, denn das wird es, wenn es klappt. Man sollte keine scharfen Getränke zum Enthemmen der Teilnehmer anbieten, Wein zum Essen genügt vollauf. Dann wird die Beleuchtung gedämpft, die Paare entspannen sich, nicht in Stühlen wie im Salon, sondern in einer

Traumszenerie, auf Matratzen, vor dem Kaminfeuer, wenn es kalt ist, und nebeneinander.

In einem frühen Stadium beginnen sie mit gemeinsamer Nacktheit. Das kann beim Schwimmen, Sonnenbaden oder heißen Bad (siehe dieses) vor dem Essen geschehen, oder jeder Partner kann den anderen vor dem Kamin entkleiden. Sobald man entkleidet ist, entspannen sich alle und plaudern. Wenn es ungezwungen wirkt, beginnen sie sich auf liebevollste Weise mit ihrem eigenen Partner zu befassen – Massage, Betasten, Küsse. Manchmal gehen sie zum Geschlechtsverkehr über, wenn und sobald es richtig und natürlich erscheint. Wenn nicht, sollten sie es nicht tun. Wahrscheinlich wird das andere Paar das gleiche tun; wenn nicht, sollte niemand enttäuscht sein – sondern zu ruhigem Genießen der gegenseitigen Gesellschaft zurückgehen. Sich in freundlicher Gesellschaft zu lieben, ist nicht passiv oder peinlich, sondern oft rührend harmlos. Geben Sie um keinen Preis eine Vorstellung – das wäre gefühllos.

Nachher ist es Zeit für ausgedehnte Gespräche in der

Horizontalen (wenn man die ganze Zeit Tonbänder oder Platten spielt, verdirbt es das). In der richtigen Gesellschaft fühlen die Paare eine tiefe Entspannung, die sogar noch größer ist, als wenn man sich allein liebt. Wenn es so arrangiert ist, daß es Kissen und Decken gibt, könnten sie gemeinsam schlafen und zusammen frühstücken. Der nächste Morgen ist oft das Beste daran.

Diese einfache Gemeinsamkeit ist in der Mehrzahl der Fälle für zwei normale Paare, von denen jeder Beteiligte diese Gemeinsamkeit wünscht, ein ungefährliches und nützliches sexuelles und sinnliches Erlebnis. Es ist weder peinlich noch störend, und wenn es unerfreulich oder nicht lohnend ist, haben Sie das falsche Paar gewählt. Ganz offensichtlich besteht jedoch die Möglichkeit, daß ein solches Erlebnis völlig natürlich vor sich geht und das sinnliche (nicht unbedingt sexuelle) Interesse zwischen Ihnen ausdrückt. Oft halten Mädchen, die nebeneinander geliebt werden, einander an den Händen. Ein Paar, das in der Nähe eines anderen sitzt, welches sexuell verkehrt (und Sie

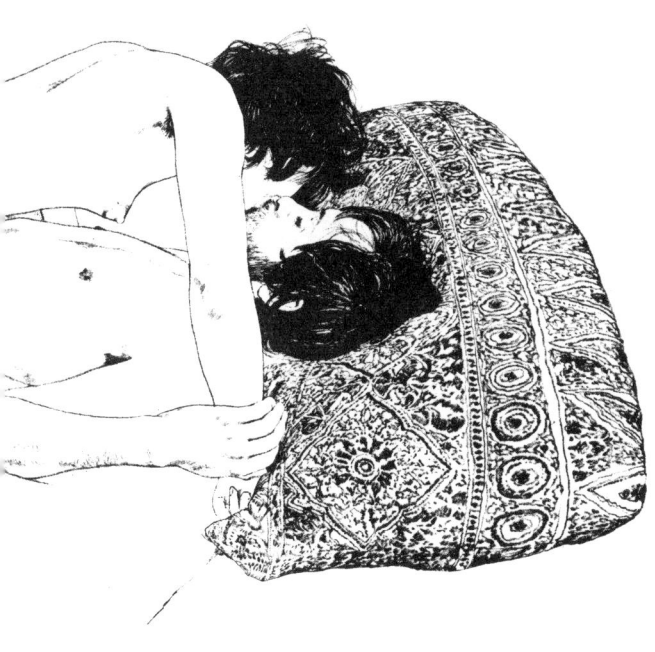

sollten nah bei einander sein, nicht in entgegengesetzten Zimmerenden) kann sich beteiligen, indem es massiert und betastet wird. Wenn das geschieht, müssen beide das Gefühl haben, daß sie alle die Situation sicher in der Hand haben (so daß Sie ganz sanft eine Hand wegschieben können, wenn Sie sie nicht dort haben wollen – „Nein"'ist keine Demütigung) und zugleich die Entwicklung des Experimentes nicht hemmen. Mitunter

umarmen die Mädchen einander, dann laden sie die Männer zur Beteiligung ein. Aber das Tempo ist nicht geil oder aufgeregt, eher wie das einer gegenseitigen sinnlichen Massage. Manche Paare gehen bis zum letzten, zu voller sexueller Mitwirkung aller vier Beteiligten, das ist aber weder notwendig noch ein integrierender Bestandteil für das Erlebnis, es sei denn, sie wünschen es so. Wenn es dazu kommt, kann es Ängste abbauen,

daß man vom Partner abgelehnt oder sich ihm verweigern wird. Das langsamste Mitglied der Viergruppe gibt das Tempo an. Wenn ein Partner keine stärkere Beteiligung wünscht, sollten die anderen zurückschalten und sich auf Betasten und Ausruhen oder einfache Massage beschränken.

Es gibt keine Regieanweisung, wie Gemeinsamkeit vonstatten gehen soll. Sie wird durch Erwartung oder Versuche, sie zu arrangieren, zerstört, aber auch durch Versuche zu verführen oder zu drängen. Wenn Gemeinsamkeit auf diesem kühlen und kontrollierten Niveau betrieben wird, gibt es keinen Grund, weshalb ein normal gesundes Paar sie für die Beziehung zueinander schädlich finden sollte, vorausgesetzt keiner der beiden war durch den Gedanken wirklich abgeschreckt und wurde zu einem Versuch gezwungen. (Unsicher sein ist nicht das gleiche, denn Unsicherheit kann beseitigt werden, wenn man sieht, daß das Experiment anders ausfällt als erwartet.)

Gemeinsamkeit kann Menschen bei Sexual- (nicht Ehe-) problemen eher nützen denn schaden, aber zwei Partner sollten sich nicht als Amateurtherapeuten versuchen oder andere überreden, mitzumachen, nicht mal auf dem geringsten Sexniveau, bloß weil sie glauben, es würde ihnen guttun. Mit den richtigen Leuten und sogar ohne intensive Einbeziehung von Sex kann es ein charismatisches Erlebnis sein, aber nur für Paare, die in enger Verbindung zueinander stehen und bereit sind, ihren Gefühlen beim Ja- oder Neinsagen zu folgen. Das wirklich wesentliche, besonders wo der Austausch auf sexuelle Bereiche übergreift, besteht darin, daß die Paare als Paare agieren und einander in der Paarbeziehung bestärken. Wenn ein Partner angewidert dasitzt, während die drei anderen sich ungehemmt der Liebe hingeben, ist das eine schlechte und destruktive Situation.

Manche Paare, für die der Partnertausch nichts ungewöhnliches ist, brauchen keine Vorbereitung. Andere sollten nicht dadurch verleitet werden, die sinnliche Erziehung zu überspringen, die sie befähigt, so zu reagieren; das Resultat ist die übliche Art von ausgelassener Party, und das ist keine Gemeinsamkeit. Ein Paar mit Niveau kann ein anderes Paar einladen, sich ihm anzuschließen, darf aber nicht vergessen, daß die Neuankömmlinge Ängste haben, die sie auch hatten, und daß die Erfahrung erst mit der Übung kommt – lassen Sie sie einfach zuschauen, wenn ihnen das lieber ist. Schließlich sollte niemand eine große Gruppe oder einen Klub gründen, es sei denn, man ist bereit, den Ton anzugeben und die Sache unter Kontrolle zu haben. Es wird unvermeidlich Probleme geben: gestörte und störende Menschen; Möchtegern-Hengste, die ihre Frauen nicht teilnehmen lassen; Geschlechtskrankheiten. Ebenso sollte ein Paar, das zu einer Sexparty lädt, weder die Erwartungen der Gäste zu sehr anheizen noch die Atmosphäre von Harmlosigkeit und Entspannung zerstören – was Sie ja, wenn Sie an der Gemeinsamkeit Gefallen gefunden haben, sowieso nicht tun werden.

Liebe

Liebe ist der beide befriedigende, gemeinsame Besitz der Erfahrung jedes einzelnen und die gegenseitige Erfahrung – ohne ein dazugehöriges Zeiterfordernis. Zuneigung zu benutzen, um Schuldgefühle zu wecken, Mitleid zu beanspruchen, Rechnungen zu begleichen, Abhängigkeit zu erzeugen oder auszudrücken oder jemand anders zu überfallen, mit Beschlag zu belegen oder zur Strecke zu bringen, ist nicht Liebe.

Viele der Menschen, die am lautesten von Liebe reden in ihrer herkömmlichen Bedeutung, daß jemand sich ihrer Erwartungen würdig erweist, sind Neurotiker, unfähig, jemand anders als sich selbst zu lieben. Das gleiche gilt für Menschen, die sich dem Partner völlig preisgeben und von der Liebe erwarten, daß sie all ihre eigenen Hoffnungen vernichtet. Die wahre Liebe gibt es zwischen Menschen, die einander gegenseitig respektieren, ob ein Leben lang oder nur für einmal.

Othello und dergleichen

Eifersucht im Theater- und Opernsinn ist weder natürlich noch angeboren oder für Säugetiere typisch. Sie ist eine gesellschaftliche Tradition, die, wie man die Menschen lehrte, ein Nachweis

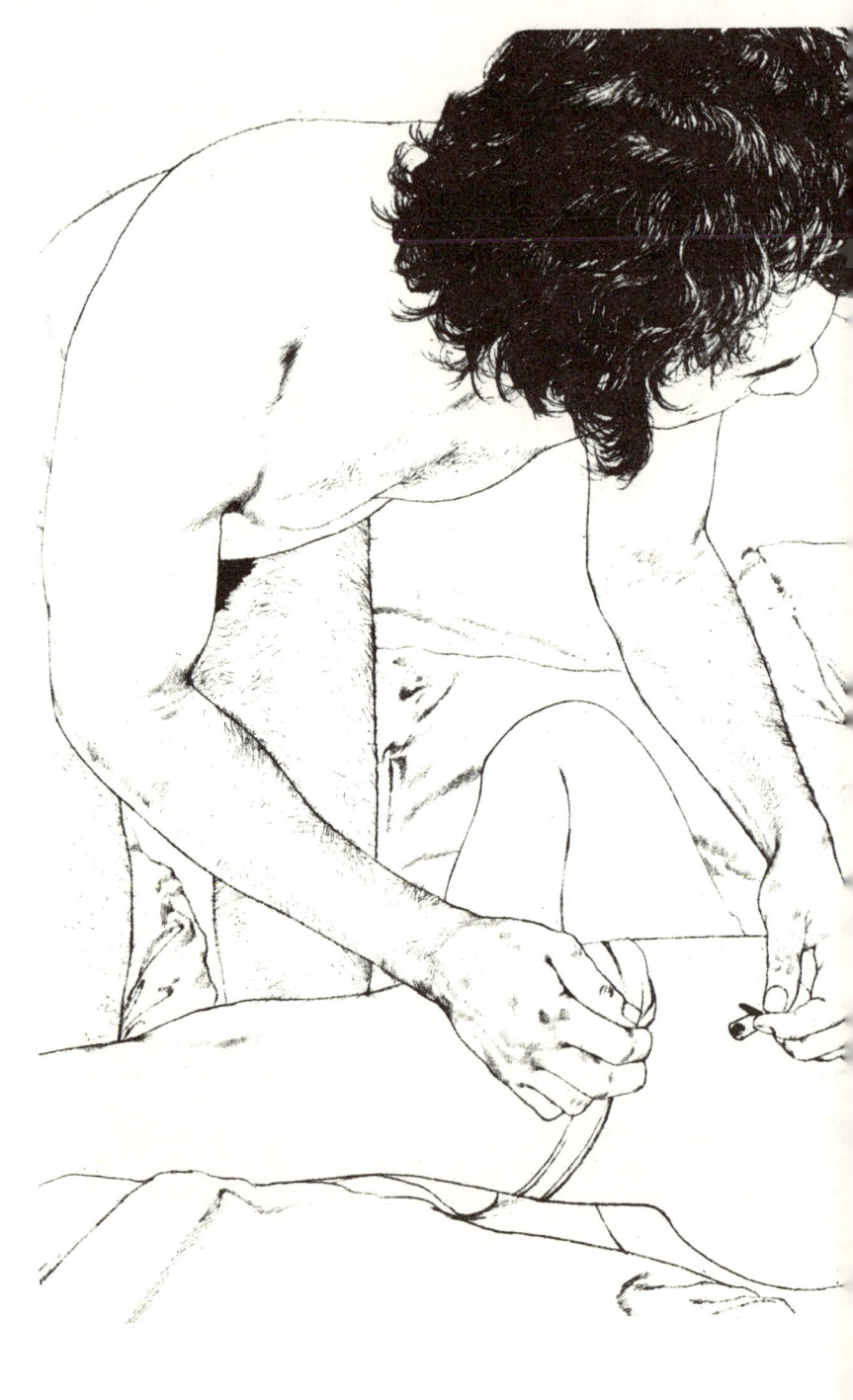

für Liebe und ehelichen Besitz ist. – Angst vor Ablehnung, vor Verlust eines Liebesobjektes, Angst davor, gedemütigt, ausgestochen oder durch jemand anders ersetzt zu werden, ist natürlich, angeboren und menschlich. Daraus folgt, wenn man darüber nachdenkt, daß ungefährdete und miteinander verbundene Paare, die einander in all ihren Phantasien und Freuden einschließen, nicht eifersüchtig sind.

Theatralisches Verhalten bringt weitere Leiden. Wenn die Person, die Sie heiraten, sehr begabt und sehr anziehend ist, können Sie erwarten, daß andere gern mit ihm oder ihr manchmal Sex treiben möchten, und da Sex kein Faktor ist, der durch Benutzung verdirbt, wäre es eine mögliche Reaktion darauf, auf dieses Kompliment für Ihr Glück und Urteilsvermögen stolz zu sein. Die von der Gesellschaft vorgeschriebene Reaktion besteht jedoch darin, daß Sie sich benehmen sollen wie ein zurückgebliebener Fünfjähriger, der ein anderes Kind mit seinem Dreirad sieht – und auch die Liebesbeziehung abbrechen oder als Teil einer heftigen Schuld- und Vergebungsszene

weiterführen sollen. Das wirkt blödsinnig und ist es auch. Liebe ist eine gebende Beziehung, in unserer Tradition aber besteht das Kennzeichen des Zusammenseins darin, daß Sie unbeschränkte Rechte zum Blockieren der Phantasien des geliebten Menschen erwerben. Das stellt alles auf den Kopf.

In der europäischen Literatur gibt es umfangreiche Abhandlungen, die auf diesen seltsamen Konventionen beruhen. Möglicherweise wird die nächste Generation es ungefähr so vernünftig finden wie die rituelle Schuld des Orestes, aber in der Mittelstandsgesellschaft geht der Krebstanz (»Haben sie es wirklich?«, »ob sie wohl wird?«, »mit wem?«, »weiß sie es eigentlich?«) fröhlich weiter.

Leider wurden wir ermutigt, Angst vor (wirklicher) Ablehnung mit (konventioneller) Eifersucht zu verwechseln. Da Elternschaft heute kontrollierbar ist, besteht die einzige ursprüngliche Grundlage für harte, männliche Eifersucht nicht mehr. Treue bedeutet heute, daß unter dem Gürtel nichts vorgeht, sie bedeutet wirkliches Paarvertrauen und Paareinigkeit, und daß man nichts tut, was gefährlich, ablehnend ist oder Angst verursacht. Sex mit anderen (wobei man auch darauf achtet, daß die anderen Beteiligten dadurch nicht verletzt oder beunruhigt werden) kann beteiligt sein oder nicht – für manche Paare ist Treue wirklich völlige Ergänzung, so daß die Vorstellung irgendwelcher Dritter sie abkühlt. Wenn es zu außerehelichem Sex kommt, muß Ihr Hauptpartner einbezogen, darf nicht ausgeschlossen werden –

173

durch volle Mitteilung, wenn nicht durch Teilnahme –, und der Beweggrund für das Vermeiden einer bestimmten Situation wird nicht eine Art von männlicher oder weiblicher chauvinistischer Urheberrechtskonvention, sondern Rücksicht sein. Liebende sind für einander nicht Gefängniswärter, sondern Liebhaber. Sie gestatten einander Phantasien, erfreuen sich gegenseitig am Vergnügen des anderen und sagen es sofort, wenn etwas, das einer tut, sie bedroht, beunruhigt oder demütigt. Auf dieser Grundlage können sie als freie Menschen leben, die Rücksicht aufeinander nehmen und sensibel für das sind, was man ungestraft tun kann und was nicht.

Das ist ziemlich weit davon entfernt, eine schöne Frau, die man liebt und die einen liebt, zu erwürgen (oder sich von ihr scheiden zu lassen), weil man glaubt, sie habe einmal mit Cassio geschlafen. Niemand würde Othello verurteilen – er kam aus einer Kultur, in der Eifersucht etabliert war, fühlte sich durch Weiße gedemütigt, weil er schwarz war, und man träufelte ihm Gift in die Ohren, daß Desdemona ihn zum Narren halte. In dieser Gemütsverfassung war er kaum fähig zu überlegen, ob sie es vielleicht mit einem Unbeschnittenen probieren wollte und sie zu fragen, wie es ihr gefallen habe. Da wir allmählich Eifersucht der konventionellen Art von Ablehnungsgefühlen trennen können, hebt das vielleicht sogar unser Mitleid mit Othello. Ablehnung ist eines der schlimmsten Dinge, die uns plagen, und Offenheit in der Ehe, nicht konventionelle Eifersucht, ist die Möglichkeit zu erreichen, daß uns das nicht passiert.

Sandstone

So heißt ein Landsitz in Topanga, Kalifornien, und der Schauplatz eines ausgedehnten Experiments über freie Sexualität. Er taucht in allen einschlägigen Diskussionen über das Thema auf, weil dieses Experiment bisher als einziges in seiner Zielrichtung völlig aufrichtig war. Es veranschaulicht so viele unserer Ansichten, daß es eine eingehende Erörterung verdient.

In Kalifornien gibt es zahlreiche Encounter- und Sensitivity-

Zentren, die den Zweck haben, die Menschen zusammenzuführen und ihre Empfindsamkeit zu erhöhen. Leute, die dorthin gehen, finden sich oder auch nicht, was immer das heißen soll (die gebräuchlichste Bedeutung ist, daß sie ihre Absichten neu überdenken und herausfinden, was sie wirklich wollen), aber die meisten von ihnen tun so, als würden sie nach psychologischen Erkenntnissen und neuen Ausdrucksformen suchen, während sie eigentlich bloß eines im Sinn haben: die Betätigung in der Horizontalen. In Sandstone konnte man ganz offen sexuelle Kontakte anstreben – davon abgesehen fanden Teilnehmer jedoch zu ihrer Überraschung, daß es zu einer Weiterentwicklung der Fähigkeiten zur Empfindung und zur Begegnung, ja oft zu einer echten Selbsterziehung kam. Beide Partner haben es genossen und ihre Absichten und ihre Vorstellung von sich neu überdacht. Sandstone war für viele konventionelle Menschen die erste und einzige Begegnung mit wirklich freiem Sex in einer strukturierten Szenerie, und die Tatsache, daß es bei gehemmten Erwachsenen ein intensives Erlebnis von kindlicher Harmlosigkeit schuf, läßt viele Besucher Sandstones voll Sehnsucht oder Überschwang daran zurückdenken. Wenn man das berücksichtigt, hat Sandstone jedenfalls bemerkenswert dazu beigetragen, jene Art von Selbstwertgefühlen zu ermöglichen, welche die Individualpsychologie anstrebt.

Sandstone war ein großes Gut in der Sierra mit einem Wohnhaus vom Ranchtyp und einem überdachten Warmwasserbassin. Im Inneren des Hauses hatte der obere, große Raum einen Kamin, einen Sonnenbalkon und die übliche Einrichtung. Im Erdgeschoß gab es einen riesigen Raum, daneben einen kleineren, beide mit einem roten, zotteligen Teppich, niedrigen Lampen und Matratzen.

Eine kleine Gruppe (»die Familie«) wohnte auf dem Besitz und hielt ihn instand; die anderen Besucher waren praktisch Gäste von John und Barbara Williamson. Strebte man die Mitgliedschaft an, konnte man einmal zu Besuch kommen, ein Wiederkommen setzte jedoch voraus, daß man Mitglied war und einen jährlichen Beitrag von 250 Dollar bezahlte. Es waren nur Paare zugelassen – ein unverheirateter Besucher mußte einen Partner mitbringen.

177

An mehreren Abenden der Woche war »Open House« für die etwa 400 Paare, die Mitglieder waren. Bei manchen dieser Ereignisse verpflegten sich die Besucher selbst, an Sonnabenden gab es jedoch ein ausgezeichnetes Abendessen am Buffet, und die Gäste konnten über Nacht bleiben. Mittwochs war es ähnlich, aber die Zahl der Gäste (die an Sonnabenden oft bis zu fünfzig betrug) war viel geringer. Man konnte immer ein Sonnenbad nehmen und das Warmwasserbassin benutzen. Die Besucher waren nackt, aber weder das noch sonst etwas war Vorschrift außer einem normal zivilisierten Verhalten – durch das Gruppenverhalten allein war es möglich, eine Ordnung ohne Vorschriften aufrechtzuerhalten. Freier Sex war überall gestattet (mit Ausnahme des Rasens vor dem Haus, nachdem ein Polizeihubschrauber beim Zuschauen beinahe abgestürzt wäre). Drogen und Minderjährige waren ausgeschlossen, und der Genuß von Alkohol wurde nicht sehr gern gesehen.

Es ist schwer zu beschreiben, vor allem jenen Menschen, die an jeder Art freier Sexerfahrung zweifeln, was Sandstone bewirkte oder weshalb. Das Wesentliche ist, daß es keineswegs wie ein Bordell wirkte, obwohl eifrig Sex betrieben wurde, sondern wie ein Heim, in dem man eben entspannt war. Den Grundton bildete nicht Aufreizung oder Laszivität, sondern Harmlosigkeit, sobald der Besucher den ungewöhnlichen Eindruck, den all diese Offenheit auf ihn ausübte, erst einmal verarbeitet hatte. Eine Party bestand aus einer gemeinsamen Mahlzeit, angeregter Konversation und einem allmählichen Nach-unten-wandern für die, welche gehen wollten; andere blieben oben, plauderten, lasen oder sangen zur Gitarre. Von niemandem wurde etwas erwartet – hitzige Swinger eilten nach unten, um anzufangen, schüchternere Neuankömmlinge steckten vielleicht den Kopf in den »Tanzsaal« und zogen sich zurück: viele, wenn nicht die meisten, blieben bei regelmäßigen Partnern oder in einer Gruppe mit ihren Freunden. Eine typische Figur war die Frau, deren Ehemann unten war, mit ihrer Zustimmung, die aber nicht nach unten gehen wollte, um nicht von jemandem angegangen zu werden, der ihr nicht gefiel. Sie blieb oben bei der Familie sitzen und plauderte, bis man sie schließlich ermutigte, ebenfalls nach unten zu gehen – und nein sagen zu lernen, wenn sie nein sagen wollte. Zudringlichkeiten eines übereifrigen Mannes wurden von anderen Mitgliedern unterbunden, denn die Männer mußten lernen, daß ein Nein keine Ablehnung bedeutet, sondern eine Wahl. Es gab ein paar Mißerfolge, die der Überschwang mit sich brachte, aber die wurden kuriert, sobald man erkannte, daß man meist alles bekam, wenn man wartete.

Homosexuelle Kontakte zwischen Männern waren selten (zum Bedauern mancher Frauen, die gern einem Zusammensein zweier Männer beigewohnt hätten), zwischen Frauen waren sie jedoch üblich. Schwarze waren im Mitgliederverzeichnis etwa im gleichen Verhältnis vertreten wie in Los Angeles. Manche blieben zusammen wie andere Paare, manche nicht. Niemand – es sei denn eine ungewöhnlich attraktive Frau oder ein ebensolcher Mann – wurde besonders heftig ermutigt mitzutun, und niemand spielte für schüchterne Neuankömmlinge Gastgeber oder Gastgeberin. Man hielt es für besser, sie zuschauen zu lassen, die Regeln zu lernen und allmählich für die Erfahrung frei zu werden. Das eigentliche Sexspiel war eher konventionell – die jedem eigene Phantasie wurde durch die Gruppenszenerie ein wenig behindert.

Paare, die glaubten, Sandstone sei bloß ein Amüsement, mit Dr. Ralph Yaneys Worten, »eine Finishing School für Psychoanalyse«, erzählten meist dieselbe Geschichte: Sie kamen einmal, zogen sich nicht aus, schauten zu, fragten sich, ob ihnen das gefiel, sagten nein und fuhren davon. Ungefähr einen Monat später kamen sie wieder, und zwar öfter. Bei den ersten Malen blieben sie streng zusammen, ließen sich durch das Beobachten anderer Paare stimulieren und genossen die Gesellschaft. Schließlich fiel die Eifersuchtsbarriere – oft durch eine Dreiergruppierung – und machte einem Gefühl der Erleichterung und dem Verlangen nach Annäherung Platz. Andere, aggressivere, begannen, entschlossen zu swingen, der Mann zog das Mädchen mit hinein, weil es ihr guttun würde. Wenn sie eine Viertelstunde nach dem Hinuntergehen mit beiden Geschlechtern in vollem Schwung war und er es noch mit niemandem so weit gebracht hatte, geriet er in Panik und schlug vor, sie sollten fortgehen; sie antwortete: »Kommt gar nicht in Frage«, und es

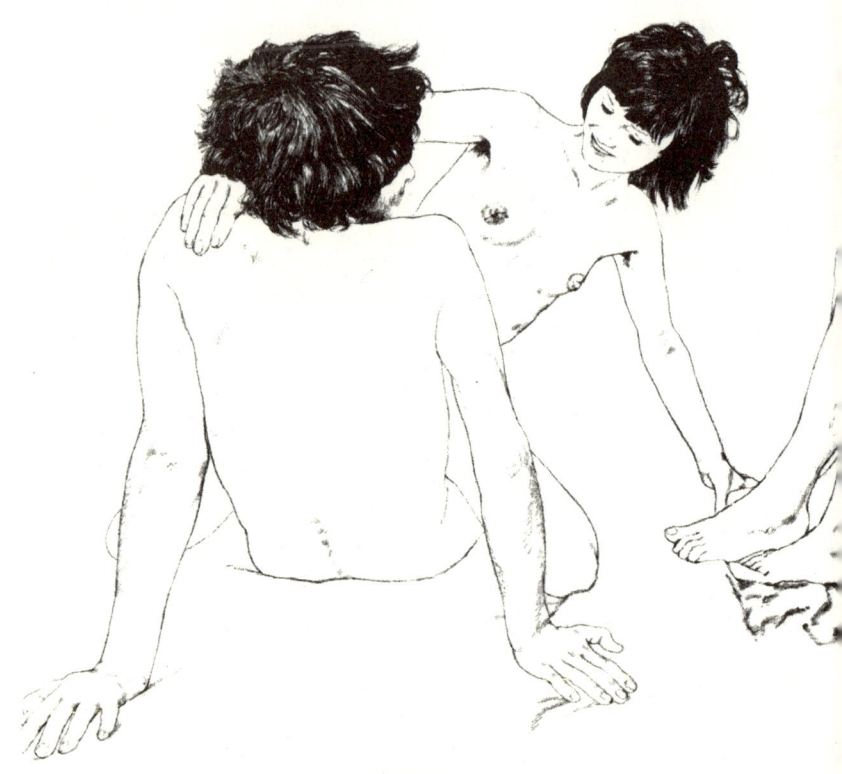

kam zu einem Krach. Dieses Modell enthält ein beachtliches Maß an Blitzerziehung für den Mann in bezug auf die entsprechenden Sexualneigungen und -fähigkeiten der Geschlechter.

Im »Tanzsaal« war es jedesmal anders. Manchmal, wenn zu viele Leute dort waren, ging es zu wie auf dem Hauptbahnhof, und jede Atmosphäre von Entspannung war dahin. Dann wieder, insbesondere mittwochs, wenn die Gesellschaft kleiner

180

war, konnte eine völlig entspannte Stimmung herrschen,
charismatisch, zart oder verspielt närrisch, wie die wechselnden
Launen eines einzelnen, sehr guten Paares – aber dennoch in der
Gruppe. Am Sonntagmorgen gingen Frühaufsteher nach oben
und kochten Kaffee, in ihrem Kielwasser eine Handvoll
Erstlinge, die versuchten, sich mit dem auseinanderzusetzen,
was ihnen da zugestoßen war und die darüber reden mußten.
Dann kamen die übrigen Partyteilnehmer. Oft endete das

Frühstück als improvisiertes Seminar über irgendein Thema. (Mitglieder von Sandstone hatten nur eines gemeinsam: daß sie Leute mit hohem Intelligenzquotienten, großenteils aus freien Berufen, waren.) Manche dieser Erlebnisse am Morgen waren sogar noch lohnender als der spezifisch sexuelle Teil von Sandstone, und ganz gewiß ergänzten sie ihn.

Viele unserer Notizen über die Psychologie und Ratsamkeit oder andere Aspekte der freien Sexerlebnisse beruhen auf Beobachtung dieses einzelnen Experimentes. Es gibt andere – an denen Gruppen verschiedener Einkommensstufen und unterschiedlicher Ideologien teilgenommen haben, von denen manche erfolgreich, andere ausgesprochen schädlich gewesen sind, dieses aber war unserer Ansicht nach das am besten strukturierte.

Die Vorstellung einer freien Sexszene ist so phantasiebeladen, steht so außerhalb unserer Kultur und ist allgemein so erregend, daß es ohne größere Erfahrung schwierig ist, abzuschätzen, wie man darauf reagieren und wie sie wirken würde. Abgesehen von Reaktionen wie »Oho!« oder »Abscheulich!« waren Männer durch die Vorstellung eher angeregt, fürchteten jedoch, sie würden versagen. Frauen waren angeregt, fürchteten jedoch, das Erlebnis würde gefährlich oder abstoßend sein, vor allem aber, sie würden gezwungen sein, mit Männern Sex zu treiben, die ihnen nicht zusagten. Paare befürchteten, sie würden mit Eifersucht reagieren und die Teilnahme würde zum Bruch zwischen ihnen führen. Die meisten Paare fanden diese Befürchtungen nicht nur nicht gerechtfertigt, sondern beschrieben ihr Erlebnis als »Entspannung«.

Die Hauptkomponenten dieser Entspannung waren wahrscheinlich der Wegfall von Leistungsdruck und der Zwang, akzeptiert zu werden, denn in dieser Umgebung ist jeder akzeptiert, und niemand braucht Leistungen zu erbringen; außerdem fehlt das gesellschaftlich aufgedrängte Rollenspiel und der allgemeine Sexualitätswechsel in all seinen Aspekten von »heiß« (erregt, besorgt) zu »kühl« (sanft, erlaubt). Hingegen wurden Ausgelassenheit, Kindlichkeit und Individualität in der Gruppe geweckt.

182

Es ist nicht ganz ersichtlich, warum Sexbetätigung in Gesellschaft auf manche Menschen eine so günstige Wirkung haben sollte – eine Frage, die nur von einer Kultur gestellt werden kann, die zu Zurückgezogenheit und Alleinsein erzogen wurde. Das mag tatsächlich der Grund sein – Zurückgezogenheit bedeutet, daß wir andere als Feinde unserer Sexualität ansehen. Entweder würden diese anderen sie mißbilligen und bestrafen, oder sie wären lüsterne, neugierige Beobachter, oder aber sie würden versuchen, uns den Partner wegzunehmen. Die Ungestörtheit aufzugeben, nicht nachzusehen, ob ein Spalt in den Jalousien ist und andere außerhalb unserer Sexbeziehung als billigend, amüsant, ermutigend, ja sogar Beifall spendend zu empfinden, die sich an unserer Hauptbeziehung nur beteiligen, um sie zu stärken, nicht um sie zu bedrohen, kann bei manchen die totale Umkehrung der Einstellung bedeuten, die sie zu ihrem Schaden gelernt haben. Die meisten von uns haben eine solche Einstellung gelernt, auch wenn wir sie rational erklären, indem wir sagen, Liebe sei eine geheime und private Sache, die entwertet würde, wenn andere Menschen sie sähen – was mit anderen Worten nur sagt, sie würde bedroht oder mißbilligt werden.

Es gab aber in diesem Zusammenhang noch einen anderen Vorteil: Menschen beiderlei Geschlechts mit niedriger Dominanz lernten, Hinweise der dominanteren anzunehmen und ein sexuelles Selbstwertgefühl zu entwickeln. Man kann Einstellungen durch Änderung von Verhaltensweisen ändern und umgekehrt. Schüchterne Männer, die lernten, Frauen anzusprechen, weil sie sahen, daß andere es ebenfalls taten, schüchterne Frauen, die durch Zuschauen lernten, daß andere sich aktiv an Dingen erfreuten, die sie in Angst versetzten, fanden sicher, daß das Psychodrama und Leistungselement beim Ändern ihrer Verhaltensweise unter Gruppeneinfluß ihr Selbstvertrauen und ihre Selbstachtung stärkte. Gemeinplätze über Alter und Häßlichkeit wurden ihrer Bedeutung entkleidet – fast alle waren begehrenswert und wurden auch wirklich begehrt, die Ausnahmen waren jene, die wegen ihres Verhaltens gemieden wurden (und es zu ändern lernten oder fortgingen). In einer Gesellschaft, die Schlankheit zum Idol erhebt, hatten dicke Männer

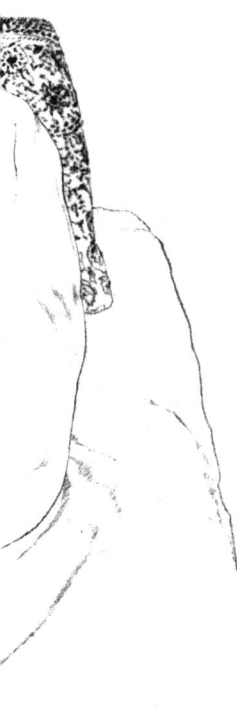

und Frauen genau denselben Erfolg wie schlanke, und das konnten die Neuankömmlinge sehen.

Am wichtigsten für Paare war die Austreibung aller Bevormundungsängste in konventionellen Ehen. In beiderseitiger Offenheit, im Gegensatz zu geschlossenem Swingen, das – zumindest bis das Paar nachher die Notizen verglichen hat (siehe unter »Swingen«) – Ängste verursacht, fanden beide Geschlechter, daß der Anblick einer geliebten Person, die sexuell mit jemand anders verkehrt – wobei sie oft noch die Hand des ständigen Partners gefaßt hält – bewegend, erregend und schließlich ungeheuer erleichternd war. Es gab nichts, wovor man Angst zu haben brauchte. Sie waren nachher oft zärtlicher zueinander wegen des Gefühls, daß die Teile ihrer Persönlichkeit, die genommen worden waren, als Liebesgabe zurückkamen. Das klingt vielleicht wie eine sentimentale Entschuldigung für einen Ausbruch animalischer Einstellung, ist es aber nicht – eine gute Gruppenerfahrung ist eher charismatisch als lasziv, eher kühl als aufreizend und, anthropologisch betrachtet, eher Religion als Sex. Manche dieser nicht offensichtlichen und unerwarteten Reaktionen beantworten die Frage: »Wenn sie bereits guten Sex haben, wozu brauchen sie dann das ganze?«

Andere unbewußte Elemente sind wahrscheinlich ebenfalls wichtig -- das Gemeinschaftsgefühl (es wäre interessant zu wissen, ob es vernachlässigten Kindern oder Einzelkindern mehr gibt) und die Erregung einer Aussöhnung mit normaler Bisexualität. Man kann nur sagen, daß die Sandstone-Erfahrung ein sehr wirkungsvolles, ziemlich kompliziertes und für die beteiligten Paare sichtlich ungefährliches Werkzeug war, das sie aus einer Vielfalt von Gründen befähigte, mit Gefühlen und

Bedürfnissen konfrontiert zu werden, die sie vernachlässigt hatten.

Es sollte eigentlich klar sein, daß nicht jeder aus dieser oder einer ähnlichen Erfahrung Nutzen ziehen wird und daß es Menschen gibt, die dadurch aus der Fassung gebracht werden – wie manche Menschen zum Beispiel durch religiöse Bekehrung oder Entbindung aus der Fassung geraten. Es wirkt riskant, wenn man aus der Konvention ausbricht, und Ratgeber werden sich (mit Recht) davor hüten, es zu empfehlen, wenn Sie selbst nicht wissen, was Sie vorhaben. Es gibt, abgesehen von dem Risiko, offensichtliche Gefahren, die Sie selbst umgehen oder zunichte machen können (das gilt für jede starke neue Erfahrung). Paare, die sich mehr schlecht als recht mit der Situation abgefunden hatten, sind vielleicht der Meinung, daß Erfahrungen, die einen oder beide Partner verändern, zum Abbruch der Beziehung führen könnten. Das würde dann auch gelten, wenn ein Partner in Analyse ist oder einen neuen Job annimmt, und manchmal muß man aus einer Verbindung herauswachsen. Jede Art von Gruppensex enthält ein gewisses Risiko an Geschlechtskrankheiten, wenn es das auch in Sandstone glücklicherweise nicht gab. (Für künftige Experimente ist es wichtig, daß die Teilnehmer Verantwortungsbewußtsein haben und nicht wahllos mit jedem schlafen.) Das Hauptrisiko liegt darin, daß die Mischung von Menschen, Milieu und Struktur wie in Sandstone sich nicht unbedingt anderswo wieder schaffen läßt. Wenn die falschen Menschen auf falsche Weise sich daranmachen und alle mit den für die meisten von uns normalen Ängsten und der »heißen« Einstellung zum Sex beginnen, können private Sexpartys böse ausarten. Wenn Sie also versuchen, die von uns beschriebenen Experimente zu wiederholen, achten Sie darauf, daß Sie sich dabei richtig verhalten.

Eine letzte, weniger selbstverständliche Komplikation ist Süchtigkeit. Es gab anscheinend verschiedene Arten von Menschen, die regelmäßig nach Sandstone kamen. Manche kamen anfangs sehr oft, führten eine bestimmte Art von Experiment durch und kamen dann mit Unterbrechungen wieder, um ihre Beziehung zu vervollständigen und verstärkten den Kern »kühler« Stammgäste, die sich zur Entspannung an Sonne, Sex und Gesellschaft vergnügten – eher wie Stammgäste in einem Nudistenklub, aber mit Sex als Draufgabe. Dieses Modell wurde oft davon bestimmt, wo diese Leute wohnten und wie weit sie fahren mußten – sie behandelten die Gruppe als zweites Heim. Einige waren verbissene Swinger, die nur kamen, um zu sehen, wie oft sie an einem Abend landen konnten. Für sie war der Ort der Handlung eine Art sportliche Zerstreuung – durchaus passend, aber man hätte sie in größerer Zahl nicht gebraucht. Andere kamen, gewannen nicht unwesentliche Erkenntnisse, brauchten nicht mehr und gingen fort oder schieden aus. Sie alle schienen positiven Gewinn zu erzielen. Einige kamen, als sie sehr anfällig waren, tobten sich richtig aus, gingen sich selbst auf die Nerven und verschwanden mit dem Wunsch, es wäre nicht so gewesen. Andere waren möglichst lange Zeit dort und schienen die Gruppenbetätigung als Zuflucht vor dem wirklichen Leben zu benützen. Sie waren den Frauen-tauschenden Swingern ähnlich, die schließlich niemand anders mehr kennen und von nichts anderem sprechen – so wie manche Schach- und Bridgespieler sich zuerst nur dem Spiel hingeben und dann in Kontaktarmut enden. Das meinen wir mit Süchtigkeit. Wenn Sex schließlich zu einem Ersatz für Leben wird, sind das Probleme, mit denen man sich auseinandersetzen muß.

Swingen

In primitiven Gesellschaften – oder was wir primitiv nennen, also Gesellschaften, die einfache Techniken, aber ausgeprägte Emotionen haben – geht der Partnertausch unter ziemlich strengen Bedingungen vor sich. Das Leihen einer (dazu bereiten) Frau mag eine Geste der Gastfreundschaft sein, ist aber nützlich. Sie schreibt, wie jede andere Gefälligkeit, eine Verpflichtung vor und vergrößert, da diese Gefälligkeit sexuell ist, die Zahl ihrer Familie – er hat sich deine Frau geliehen, also kannst du dir sein Kanu oder seine Hilfe bei der Jagd borgen. Orgien (das heißt Sexfeste ohne Tabus, ohne Einschränkung)

gibt es bei bestimmten Gelegenheiten, oft auf der Grundlage strenger Verhaltensweisen bei anderen Gelegenheiten. Sie neutralisieren die repressive und trennende Wirkung rigoroser Moral, machen alle Teilnehmer für eine begrenzte Zeit wieder zu Kindern und erhöhen vielleicht die allgemeine Fruchtbarkeit der Ernten (wenn Ernten moralistisch wären, würden sie vielleicht nicht gedeihen). Aus diesen Begegnungen gehen alle atemlos, schuldlos hervor und dazu bereit, wieder in »Sitte und Anstand« zu leben. Leichtlebige Menschen, die Sex als netten

Sport ansehen, veranstalten gleichfalls Zusammenkünfte, die für uns wie Orgien wirken, aber nur entspanntes Vergnügen sind in Gesellschaft dessen, woran sie sich bereits im Privatleben erfreuen – wie Devereux von den Samoanern sagte, ist es das Äquivalent zu Fußball, Kino und der Sauftour am Samstagabend.

Unsere – eigentlich fotgeschrittene und emotional naive – Gesellschaft denkt anders. Wenn immer mehr Ehepaare in Amerika und in andern Ländern aus Berichten der Massenme-

dien Mut zu dem Versuch bekommen, Rituale zu entwickeln, die andere an ihrer eigenen Sexualität beteiligen, ohne deshalb die Hauptbeziehung aufzugeben, sind die überwiegend stärksten Motive größere Emanzipation (was zu Auflehnung gegen die Besitzvorstellung der Ehe als gegenseitigem Eigentum führt) und sexuelle Unrast. Ein weiteres Motiv ist wahrscheinlich jenes, das zum Frauentausch bei den Eskimos führt, nämlich der Mangel an Verwandtschaft. Uns erscheint die doppelte Norm einfach abscheulich und die konventionelle amerikanische Lösung von serienmäßiger Polygamie mit Ehebruch (siehe unter »Ehe«) einfach unanständig. Demgemäß kann die Bemühung, das Bedürfnis nach Erfahrungen außerhalb der Paarbeziehung zu stillen, eher Ehrlichkeit und gegenseitige Rücksicht als Wollust ausdrücken.

In einer Kultur, die der Sache noch immer offen mißbilligend gegenübersteht, stellen Swinger genauso wie Nudisten eine charismatische Subkultur mit beiderseitigem Anreiz und beiderseitiger Heimlichkeit dar. Sie suchen sich andere gleichgesinnte Paare aus, die sie manchmal gar nicht persönlich, sondern durch Annoncen kennen und tauschen mit ihnen auf einer unverbindlichen Basis. Da so viele Arten von Menschen beteiligt sind, ist es schwierig zu schätzen, was ihnen die Sache wirklich bedeutet, wie weit Frauen oder Männer mit in die Sache hineingezogen werden, um den Ehepartner nicht zu verlieren, und wie viele davon finden, daß Swingen ihre Ehe verjüngt, beziehungsweise, wie viele schlechte Erfahrungen machen. Auch die Psychologen sind geteilter Ansicht. Es gibt welche, die die Sache aus eigener Anschauung kennen und eher dafür sind, und andere, denen diese Erfahrung fehlt und die eher dagegen sind. Die wenigen unparteiischen Studien kommen in ihrer Bewertung zu eher entmutigenden Resultaten. Swinger können Ängste und Phantasien zu ihrem Vorteil abbauen, sich näher fühlen, weil sie von ihren Ehepartnern sehen, daß sie ihnen ihre Freiheit wiedergeben, und – in selteneren Fällen – echte Ersatzverwandte gewinnen. Andere behalten all ihre Vorurteile und fügen einfach das Swingen zu einem eher begrenzten Lebensstil hinzu, wie sie es mit Golf tun könnten, manchmal mit der gleichen Wirkung: Entzweiung.

Swingen kann »geschlossen« (die Paare tauschen Partner aus, betreiben jedoch Sex in getrennten Räumen) oder »offen« sein, was zu einem Vierer führt. Aufgrund unserer Beobachtungen müssen wir annehmen, daß die Konsequenzen in den beiden Fällen verschieden sind. Bei Vierergruppen beobachten alle Beteiligten, was sich abspielt und können Ängste durch Lernen abbauen, während das Element normaler Bisexualität, das unsere Kultur unterdrückt und das jeglichem Partnertausch bei Primaten zugrunde liegt, die Chance hat, sich zu entwickeln (das kann der Grund sein, warum konventionelle Swinger – und davon gibt es viele – vor Vierergruppen Angst haben). Der starke Druck der Männer führt zu manchen äußerst schlechten Erfahrungen – Frauen neigen weniger dazu, Zufallspartner zu akzeptieren, und das System der Verabredung auf lange Sicht durch Zeitungsannoncen oder Rendezvouslokale leistet ihnen fast eine Garantie.

Daß es Leute gibt – und gar nicht so wenige –, die Partnertausch lohnend finden, ist ein guter anthropologischer Beweis, daß es da etwas gibt; es scheint jedoch der falsche oder nicht der beste Weg zur Einführung zu sein, nach diesem Etwas zu suchen, es sei denn für sehr robuste und selbstbewußte Menschen. Gemeinsamer Sex ist ein starkes Erlebnis, und man ist, indem man ihn mit praktisch Fremden ritualisiert, nicht fähig, etwas von seiner Stärke aufzunehmen – vor allem aber die sexuellen Ängste von der »heißen« Ebene, welche eine irritierte Kultur vorschreibt, auf die »kühle« Ebene zu übertragen, die auf Angstfreiheit, Zwanglosigkeit und Anerkennung der Persönlichkeit beruht.

Es ist wichtig zu erkennen, daß wir und unsere Partner in manchen Sexzusammenhängen vorübergehend »Unpersonen« werden (indem wir keine sozial vorgeschriebenen Ansprüche stellen), aber man darf es auch nicht allzusehr ritualisieren, sonst schränkt es einen ein.

Wir raten Paaren, die sich durch ihre Bedürfnisse und nach eingehender Diskussion zum Partnertausch hingezogen fühlen, nicht davon ab. Aber wir empfehlen, daß sie lesen, was wir über andere Arten verallgemeinerter Sexerfahrungen gesagt haben und sich überlegen, wie sie, wenn überhaupt, dabei vorgehen sollen. Partnertausch mit Fremden ist ein schlechter Anfang, und Partnertausch mit guten Freunden kann zur Entzweiung führen, es sei denn, er erfolgt ganz von selbst, und sogar dann kommt es manchmal dazu. Die lohnendsten Erfahrungen, wenn man nicht allzusehr auf Eroberungen versessen ist, sind jene mit Menschen, die entspannt mit Ihnen zusammensein können, bis sich etwas ganz natürlich ergibt und niemand enttäuscht ist, wenn es nicht dazu kommt.

Unruhestifter

Gehen Sie ihnen aus dem Weg! Sie können besonders in einer Dreiergruppe unangenehm sein, aber man kann intrigante Paare treffen, die überall, wo sie hinkommen, Krach bringen. Gewöhnlich gelingt es einer Gruppe, mit ihnen fertigzuwerden oder sie davonzujagen, sie können aber viel Unheil anrichten, ehe es dazu kommt.

Wir meinen spezifisch sexuelle Unruhestifter, denen es Befriedigung bereitet, wenn sie sich in eine Hauptbeziehung eindrängen und sie stören können, nicht die alltäglichen – dumme Verwandte und Nachbarn, spionierende Hauswirte und dergleichen. Diese kann man gewöhnlich erkennen, während die sexuellen Störenfriede oft wie freundliche Swinger aussehen, aber sich gern einnisten, Leute verführen, anstatt mit ihnen in Beziehung zu treten. Ihre eigene Beziehung zueinander ist nicht die von Liebenden, sondern von Komplicen. Es gibt das typische Porträt eines unruhestiftenden Paares in den »Gefährlichen Liebschaften« von Choderlos de Laclos. Jemand, der Ihren Paar-Zusammenhalt nicht aktiv verstärkt, ist für eine Dreier- oder Vierergruppe schädlich. Achten Sie darauf, daß Sie selbst bei Paaren, zu denen Sie in Beziehung treten, nicht dazwischenfunken oder sich eindrängen. Bestärkung beim Erkennen und Geben stummer Winke erfordert äußersten Takt. Nicht an Gruppen teilnehmende Paare können auch Unruhestiftern ausgesetzt sein, das geschieht jedoch meist verbal: ein nicht eifersüchtiges Paar kann durch Klatsch nicht leicht auseinandergebracht werden.

Es ist klug, sich im allgemeinen von Störenfrieden fernzuhalten – man beurteilt sie nach den Ansichten, die sie zum Ausdruck bringen. Sie sind in ihrem Privatleben oft ebenso erbärmlich wie in der Öffentlichkeit.

Verbindung, Erholung

Bei den Menschen hat Sex drei Funktionen. Er kann der Fortpflanzung (Zeugung von Kindern), der Verbindung (Ausdruck von Liebe und Zusammenschluß Erwachsener) oder der Erholung (Spiel und Spaß) dienen. Die meisten sexuellen Probleme der Menschen entstehen aus Angst vor oder durch Verwechslung dieser drei Funktionen.

Wäre menschlicher Sex »für die Zeugung von Kindern bestimmt«, dürften wir uns nicht das ganze Jahr lang und auch während der Schwangerschaft paaren, sondern ein- oder zweimal im Jahr (was einige leicht übergeschnappte Theologen gern sehen würden). Bis vor kurzem lehrte die Religion, die in unserer Kultur traditionell die Lust als Beweggrund verwirft, tatsächlich, daß die Fortpflanzung der einzige erlaubte Zweck des Sex sei. Mit der Entwicklung der romantischen Vorstellung von Ehe wechselte sie ihren Standpunkt und trat eher hinter das Ereignis, so daß sie heute, zusammen mit verkappter religiöser Psychiatrie und Beratung behauptet, achtbarer Sex könne nur der Verbindung dienen.

Es gab bis heute keine Zeit in der Menschheitsgeschichte, in der eine dieser Wertbestimmungen völlig zutreffend war, obgleich sie dazu dienten, die Aufgaben zu unterstützen, denen die Familie unterzogen wurde. Sogar in sehr verwandtschaftsbewußten Kulturen gab es Lücken für sexuelle Betätigung, die weder ein Ausdruck für den Wunsch nach Kindern noch für allumfassende persönliche Annäherung war. Normalerweise wurden diese Lücken nur für Männer vorgesehen: sie waren die Gesetzgeber und beanspruchten das Recht auf Sex ohne Verwandtschaft, während sie ihn ihren Frauen mit Hilfe von Sittenkodex, Harem oder, spitzfindiger noch, durch Indoktrinierung der Mädchen mit der Ansicht verboten, daß Sex in einer festen Beziehung die einzige Art sei, zu der Frauen fähig sind, und daß sie, anders als die Männer, nur Vergnügen daran haben könnten, wenn sie total besäßen. (Man brauchte offensichtlich Frauen, die für Unterhaltung aufgeschlossen waren, ebenfalls, um diese Masche auszunutzen, aber sie standen außerhalb der Gesellschaft. Das ganze System hatte aber schwere Fehlzündungen, da eine große Zahl von Männern bei »anständigen« Frauen impotent waren, denn Sex war etwas, das man mit einem netten Mädchen nicht trieb.)

Hier hat die Pille eine totale Änderung gebracht. Ungefährdet durch Zwangsschwangerschaft, haben viele Frauen nun entdeckt, daß ihre Fähigkeit, Sex auf allen drei Ebenen zu erleben, entweder zusammen oder bei verschiedenen Gelegenheiten und in verschiedenen Umgebungen, ebenso groß ist wie die jedes Mannes, wenn nicht größer. Heute hat der Erwachsene alle drei Möglichkeiten – Sex für Elternschaft, Sex als totale Verbindung und Sex zum Spaß, begleitet von nicht mehr als Zuneigung. Ältere Leute, welche die Jungen heute beobachten, erkennen, wieviel ihre Generation dadurch gelitten hat, daß die Gesellschaft diese Arten durcheinanderbringen wollte – wenn das Spiel zwischen Jungen und Mädchen zu erzwungener Heirat zwischen Bekannten führte, oder wenn ein Partner die Gedanken des anderen mißverstand oder Liebe und Interesse simulierte, um einen Partner, dem an einer Beziehung lag, ins Bett zu bekommen.

Jeder gute Sex ist teilweise auf eine Beziehung ausgerichtet. Ist er wirklich gut, erzeugt er eine solche, und sei es nur von Wärme und Dankbarkeit, und niemand wünscht sich Sex auf Spiel-Ebene mit einem Menschen, der nicht rücksichtsvoll und liebevoll ist. Zugleich kann er alles von totaler Beteiligung bis zu einem Bruch zwischen Freunden ausdrücken. Wichtig ist, daß all dies wertvolle Aspekte menschlicher Wechselwirkung sind, vorausgesetzt, die Partner sind der gleichen Meinung über das Niveau des Interesses, das sie einbringen. Sex kann durch seine intensiv verstärkte Bindungsfähigkeit zwei Menschen verändern und einander näherbringen: das heißt, er kann ein unbegrenztes Erlebnis sein. Dementsprechend muß man seinen gesunden Menschenverstand bei der Partnerwahl wirken lassen und stets darauf achten, verwundbare Menschen nicht aus dem Gleichgewicht zu bringen. Es gibt Menschen, die man auf eine Bergtour nicht mitnehmen würde. Sex zur zärtlichen Unterhaltung ist etwas für robuste Menschen. Paare sollten ihn besser in die Partnerschaft beziehen, damit bei Begegnungen dieser Art nicht einer der Partner übergangen wird, sondern beide beteiligt und eingeschlossen sind. Vor allem mißdeuten Sie Entspannung nicht als frivol oder ausbeuterisch. Sie bedeutet, daß man spielerisch, liebevoll und zärtlich ist.

Hilfsmittel

Ärzte

In *Joy of Sex* haben wir darauf hingewiesen, daß Ärzte keine Schulung in Sexualberatung haben oder über das Anfangsstadium noch nicht hinaus sind. Andererseits könnten sie, wären sie geschult, gute Erfolge erzielen; sie sind jedenfalls die ersten, an die man sich mit Sexproblemen wenden soll.

Sie können sich ein Bild von der Qualität der Beratung machen, die ein Arzt Ihnen zuteil werden läßt, indem Sie auf sein allgemeines Verhalten achten. Beruhigung ist eine geeignete Medizin, wenn Sie aber zuerst Hormonpillen gegen Impotenz bekommen, sollten Sie Bedenken haben, und wenn man Ihnen sagt, es sei Ihr Alter oder da sei nichts zu machen und Sie müßten mit Impotenz oder Frigidität oder vorzeitiger Ejakulation leben, sollten Ihre Bedenken so groß werden, daß Sie sich an jemand anders wenden. Bei schwierigen Problemen wird Sie der Arzt zu einem anerkannten Sexologen schicken, wenn es einen gibt und der Arzt Anhaltspunkte hat (Verweisung auf ein Lehr-Krankenhaus ist immer ein kluger Schritt), zu einem Gynäkologen, einem Chirurgen für Geschlechts- und Harnorgane, wenn Sie ein Mann sind, oder zu einem Psychiater. Ein Gynäkologe ist natürlich der richtige, wenn es sich um Schmerzen, etwas Anatomisches oder Unfruchtbarkeit handelt. Wenn es das letztere ist, gehen Sie nicht in dieses Krankenhaus zurück, es sei denn, man verlangt auch Ihren Mann zu sehen. Sie können unnötige Untersuchungen an sich selbst vermeiden – vielleicht hat er keine Samen, und es wird ihm mehr Spaß machen, in eine Teströhre zu masturbieren als Ihnen, wenn man Ihnen Luft einbläst, und dergleichen. Der Chirurg für Geschlechts- und Harnorgane ist nur für Sexprobleme zuständig, welche die männliche Anatomie betreffen – manche von ihnen haben Erfahrungen auf dem Gebiet der Impotenz und der vorzeitigen Ejakulation, andere nicht. Der Psychiater ist oft der letzte

Ausweg – er mag der beste Mann sein, wenn man ein Problem wie Depression (siehe diese) oder große emotionale Schwierigkeiten hat, aber manche Ärzte schicken ihm gern alle Fälle, die im Verhalten begründet sind und mit denen sie selbst nicht fertigwerden können.

Es ist wesentlich zielführender, bei allen geläufigeren Funktionsstörungen einen angesehenen Sexualberater zu konsultieren – er wird Sie an den Psychiater, den Endokrinologen, den Gynäkologen oder dergleichen verweisen, wenn er glaubt, daß diese imstande sein werden, Ihnen zu helfen.

Wenn Ihre Berater widerwillig sind, wechseln Sie Ihren Arzt und lassen Sie nicht locker, bis Sie zufriedengestellt sind. Lassen Sie aus einer größeren Befangenheit keine Lebensweise werden.

Biofeedback

Ärzte und Jogis haben schon lange vermutet, daß es äußerst wenige Körpervorgänge gibt, die nicht bis zu einem gewissen Grad durch den Willen kontrolliert werden können. Die Sache hat bloß einen Haken: Wenn man zum Beispiel seinen Blutdruck durch Denken beeinflussen will, hat man nicht die Möglichkeit, das zu überprüfen. Wir haben eine ganze Reihe von Muskeln, um unsere Ohren zu bewegen; da wir das Ergebnis des Bewegens dieser Muskeln aber nicht sehen können, ist es schwierig, die spezifischen Bewegungen zu lernen. Wenn Sie Ihre Ohren dagegen auf einem solchen Fernsehschirm mit angeschlossener Kamera beobachten, der das Bild nicht wie ein Spiegel umkehrt, können Sie in einer einzigen Sitzung lernen, mit den Ohren zu wackeln.

Nun ist es bekannt, daß Blutdruck, Durchblutung der Haut, Erektion und sogar die Gehirnströme willkürlich kontrolliert werden können, wenn man irgendwie ablesen kann, was vorgeht, um sich dann auf »stärker« oder »schwächer« einzustellen. Das Herumspielen mit Gehirnströmen wurde ein Partyspaß an der Westküste (zum Glück dürfte es harmlos und sogar eine Unterstützung der Meditation sein). Das gleiche

Gerät kann dazu verwendet werden, Patienten zu lehren, epileptische Anfälle zu unterbinden. Die auf Biofeedback beruhende Kontrolle sexueller Vorgänge findet immer häufiger Verwendung, um Frauen die Kontrolle ihrer Beckenmuskeln zu lehren und impotenten Männern die Fähigkeit zu vermitteln, willkürlich wie ein Jogi eine Erektion herbeizuführen. Siehe auch unter »Verhaltenstherapie«.

Bücher

Wir wollen hier nicht über die einschlägige Literatur herziehen, unser Hauptanliegen ist es nur, keine falschen Informationen zu geben. Sex-Handbücher werden meist von außerhalb der Gruppe stehenden Trainern mit beschränkter Erfahrung geschrieben, von denen manche nie einen tatsächlichen Sexualverkehr gesehen haben, oder von sexuell aktiven und ganz humanen Leuten, die aber nichts von menschlicher Biologie wissen und ihre medizinischen Informationen aus veralteter Literatur beziehen. Beide stützen sich eher auf die Psychiatrie und Sexologie von 1874 als von 1974. Das gilt natürlich nicht für alle Bücher – zum Beispiel für moderne Fachstudien wie die von Kinsey und von Masters und Johnson (obwohl manche davon absichtlich in einer Idiotensprache geschrieben sind, damit die Polizei sie nicht versteht; wenn sie interessant wären, würde man sie vielleicht verbieten – wo käme man denn hin, wenn jedermann Sex-Handbücher lesen würde!). Magazine berichten freimütiger über Sexualverhalten, allerdings entstammt vieles dem Reich der Phantasie, außerdem gibt es den Unsinn über Verjüngungsmittel, Potenzpillen und so fort. Die realistischste Quelle sexueller Kommentare sind oft die Karikaturen in »Playboy«, »Oui« und ähnlichen Publikationen.

Moralisten und Mediziner, die Privatinteressen verfolgen, sind ziemlich leicht zu erkennen. Davon abgesehen kann man ruhig sagen, daß jede alarmierende Behauptung oder eine Behauptung, die besagt, etwas, das Ihnen beiden Vergnügen macht, sei unreif, geistig ungesund und dergleichen, wahrscheinlich Quatsch ist. Es ist der beste Test für ein Buch, wenn es klar wird, ob der Autor selbst Spaß am Sex hat und dessen unendliche Vielfalt anerkennt.

Wenn Sie direkte Fragen haben oder Bücherlisten wünschen, wenden Sie sich an *Pro Familia*, Deutsche Gesellschaft für Sexualberatung und Familienplanung e. V., in Frankfurt, Große Bockenheimer Straße 15.

Encounter-Gruppen

Encounter-Gruppen, die der Begegnung dienen, sind an der amerikanischen Westküste zu einem beliebten Sport geworden. Grundsätzlich sind es Gruppentherapie-Zusammenkünfte, die von Amateuren mit selbstgewählten Mitgliedern in einer Atmosphäre hoher Erwartung geleitet werden. Geschultes Training ist keine Garantie dafür, die Fähigkeit zur Kommunikation zu vermitteln, hingegen sind manche Amateure intuitive Therapeuten von hohen Graden. Andere sind es nicht oder reagieren eigene Probleme an den anderen Gruppenmitgliedern ab – ein psychiatrisches Training läßt den geschulten Therapeuten zumindest diese Möglichkeit erkennen. Die Amateure neigen eher zu Optimismus. Da sie Amateure sind, kommen zu ihnen alle jene, denen eine normale Beratung nicht geholfen hat. Da sie ihre Mitglieder nicht überprüfen, kann es sich, wenn sie nicht Glück haben, um Leute handeln, die tatsächlich geistig krank sind. Ohne die erforderliche Fachkenntnis behandelt, können sie richtig überschnappen. Somit verbringen die geistig robusten, richtigen Psychotherapeuten ziemlich viel Zeit damit, den Schaden wiedergutzumachen, der geistig gestörten Menschen durch ebenso gestörte Gruppenleiter zugefügt wurde, obgleich Encounter nicht schädlich ist und durchaus Gutes bringen kann.

Der allgemeine Effekt ist der jener zweifelhaften kleinen Annonce: »Lehren Sie sich selbst Gehirnchirurgie – Sie brauchen dazu nur einen Spiegel und eine Säge«. Ein aggressiver Leiter kann wirklichen Schaden anrichten – gewöhnlich verwandelt sich seine Gruppe in ein Wolfsrudel und bringt das gestörteste Mitglied mit der geringsten Dominanz zu Tränen,

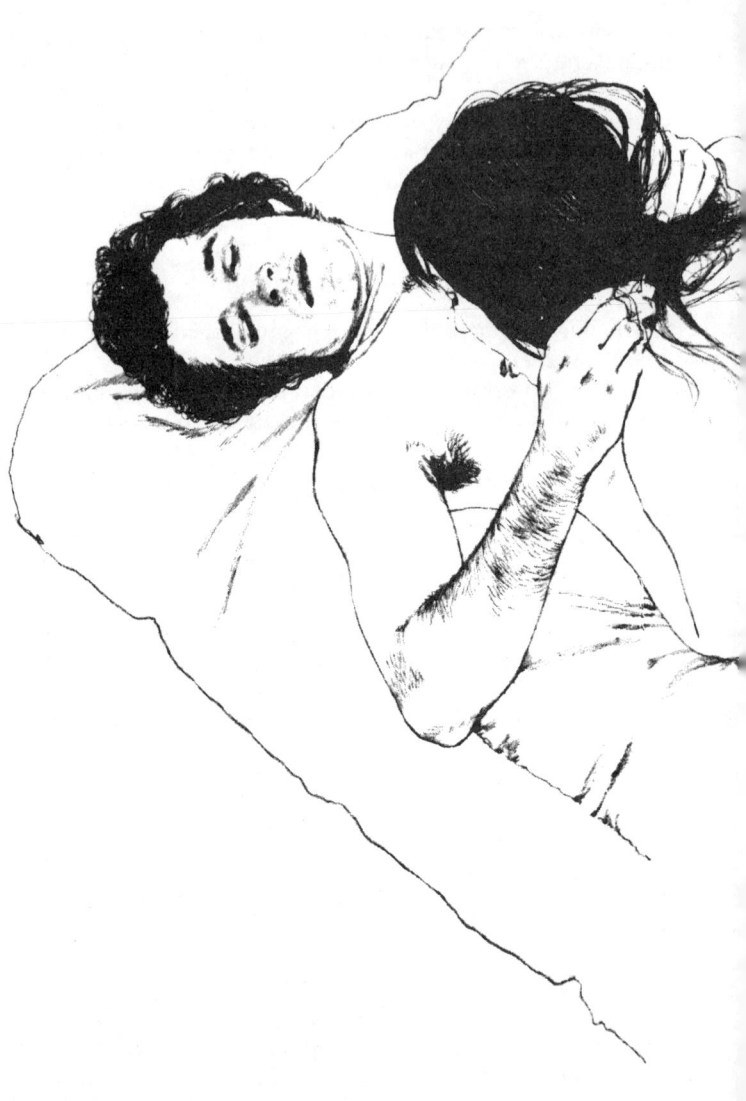

204

statt seine Selbstachtung zu stärken. Es gibt Encounter-Virtuosen, die auf diese Technik ungeheuer stolz sind. Andere versammeln sich in gegenseitiger Bewunderung um einen Guru, der sich in der Vaterrolle sonnt und weder die Fähigkeiten besitzt, sie konstruktiv zu nutzen, noch sie abzulegen, wenn sie nicht länger gebraucht wird. Ein solcher Führer will in Wirklichkeit nicht, daß seine Jünger von ihm unabhängig werden, sondern schafft eine Süchtigkeit, die sie abhängig macht.

Methoden und Theorien spielen offenkundig keine Rolle, wie eine Untersuchung von Professor Yalom in Stanford gezeigt hat – sondern nur die Persönlichkeit des Führers. Viele von ihnen sind selbst schwer gestört. Die guten versuchen ihre Methode den Schülern zu vermitteln; da die Resultate aber davon abhängen, welche Art von Menschen sie persönlich sind, hält sich der Erfolg bei den Schülern in Grenzen.

Wenn Sie in einem Kontext sozialer Wechselbeziehung Bewußtheit lernen wollen, sollten Sie es lieber in einer sozialen Umgebung tun, in der die Atmosphäre weniger erregt ist, oder bei Gruppenzusammenkünften mit einem Therapeuten, der die richtige Schulung als Moderator besitzt. Schulung macht noch nicht den Therapeuten aus, aber schließlich geht man auch nicht zu einem Amateur, wenn eine Herzoperation notwendig ist.

Ersatzpartner

Die beste Methode, die Sexbetätigung zu lernen, wenn sie für jemanden neu ist oder Probleme mit sich bringt, ist der Verkehr mit einem informierten, erfahrenen, nicht anspruchsvollen und erregten Partner. Leider sind die meisten unserer normalen Partner auch im Lernstadium, haben in der Regel nicht allzuviel Erfahrung und Hemmungen. Sie quälen sich auch mit der Frage: »Gefalle ich ihm/ihr?« »Warum gefällt er/sie mir nicht?«, und das wird immer schlimmer, je mehr Leistungsschwierigkeiten der andere Partner hat. Prostituierte sind informiert, erfahren und oft erregt, aber die Umstände stimmen nicht, und viele von ihnen sind, motivations- und erfahrungsgemäß, grundsätzlich dem anderen Geschlecht gegenüber feindselig eingestellt. Außerdem ist für sie – es sei denn, Sie gehen zu sehr kostspieligen Callgirls – Zeit Geld, und Sie werden einem Zeitdruck ausgesetzt.

Wenn jemand wegen eines Problems wie vorzeitiger Samenerguß einen Therapeuten konsultiert, wird dieser das Paar instruieren, wenn der Patient eine Partnerin hat. Wie aber, wenn ein Mann nur homoerotische Erfahrung hat und heterosexuelle Fähigkeiten erwerben will? Die fromme Gesellschaft sagte ihm, er solle heiraten (was für die Frau schwierig sein konnte, wenn er mit dem Versuch die falsche Wahl getroffen hatte), die weniger fromme riet zu Prostituierten oder Zufallsbekanntschaften, was eine Menge Unannehmlichkeiten mit sich bringen konnte, wenn ein Mißerfolg zu einem Komplex führte. Ein vernünftiger Therapeut würde ihn, es sei denn, Sie glauben, man könne Sex durch Fernkurse lernen, zu einer Frau mit den erforderlichen Kenntnissen schicken, die Freude am Sex hat und ihn unterstützt, ohne Forderungen zu stellen. (Wir sagen »er« und »Frau«, weil es jetzt so üblich ist: es gibt männliche Ersatzpartner, aber infolge eines kulturellen Rückstandes sind Frauen sehr oft weniger fähig, sie zu akzeptieren als Männer weibliche Ersatzpartner, und es gibt psychodynamische Unterschiede. Wir kennen nicht genug männliche Ersatzpartner, um beurteilen zu können, wie das ausgehen würde.)

Die weibliche Ersatzpartnerin muß Vergnügen am Sex haben, über die Behandlung männlicher Probleme informiert, warm und liebevoll sein, aber robust genug, um sich nicht persönlich für den Patienten zu interessieren. Sie arbeitet immer mit dem Therapeuten, der ihr den Patienten geschickt hat und übernimmt die Verantwortung für die Behandlungsweise. Ersatzpartner und Patient werden – wenn sie es vorziehen, mit Vornamen – einander vorgestellt und verbringen die ersten Zusammenkünfte damit, nackt beisammen zu sein. Er hatte vielleicht noch nie Gelegenheit, den Körper einer Frau zu untersuchen. Es ist ihr Job, ihm zu helfen, ohne ihn zu erschrecken, seine Potenz zu fördern, ihm soziale wie sexuelle Kenntnisse im Bett beizubringen und sich auf sein vorhandenes Problem zu konzentrieren (vorzeitiger Samenerguß ist dasjenige, mit dem Ersatzpartnerinnen vielleicht am häufigsten zu tun haben). Er wird ebensosehr auf Leistung wie auf Entspannung ohne Hast trainiert und begreift ihre selbstsichere, anspruchslose Einstellung zum Sex.

Manche Ersatzpartnerinnen betrachten ihren Job, der weit davon entfernt ist, eine Ausbeutung von Frauen zu sein, als idealen Ausdruck ihrer eigenen Bedürfnisse, obwohl es schwere Arbeit ist, wie jede andere Aufgabe, bei der man jemand anderen an seiner Schulter weinen läßt. Sie und ihre Patienten werden nicht gegenseitig voneinander abhängig oder verknallen sich in einander, aber sie bleiben vertraute Freunde. Eine uns bekannte Ersatzpartnerin weinte – vor Freude, nicht aus Eifersucht –, als sie einen Brief bekam, daß ein früherer Klient glücklich verheiratet war und dieses ihr Verdienst war. Es ist eine warme, nützliche menschliche Beziehung, die richtigen Menschen vorausgesetzt, der nichts von Klinik oder Prostitution anhaftet.

Vernünftige Ärzte haben jahrelang Ersatzpartnerinnen verwendet, darüber jedoch geschwiegen. Jetzt können sie es offen tun, was viel besser ist.

Meditation

Sie ist ein nicht auf den ersten Blick erkennbares Hilfsmittel für Leute mit Problemen. Sie bedeutet nicht, daß man sitzt und über etwas nachdenkt, sondern vielmehr, daß man geistig eine Art Zustand ohne Voreingabe erreicht. Wenn dies geschieht, ist man fähig, innere Gehirnvorgänge mitzuhören, veränderte Gemütszustände zu bekommen und – wenn man ein Mystiker ist und systematisch meditiert – »ozeanische« Zustände, sehr ähnlich denen, die bei manchen Menschen durch LSD verursacht werden, aber ohne Risiko.

Spitzenerlebnisse verändern Menschen vorteilhaft, wenn sie zufällig erfolgen, aber wir erwähnen das deshalb als Beratungs- und nicht als religiöses Mittel, weil der meditative Zustand, sogar auf sehr niedriger Ebene, starke Wirkungen auf das autonome Nervensystem ausübt und Spannung mildern kann.

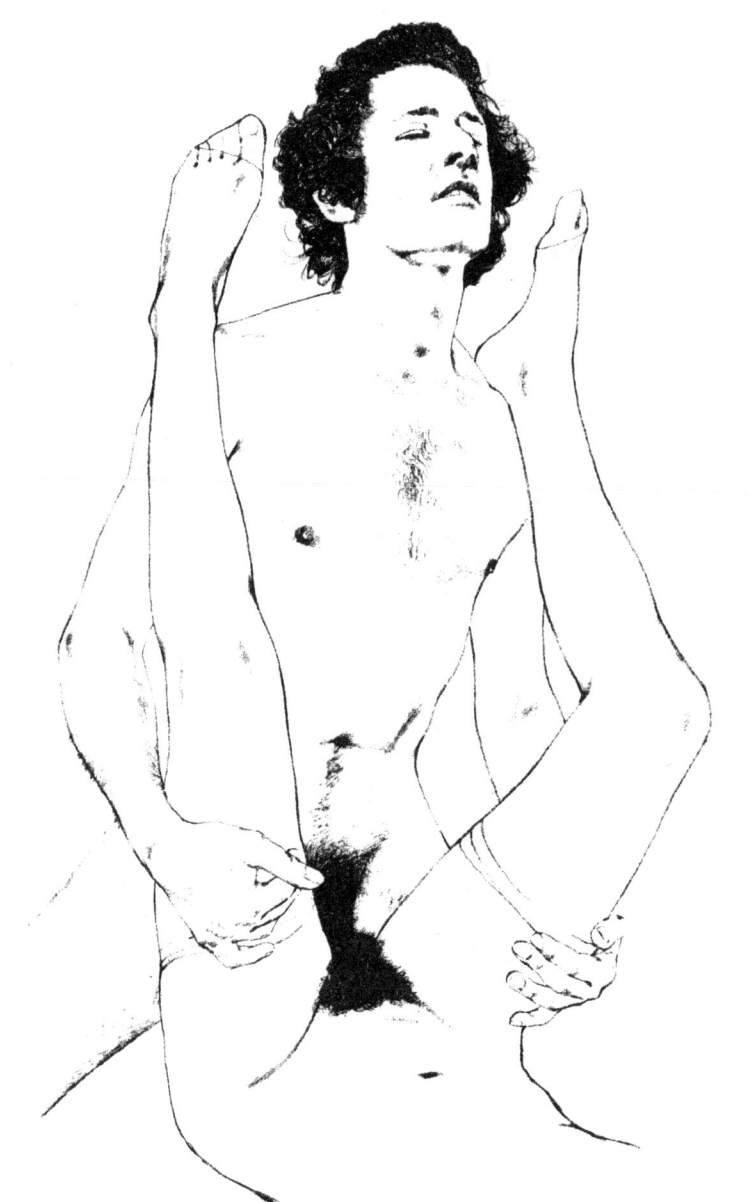

Fortgeschrittene Experimente hingegen können helfen, Leute von Drogen oder Alkohol abzubringen, wenn sie die Ausdauer haben, so lange weiterzumachen. Man braucht einen Ausbilder für den Anfang und fortgesetzte Instruktion, wenn man weiterkommen will (sonst können manche der LSD-artigen Wirkungen für unvorbereitete Menschen, die keine von Natur aus nachdenklichen Heiligen sind, beängstigend sein). Anhänger des Tantra verbanden Meditation mit langsamem Sex ohne Orgasmus als Übung in Manipulation der Körpervorstellung, wodurch jeder oder jede sich zugleich als Mann und Frau fühlte. Wie weit man gehen kann, hängt von den religiösen Begabungen ab – als einfache Entspannungsübung finden die meisten Menschen Meditation in ganz elementarer Weise lohnend.

Psychoanalyse

Ein hoher Prozentsatz wohlhabender Amerikaner scheint allwöchentlich den Analytiker aufzusuchen, so wie man zum Friseur geht – oft mit der Erwartung, bei persönlichen oder sexuellen Problemen Hilfe zu bekommen. Es lohnt sich daher zu untersuchen, was die Analyse ist und was nicht.

Freuds ursprüngliche Technik der Behandlung von Patienten fußt auf der Entdeckung der kindlichen Sexualität und Verdrängung. Das Sexualverhalten Erwachsener geht auf äußerst starke, in früher Kindheit vorhandene Emotionen und Reaktionen zurück, in welchen lange vor jeder Befähigung zu sexueller Leistung die Eltern als Sexualobjekt und als Subjekt von Trieb, Eifersucht und dergleichen figurieren. Verdrängen ist das von Erwachsenen programmierte Ausschalten einer ganzen Reihe dieser Kindheitserfahrungen aus dem Gedächtnis, die dessenungeachtet unaufgefordert an die Oberfläche kommen und das Verhältnis beeinflussen. Freud analysierte Träume, Verhalten, Einstellung und freie Assoziationen, um relevante Teile dieser Kindheitserfahrung bewußt zu machen – wobei die Erklärung dazu verwendet wurde, den Patienten zu befähigen, diese Teile seiner verdrängten Vergangenheit, die seine Leistung beeinträchtigen, zu empfinden (und hoffentlich damit fertigzuwer-

210

den). Von allen späteren psychoanalytischen Theoretikern, die diese Ideen abgeändert haben, hält sich Freud im Licht modernen biologischen Wissens noch immer am besten.

Eine der wichtigsten Entdeckungen Freuds war es, daß Kleinkinder männlichen Geschlechts in einem gewissen Stadium starke Befürchtungen um ihre Genitalien und Angst vor deren Verlust sowie Neid auf ihren Vater empfinden – die sogenannte Kastrationsangst und den Ödipuskomplex. Wir würden heute eher von kindlicher Sinnlichkeit als oder ebenso wie von Sexualität sprechen und die Kastrationsangst als Spezialfall einer Dominanzsituation ansehen. Der Penis ist ein Dominanzmerkmal, und die Vulva der Mutter ist sowohl eine Einladung wie eine Bedrohung – höchst passend für einen jungen, prähumanen männlichen Primaten, der bei seiner Mutter bleiben mußte, weil er noch unreif war, sich ihr sexuell jedoch nicht nähern durfte, da die Gefahr bestand, vom Vater als erwachsener männlicher Nebenbuhler behandelt und attackiert zu werden.

Der Grund dafür, daß der Penis eine Zwangsvorstellung Freudscher Interpretation ist, liegt darin, daß er eine Zwangsvorstellung des Menschen ist. Bei den meisten Tieren sind Erwachsenengefieder oder -stimme erforderlich, um den Wettbewerb mit anderen Männchen auszulösen, und man würde eher Bartangst als Penis- oder Kastrationsangst erwarten. Der Mensch scheint darin einzigartig zu sein, daß er einen von der Geburt an vorhandenen Körperteil als Dominanzmerkmal wählt – Haarlosigkeit, wachsende Intelligenz und aufrechte Stellung haben vielleicht zusammengewirkt, um einen Mann erkennbar zu machen und somit, solange er noch unreif ist, zum Rivalen zu stempeln. Es scheint so vor sich gegangen zu sein, daß dieses ganze Verhaltenspaket in der Entwicklung in ein irrelevantes, jugendliches Alter verlegt wurde.

Die Dominanzangst gegenüber dem Vater ist somit höchstwahrscheinlich eine ebenso vorübergehende Sache wie ein Kaulquappenschwanz, sie hat jedoch einen wesentlichen Einfluß auf das Verhalten des Erwachsenen wie auch auf alle menschlichen Mythen und die Literatur. Wenn es dem Mann nicht gelingt, den Begriff der Frau als Mutter und Tabuobjekt zu bewältigen, sobald die Zeit zur Paarung herankommt, kann er alle Frauen als Bedrohung ansehen und entweder Männer vorziehen, oder er braucht ein Übergangsobjekt (einen Fetisch), um ihnen die Stirn zu bieten, wie ein Kind einen Teddybär braucht, wenn es sich fürchtet.

Was Frauen anlangt, setzte Freud voraus, daß sie sich als bereits kastriert und auf der Suche nach dem Penis betrachten, den sie verloren haben, während Männer sich bemühen, sie mit einem zu versorgen, um sie weniger bedrohlich zu machen. Manches davon klingt richtig, und nicht wenige dieser Gedanken finden sich im Volksglauben. Frauen suchen in gewissem Sinn einen Penis, und Männer finden Frauen mit einem Phallus beruhigend – beachten Sie die Vorliebe mancher Männer für einbeinige Frauen, was ein einfach schematisches Merkmal der bei Tieren beobachteten Arten ist. Andererseits war Freud mit seiner Psychologie weiblicher Sexualität nicht zufrieden, und wir sind vielleicht noch weniger zufrieden (wir könnten ein Moratorium für Theorien brauchen, die Männer über weibliche Sexualität aufgestellt haben). Wenn Sie eine richtige Darstellung von Freuds eigenen Ideen wünschen, lesen Sie seine »Vorlesungen über die Einführung in die Psychoanalyse«, nicht das, was jemand anders sagt, daß Freud es gesagt habe.

Sowohl die Freudsche Analyse als auch spätere Varianten (einschließlich der von Jung, der sich für Archetypen interessierte oder für bevorzugte Modelle menschlichen Denkens und für das in jedem Individuum verborgene männliche und weibliche Ich) können instruktive und lohnende Erfahrungen sein und die Selbsterkenntnis vertiefen. Wenn sie funktionieren, sind sie emotionale oder Gefühlserfahrungen, nicht das Äquivalent einer Vorlesung. Im Zuge der Selbsterkenntnis werden manche unserer vernunftwidrigeren Reaktionen wie etwa, daß wir dauernd Verlierer sind, die das andere Geschlecht hassen, oder daß wir zu Unfällen neigen, als das gesehen, was sie sind, und wir werden von ihnen befreit. Leider sind sie für konkretere sexuelle Probleme, wie etwa Impotenz, viel lehrreicher als vorteilhaft. Nach zehnjähriger Analyse hat man vielleicht viel Einsicht gesammelt – und ist noch immer impotent oder leidet weiter an dem Problem, dessentwegen man Hilfe gesucht hat.

Als Erziehung ist die Analyse durchaus wertvoll, wenn man über die nötige Zeit und das nötige Geld verfügt. Als Behandlung für funktionell selbständige Gewohnheiten, an denen man festhält, was immer ihr kindlicher Ursprung sein mag, sind die Ergebnisse dürftig und andere Arten, sie anzupacken, sowohl schneller als auch sicherer – zum Beispiel wissenschaftlich gelenktes Umlernen (siehe unter »Verhaltenstherapie«). Zugleich könnten viele Leute, die durch Verhaltenstherapie von einem Symptom kuriert werden, mehr Einsicht gebrauchen (und sie durch nicht klassische analytische Methoden wie Kurzanalyse und analytische Gruppentherapie bekommen, die schneller und weniger kostspielig sind als die ursprüngliche Freudsche Vorgehensweise). Zwischen analytischen und Verhaltenspraktikern herrscht gewöhnlich eine stupide Feindseligkeit, aber beide untersuchen einen programmierten Lernprozeß, und ein Primatenbiologe würde ihnen die Köpfe aneinanderschlagen.

Jede moderne Sexologie und Primatologie muß auf Freud zurückgreifen. Jede Diskussion über menschliches Verhalten muß auch Jung berücksichtigen, der mehr auf das Gefühlsleben reagierte, aber dazu neigte, in eine Art Wagner-Stratosphäre aufzusteigen, und auch Adler, der als erster (mit anderen Worten) darauf hinwies, daß vieles von dem, was Freud als Sexualängste bezeichnete, in Wirklichkeit zur Dominanz gehörte. Diese drei Männer sprachen nicht miteinander. Erst die Primatologie und die Anthropologie brachten sie zusammen zu einer allgemeinen Biologie menschlichen Denkens und Verhaltens – die Art, wie die Wissenschaft durch Dogma und Egozentrik behindert wird, war ein Thema, das leider keiner von ihnen meisterte. Demgemäß kann die Art von Analyse, die man bekommt, von der Schule abhängen, welcher der Analytiker angehört, es sei denn, man hat es mit einem vernünftigen Eklektiker zu tun, der alle Theorien kennt. Das ist weniger ausschlaggebend, als Sie vielleicht annehmen, denn die Analyse ist eine sensitive Erfahrung in Kommunikation und Intuition zwischen Ihnen und dem Analytiker, und das ist es, worauf es für den Nutzen ankommt, den Sie aus den Sitzungen ziehen können.

Psychotherapie

Fast alles, was Sie veranlaßt, sich geistig besser zu fühlen – von Beruhigung bis zu zehn Jahren Analyse – wird hauptsächlich für spezifische Situationen des Dialogs oder der Wechselwirkung angewendet, die darauf abzielen, Einsicht zu gewähren und Probleme zu überwinden. Dabei hängt fast alles von der verbalen wie auch von der nonverbalen Kommunikation ab. Sogar das Aufsuchen eines Arztes wegen irgendeines körperlichen Schmerzes kann ein Ausdruck dessen sein (nicht wenige Symptome sind Botschaften oder demonstrative Verhaltensweisen), und ein guter Arzt wird, außer daß er Ihnen ein Aspirin gegen den Schmerz verschreibt, Ihre Körpersprache verstehen und sich mit der Botschaft durch seine eigene verbale oder nonverbale Mitteilung an Sie befassen.

Die Psychiater erfanden die sogenannte Transferenz und Gegen-Transferenz nicht (die Wechselwirkung zwischen dem Erscheinungsbild des Patienten auf den Arzt und dem des Arztes auf den Patienten – der Arzt ist auch eine Person): es ist eine normale Form menschlicher Kommunikation. Spezifischere Psychotherapie kann auch beinhalten, daß man jemanden sprechen (und ihn oder sie Entschlüsse über die einzuschlagende Handlungsweise treffen) läßt, während der Therapeut sich die verbale und nonverbale Information anhört und helfend eingreift. Das kann ein wenig so sein, als hielte man den Spiegel, um jemanden zu befähigen, in seine eigenen Ohren zu sehen. Nur Sie können mit Ihrem Kopf zurechtkommen, aber ein geschickter Beobachter von außen kann Dinge sehen, die Sie nicht sehen, und Ihnen ermöglichen, sie zu sehen.

Gruppen-Psychotherapie spart Zeit und verstärkt den Fluß derartiger Information auf ein Maximum, weil es mehrere Individuen beiderlei Geschlechts gibt und eine Anzahl verschiedener, sich gegenseitig beeinflussender Veranlagungen. Ein einziger Therapeut kann nur eines Geschlechts zu einer bestimmten Zeit sein (kann somit Ihre Reaktion auf das andere Geschlecht nicht bekunden) und beginnt mit einer eingebauten »Elternrolle«. Sie kamen zu ihm oder ihr als einer Autorität oder einem Zauberer mit der Erwartung auf Hilfe, und das enthüllt zum Beispiel nicht Ihren Dominanzgrad in einer Gruppe. Ein wirklich fachkundiger Gruppentherapeut bleibt gewöhnlich ganz ruhig, beobachtet die wechselseitigen Wirkungen in der Gruppe und schreitet entweder ein, um Ordnung zu halten (jemanden zu schützen, der verspottet wird, ein allzu gesprächiges Mitglied zu bitten, auch andere reden zu lassen, wenn es die anderen nicht tun) oder um die Wechselwirkung zu lenken, so daß die Mitglieder selbst erkennen, was zwischen ihnen vorgeht. Es ist eine wertvolle Erfahrung, sich in einer solchen Umgebung selbst zu testen, auch wenn man keine schwerwiegenden Probleme hat.

Sie können aber noch mehr über sich erfahren und zwar durch das Psychodrama, in dem Mitglieder der Gruppe die Gefühle, die sie zueinander oder Figuren wie Eltern, Ehegatten oder Arbeitgeber gegenüber empfinden, schauspielerisch darstellen. Das kann bis zu echtem Sozialtraining weitergeführt werden: ein schüchterner Mensch kann lernen, eine Person des anderen Geschlechts durch das Spielen einer kleinen Scharade anzusprechen, wobei die anderen Bemerkungen und Vorschläge beisteuern. Ein Mensch, der im Büro als letzte Null behandelt wird, kann lernen, mit seinem Chef und den Kollegen fertigzuwerden, indem er andere Gruppenmitglieder diese Rollen spielen läßt und erkennt, was er falsch macht. Mit dieser Methode werden häufig Verkäufer-Trainings durchgeführt. Eine Form des Psychodramas ist die Schulung des Selbstbewußtseins: dem Gruppenmitglied mit geringer Selbsteinschätzung werden in Form von Spielen und durch Unterstützung der Gruppe die Merkmale und Kenntnisse höherer Dominanz (ohne allzu aggressiv zu sein) vermittelt.

Jede Psychotherapie zielt darauf ab, Ihnen genaue Information über Sie selbst (Einsicht) zu geben, Hemmungen aufzuzeigen und sie durch passendere soziale Fähigkeiten zu ersetzen. Hauptsächlich wird sie dazu benutzt, allgemeine Probleme zu lösen, die sich aus Ihrer Einstellung und Ihrem Verhalten ergeben. Gewöhnlich packt sie nicht spezifisch sexuelle Hemmungen direkt an, wenn sich auch Probleme wie Frigidität, falls sie auf Ängsten oder irrtümlichen Meinungen über sich selbst oder über Sex beruhen, häufig bessern, ebenso wie körperliche

Symptome, die Ausdruck ständiger Ängste, mangelnden Selbstwertgefühls oder dergleichen sind. Eine gute Gruppentherapie vermittelt Ihnen Fähigkeiten, die Ihnen die Möglichkeit zur Interaktion geben. Sie lernen, mit Menschen umzugehen, menschliches Verhalten besser zu erkennen, und sind eher fähig, Ihre Geschlechtsrolle anderen gegenüber zu interpretieren. Das ist ein Lebens- und Lernprozeß, nicht Zauberei, und kann nicht über Nacht einen Haufen schlechter Gewohnheiten vergessen lassen.

Sextherapie

Gute Sextherapeuten wenden alle Methoden an, die es auf diesem Gebiet gibt – oder kennen sie – und bringen Sie auf Trab. In Krankenhäusern ist die Behandlung im wesentlichen auf drei Dinge ausgerichtet: Beruhigung und richtige Information, spezifische Behandlungspläne, um bestimmte Probleme zu meistern (das ist oft in Wirklichkeit eine Form der Verhaltenstherapie) und Paarberatung. Dazu eignet sich am besten die bahnbrechende Methode von Masters und Johnson, bei der ein Paar einem anderen Ratschläge erteilt, so daß niemand als einzelner in der Minderheit ist. Zu jeder Sextherapie gehört es, daß man beide Partner sieht und ihre Einstellungen, Ängste und Erwartungen zu erkennen sucht – nicht bloß das vorliegende Problem.

Es gibt zahlreiche Paare, die nicht deswegen kommen, weil einer von ihnen impotent, frigide oder sonstwie in Schwierigkeiten ist, sondern weil sie ihre Sexualbeziehung vertiefen wollen. Daher geht der Berater – ob es nun spezifische Probleme gibt oder nicht – am besten so vor, eine Gruppe von Paaren zusammenzubringen und sie reden zu lassen; im Lauf der Zeit finden die Leute dann, daß sie alle die gleichen Probleme haben. Für präzisere Überwindung einer spezifischen Schwierigkeit ist Ihr normaler Partner der beste praktische Helfer (wenn nicht, haben Sie den falschen Partner). Die Therapeuten vermitteln ihnen ihre Einstellung, räumen mit falschen Vorstellungen auf und zeigen dem Paar die beste Methode, sich die erforderliche

216

Verhaltenstherapie zu schaffen. Das Vorführen von Videobändern oder Filmen, die ein wirklich entspanntes Paar zeigen, kann anderen helfen, die gehemmt sind oder zu wenig Sachkenntnis besitzen.

Gute Sexberatung ist heute wirklich notwendig, leider werden die Ärzte aber nicht dafür geschult. Und so gerät man leicht an Scharlatane und Kurpfuscher, wenn man Rat und Hilfe sucht. Wenn Sie eine Adresse in Ihrer Umgebung suchen, wenden Sie sich an Pro Familia in Frankfurt. Wenn Sie zu einer klinischen Beratungsstelle gehen, werden Sie nicht unverzüglich einem Ersatzpartner zwecks Instruktion übergeben: Sie sollten beide befragt werden, gemeinsam und getrennt (mißtrauen Sie einem Therapeuten, der das nicht vorschlägt), und Sie sollten ungefähre Angaben über die zu erwartenden Kosten und die Behandlungsdauer erhalten. Manche Kirchengemeinden, welche aufgeschlossen und nicht auf religiöse Dogmen festgelegt sind, unterstützen Sextherapiekliniken. Jeder Therapeut, der

218

vorschlägt, mit einem von Ihnen oder mit beiden zu schlafen, ist ein Betrüger; das ist nicht die Aufgabe des Therapeuten.

Wenn Sie sich Hilfe nicht leisten oder sie auf anderem Weg nicht bekommen können, könnten Sie auch versuchen, eine Gruppe von Paaren zum Beispiel durch eine Zeitungsannonce zu finden, sie miteinander bekannt zu machen und zum Sprechen zu bringen. Das ist an sich schon Therapie. Die Leute helfen einander, auch wenn sie die Fragen, die sich stellen, nicht beantworten können. Sie selbst könnten dann versuchen, jemanden aufzutreiben, der mehr weiß und an den Sitzungen teilnimmt. Bemühen Sie sich, ein intelligentes, ungehemmtes und sexuell aktives Paar in der Gruppe zu haben. Das wird die anderen zum Sprechen bringen und mit weitverbreiteten, falschen Ansichten aufräumen – daß zum Beispiel oraler Sex abnormal oder Impotenz ein körperliches Gebrechen sei. Das ist keine Ideallösung, aber doch besser als gar nichts. Die Gruppe kann ihre Erfahrung durch die Lektüre einschlägiger Literatur ergänzen. Wir möchten keine Werbung betreiben, aber dieses Buch und *Joy of Sex* wären dafür geeignet. Sie stellen, im Gegensatz zu den meisten anderen Publikationen zu diesem Thema, modernes Wissen dar, nicht veralteten Volksglauben, zumindest was den Bereich normalen Verhaltens anlangt.

Und lassen Sie sich nicht davon abhalten, Hilfe zu suchen, wenn die Vorstellung irgendeiner Gruppendiskussion Sie stört. Gute Therapeuten arbeiten unter absoluter Geheimhaltung und werden Ihnen nicht vorschlagen, mit anderen zu sprechen oder an Gruppendiskussionen teilzunehmen, es sei denn, Sie beide wünschen es und glauben, es könnte Ihnen helfen.

Wir haben hier über Therapie mit Paaren gesprochen. Wenn Sie keinen Partner haben, dafür aber ein Problem, und dabei Hilfe brauchen, kann Ihnen durch andere Methoden geholfen werden. Also lassen Sie sich nicht davon abhalten, Beratung zu suchen.

Übungen

Es wäre ganz leicht, eine Liste der strukturierten Erfahrungen aufzustellen, die ein Paar durch alles führen würde, was die Sexualität auszudrücken vermag – Männlichkeit/Weiblichkeit, stärker/schwächer, Muskeln/Haut, Vertrauen, Bejahung, Hilflosigkeit, Übereinstimmung, Spannung, Entspannung und dergleichen. Die beste Übung ist, wenn man es selbst tut.

Wenn Sie die sexuellen Möglichkeiten in *Joy of Sex* zum Vergnügen durchgespielt haben, spielen Sie sie wieder zum Vergnügen durch, aber auch mit der bewußten Absicht, Ihre Fähigkeit zu verbessern, die darin enthaltene Sprache zu verstehen und zu sprechen. Das macht den Sex weder befangen noch schadet es seiner Natürlichkeit, so wenig wie es *Madame Bovary* schadet, wenn man den Roman liest, sowohl weil er ein Meisterwerk ist, als auch um sein Französisch zu verbessern.

Sie können eine Liste Ihrer eigenen Übungsspiele aufstellen, ausgehend von den gewöhnlichen Mitteln des Sex in Verbindung mit dem, was wir in diesem Buch gesagt haben. Ganz kleine Veränderungen, wenn Sie beide voll erregt sind – zum Beispiel

Verkehr, wobei einer oder beide Partner sich die Augen verbinden, oder die Frau stellt sich vor, sie sei ein Mann und versucht, in den Mann einzudringen – kann die gewöhnliche Lusterfahrung wesentlich vertiefen und verändern. Beschränken Sie sich nicht auf Erfahrungen, die Sie sofort in Erregung bringen. Versuchen Sie, Männlichkeit zu erleben, wenn sie Sie nicht besonders reizt, oder Weiblichkeit, wenn Sie ein schüchterner Mann sind. Wenn Sie im positiven Sinn sehr aggressiv und dort, wo Sie nicht führen, nicht gerade vertrauensvoll sind, versuchen Sie es mit völliger Hilflosigkeit; oder wenn Sie gar nicht selbstbewußt sind, mit völliger Beherrschung Ihres Partners. Tun Sie diese Dinge im Spiel und in Beischlafsituation, so daß das Erlebnis durch den Orgasmus verstärkt wird. Zugleich verstärken Sie tunlichst alle Möglichkeiten, die Sie besitzen, aber nicht anwenden; ein muskulöser Mann, der seine Muskelkraft beim Orgasmus nicht voll ausnutzt, sollte mit seiner Partnerin Möglichkeiten in dieser Richtung, aber auch in Richtung völliger Entspannung erwägen.

Anstatt Ihnen genau zu sagen, wie Sie das alles der Reihe nach durchexerzieren sollten (etwa in der Art eines Korrespondenzkurses), erscheint es uns als beste Methode, die Sexualität zu einer Erfahrung durch Entwicklung zu machen – wenn Sie wollen, zum Supersex für Feinschmecker –, wenn Sie sich selbst einen Plan machen, wobei Sie die von uns aufgezählten Materialien und das praktische Wissen verwenden und das, was Sie tun, Ihren speziellen Bedürfnissen anpassen. Wenn Sie es so einrichten, kann die Freude am Sex je nach Bedarf eine Schulung des Selbstvertrauens, Entspannungstherapie, Begegnungs- und Geschlechtsidentitätsverstärkung sein.

Einige Beispiele:

Analsex Analsensation
Herausforderungswert,
Brechen des Tabus,
ein Mann kann sich einen anderen Mann vorstellen
ein Mann kann durchbohrt werden (mit Dildo oder Vibrator)

Baden, Sex im Wasser	totales Hauterlebnis
	Körper ist gewichtslos, schwebt
	kindliche und möglicherweise prä-
	natale Erinnerungen
Sexualverkehr mit	Anonymität des Partners
verbundenen Augen,	Sex des Partners nicht offenkundig
Massage usw.	Überraschungseffekt (man kann die
	Initiative des Partners nicht voraus-
	sagen)
Fesselung	stärker/schwächer-Erlebnis
	Hilflosigkeit/Selbstbehauptung/
	Vertrauen
	keine Verantwortlichkeit seinerselbst
	Initiativen des Partners außerhalb Ihrer
	Kontrolle: Sie kontrollieren den
	Partner
	Erotisierung des Kampfes
Brustspiel	Kindheits-Rückblende
	Geliebter/Kind-Erfahrung
	Verbundenheit, Herzkontakt
Klitorisspiel	Orgasmusschärfe
	Nicht-Durchbohrtwerden
	Frau stellt sich vor, einen Penis zu
	haben
Missionarstellung	Entspannte Einheit
Oraler Sex	Vergnügen am Saugen
	Pheromone (Geruchshormonstimuli)
	Intimität, gegenseitige Einverleibung
	Wert, Sauberkeit der Genitalien
	Rückkehr in den Schoß
	Brechen des Tabus
Hintereingang	Stimulation der Dammgegend
	Rücken für Berührung verfügbar
	weibliche Einladung
	Partner ist anonym
Langsame Masturba-	totale Kontrolle des Partners/durch
tion	den Partner

Dreiergruppen	Einladen eines Gastes
	Liebesgabe, keine Eifersucht
	Entspannen der männlichen Dominanz
	(mit einem zweiten Mann)
Frau oben	bessere Kontrolle für die Frau
	Erprobung von Geschlechtsrollen
	Er gibt die Verantwortung auf
Ringen	Anreiz durch Muskeln
	schwächer/stärker
	Mann stärker, dramatisiert Genom-
	menwerden
	Frau stärker, dramatisiert Kindheits-
	erinnerung

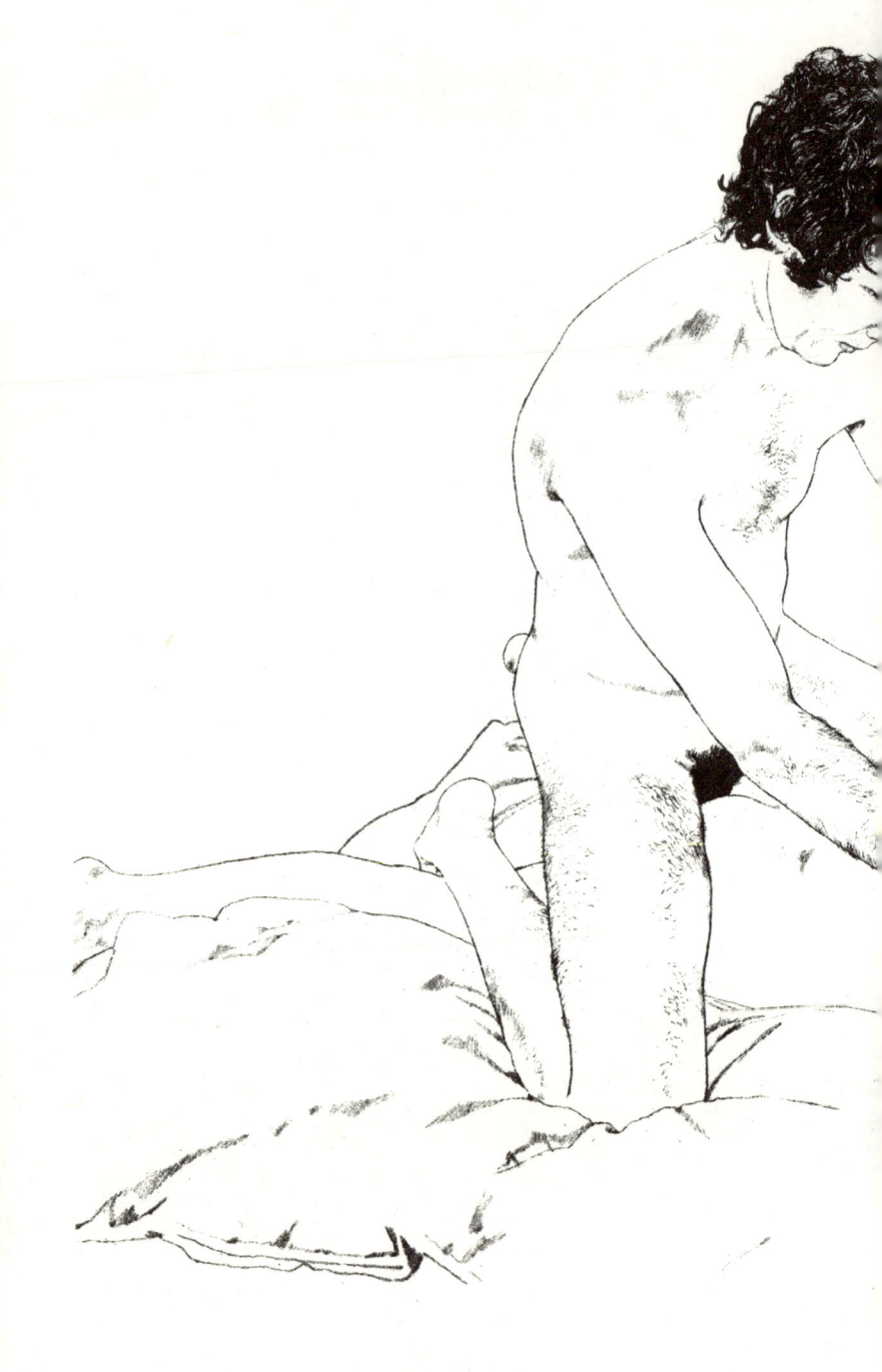

Verhaltenstherapie

Beinahe jegliches menschliche Verhalten ist angelernt. Es kann demnach durch Training abgewöhnt werden, und darauf richtet sich die Verhaltenstherapie. Der klassische Behaviorismus (der eine psychiatrische Ideologie ist, was jedoch seine Resultate nicht beeinträchtigt) steht Begriffen wie Emotionen, Gefühle und Triebe skeptisch gegenüber – schließlich können wir diese nur beobachten, wenn sie zu Verhaltensweisen führen. Der Behaviorismus alten Stils lehnt den »Mentalismus« ab und nimmt an, daß Gemütszustände zumindest ebenso sehr Folgen wie Ursachen von Verhaltensweisen sind. Er zielt darauf ab, das Verhalten zu ändern. Alle normalen Menschen haben Angst vor dem Kampf. Wenn man durch Training ihr Verhalten ändert, und zwar dergestalt, daß sie nicht nur nicht davonlaufen, sondern daß sie auch nicht blaß werden, schwitzen, daß sich ihre Pupillen nicht erweitern und ihre Haare nicht sträuben, dann hat man der Theorie zufolge die Angst beseitigt. In Wahrheit kann man das Verhalten der Menschen auf diese Weise zwar ändern, ihre Angst vor der Angst führt jedoch später meist zu hartnäckigen Alpträumen, so daß es notwendig wird, dieses Furchtgefühl wieder zu erleben, um es loszuwerden.

Dieses Beispiel zeigt die Anwendungen und Grenzen der Verhaltensveränderung durch Lernen, wenn auch die klassische Theorie manchmal besser funktioniert. Wenn man einen unterdrückten Menschen dazu bringt, Dominanzverhalten zu zeigen, steigt sein Selbstbewußtsein infolge der Reaktion seiner Mitmenschen. Vieles von dem, was geschrieben wurde, ist nur vereinfacht – wenn man einen Hund jedesmal belohnt, sobald er seinen Kopf über eine Linie hebt, kann man ihn abrichten, zu springen (auf der Grundlage, daß belohntes Verhalten gern wiederholt wird). Im Lauf dieses Prozesses kommt aber ein Moment, in dem der Hund ganz offensichtlich auf das anspricht, was der Experimentierende will, und es tut – eine Katze tut es nicht. Hunde und Delphine, nicht aber Katzen, sind soziale Tiere und darauf programmiert, für Lob und Tadel empfänglich zu sein. Wir sind es auch.

Wir befassen uns aber hier nicht mit Theorien, sondern mit der

Tatsache, daß die Verhaltenstherapie es uns ermöglicht, mit Gewohnheiten fertigzuwerden, die unser Sexualleben beeinträchtigen, und neue Fertigkeiten zu lehren. Sie funktioniert unter der Annahme, daß Verhaltensweisen,denen unangenehme Resultate folgen, weniger oft wiederholt werden und – was viel wichtiger ist – daß Verhaltensweisen, die sogar nur nominell belohnt und bestärkt werden, öfter wiederholt werden. Die Gesellschaft hat jahrhundertelang versucht, unpopuläre Verhaltensweisen durch Aversion (Bestrafung) zu unterbinden, ohne viel Erfolg, denn gewöhnlich blieben diese Verhaltensweisen im Untergrund verstärkt erhalten. Die Menschen änderten ihr Verbalverhalten, nicht aber ihre Neigungen. Ein paar Übereifrige haben versucht, Homosexuelle mit Aversion zu behandeln – indem sie Dinge wie einen leichten Schock bei Homo-Sexfotos und sogar Tonbänder mit höhnischen Beschimpfungen verwendeten (eine großartige Idee bei Behandlung eines Verhaltens, das vielleicht niedrige Dominanz wiedergibt). Sie mußten zur Kenntnis nehmen, daß sie oft nicht einmal soviel Erfolg hatten, die Leute dazu zu bringen zuzugeben, daß sie homosexuell waren. Die Inquisition gelangte mit rotglühenden Eisen, die ein stärkeres Unlustreizmittel sind, zu den gleichen Ergebnissen. Die Tatsache, eine normale Komponente menschlicher Reaktionsweisen behandeln zu wollen, sagt einem etwas über die Motivation dieser völlig auf den Menschen gerichteten Studien. Ein dynamischer Kerl versuchte einen Masochisten durch Aversion zu heilen und stellte zu seiner Überraschung fest, daß es dem Patienten durchaus gefiel.

Bestrafung als Lernmethode ist so alt wie die Menschheit. Viel wichtiger ist die Idee, daß man nicht versuchen sollte, ein kompliziertes Verhalten, das man nicht billigt, abzustellen, sondern möglichst so vorzugehen, daß man ein erwünschtes Verhalten durch Belohnung unterstützt. Aversion hat ihren Nutzen, aber nur wenn man das in Frage stehende Modell analysiert hat, und es erfordert gewöhnlich eine Alternative. Man kann einen Alkoholiker von Whisky abhalten und davon, daß er zum Schrank geht und sich ihn holt (indem man Whisky in seiner Vorstellung mit Übelkeit zu assoziieren versucht), man muß jedoch gewöhnlich seine Dominanz aufbauen, damit er ihn nicht braucht und ihn in Gesellschaft ablehnen kann. Wenn ein Mensch unter seiner homosexuellen Einstellung leidet und sie ihn (nicht die Gesellschaft – es geht die Gesellschaft nichts an) stört, kann man seine heterosexuellen Fähigkeiten bestärken.

Manche Menschen haben Verhaltensweisen, die sie und die Gesellschaft stören – Exhibitionisten und Kinderschänder. Man kann fachlich argumentieren, daß keine normale Frau beim Anblick normaler Genitalien aus der Fassung geraten sollte und daß bei belästigten Kindern (die selbst erstaunlich und vorzeitig verführerisch gewesen sein können) viel von dem Schaden in der folgenden Panik und Erregung liegt. Doch werden Menschen wegen dieser Dinge eingesperrt. Man kann ihnen helfen, dieses Verhalten abzulegen, aber es ist eine wirksamere Einstellung, sich weniger durch die Ängste der Gesellschaft stören zu lassen als durch die Probleme des betreffenden Individuums. Man befaßt sich damit, die normale sexuelle Annäherung zu erwachsenen Frauen zu bestärken, die ihnen fehlt.

Verhaltenstherapie, welche den ganzen Methodenbereich anwendet, kann vor allem unproduktive Hemmungen beseitigen, neue soziosexuelle Fertigkeiten zum Tragen bringen, destruktives Verhalten wie Rauchen, Alkoholismus und Freßsucht unterbinden und Menschen helfen, sinnlose Ängste zu überwinden – vor dem Fliegen, vor Hunden, vor gewissen Situationen. Besonders gut wirkt sie bei sogenannten funktionellen autonomen Gewohnheiten wie Impotenz und Frigidität. Die Psychoanalytiker behaupten, daß diese und Hemmungen im allgemeinen hartnäckige infantile Ängste sind – bringt man die Angst an die Oberfläche, wird man den Komplex los. Leider funktioniert das selten – eine einmal festgelegte Gewohnheit muß man sich abgewöhnen, sonst bleibt sie lang nach der Ursache, die sie eingeleitet hat, weiterbestehen. Während die Psychoanalyse darauf abzielt, den Sex zu verbessern, indem sie Einsicht verschafft, ist es den Verhaltenspsychologen klar, daß viele der Feedback-Folgen des Problems verschwinden, wenn man die Leistung hebt und das Individuum zu besserer Klarheit über sich selbst gelangt. Sie kann einen natürlich nicht von Grund auf ändern. Wenn die alten Probleme noch vorhanden sind, können sie neue Symptome verursachen, und manche Patienten würden von einer anderen Form der Psychotherapie Nutzen ziehen. Sie wären aber zumindest das Vorstellungsproblem los. Menschen, die zu einem Analytiker gehen, erfahren vielleicht viel über sich selbst – und bleiben impotent und frigide.

Bei Frigidität ist die Methode grundsätzlich eine Umschulung des Körpers hinsichtlich der Sinnlichkeit – sich entspannen lernen, masturbieren lernen, zuerst allein, dann mit dem anderen Partner und ein allmählicher Übergang zu regulärem Sex. Dieses Vorgehen bewirkt tatsächlich eine Veränderung der Person von Verkrampftheit und Ablehnung hin zu Entspanntheit und Bereitschaft. Die Behandlung der Impotenz hängt davon ab, daß wir nicht nur erkennbare Verhaltensweisen, sondern auch unwillkürliche wie Blutdruck oder Darmbewegungen kontrollieren und konditionieren können, vorausgesetzt, sie lassen sich überwachen. Wenn wir Jogis wären, könnten wir diese Geschicklichkeit in zehn Jahren Meditation erlangen. Die anderen kommen rascher zum Ziel, wenn sie eine Art von Anzeigesystem verwenden. Dem impotenten Mann wird ein Druckmesser oder Volumenregistrator am Penis befestigt. Man gibt ihm den Auftrag, nicht an Sex zu denken, sondern sich auf die Bewegung der Nadel zu konzentrieren. Viele Männer können auf diese Weise eine Fähigkeit erlangen, die es normalerweise nicht gibt, nämlich auf Wunsch eine Erektion zu erzeugen. Da die meisten impotenten Männer eifrig bestrebt waren, auf eine Weise zu einer Erektion zu gelangen, die es verhinderte, daß sie spontan erfolgte, können sie auf diese Weise lernen, daß sich das Problem von selbst erledigt, und der Anstoß, den ihnen der Erfolg in einigen Fällen gibt, genügt sehr oft, um die Hemmung zu beseitigen und den normalen Mechanismus auszulösen. Wenn ihr Selbstbewußtsein wegen oder infolge ihrer Behinderung beeinträchtigt wurde, brauchen sie vielleicht noch mehr Beratung, aber sie können nun zumindest verkehren, während sie früher impotent waren. Durch eine ähnliche Methode können Frauen eine wunderbare Kontrolle über ihre Beckenmuskeln bekommen.

Wie bei der Analyse hängt das Ergebnis, wie gute Erfolge Sie beim Konsultieren eines Verhaltenstherapeuten erzielen, davon ab, an wen Sie sich wenden. Wenn er konventionell ist, wird er Ihr Verhalten eher zum Modischen als zum Nützlichen wenden. Es ist kostspielig, wie jede andere ärztliche Hilfe in Amerika, aber man kann in wenigen Wochen, nicht erst in fünfzehn Jahren, Erfolge erzielen, und es gibt konkrete Resultate. Leider sprechen die geheilten Patienten nicht über die Erfolge der Behandlung, sonst würde sie häufiger gesucht werden.

Spezielle Bedürfnisse

Alkohol

Alkohol ist eine der verbreitetsten Ursachen für Impotenz: Man vergißt nur allzuleicht, daß er ein starkes Schlafmittel ist.

Gewöhnlich geht das so vor sich: Ein Paar kommt von einer Party nach Hause, und er stellt fest, daß er keine Erektion bekommt. Vielleicht sagt sie etwas, das sein Ego verletzt, oder auch nicht, er jedenfalls verbringt am nächsten Tag die Zeit damit, in Schwung zu kommen, um es ihr (oder sich) zu zeigen. Er gießt mehrere Drinks hinunter, um sich zu stärken und versucht es dann mit der Männlichkeit – das heißt normaler Geschlechtsverkehr ohne Entspannung, kein einleitendes Streicheln und keine Hilfe von ihr. Das ist Versager Nummer zwei. Wenn er Glück hat, wacht er mit einer Erektion auf, aber wir kennen Männer, die das nicht ausgenutzt haben, sondern darauf bestanden, daß sie mit einer Erektion aufwarten müßten, wenn sie es wollten. Aus dieser Art von Selbstfrustration kann schnell eine ständige Impotenz werden, zusammen mit ebenso ständigen zwei oder drei Martinis jeden Abend, die eine Garantie dafür sind, daß er weiterhin versagen wird.

Die meisten Amerikaner sind sich einfach nicht darüber klar, wieviel sie trinken. Es kann leicht eine halbe Flasche Schnaps täglich in der einen oder anderen Form ausmachen, und das genügt, um die männliche Reaktion ernsthaft zu beeinträchtigen, auch wenn Trunkenheit als Symbol der Männlichkeit gilt – an unterster Stelle in der Rangordnung. Die meisten Männer überleben das, aber viel mehr von ihnen würden mehrfache Orgasmen haben, wenn sie nicht solche Mengen eines sexuellen Abstumpfungsmittels zu sich nähmen. Da vorzeitiger Samenerguß überdies eine Form beginnender Impotenz ist, wird er durch Trinken auch nicht kuriert – eher das Gegenteil.

Alkoholismus ist in einer Alkoholkultur schwer zu erkennen. Grundsätzlich ist jeder, dessen Verhalten durch Trinken in einer für ihn oder andere schädlichen Weise verändert wird, ein Alkoholiker. Stellen Sie sich vor, es würde verkündet, daß ab morgen der Weltvorrat an alkoholischen Getränken eingetrocknet sein wird. Eine normale Reaktion wäre: »Verdammt!« – die Reaktion eines Alkoholikers würde lauten: »Wie soll ich den Tag nach morgen überstehen?«

Alkoholismus ist eine Krankheit, nicht eine Charakterschwäche oder ein Fehler. Er kann eine Partnerbeziehung auf das schwerste beeinträchtigen – es gibt kaum Schlimmeres – wegen der langen Zeiträume ohne Kommunikation, des unwirklichen Benehmens des betrunkenen Partners und seines veränderten Charakters. Es hat keinen Sinn zu verlangen, daß der Partner zwischen dem Trinken und Ihnen wählt, denn er wird sich für das Trinken entscheiden. Es gibt keine Alternative zur Behandlung, sei es durch eine Gemeinschaftstherapie bei den Anonymen Alkoholikern oder sei es durch andere Methoden wie Verhaltenstherapie (siehe diese). Das Hauptproblem besteht darin, daß es der Leidende frühzeitig erkennen muß – in dem Stadium, wenn der andere Partner mit dem Versteckspiel beginnt, damit es keine Gelegenheit zu trinken oder keinen Schnaps im Haus gibt und der Leidende zu spielen beginnt, um diese Bemühungen zu umgehen. Oft wird während dieses Spieles nichts gesagt, aber es dient der Erkennung, und es ist an der Zeit, offen zu sprechen, wenn es keine ernsten Probleme geben soll.

Alter

In *Joy of Sex* haben wir erklärt, daß Sexualität mit steigendem Alter nicht aufhört, die Potenz nicht abnimmt – vorausgesetzt, Sie sind gesund und können weitermachen –, aber die männliche Reaktion sich ändert.

Wenn Sie Ihr Sexleben etwa nach dem sechzigsten Lebensjahr organisieren wollen, müssen Sie an folgendes denken:

1. Männer bekommen normalerweise weniger Orgasmen, aber nicht weniger Erektionen, wenn sie älter werden. Falls häufiger Geschlechtsverkehr für sie normal ist, bekommen sie vielleicht nicht jedesmal, sondern nur bei einem von drei oder fünf Malen

einen Orgasmus. Sie können jedesmal einen Orgasmus haben, wenn das Paar die Technik ändert und sobald *sie* den Orgasmus hatte, auf orale oder manuelle Stimulation übergeht. Trotz kräftigen Reibens kann die Orgasmuszahl beim Koitus durch stärkere Abnahme des Empfindungsvermögens weiter abnehmen. Verringern Sie die Häufigkeit Ihres Geschlechtsverkehrs nicht unter Ihr gewohntes Maß, denn mit zunehmendem Alter ist die sexuelle Reaktion, wie die Muskelkraft, sehr empfindlich gegen Nichtausübung, und geben Sie ihn nie ganz auf, sonst könnten Sie bei der Wiederaufnahme Schwierigkeiten haben. In Perioden ohne Partnerin masturbieren Sie regelmäßig, aber ohne sich zu beeilen; üben Sie jedesmal das Erhalten einer vollen Erektion. Die geringere Häufigkeit der Orgasmen bedeutet, daß Sie sich umstellen müssen in der Erwartung, jedesmal zum Orgasmus zu kommen und sich auf die Gefühle Ihrer Partnerin konzentrieren.

2. Auch spontane Erektionen werden seltener. Alle normalen Männer über fünfundfünfzig brauchen oft oder zumeist einen gewissen direkten Berührungsstimulus am Penis. Viele ältere Männer, die sagen, sie können ihn oft nicht hochkriegen, warten auf göttliche Inspiration, während sie nur Handarbeit brauchen. Bringen Sie ihn selbst hoch – oder noch besser, Ihre Partnerin sollte es tun.

3. Die Sexualgefühle der Frauen nehmen nach der Menopause nur dann ab, wenn sie darüber aus der Fassung geraten oder glauben, sie müßten abnehmen. In der Menopause selbst können jedoch Hormonveränderungen sowie psychische Faktoren Libidoschwankungen verursachen, und es kann längere Zeit danach zu Vaginaltrockenheit kommen. Regelmäßiger Sex scheint den Hormonhaushalt in Gang zu halten, heute bekommen aber viele Frauen eine passende Ersatzstofftherapie. Das ist kosmetisch gut, erhält ihr Gefühl des Wohlbehagens, wenn das gestört wurde und vermeidet den Verlust von Knochenmineralien, der in den siebziger und achtziger Jahren mit dem Schrumpfen des Skeletts zum Zustand der kleinen alten Frau führt. Das kann aber bei einem Paar, dessen beide Teile im vorgeschrittenen Alter stehen, den Nachteil haben, daß die Hormontherapie oft die Vagina viel feuchter macht, als sie vor

den Wechseljahren war, und der Mann, der an einen gewissen Grad von Reibung gewöhnt ist, bei der Peniseinführung praktisch nichts spürt. Das erfordert eine andere Rezeptur, muß aber erwähnt werden, denn Männer glauben oft, sie seien impotent, nur weil sie in bezug auf das Älterwerden schlecht informiert sind.

4. Eine ständige Partnerin, die altert, wird nur dann häßlich und für einen liebenden Mann reizlos, wenn sie sich wirklich gehenläßt. Vertrautheit und Erfahrung wiegen strahlendes Aussehen bei weitem auf, und ältere Männer, die beides hatten, finden die mangelnde Sachkenntnis junger Mädchen unerfreulich. Andererseits können Männer durch entstellende Fettleibigkeit der Partnerin, Nachlässigkeit oder plötzliches Verwenden einer senilen Art von Make-up abgestoßen und auch impotent werden. Gute und verantwortungsvolle plastische Chirurgie (bei riesigen, euterartigen Hängebrüsten zum Beispiel) kann hier nützlich sein, wenn das Problem gravierend ist, aber lassen Sie sich nicht kostspielige Gesichtsstraffungsoperationen einreden, es sei denn, Sie haben wirklich Vertrauen zu dem Chirurgen. Das ist ein sehr gefährliches Gebiet, und Sie können entstellt oder enttäuscht werden. Wenn Sie plastische Chirurgie brauchen, wenden Sie sich an eine Universitätsklinik, nicht an einen Krankenhaus-Operateur.

Schließlich, und insbesondere im Krankheitsfall, wird die Häufigkeit Ihres Geschlechtsverkehrs zurückgehen, er wird aber nie abreißen, bevor Sie es selbst tun, und vielleicht finden Sie, daß Sie die Fertigkeiten des Betastens, der Handarbeit und dergleichen entwickeln, die Sie gelernt, aber nicht häufig verwendet haben, als Sie öfter koitierten. Sie tun nichts anderes als Ihr Repertoire zu ändern, um einem weniger heftigen Stil der Liebesbetätigung zu entsprechen. Bei einer vor kurzem durchgeführten Untersuchung wurde festgestellt, daß 15 Prozent der Verheirateten über 78 Jahre regelmäßig Geschlechtsverkehr hatten, und dabei sind Paare nicht berücksichtigt, bei denen ein Partner krank war oder die ohnedies nie viel Sexleben hatten. Da sehr aktive Menschen auch sexuell sehr aktiv bleiben (entweder weil sie von Anfang an sexbetont waren oder weil Praxis die Leistung verbessert oder beides), bestanden diese

15 Prozent faktisch wahrscheinlich aus Paaren, die ihre Sexualität wirklich früher entwickelt hatten. Wahrscheinlich läßt sehr muskulöses oder auf Phantasie beruhendes Sexspiel nach, aber wenn Sie anpassungsfähig sind, wird es von neuen Methoden abgelöst.

Besteht ein Altersunterschied zwischen dem Paar, ist gewöhnlich der Mann der ältere. Wenn dieser Altersunterschied groß ist, muß die Frau über die normalen Veränderungen der männlichen Reaktion informiert werden. Falls ihre bevorzugte Orgasmushäufigkeit aus irgendeinem Grund in diesem Stadium höher ist als seine, sollte sie ihn nicht drängen, sondern sie sollten miteinander sprechen und Zugaben ohne Erektion entwickeln, um die Verkehrslücke wettzumachen; ebenso im umgekehrten Fall – obwohl eine Frau, die nicht jedesmal zum Orgasmus kommt, nicht so anfällig ist wie ein Mann, der sich bemüht, seine Erektionsphysiologie zu übertreffen.

Depression

Depression ist wahrscheinlich die verbreitetste Ursache für plötzlichen Verlust der Sexualgefühle bei Menschen, die sich bisher gut verstanden haben.

Bei schwerer Depression, die allmählich oder plötzlich entstehen kann, kommt es zum Verlust jeglicher Befriedigung im Leben. Die Umgebung erscheint düster oder langweilig, es gibt vielleicht ein Gefühl des Abgeschnittenseins, heftigen Überdrusses, begleitet von Gefühlen der Verzweiflung, Trübsal, Schuld und dergleichen, die zu Selbstmord führen können. Das ist ein medizinischer Notstand. Manche Menschen haben periodisch wiederkehrende Anfälle, andere nur einen. Es kann auf einen Trauerfall oder ein Im-Stich-Lassen normaler Schmerz folgen, aber er ist gefühlsmäßig ganz anders geartet. Depression dieser Art ist eine biochemische Krankheit, die das Gehirneiweiß befällt. Sie spricht auf Psychotherapie nicht gut an, kann jedoch fast immer durch Medikamente gemildert werden. Es dauert etwa zwei Wochen, bis sie wirken, und es ist vielleicht notwendig, mehr als eine Sorte von Medikamenten zu probieren, bevor man das für eine bestimmte Person passende findet. Wiederkehrende Anfälle können durch das Mineral Lithium verhütet werden, doch muß dieses ständig eingenommen und das Blutbild durch ein Laboratorium kontrolliert werden. Manche der verwendeten Medikamente für die Behandlung von Depressionen können die sexuelle Leistung herabsetzen und dann Ängste und Verzweiflung verstärken, das ist aber eine Nebenwirkung, die bald schwindet.

Schwere Depression führt oft, aber nicht immer zum Verlust der Libido, wie auch im allgemeinen zu Appetitlosigkeit. Es ist auch gewöhnlich klar – für andere, wenn auch nicht für die Betroffenen –, daß die Person krank ist. Die Depressionen, welche auf Sexprobleme folgen, sind leichter Art; die Patienten fühlen sich nicht so sehr deprimiert, vielmehr krank (ohne Symptome), müde und abgespannt. Sie können plötzlich frigide oder impotent werden, und das verschlimmert die Sache. Ein Großteil der Schwierigkeit bei ihrer Behandlung liegt darin, die Patienten zu überzeugen, daß sie nicht bloß niedergedrückt und unglücklich, sondern deprimiert sind, und erst wenn die Medikamentenbehandlung ihre Stimmung hebt, wird ihnen klar, wie deprimiert sie waren. Leichte Depressionen, die nicht behandelt werden, können sich jahrelang hinziehen. Wenn Sie so etwas bei sich oder Ihrem Partner vermuten, lassen Sie es behandeln.

Bei diesen leichten, lang dauernden Veränderungen der Gehirnchemie hat man viel zu sehr mit Beratung und Psychotherapie gearbeitet. Die Behandlung ist die gleiche wie für die schwereren Fälle und liegt innerhalb der Kompetenz jedes Arztes. Leider ziehen manche Psychiater gern die volle Show ab, während nur eines der Medikamente erforderlich ist, welche die normale »Chemie« in Ihrem Kopf wiederherstellen. Möglich, daß Sie auch Beratung brauchen, diese sollte aber die medikamentöse Behandlung der hauptsächlichen Krankheit begleiten oder auf sie folgen. Sie sollten immer, wenn Sie oder Ihr Partner ohne triftigen Grund nicht mehr »funktionieren« oder kein Vergnügen am Sex haben, eine Depression vermuten. Depressionen bessern sich schließlich, und irgendeiner Therapie, die Sie im Lauf der Jahre erhalten haben, wird der Erfolg zugeschrieben. Die modernen trizyklischen oder MAOI-Medikamente schaffen es in einer Zeit von zwei Wochen bis zu zwei Monaten.

Herzanfälle

Da gibt es zwei Punkte: sie zu vermeiden und sexuell mit ihnen fertigzuwerden.

Jede körperliche Bewegung schützt einigermaßen gegen Herzanfälle, vorausgesetzt, sie ist bei Menschen mit sitzender Lebensweise nicht zu heftig und nicht zeitweilig aussetzend. Sex ist als Bewegung vorteilhaft, aber mit Unterbrechungen, deshalb muß man zur Unterstützung spazierengehen. Es gibt keine statistischen Beweise dafür, daß sexuell aktive Menschen länger leben, obwohl man es erwarten würde. Dagegen gibt es zahlreiche Anekdoten, die zwar nicht besagen, daß sexuell betonte Menschen lange leben, daß jedoch lange lebende Menschen ungewöhnlich sexuell betont sind. Bei dem derzeitigen Stand der ärztlichen Kunst sieht es so aus, als lägen die Hauptursachen der Koronarschäden bei Männern im Zigarettenrauchen, im hohen Blutdruck und der Aufnahme zu vieler tierischer Fette mit der Nahrung. Wie sich gezeigt hat, liegt der Risikofaktor an erster Stelle bei Zigaretten (es ist möglich, daß starke Raucher einen konstitutionell bedingten hohen Blutdruck haben, aber das kann die Verteilung des Vorkommens nicht wegleugnen), Milchprodukte an zweiter und Fettleibigkeit sowie hoher Blutdruck an dritter Stelle. Heute würde kein gesunder Mensch ständig Butter, Sahne, Speck oder gesättigte Fette essen – die Antwort darauf, warum unsere Vorfahren auf dem Land sie ungestraft aßen, lautet wahrscheinlich, daß sie viel härtere körperliche Arbeit leisteten und gewöhnlich nicht bis ins hohe Alter lebten.

Wenn Sie einen Herzanfall gehabt haben, müssen Sie, sobald Sie wieder vorsichtige Bewegung machen dürfen, mit sanfter Sexbetätigung beginnen. Herzanfälle beeinträchtigen die Potenz nicht, sind aber gewöhnlich, abgesehen von allem anderen, von Depression (siehe diese) gefolgt, zum Teil aus körperlichen

Gründen, und eine Wiederaufnahme von Sex bekämpft das. Es ist kein großes Risiko, wenn eine Frau einem sogar im Bett liegenden Mann dort zu einem Orgasmus verhilft (bei Frauen sind Herzattacken viel seltener, deshalb ist die Konstellation gewöhnlich so geartet), und die ersten Male kann man den Geschlechtsverkehr seitlich oder mit der Frau rittlings auf dem Mann oder durch sanfte, jedoch ziemlich schnelle Masturbation oder Mundarbeit ausführen. Sie können nach dem, was Sie von Ihrem Arzt wissen, beurteilen, ob die ärztliche Beratung übervorsichtig ist oder nicht. Wenn er sagt »keinen Sex«, fragen Sie, warum – Sex ist ein wichtiger Teil der Rehabilitation, und ein gut orientierter Herzspezialist wird nur, wenn er einen Grund hat, dazu raten zu warten.

Entspannter Sex verursacht, sogar wenn er heftig ist, nur selten einen Herzanfall – das tun stark erregte Sexszenen öfter. Beides ist viel weniger riskant als Gartenarbeit oder sogar ein schwerer Alptraum, dem manch ein nächtlicher Herzanfall zuzuschreiben ist.

Invalidität

Invalide – sogar schwer invalide – Menschen können dieses Buch und auch *Joy of Sex* benutzen. Vielleicht wirken sie auf den ersten Blick – da wir offensichtlich vieles beschreiben, was man nicht tun kann, wenn man schwer gelähmt oder sonst benachteiligt ist – auf Leute mit diesen Problemen deprimierend. Da wir aber tatsächlich den gesamten Bereich des Sexverhaltens beschreiben, nicht nur einfachen Geschlechtsverkehr, wird es Ihnen, wenn Sie darüber nachdenken, klarwerden, daß Sie die Bücher so verwenden können, wie ein Mensch mit Verdauungsstörung oder mit Diabetes ein Kochbuch verwendet.

Leichtere Invalidität wird vielleicht nur Ihre Wahl von Stellungen und dergleichen beschränken. Stärkere Invalidität bedeutet, daß Sie vielleicht für sich eine ganz spezielle Art von Sex gestalten müssen. Es ist praktisch niemand zu schwer behindert, um Vergnügen an Sexualität zu finden – wenn Sie können, mit einem Partner, wenn Sie müssen, ohne Partner.

Generationen von Invaliden wurden durch die Verlegenheit anderer Menschen, die Institutionsmodelle und den Wunsch der Gesellschaft, jeglichen Sexualausdruck zu unterbinden, der sich unterdrücken ließ, darum betrogen. Jeder Mensch braucht Zärtlichkeit und Kontakt, aber damit muß es nicht aufhören. Wenn Sie unbeweglich sind oder Schwierigkeiten haben, Ihre Genitalien auf die übliche Weise zu benutzen, können Sie dennoch das Hindernis überwinden, indem Sie nicht-genitale Empfindungen verwenden und herausfinden, welche Hilfsmittel Sie haben. Ihr größtes Problem nach dem, gesunde Menschen dazu zu bringen, Sie als Person zu behandeln, wird darin bestehen, ihnen zu Bewußtsein zu bringen, daß Sie die gleichen Bedürfnisse haben wie sie. Wie man das tun kann, ist ein ständiges Gesprächsthema, wo immer schwer Invalide zusammenkommen (gewöhnlich nicht in Anwesenheit des Krankenhauspersonals, das oft genug behauptet, daß »wir hier diese Probleme nicht haben«).

Allmählich bessern sich aber die Dinge, und es wird beratende Hilfe erteilt, wenn man sie verlangt (begnügen Sie sich nicht mit überzeugten Optimisten oder dem Gerede darüber, sich mit den Tatsachen abzufinden, denn das bedeutet, Sie akzeptieren, daß eine körperliche Behinderung Sie dazu zwingt, unfreiwillig wie ein Mönch oder eine Nonne zu leben und es gern zu tun). Ihr erstes großes Problem ist nicht die Invalidität, sondern die Hemmungen anderer – die meisten Krankenschwestern werden zwei Invaliden nicht helfen, eine Stellung einzunehmen, um sexuell verkehren zu können, und nur wenige Institute bieten Ungestörtheit, wenn sie auch das Bedürfnis anerkennen, nicht einmal für Masturbation. Mit der nötigen Entschlossenheit können Sie das aber überwinden. Wir kennen ein schwer invalides Paar, das ein wirklich zärtliches Sexualleben führt, obwohl sie nur das Badezimmer im Krankenhaus zur Verfügung haben – sie benutzt ihren Mund und er seine große Zehe.

Wenn Ihr Invaliditätsbeginn lange zurückliegt, haben Sie viele Ängste und Besorgnisse zu überwinden; wenn er neueren Datums ist, eine Wunde oder ein Unfall, haben Sie den Schock, die einzelnen Teile zusammenzusuchen. Es ist leichter, wenn ein Partner nicht invalide ist und wenn Sie schon ein Sexleben gehabt haben; Sie müssen es nach dem, was Sie noch haben, entsprechend umprogrammieren. Querschnittgelähmte können oft sexuell verkehren und dabei Vergnügen haben – Männer können gewöhnlich eine Erektion bekommen, auch wenn sie unterhalb der Taille nichts fühlen, und die extragenitale Empfindung wächst bei beiden Geschlechtern mit der Praxis. Wir können hier keine detaillierten Ratschläge erteilen, haben aber wenigstens viele Möglichkeiten erklärt, wie man zu sexuellen Vergnügen gelangt, von denen manche von fast jedem Behinderten ausgeführt werden können. Es kommt vor allem darauf an, dem Druck zu widerstehen, eine geschlechtslose »Unperson« zu werden.

Vor allem befreien Sie sich von der Vorstellung, daß niemand mit einem behinderten Menschen Liebesbeziehungen oder Vergnügen haben kann. Das stimmt einfach nicht. Tausende können es und tun es. Tatsächlich kann das Bedürfnis, Menschen mit verminderter Mobilität und dergleichen spezielle Hilfe zu geben, der Anfang eines allgemeinen Trends in der Medizin sein, allen, die sie brauchen, zweckmäßige sexuelle Hilfe zu geben. Das Anliegen dieser Menschen machte es den Ärzten klar, daß es im Augenblick wenig oder keine richtige Sexberatung auf praktischer Ebene für irgend jemand gibt. In Ihrem Fall könnten wahrscheinlich Paare mit der gleichen Invalidität wie Sie, die sich durchgekämpft haben, Ihnen am meisten helfen, außerdem müßte sich das Verhalten des Instituts- und Pflegepersonals ändern! Das können Sie letzten Endes nur durch Kampf erreichen.

Inwieweit Sexualprothesen Behinderten helfen können, ist eine Sache der Forschung: bessere Chancen bietet die Pflege von Haut-, Brust- und anderen Empfindungen, sowie einfacher Erfindergeist des Paares. Unserer Ansicht nach könnten swingende Paare mit viel Erfahrung hier mehr helfen als Psychiater oder Ärzte, und wir wünschten, es gäbe eine Organisation, durch welche sie diese Art von Hilfe leisten könnten – es muß viele geben, die dazu bereit wären und es gern täten.

Predigen ist unproduktiv, und es ist schwierig, über das von uns Gesagte hinaus bloß durch Bücher auf der emotionalen Seite der

Invalidität zu helfen. Auf der körperlichen Seite und auf rein mechanischer Ebene kann man bedeutend mehr tun. Oft ist die erste Behinderung, die besonders bei Männern überwunden werden muß, jene, die auch viele robuste und nicht versehrte Leute befällt – der Gedanke, daß Sex auf die Genitalien beschränkt und das Sexualisieren jedes anderen Körperteils pervers ist. Wir nehmen an, daß Sie wissen, daß das Unsinn ist, und daß Sie bereit sind, Ihre Haut, Hände, Füße, Mund und was auch immer zu verwenden, ebenso wie Ihr Partner.

Das vorausgesetzt, beginnen Sie mit einer Analyse dessen, was Sie im normalen Sexbereich nicht tun können. Bei geringeren Behinderungen stellt man oft fest, daß das ganze Problem in fanatischem Festhalten an der Missionarstellung besteht. Eine Frau mit Arthritis in der Hüfte, die ihre Beine nicht abbiegen oder öffnen kann, läßt sich oft von hinten nehmen, wobei die Erregung durch eifrige Betätigung mit Klitoris und Brust unterstützt werden kann. Ein Mann mit einem kranken Rücken kann die Frau auf sich reiten lassen. Manche Invaliditäten bei einem oder beiden Partnern können die Verwendung des Penis ganz unmöglich machen – dann arbeiten Sie mit Hand, Mund und Haut (wenn aber der Mann eine Erektion bekommen kann, verlassen Sie sich nicht auf die Annahme, der Geschlechtsverkehr sei unmöglich, bevor Sie alle möglichen Formen des Zusammenseins überdacht und erprobt haben). Eine Gruppe mit besonderen Problemen sind die Querschnittgelähmten, die unterhalb der Taille verminderte oder gar keine Empfindungen und nur wenig willkürliche Bewegungsmöglichkeiten haben. Fast alle querschnittgelähmten Männer können Erektionen und Samenerguß haben, spüren aber nicht, was geschieht; sie können aber sexuell verkehren und dabei Vergnügen haben, insbesondere mit einer Partnerin, die in den oberen Teilen des Körpers Hautempfindungen hervorzurufen vermag. Frauen können, besonders wenn sie vor den Verletzungen sexuelle Erfahrungen hatten, oft durch Brustspiel zum vollen Orgasmus kommen, und Geschlechtsverkehr zwischen den Brüsten kann ihnen ein noch besseres Beteiligungsgefühl vermitteln. Bei schwerer Invalidität kann das Betätigungsfeld noch verminderter sein. Wenn Sie aber in Klitoris, Penis,

Brüsten oder Mund irgendein Gefühl spüren, können Sie sexuell erregt werden, und wenn Sie Ihre Zunge, Finger oder die große Zehe bewegen können, sind Sie imstande, etwas zu tun, um Ihren Partner zu erregen.

Für jedermann, ob Invalide oder nicht, ist die Erregung und der Höhepunkt des Partners zumindest die Hälfte der Belohnung beim Sex. Machen Sie es sich zum Ziel, das Problem zu überlisten, indem Sie sich innerhalb oder noch besser knapp außerhalb Ihrer Fähigkeit für körperliche Bewegung eine Art des Sexualspiels ausdenken und dann sehen, ob Sie und Ihr Partner es schaffen können. Rechnen Sie mit einer ganzen Anzahl von Mißerfolgen. Wenn Sie in Ungestörtheit ein Spiel daraus machen können, tun Sie es (so hart es sein mag, von einem invaliden Berater diesen Tip zu bekommen. Vielleicht hilft es Ihnen, wenn ich Ihnen sage, daß der Autor dieses Abschnitts als Kind den Großteil einer Hand verloren hat. Der übriggebliebene Daumen ist ein wunderbares und verläßliches Sexualwerkzeug). Greifen Sie ohne Scheu zu Hilfsmitteln wie Phantasien, Pornographie und dergleichen, wenn Sie dadurch erregt werden. Mit einem weitverbreiteten Spezialproblem wie multiple Sklerose oder Querschnittlähmung wenden Sie sich an Ihre Organisation oder sprechen Sie mit anderen Paaren, die das gleiche Problem haben. Am besten ist es, wenn Sie versuchen, eine Gruppe zu vereinen, welche das Schweigen über all diese Dinge zu brechen vermag, und machen Sie gemeinsam Ihre Erfahrungen – mit einem Sexberater, wenn Sie einen guten finden können. Das *National Sex Forum* in San Francisco tut das bereits. Manchen Schwerbehinderten gibt die Stellung 69 ein größeres Gefühl der Gegenseitigkeit als der Geschlechtsverkehr, anderen die wirklich schöpferische gegenseitige Maturbation. Andere wieder finden eine Verbindung dieser beiden Methoden mit voller oder teilweiscr Peniseinführung als lohnend für beide Partner.

Das setzt natürlich voraus, daß Sie einen Partner haben. Für die einsamen oder in Anstalten untergebrachten Behinderten – von denen manche unfähig sind zu masturbieren, ein besonders grausames Gebrechen, oder mangels Ungestörtheit sogar von moralisierenden Idioten beobachtet werden, ob sie es nicht zu tun versuchen – muß die Hoffnung bei der Gesellschaft liegen. In manchen skandinavischen Anstalten gehört die Verabreichung von Orgasmen zu der verantwortlichen Betreuung des Psychotherapeuten – mit Sicherheit für Männer, soweit wir wissen, und man kann nur wünschen, für alle, trotz der abgedroschenen Vorstellung, daß Frauen es nicht brauchen oder vielleicht unanständig finden. Wird sich die Gesellschaft offenen Widerstand gegen solche Maßnahmen leisten? Nein, wahrscheinlich eher geheimen, mit der Behauptung, die Patienten würden verlegen sein, die Therapeuten würden davonlaufen und all dem üblichen Repertoire von Gründen. Man kann aber Fortschritte erzielen. Als *ein* Patient offen nach Ungestörtheit verlangte, um masturbieren zu können, erhob keiner sofort laut die Stimme dafür, die Behörden erröteten und arrangierten es unauffällig für jeden. Es läßt sich erreichen, während die Gesellschaft das ABC der Sorge für sexuelle Tatsachen lernt. Auch Nichtbehinderte könnten sich dafür einsetzen – es wäre ein stärkeres Zeichen der Fürsorge als das Verteilen von Bibliotheksbüchern. Unserer Ansicht nach braucht niemand verlegen zu sein, ob er gibt oder empfängt.

Masochismus

Im Gegensatz zum Volksglauben ist ein Masochist nicht unbedingt ein Mensch, der sich gern schlagen oder von Leuten mit Stiefeln treten läßt und dergleichen. Krafft-Ebing entlieh sich den Namen von einem Wiener Schriftsteller mit diesen und anderen Phantasien und machte daraus eine Selbstklebe-Etikette für einen weiten Bereich von Verhaltensweisen, von denen die meisten, wenn sie sexuell dramatisiert werden, unwichtig sind. Die Geschlagenen und Getretenen stellen vielleicht ganz oder teilweise einen Bereich dar, zu dem einfache Haut- und Muskelerforschung, das Ausprobieren verschiedener Rollen und wirklicher Masochismus gehören, also der Wunsch, zur Sühne für Sexualität (und sogar bei manchen selbstlosen Masochisten zur Sühne dafür, überhaupt zu existieren) bestraft zu werden.

Der Gesellschaft ist es gelungen, den meisten von uns ein wenig von diesem Gefühl aufzuerlegen. Wenn es sich jedoch mit anderen kindischen Irrlehren über Körpergefühl oder mit einer Psychose verbindet, kann es ernst werden. Echte Masochisten ziehen vielleicht Sexualspiele vor, die symbolisch mit Schmerz, niedriger Selbstachtung, Kummer über Geschlechtsrollen und Bestrafung verbunden sind. Sie sind aber, was viel wichtiger ist, im täglichen Leben defätistisch und unfall-anfällig. Das kann insofern bestürzend konsequent sein, als sie es fertigbringen, in Mißgeschicke verwickelt zu werden, die einfach nicht organisiert sein können, zum Beispiel beraubt oder überfallen zu werden. Unfallträchtigkeit gehört zu ihrer Körpersprache und zieht den Blitz an.

Solche Menschen sind gefährliche Partner, nicht weil in ihrem Sexspiel das gleiche Phantasiemodell auftaucht, sondern wegen ihrer Fähigkeit, für ihr eigenes und anderer Menschen Unglück zu sorgen und weil sie die Partner ohne Kommunikation zu Ausnutzung verleiten. Kümmern Sie sich also nicht darum, ob Ihr Partner rücksichtslose oder willfährige Sexspiele vorzieht – diese erfüllen oft ganz andere, normale Bedürfnisse und fungieren als Blitzableiter für Schuldspuren bei gesunden Menschen. Suchen Sie eher nach dem Menschen, der eine ganzzeitig willfährige Hundeseele ist, befallen von einer unbilligen Masse schurkischer Katastrophen – Unfälle, Autozusammenstöße, Betrügereien, Bankrotte, was Sie nur wollen. Von einem oder einer ganzen Reihe ausbeutender Partner emotional herumgestoßen zu werden, ist als Hinweis wichtiger als der Charakter eindeutig sexueller Phantasie, obwohl diese, wie bei jedermann, zu der Person passen wird.

Sexuelles und körperliches Schuldgefühl auf einer niedrigen Ebene ist, sexuell und gesellschaftlich, eine schwere Schädigung. Es führt zur Unfähigkeit, irgendeine Art von Aggression (siehe diese) auszudrücken, es sei denn gegen sich selbst, und endet häufig mit einem tödlichen Unfall oder wirklichem Selbstmord. Wenn Sie bei sich oder Ihrem Partner die von uns genannten Merkmale erkennen, suchen Sie Hilfe. Das ist ein Fall, wo Psychoanalyse oder eine kürzere Form von Psychotherapie wahrscheinlich das beste Hilfsmittel darstellt.

»Weiblicher Masochismus« (die Vorstellung, daß Frauen von Natur aus masochistisch sind) ist ein auf der Mißdeutung der ethologisch sich unterwerfenden Verhaltensweisen beruhender Unsinn – Durchbohrtwerden, Dramatisieren von Hilflosigkeit und dergleichen –, durch welche weibliche Tiere, Menschen eingeschlossen, das Männchen anreizen, seine Feindseligkeit ablenken und (bei Menschen) Kindheitsängste über die Gefährlichkeit von Frauen überwinden. Daß Sie sich gern von ihm in der Art einer Mini-Vergewaltigung nehmen lassen, ist kein Masochismus – nur die Verwendung guten Säugetierrüstzeugs. Masochismus ist es, wenn Sie sich gern ausnutzen und gesellschaftlich demütigen lassen. Nach der Beseitigung des sozialen Drucks sind Frauen nur masochistisch, wenn sie wirklich unter einer tiefverwurzelten Störung des normalen Selbstwertgefühls leiden.

Die Bezeichnung Masochismus hat länger gelebt als ihre Anwendung und sollte ihrem Besitzer zurückgestellt werden. Derzeit wird sie hauptsächlich benutzt, um Bestürzung und Verzweiflung über normales Spielverhalten hervorzurufen. Für wirkliche Störung ziehen wir einfach die Bezeichnung »niedrige Dominanz« vor.

Wir sprachen über Masochisten, nicht Sadisten, weil normale Menschen nicht eine Paarbeziehung mit jemandem aufrechterhalten, der aus genau denselben Gründen, die den Masochisten zum Verlierer machen, durch Verletzen oder Demütigen eine Dominanz auszuüben versucht, die er oder sie nicht besitzt. Wenn eine solche Situation andauert, ist die darin beharrende Hälfte ein Masochist. Sadisten können Menschen sexuell schädigen und tun es, nicht so sehr durch Gewalt, obgleich auch das passieren kann, wie durch Demütigung oder Ablehnung liebender Menschen, die deren Anomalie nicht erkennen. Aber die Gewalttätigen oder fast Psychotischen sind eine wirkliche Gefahr für das Sexspiel mit Fremden, insbesondere für symbolisch aggressive Sexspiele, die aufhören können, Spiel zu sein und sich in Ernst umwandeln. Das kann auch bei Kinderspielen vorkommen, wenn keine Erwachsenen in der Nähe sind, die sie überwachen. Jede Situation, bei der eine Person das Dominieren einer anderen als Sexualspiel betreibt, ist nur auf Grundlage völligen Vertrauens ungefährlich oder in Gegenwart gesunder Leute, die dafür sorgen können, daß es Spiel bleibt. Alles andere ist gefährlich.

Prostata

Die Prostata, Vorsteherdrüse, vergrößert sich bei vielen Männern mit zunehmendem Alter. Wenn es dazu kommt, daß sie den Urindurchfluß behindert, kann eine Operation erforderlich sein. Das geschieht gewöhnlich im siebenten oder achten Lebensjahrzehnt. Entscheidend ist, die Sache mit dem Chirurgen eingehend zu diskutieren, bevor Sie Ihre Einwilligung zur Operation geben, und es wie die Pest zu vermeiden, einen Chirurgen zu nehmen, dem nicht klar ist, daß Sechzig- und Siebzigjährige sexuell noch aktiv sind. Manche Arten der Prostatachirurgie können die Potenz beeinträchtigen, und es ist Ihre Sache, darauf zu bestehen, daß Ihre Potenz erhalten bleibt und die Art der Operation dementsprechend geplant wird. Wenn Sie darauf bestehen, werden Sie wahrscheinlich imstande sein, Ihre diesbezüglichen Wünsche durchzusetzen, es sei denn, es gibt einen kategorischen chirurgischen Anhaltspunkt für die riskantere Art der Operation. Ältere Männer wurden früher routinemäßig durch jüngere Chirurgen impotent gemacht, die der Ansicht sind, die Alten können oder sollen in ihrem Alter nicht mehr sexuell verkehren. Sex an sich schadet der Prostata nicht, während das bei ständig frustrierter sexueller Erregung ohne Orgasmus sehr wohl der Fall sein kann.

Prostatakrebs muß in der Regel chirurgisch behandelt werden oder durch Hormone, und die verabreichten Hormone können, ganz abgesehen von den chirurgischen Schäden, die Potenz herabsetzen. Diskutieren Sie die Möglichkeiten mit dem Chirurgen und bestehen Sie darauf, daß die Diskussion gründlich und von beiden Seiten geführt wird.

Schwangerschaft

Das normale menschliche Verhaltensmuster besteht darin, daß man während der ganzen Schwangerschaft Sex treibt, und für viele Männer ist die schwangere Frau, abgesehen von erhöhter Zärtlichkeit und Intimität, nicht weniger, sondern um so mehr anziehend. Man muß vielleicht zu anderen Stellungen übergehen (und sehr tiefe oder heftige vermeiden), wenn die Frau wirklich an Umfang zunimmt. Bei manchen Frauen läßt das Verlangen während der Schwangerschaft merkbar nach – bei den meisten schwankt es eher aus hormonellen und psychischen Gründen. Wenn sie unter morgendlichen Übelkeiten leidet, braucht sie als erstes nach dem Erwachen sanfte Behandlung.

Wenn man zu Fehlgeburten neigt, ist es vielleicht klug, nicht nur Orgasmen zu vermeiden, sondern etwa um die zwölfte Woche und in den letzten zwei Monaten nicht zu verkehren. Lassen Sie sich, wenn das Ihr Problem ist, ärztlich beraten, aber mißtrauen Sie Verboten, die von vornherein und absolut ausgesprochen werden, oder diskutieren Sie zumindest darüber. Sie brauchen zu dieser Zeit Sex, um Vertrautheit zu fühlen.

Schwangerschaft kann ganz merkwürdige psychische Wirkungen auf den Mann haben, von dem unreifen Burschen, der sich ausgeschlossen fühlt und sich herumtreibt, wenn seine Frau in den Wehen liegt bis zu dem Mann, der an dem Vorgang teilnimmt, indem er Zahnschmerzen oder Magenkrämpfe bekommt – oder sogar eine »falsche Schwangerschaft« durch Luftschlucken. Wundern Sie sich nicht, wenn Sie solche Gefühle haben – es ist ein verbreitetes menschliches Verhalten, das in manchen Kulturen ritualisiert ist, wo sich der Vater ebenso wie die Mutter für die Geburt ins Bett legt (die *couvade*). Dadurch soll der Vater teilnehmen und sich nicht schuldig fühlen, daß sie die Wehen hat, während er den Spaß hatte.

Die allerbeste Schwangerschaftsstellung für den Geschlechtsverkehr ist auf der Seite liegend von hinten, doch vielleicht brauchen Sie beide auch geschickte Handarbeit. In anderen Stellungen muß der Mann die Tiefe des Eindringens beschränken; sie kann ihm helfen, indem sie ihre Hand um die Peniswurzel legt. Benützen Sie die Gelegenheit, um Methoden mit seichtem Eindringen zu verfeinern – sie lohnen sich um ihrer selbst willen. Nach der Entbindung können Sie gewöhnlich wieder beginnen, sobald die Heilung beendet ist und der Ausfluß aufgehört hat.

Übergewicht

Übergewicht kann vererbt sein (es gibt fettleibige Familien), es kann die Folge einer Störung des Körperbildes sein, die zu übertriebenem Essen führt, oder es kann einfach die Folge von Gefräßigkeit sein. In unserer Kultur ist stark übertriebenes Essen eine Regel. Jeder, der von vollen Restaurantportionen lebt, muß übergewichtig sein.

Fettleibigkeit, die durch zuviel Nahrung verursacht ist, verkürzt bei beiden Geschlechtern das Leben und kann beim Mann zu starker Beeinträchtigung der Potenz führen. Die einzige Möglichkeit, Gewicht zu verlieren, ist die, weniger zu essen. Kniffe wirken nicht. Entweder Sie tun es freiwillig, mit einiger Unterstützung einer Gemeinschaft wie die »Weight Watchers«, oder Sie bekommen eine Diät (von einem Arzt, nicht von einem obskuren Taschenbuch) und halten sich daran, oder Sie nehmen appetitzügelnde Medikamente. Handelsübliche Abmagerungsmittel funktionieren meist, indem sie Ihnen Wasser entziehen. Es gibt keine Möglichkeit, trotz aller Werbung, an bestimmten Stellen Gewicht zu verlieren. In sehr schweren Fällen kann man eine Operation durchführen, bei der ein Darmstück ausgeschaltet wird, das ist aber eine Maßnahme für Notfälle. Wenn sich gesunde Frauen das Fett von einem kosmetischen Chirurgen wegkratzen lassen, so ist das ein Beispiel unnötiger Chirurgie auf der Suche nach einem Trottel, den man ausbeutet. Es kann einen für das ganze Leben entstellen und tut es oft. Verfallen Sie nicht in den entgegengesetzten Fehler, wenn Sie eine Frau sind, und lassen sich durch die Mode dazu verleiten, die Belsen-Linie zu suchen – sie ist so wenig sexy wie ein Mehrfach-Kinn. Normalerweise haben Frauen Fett unter der Haut und die Gestalt eines Violoncellos – versuchen Sie den Allmächtigen nicht. Die meisten Kulturen schätzen normale Kurven, und die unsere wird es tun, wenn Sie den anpreisenden Worten widerstehen.

Dicke Menschen müssen ihre Sexualtechnik oft selbst entwickeln: für den Mann ist der Verkehr mit einer mäßig übergewichtigen Frau angenehmer als mit einer untergewichtigen. Wenn die Annäherung schwierig ist, kann sie sich mit dem Gesicht nach oben über den Bettrand legen, und er kann stehen oder knien. Es lohnt sich oft, die Annäherung von hinten zu entwickeln und dabei ihre Hinterbacken voll auszunutzen. Wenn er einen Bauch hat, wird sie in rechtem Winkel zu ihm bleiben müssen, wobei beide auf der Seite liegen und sie ihm den Rücken zukehrt oder die Beine spreizt, oder er liegt am Bettrand, und sie steht mit gespreizten Beinen über ihm – er wird nicht imstande sein, auf ihr zu liegen, und zumeist wegen Atemlosigkeit Stellungen lieber vermeiden, in denen der Mann aktiv ist. Treiben Sie das wie bei Invalidität (siehe diese) als Spiel und versuchen Sie die Ihnen am besten zusagenden Stellungen zu finden. Gleichzeitig tun Sie etwas gegen das Übergewicht, im Interesse des Sex und auch Ihrer allgemeinen Gesundheit. Es ist lächerlich und gefährlich, ständig einen Fünfzig-Pfund-Gurt mit sich herumzutragen.

Vaginismus

Er ist das äußere und sichtbare Zeichen innerer und geistiger Gehemmtheit – ein Zustand, bei dem die Muskeln einer Frau in so heftige Krampfzustände verfallen, daß man überhaupt nicht in sie eindringen kann. Sie ist oft verheiratet und will, daß ihr Mann eindringt, aber die Reaktion ist, wie Kitzligkeit, willkürlich nicht kontrollierbar. Dieser Zustand erklärt die ganz verbreiteten Fälle, bei denen ein verliebtes Paar trotz voller Potenz des Mannes schließlich alle Versuche, normal zu verkehren, aufgab und entweder den Sex einstellte oder sich mit halben Maßnahmen zufriedengab.

Begnügen Sie sich nicht damit und lassen Sie es auch nicht zur Gewohnheit werden, sondern rufen Sie bald um Hilfe. Der erste Schritt besteht darin, sie mit ihrem übrigen Körper sinnlich und entspannt zu machen. Dabei können viele Arten von fast medizinischer Körperbewußtheit helfen. Das zweite ist, den Krampf in den Griff zu bekommen. Das kann durch einen Verhaltenstherapeuten geschehen, oder sie kann es selbst tun, indem sie eine Garnitur Glasdehner kauft, sie mit Vaseline bestreicht und lernt, wie man sie einführt, wobei sie mit einem von Kleinfingergröße anfängt. Sie sollte das in einem warmen Zimmer, auf dem Bettrand liegend, allein tun (es ist besser, wenn er ihr nicht hilft) und es damit verbinden lernen, sich selbst manuell Wollustgefühle zu bereiten (siehe unter »Masturbation und Lernen«). Wenn sie zu einem Dehner gelangt ist, der etwas dicker ist als ein Penis, läßt sie ihn versuchen, ihn einzuführen, wobei sie zuerst die Augen offen, dann geschlossen oder verdeckt hat, dann ein anderes Objekt, zum Beispiel einen Vibrator, und dann seinen Penis. Ein Paar kann das ganz allein tun, oder vielleicht meinen sie (insbesondere, wenn sie sehr nervös ist, oder es schon lange dauert), daß sie lieber von Anfang an fachmännische Hilfe haben wollen. Verhaltenstherapie (siehe diese) funktioniert beinahe immer, wenn die Do-it-yourself-Immunisierung nicht wirkt.

Frauen mit Vaginismus sind nicht alle grundsätzlich abgeneigt, Sex zu haben, sogar auf kindlicher Ebene. Bei manchen ist es ein klarer Fall, wenn in der Kindheit dem Mädchen Dinge in den Anus gesteckt wurden, um Verstopfung zu kurieren – Seifenzäpfchen und dergleichen. Zum Glück tun das die Leute nicht mehr, da es offenbar die Funktionen Erwachsener sehr schlimm stören kann.

Register